STATA实用教程

王天夫　李博柏　著

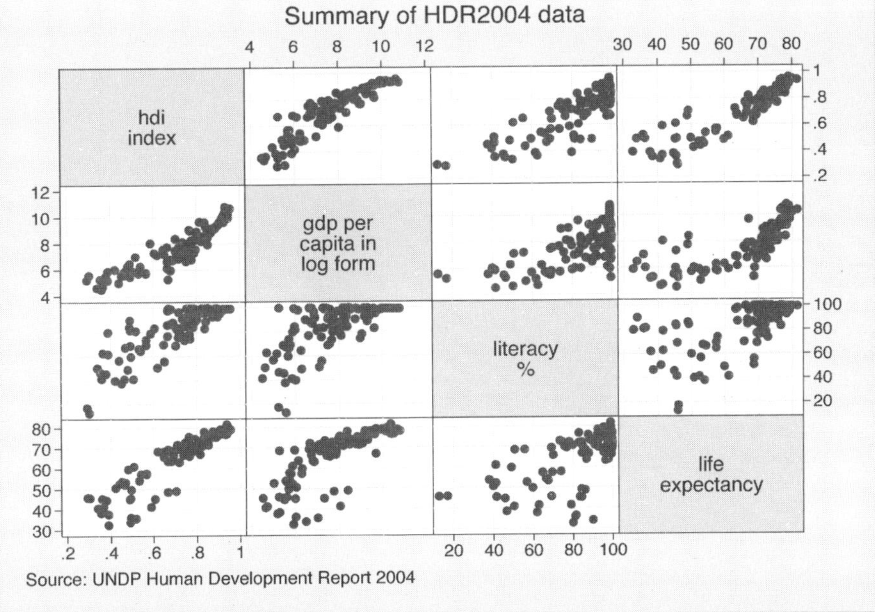

A GUIDE TO STATA

中国人民大学出版社
· 北京 ·

前言

随着大规模数据与统计分析在实际学习和工作中的使用日益频繁，越来越多的人认识到能够熟练使用统计软件的重要性。很多时候，正是由于统计分析与计算手段的局限，导致了不少人对庞大复杂的数据资料望而却步。在我们看来， Stata 是一个功能强大而又相对简单易学的统计软件，值得向更多的人介绍和推广，让更多的人学会使用 Stata ，提高人们对大规模数据的处理和分析的能力。

本书的目的

本书旨在将 Stata 软件介绍给更多的中文使用者。我们希望读者可以通过本书清楚地了解 Stata 是怎样将特定的数据处理与统计分析技术与计算机技术结合起来的，并在此基础上熟练使用 Stata 来解决学习、研究与工作中的实际问题与任务。

Stata 本身并不是写给特定用户群体的软件，因而，本书的读者群也没有特别的界定。任何在实际工作学习中需要使用数据处理与统计分析的学者、研究者、政府与公司工作人员或是学生均可以通过学习本书进入到 Stata 的领域当中。本书不区分读者的学科背景，也不区分读者的统计知识层次。同时，本书对于读者的计算机基础知识没有任何要求，能够使用 Windows 操作系统的读者就应该有足够的能力学习 Stata 。我们希望不同需求的读者都能够通过本书学习 Stata ；同时也希望本书可以起到抛砖引玉的作用，为有兴趣的读者提供一个继续学习和探索 Stata 的基础。

本书的内容

本书并不详细讲解各种统计知识，而更多地专注于介绍怎样通过使用 Stata 来实现数据处理与统计分析的任务。鉴于目前有关 Stata 软件的中文书籍匮乏，我们尽量在本书里涵盖了更多的内容。同时，结合多年学习使用 Stata 的经验心得，我们特别构思了整本书的结构，意在使读者在学习 Stata 的使用的过程中从我们的经验教训中受益。

本书的内容大致可以分为三个部分，各个部分分别对应不同的实际需要。第一部分包括第一章到第五章，介绍 Stata 的基础知识与基本技能，所有读者都需要对这部分的内容有所了解才能较好地运行 Stata 。第二部分包括第六章与第七章，将读者引入实际工作与学习的任务中，介绍简单的统计分析方法。第三部分包括第八章到第十章，是扩展的部分，涉及更为复杂的任务，如绘图、数据管理、Stata 编程。

为配合以上的讲解，本书提供了大量的数据处理与统计分析例子。除个别模拟数据以外，书中使用的大部分数据是我们在学习与工作中常见的实际数据，而分析的程序也都是我们在自己的研究工作中积累起来的。这些数据和程序都将被上传到网上，供读者下载。读者可以通过对这些材料的学习与实际应用来提高自己对 Stata 的实际操作能力。

在介绍统计分析技术时，我们仅仅选择了初级的分析技术，旨在让读者熟悉 Stata 分析数据的使用方法。更多的统计分析的技术与统计模型的处理，我们将在另一本书中做详细的讨论。

Stata 软件更新很快。我们最早使用的版本是 Stata 4.0 ，后来随着 Stata 的更新而不断学习补充。现在， Stata 的最新版本已经是10.0。本书的全部内容和例子都是基于 Stata 10.0 的。

本书的排版和体例

本书包含大量的 Stata 程序编码和统计结果，给排版工作带来了很大的困难。

为了保证排版和印刷质量，我们通过自己设计的 LaTeX（$\LaTeX$）编排格式来完成整本书的排版印刷。在这个过程中，我们设计采用了以下特别的编排格式，意在提高本书的可读性，方便读者学习和练习。

- 对于正文中出现的技术性英文字节，我们使用了不同的字体，使之与正文中的一般英文区别开来。Stata 命令、符号以及函数，使用的是 `Courier New` 打字机字体；而 Stata 数据中的变量名，使用的则是 *Times New Roman* 斜体字体。

- 对于所有实际运行的 Stata 命令及其结果，我们使用不同于正文的格式，同时利用文字印刷的深浅来区分 Stata 命令和 Stata 结果。

- 在很多地方，我们给出了命令或是命令选项的总结表格。同时在附录部分，我们给出了学习 Stata 不可不学的常用命令。

- 为了方便读者查询特定内容，我们专门制作了命令与符号索引，附在本书的最后。

本书的使用

与学习其他计算机软件一样，达到熟练使用 Stata 技术的唯一途径就是反复练习。读者可以使用本书提供的材料不断地练习，并在自己实际工作与学习的过程中有意识地使用 Stata 。读者在使用 Stata 解决实际问题时，完全可以参照与模仿我们给出的 Stata 程序。本书所提供的 .do 命令程序文件都来源于解决实际统计问题的过程中，模仿这些范例，然后自己编写 .do 命令程序文件，是提高熟练程度的一个有效捷径。一旦熟悉 Stata 基本技能之后，读者可以挑战尝试使用更为复杂的 Stata 程序。

致谢

鼓励督促我们下定决心着手撰写此书的人是首先应当感谢的。他们是我们分别在清华大学、北京大学以及其他单位和部门的朋友、同事与学生们。当然，最大的精神力量来自我们的家人。

每一本书的出版背后都有一个辛勤的编辑队伍。本书的适时出版更是凝结了编辑的汗水。潘宇女士与徐晓梅女士在本书的出版过程中付出了大量的精力与时间。

最后，祝读者学习 Stata 的过程是一段轻松愉快并收获丰富的经历！

王天夫　李博柏

2008年6月于北京成府路

目录

表目录

图目录

第一章

接触 Stata

Stata 的用户群较为广泛，既有专业的统计学家，也有将统计分析作为工具的其他学科和领域的学者与实际工作者。但是，不论读者的背景与知识结构如何，了解 Stata 的基本运行知识都是使用 Stata 的第一步。本章的主要内容就是介绍 Stata 的运行环境及基本应用，目的是让初学者能够对 Stata 有一个大致的了解。

1.1 Stata 的特点与优势

作为一个数据处理与统计分析的软件程序，在短短的二十多年来，Stata 作为一个扩张力十足的后起之秀，逐渐席卷了统计应用的各个学科与领域。在医学、社会科学（包括经济学、社会学、政治学、财政金融学等）以及一些数理学科的教学与研究中使用 Stata 的老师、学生与学者越来越多；在市场调查、政府统计调查以及其他涉及统计分析建模的实际应用中，Stata 的优势也逐渐为大家所认识。

在我们看来，与其他计算机统计软件相比，Stata 至少拥有以下几个优势：

1. **短小精悍，功能强大。**

   - 早期 Stata 的整个程序可以放入两张小小的3寸软盘中。这在计算机硬盘与内存容量较小的历史时期具有相当的优势。随着 Stata 功能的扩展，特别是完全更新制图引擎之后，整个程序的规模增大了。
   - 在如今硬盘容量的局限性影响甚微的时代，这样的功能扩展已经不成为问题了。与其他“巨无霸”规模的统计软件相比，Stata 仍然是“袖珍型”的。但是 Stata 在数据管理、统计分析以及制图等功能上与其他软件相比并没有因规模小而显得逊色。如今的 Stata 能够涵盖广泛的统计模型与技术。而两年一次的更新升级，也使得 Stata 能够与最新的统计技术的发展相匹配与协调。

2. **运算速度快。**

- Stata 运行时将数据读入计算机内存，由内存来完成运算过程。这样，每次执行运算任务时，计算机并不用返回硬盘读取数据。因此，在 Stata 中键入命令，提交执行后，随即就能得出结果。即使是计算量庞大的复杂调查的估算程序，也可以很快得出结果。这一特点与 Stata 的界面设计结合起来，通常会使用户感觉到：刚刚提交了计算任务，结果就在眼前呈现出来了。若当前数据有变化，用户也可以随时使用简单的命令将内存中的数据存入硬盘。

- 在 Stata 用于医学研究的早期，由于面对的数据规模较小，对于计算机的内存要求并不是问题。这可能也是 Stata 早期较少用于大规模调查数据分析的原因之一。随着计算机内存的容量规模的飞速提高，这些硬件上对 Stata 使用的局限越来越小。

3. **语法简单，易学易用。**

- 由于 Windows 操作系统的霸主地位， Stata 在8.0版本以后也可以通过菜单点击提交计算任务并获取统计结果。但这样做违背了设计者的初衷，也无法体现 Stata 的优势。 Stata 的使用者应当以通过键入命令的形式来提交计算任务。

- Stata 的命令构成与语法结构都非常地简单明了，易学易用。相近的统计模型的分析指令往往是同一个命令。这使得用户在记忆使用时相当轻松。同时， Stata 的命令灵活性很高。涵盖面极广的命令选项又增加了许多模型指明过程的细节，以区分不同模型。在一定程度上讲， Stata 的语法使用与人们的思维习惯十分接近。 Stata 的这一特点，使得学习 Stata 编写命令变得相对简单。

- 更为有意义的是，Stata 的.do文件可以将数据处理与统计分析的过程记录下来，分析者本人与他人可以轻易地检查或者修改整个流程。所以，Stata 的使用者一定要使用键入命令或是编写.do文件的形式来提交任务以获取结果。

4. **结果简单易读。**

- Stata 的结果呈现非常简单明了，用户可以对提交结果一目了然。同时，其结果既可以以文本格式直接粘贴进诸如Word等的文字编辑器，也可以以表格形式直接粘贴进诸如Excel等的数据表格处理器。

5. **开放的框架，众多的用户程序。**

- Stata 的构建哲学是建成一个开放的、用户可以添加自己编写的程序的软件。Stata 数据处理与统计分析的基本核心程序是由宏语言写成的程序文件（.ado文件），这些文件可以用任何一个文本编辑器修改。
- 这样一种民主的构建哲学思想显然带来了丰硕的成果。用户们可以报告程序的漏洞，并提交修改方案。同时，用户个人可以根据自己研究任务的特殊性编写所需程序。所有这些都大大提高了 Stata 的实用性。
- 同时，Stata 庞大的用户群提供了浩瀚的用户程序。这些用户程序能够轻松解决许多繁复的计算、数据处理甚至是结果处理任务。而所有这些用户程序都能够以资源共享的形式从网络上轻松获得。由 Stata 公司内部的统计学家与软件开发者、社会上一大批有才华的统计应用者、软件编写者以及更为广大的用户群构成了一个活力四射的 Stata 社区。正是这样一个松散民主的框架，吸引着大量有着不同学科背景与不同实用需求的使用者投入其中。

基于以上这些特点与优势，Stata 得以流行开来。我们也相信，Stata 将为越来越多的人所认识和了解。而喜欢和使用 Stata 的人也将会越来越多。

1.2 Stata 的计算环境

1.2.1 Stata 的版本类型

长期以来，Stata 一直发表三种不同的版本类型。它们分别是 Small Stata、Intercooled Stata 和 Stata SE（特殊版本）。这些版本在使用功能上没有任何的区别，它们的不同在于对数据规模的限制，具体如表 1-1所示。

表 1-1 Stata 的不同版本类型

	Stata SE	Intercooled Stata	Small Stata
最大变量数	32766	2047	99
最大样本数	内存容量	内存容量	1000
字符变量的字符数	244	80	80
矩阵规模	11000×11000	800×800	40×40

从使用的角度来说，Small Stata 比较适合学生学习数据处理和统计分析；Intercooled Stata 基本可以满足常见的统计数据库的处理和分析；只有当数据文件的变量数超过2047的时候，Stata SE 才是必需的。

从2007年第十版开始，Stata 又增加了 MP (Multi-Processor) 版本类型，用于多个处理器计算机以提高运算速度。

1.2.2 Stata 的目录结构

Stata 有三种重要的目录。

- **Stata 主目录：** 包含 Stata 所有安装文件，如果在`c:\`下安装 Stata 10, 则主目录为`c:\Stata 10\`。

- **Stata 运行程序文件目录：** Stata 运行程序文件以 `.ado` 为后缀，每个 Stata 命令都有一个相应的 `.ado` 文件及其帮助文件 `.hlp`，Stata 基本 `.ado` 文件放在主目录下的ado\base\文件夹里，从网络下载、更新或个人编写的 .ado 文件可保存在不同文件夹。

- **Stata 工作目录：** Stata 启动后的工作目录，除非特地改变，否则 Stata 将在工作目录寻找输入文件（如数据和命令文件）和生成输出文件（如结果和图形文件）。

安装 Stata 非常简单容易。将光盘放入CD-ROM，按照计算机的提示，逐步完成每一个步骤即可。用户可以选择主目录和工作目录，或者选择缺省安装，启动后再修改目录。在缺省状态下，Stata 程序及相应的补充程序的存放地点如表 1-2 所示。

表 1-2　Stata 程序的缺省路径与地址

目录	说明
c:\Program Files\Stata 10\	Stata 主要程序和工作目录
c:\Program Files\Stata 10\ado\base\	Stata 基本的 .ado 文件
c:\Program Files\Stata 10\ado\updates\	Stata 更新的 .ado 文件
c:\ado\plus\	从 Stata 用户群网络下载的 .ado 文件
c:\ado\personal\	用户自己编写的 .ado 文件
c:\ado\	更老的 .ado 文件

如果想知道安装好的 Stata 的目录结构，可以在运行 Stata 时输入命令 sysdir，Stata 将一一列出这些目录地址。我们在本章第 3 小节给出了一个例子。

知道这些目录地址之后，用户在未来可以直接将自己编写的 .ado 运行程序文件以及相应的 .hlp 帮助文件放入相应的目录之中，Stata 在运行时就可以自动搜索并运行它们。需要强调的是，存放在指定目录之外的 .ado 和 .hlp 文件，Stata 将无法找到并运行。

1.2.3 Stata 的工作界面

工作窗口

打开 Stata 后，得到的是如图 1-1 所示的界面。在这个起始的 Stata 的工作界面中，一共包括以下4个窗口（图 1-1 中，从右上方开始沿顺时针方向）。

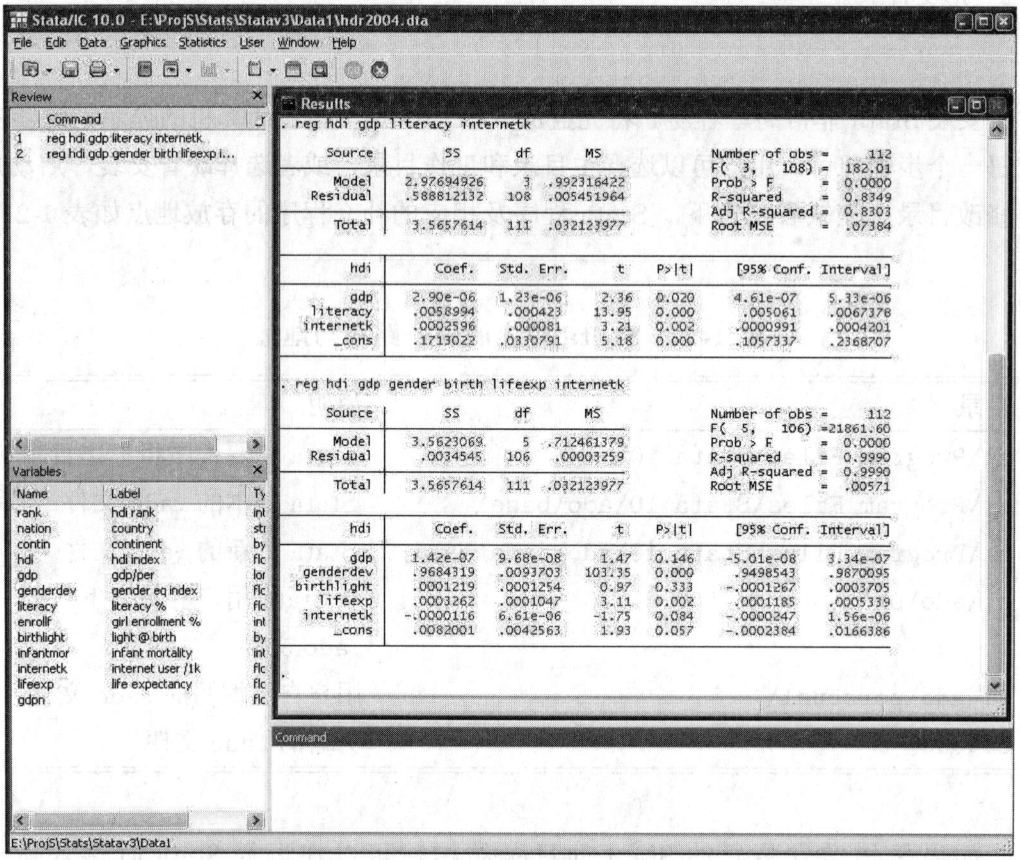

图 1-1 Stata 的工作界面

- **结果窗口:** 在右上角、底色为深色的占据了大部分面积的是 Stata 的结果窗口。Stata 在运行过程中的所有信息，都在这里显示出来。结果窗口中显示的内容包括用户递交的命令、得到的运行结果以及错误信息。Stata 在结果窗口中使用不同的颜色来区分这些不同的信息。所有提交的命令都用白色表示，运算结果则是用黄色与绿色来显示，而错误信息则用红色来提醒。一旦 Stata 遇到错误，它将给出红色信息，并立即停止进一步的运算。

- **命令窗口：** 在右下角、较为狭长的是 Stata 的命令窗口。用户在这里键入命令，按下enter键，向 Stata 提交运行的指令。而相应的运算结果则在结果窗口显示出来。

- **变量窗口：** 在左下角的是变量窗口。在这里， Stata 将所有当前数据中的变量列了出来。关于变量的信息，一共有四栏：变量名、变量标签、变量存储格式以及变量的显示格式（后3种信息的详细解释见本书第二章）。通过点击变量名，可以将此变量名输入到命令窗口中。

- **命令记录窗口：** 在左上方的是命令记录窗口。 Stata 记录用户最近提交的命令。在此窗口的最左栏是命令序号，而最右栏是命令的返回赋值，用户可以在此窗口中查阅已经提交过的命令。

除以上这4个默认打开的窗口外，在 Stata 中还有数据浏览窗口、数据编辑窗口、.do 文件编辑窗口、信息浏览窗口、制图窗口、结果记录窗口等。如果需要使用特定的窗口， Stata 在接到用户提交的某些指令后，会自动打开相应的窗口。用户也可以通过菜单中的 Window 或是点击菜单下的快捷键，选择将其打开。

信息浏览窗口显示的是用户搜寻命令的帮助信息、命令的来源信息或是其他信息。.do 文件（见本章后面关于文件类型的讲解）编辑窗口是一个标准的文本编辑器。由于它与 Stata 内在相连，所以用户可以用它来编辑 .do 程序文件并很方便地提交给 Stata 来执行。其他的窗口的用途将在以后相应的章节有更详细的讲解。

这些窗口的位置、颜色和字体可以由用户自由选择（见本章第三小节）。

菜单和快捷键

在 Stata 工作窗口的上方是 Stata 视窗的菜单和快捷键（见图 1-2）。

图 1-2　Stata 的快捷键

Stata 视窗共有8个菜单，具体见表 1-3。

表 1-3　Stata 视窗菜单

英文	中文	说明
File	文件	文件选择菜单
Edit	编辑	文本编辑菜单
Data	数据	数据编辑菜单
Graphics	图形	做图及图形编辑菜单
Statistics	统计	统计分析菜单
User	用户	用户菜单
Window	视窗	工作窗口菜单
Help	帮助	帮助菜单

如图 1-2 所示，在 Stata 菜单的下面，有一排快捷键。从左至右，这些快捷键的功能分别是：数据打开、数据存盘、窗口打印、结果记录文件处理、信息浏览窗口打开、制图窗口打开、`.do` 文件编辑器处理、数据编辑窗口、数据浏览窗口、分页符处理、中断按键。部分快捷键是打开新窗口的快捷方式。但在很多时候，由于命令提交可以更快地达到相同的目的，有一些快捷键甚少使用。

1.2.4　Stata 的命令输入方式

Stata 命令的输入方式有3种：点击菜单输入、在命令窗口用键盘输入以及编写 `.do` 文件提交给 Stata 。

- **点击菜单输入命令：**对于初学者而言， Stata 的菜单是一个很方便的工具。

用户可以通过简单的点击菜单提交任务。有的时候，点击菜单的方式甚至也可以提交较为复杂的任务。这一输入命令方式的优势是，在用户并不熟悉 Stata 命令的情况下，帮助用户提交运算任务。

- **在命令窗口输入命令：**每次在 Stata 命令窗口输入单一的一行命令，然后按下回车键，就将任务提交给了 Stata 。由于运算结果会很快在结果窗口显示出来，这样的输入方式犹如用户与 Stata 的对话，比较适合探索性的数据处理和分析。

- **运行命令程序文件：** 把所有需要运行的命令集中编写到一个后缀为 .do 的命令程序文件里，然后在命令窗口直接运行该文件， Stata 会根据文件的指令完成所有的任务。我们将在第五章专门讨论 .do 文件的编写。

对于刚刚接触 Stata 的初学者而言，或许点击菜单输入命令的方式很有吸引力。但在熟悉 Stata 简单易学的命令之后，用户往往会发现直接在命令窗口键入命令的方式更为方便。学习熟悉 Stata 命令的回报是丰厚的， Stata 命令的帮助信息编写得也较为浅显易懂。因此，我们并不推荐用户使用 Stata 中的菜单，甚至可以从一开始就忽略菜单。事实上， Stata 也是从版本7.0开始才加进了菜单输入命令的方式的。

我们建议读者一开始就养成编写和使用 .do 命令程序文件的习惯。用户可以先在命令窗口直接输入命令来执行探索性的任务，然后把认为有用的命令集中拷贝到一个 .do 文件里。或者直接把想要执行的任务编写成 .do 文件。这样的习惯不仅可以使用户对 Stata 的命令和自己要执行的任务有比较清晰的理解和认识，同时也为保存、记录和修改程序带来极大的便利。

1.2.5　Stata 的文件类型

作为一个统计分析软件程序， Stata 有着一套独立的文件类型。这些不同类型的文件由不同的扩展名来区分。而 Stata 也根据文件不同的扩展名分别使用不同的程序来运行它们。 Stata 主要有以下文件类型，包括数据文件、命令程序文件、运行程序文件、帮助文件、结果记录文件以及数据代码文件（见表 1-4）。

表 1-4 Stata 文件类型

文件类型	扩展名
数据文件	.dta
命令程序文件	.do
运行程序文件	.ado
帮助文件	.hlp
记录文件	.smcl 或 .log
数据代码文件	.dct

- **数据文件**：以 .dta 为扩展名，包含 Stata 使用的数据。我们将在第二章有更详细的讨论。

- **命令程序文件**：以 .do 为扩展名，内容为提交给 Stata 执行的一系列命令的集合。我们将在第四章中详细讨论命令程序文件的编写。

- **运行程序文件**：以 .ado 为扩展名。这是 Stata 用以完成用户提交的数据处理与统计分析任务的程序文件。其文件名即是该程序在 Stata 中的命令名。

- **帮助文件**：以 .hlp 为扩展名。它与相应的 .ado 文件有相同的文件名（仅扩展名不同），形成一对文件，成为 Stata 的在线帮助的重要组成部分。其内容为提示用户怎样使用该命令，即该命令的语法结构及其解释以及一些用法实例。

- **结果记录文件**：以 .smcl 或是 .log 为扩展名，用来记录 Stata 运行的结果。.smcl 是 Stata 为其出版物专门设定的结果文件格式，.log 则是一般的文本格式。一般情况下，我们建议使用 .log 文本格式，我们将在下一章详细讲解这种文件的用法。

- **图形文件**：以 .gph 为扩展名，用来存储 Stata 画出的图形；同时 Stata 还可以导出 .ps、.wmf、.eps 等图形格式。我们将在第八章详细讨论如何用 Stata 做图。

- **数据代码文件：** 以 `.dct` 为扩展名。这种文本格式的文件编写了数据说明、数据等内容。第二章将讨论任何使用数据代码文件。

1.3　开始使用 Stata

点击 `\Stata10\` 下的 Stata 执行程序，便可以启动 Stata 。初次启动 Stata 时，其初始界面如图 1-3 所示。

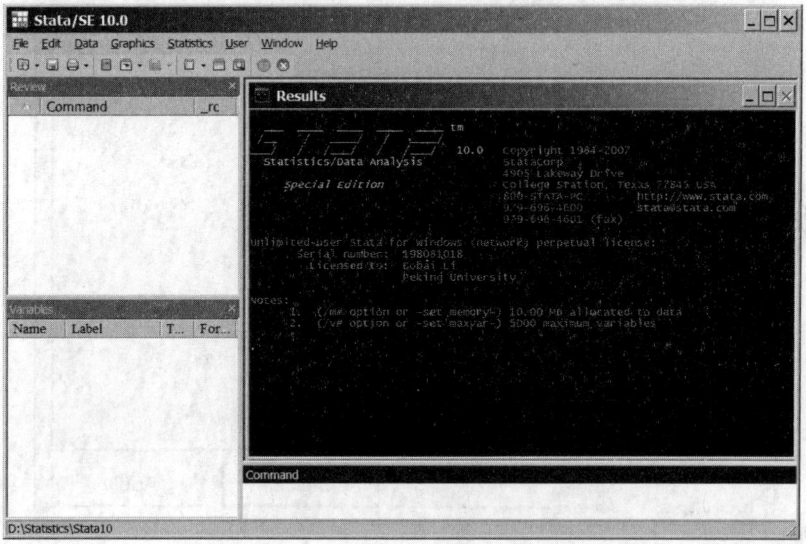

图 1-3　Stata 的初始界面

1.3.1　设定界面

如果是第一次使用，你首先需要做的是调整 Stata 的界面，使之符合自己的口味和使用习惯。

调整窗口位置：　Stata 10 以前的版本，各个窗口的位置是可以任意调整的。但 Stata 10 限制了这种调节功能，只有结果窗口和命令窗口可以调节。

在 Stata 10 里调整结果窗口和命令窗口的位置，需要点击菜单中的 Edit—Preferences—General Preferences，然后在出现的窗口点击 Windowing，选择 Enable ability to dock, undock, and tab windows 和 Make windows float (exclude Results)，最后点击 Apply（见图 1-4）。

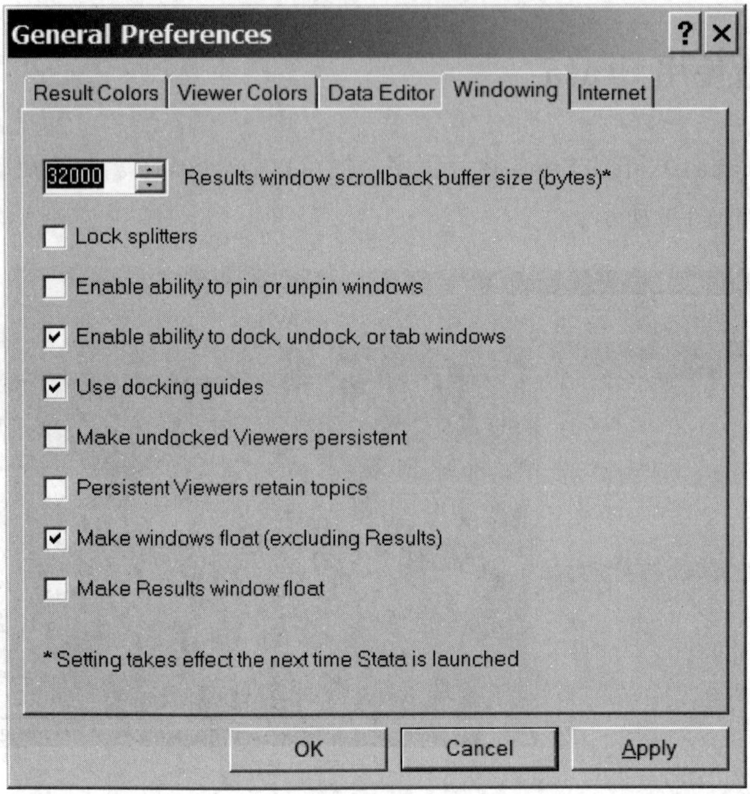

图 1-4　Stata 窗口设置

重新启动 Stata 后，便可用鼠标拖住结果窗口和命令窗口的边框来移动窗口的位置。

调整窗口的大小： 将鼠标挪到边界处，等待双向箭头出现后，再沿着箭头的方向挪动鼠标即可调整窗口大小。

调整窗口的字体： 用户可以选择结果窗口中显示字体与大小。用鼠标单击结果窗口的左上角图标，选择 `Font`，可以在弹出的窗口内根据喜好选择字体及其大小。

调整结果窗口的颜色： 把鼠标挪到结果窗口，点击鼠标右键，选择弹出菜单中的 Preferences，便可改变结果窗口的各种颜色搭配。

每个人对 Stata 的工作界面都有自己的偏好，图 1-5 是作者自己设定的 Stata 界面，其主要特点是把命令窗口放在结果窗口上方，以方便输入命令。

图 1-5　Stata 的个人界面

1.3.2　输入命令

调整好界面，用户便可以开始在 Stata 输入命令。在命令窗口直接输入任何 Stata 有效命令，按回车后，结果窗口便立刻显示命令执行的结果。

```
. display "I Love Stata"
I Love Stata
. display 99+88
187
. sysdir
   STATA:  D:\Stata10\
 UPDATES:  D:\Stata10\ado\updates\
    BASE:  D:\Stata10\ado\base\
    SITE:  D:\Stata10\ado\site\
    PLUS:  c:\ado\stbplus\
```

```
PERSONAL:  c:\ado\personal\
OLDPLACE:  c:\ado\
```

当输入错误的命令时， Stata 会停止运行，结果窗口会显示错误信息，如：

```
. desplay   99+88
unrecognized command:  desplay
r(199);
```

执行过的命令会被记录在命令记录窗口中，用户可以任意点击其中任何一个命令来重新执行。

在命令窗口键入 #review # 可以在结果窗口中显示出从当前命令开始倒数 # 个命令。# 为一个用户赋值的数字。例如，下面给出最近提交的10个命令：

```
. #review 10
10 display "I Love Stata"
9 twoway histogram hdi
8 codebook hdi contin
7 ta contin
6 summarize hdi, detail
5 describe rank-gdp
4 correlate hdi literacy
3 list rank nation contin hdi
2 ta contin
1 #review 10
```

1.3.3 调整工作目录

Stata 在其工作界面的左下端（变量窗口的下面）显示了用户的当前工作目录。这时的当前工作目录是用户打开 Stata 的目录。在初始情况下， Stata 的工作目录为 Stata 的主目录(如 c:\Program Files\Stata 10\)。除非有指明路径，否则 Stata 将从当前工作目录里读取文件和导出文件。

临时改变 Stata 的工作目录，可直接在命令窗口输入DOS命令，如

```
. cd e:\data
e:\data
. cd e:\My Data
invalid syntax
r(198);
. cd "e:\My Data"
e:\My Data
```

第一个命令可将当前工作目录设定为 d:\data\。第二个命令是错误的，因为 My Data 目录名有空格，并不符合 DOS 惯例，所以必须如第三个命令所示，用双引号把整个目录名引住，否则 Stata 将显示错误信息。

若要建立一个永久的工作目录，可在 Stata 主目录下键一个 profile.do 文件，并把 cd d:\data\ 作为命令行写进文件里， Stata 每次启动时会自动运行 profile.do，把工作目录设定为 d:\data\（有关 profile.do 的具体内容在第四章）。

1.3.4　一些有用的 DOS 命令

由于 Stata 采用用户在命令窗口键入命令来提交运算任务的对话方式，这就使得直接用一些 DOS 模式下的命令来提交任务显得非常方便。常见的 DOS 命令如表 1-5所示。

表 1-5　Stata 中常用的 DOS 命令

mkdir	新建目录
dir	显示目录中的文件
cd	改变当前工作目录
erase	删除文件
type	显示文本文件内容

例如：

```
. cd ..
E:\ProjS\Stats\Stata
. dir
  <dir>   12/15/07 11:03  .
  <dir>   12/15/07 11:03  ..
  <dir>    9/04/07 20:50  Book
  <dir>   12/22/07  8:18  Chap1
  <dir>    9/04/07 20:50  Chap10
  <dir>   11/23/07 23:55  Chap1x
  <dir>   12/11/07 20:59  Chap2
  <dir>   12/15/07  8:16  Chap3
  <dir>   12/15/07 11:02  Chap4
  <dir>   12/21/07 23:25  Chap5
  <dir>   11/14/07 16:29  Chap6
  <dir>   12/22/07  0:25  Chap7
  <dir>    9/04/07 20:50  Chap8
  <dir>    9/04/07 20:50  Chap9
  14.2k    9/05/07  0:01  content.docx
  <dir>    9/30/07  0:11  Data1
  <dir>   11/17/07 22:52  Data2
  <dir>   10/04/07 21:32  Data3
  <dir>   11/09/07 10:54  Data4
  <dir>   10/04/07 22:35  Data5
  <dir>   10/14/07 15:26  Data6
  <dir>   11/19/07 15:23  Data7
  <dir>   10/01/07  8:36  Freqcmd
  <dir>   12/15/07  7:18  MoneyIssues
  <dir>    9/04/07 20:49  Notes
  <dir>    9/17/07  9:10  OldChap1
  <dir>   11/23/07 23:57  OldChap2
  <dir>   11/23/07 23:58  OldChap3
  <dir>   12/21/07 19:15  OldChap4
  <dir>   11/21/07 20:08  Preface
  <dir>   10/07/07  8:23  PublishMatters
  <dir>   11/14/07 11:29  Refer
. cd chap1
E:\ProjS\Stats\Stata\chap1
```

1.3.5 内存设定

跟其他统计软件不同，Stata 是在内存（RAM）而不是硬盘中存取和处理数据，这一特点大大增强了运算的速度。基于这一点，Stata 需要从计算机系统获取一定的内存空间；而因为每台计算机的内存容量不一样，所能分配给 Stata 的内存空间也不同。有时候，用户需要根据机器的内存容量和数据文件的大小来设置 Stata 的内存空间。

Stata 10 的初始默认内存空间为 10MB（在 Stata 10 以前是 1MB），能基本满足日常的运算需求。但在有些时候，特别是在处理大规模数据时，这样的内存容量显然是不够的。因此需要改变 Stata 给定的内存容量。有多种方法可以调整 Stata 的内存容量规模。

首先，要知道 Stata 的内存空间，可以在命令窗口输入 memory 命令。

```
. memory
                                                bytes
---------------------------------------------------------------------------
Details of set memory usage
    overhead (pointers)                             0          0.00%
    data                                            0          0.00%
                                         ----------------------------
    data + overhead                                 0          0.00%
    free                                  104,857,592        100.00%
                                         ----------------------------
    Total allocated                       104,857,592        100.00%
---------------------------------------------------------------------------
Other memory usage
    system overhead                         1,600,194
    set matsize usage                         337,600
    programs, saved results, etc.              19,967
                                         ---------------
    Total                                   1,957,761
---------------------------------------------------------------
Grand total                               106,815,353
```

在上面的例子中，配置给 Stata 内存约 30MB，因为没有读入任何数据，这些内存的 100% 是空闲的。

用户还可以使用命令 set memory 来调整内存规模。

```
. set memory 50m
(51200k)
. set memory 10000
(10000k)
```

第一个命令将内存调整为 50MB。

第二个命令将内存调整为 10000KB，即 10MB（ Stata 内存的，除非指明，默认单位是 KB ）。

在当前 Stata 内存已读入数据的时候，不能直接使用命令 set memory 来调整内存规模。必须如第三和第四个命令所示，先使用命令 clear 清除数据，使得内存为空，然后再调整内存。

```
. set memory 20m
no; data in memory would be lost
r(4);
. clear
. set memory 20m
Current memory allocation

                  current                                  memory usage
   settable         value     description                  (1M = 1024k)
   --------------------------------------------------------------------
   set maxvar        5000     max. variables allowed             1.909M
   set memory         20M     max. data space                   20.000M
   set matsize        100     max. RHS vars in models            0.085M
                                                             ----------
                                                                21.994M
```

1.3.6　读入数据

Stata 是一个多用途的计算环境，可以用来做很多的工作。但大部分用户最为关心的还是运用 Stata 来进行数据处理和数据分析。

假设用户已经建立了一个 Stata 数据文件，取名为 mydata.dta，可以直接输入命令 use，让 Stata 把数据文件读入内存。

```
. use   mydata, clear
(human dev'mt report 2004, from UNDP webpage)
```

当数据文件的扩展名为 .dta 的时候，可以省略。

这里要强调的是，除非有特别设置， Stata 一次只能把一个数据文件读进内存。当内存已经读进数据文件时，要再读进另外一个数据文件，需要先清空内存，否则 Stata 将显示错误信息（见第三章）。

1.3.7　浏览数据

读入数据文件以后，变量窗口便会显示数据里的变量信息，如图 1-6所示。

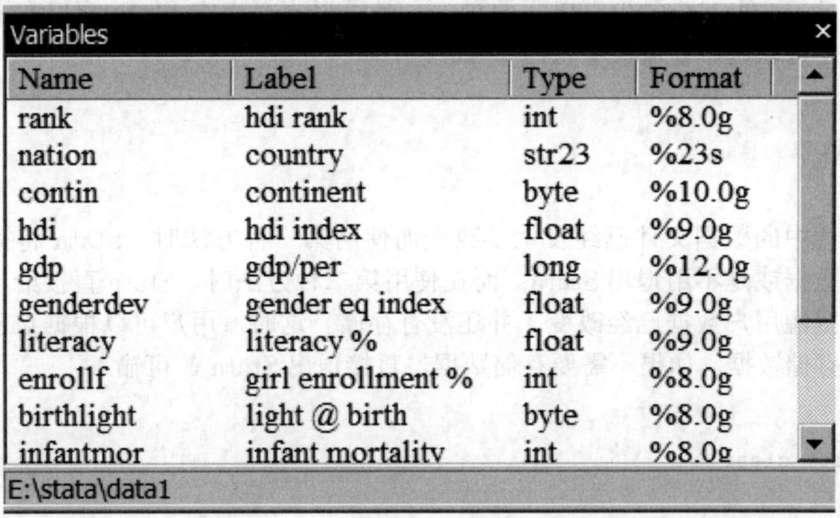
Variables

Name	Label	Type	Format
rank	hdi rank	int	%8.0g
nation	country	str23	%23s
contin	continent	byte	%10.0g
hdi	hdi index	float	%9.0g
gdp	gdp/per	long	%12.0g
genderdev	gender eq index	float	%9.0g
literacy	literacy %	float	%9.0g
enrollf	girl enrollment %	int	%8.0g
birthlight	light @ birth	byte	%8.0g
infantmor	infant mortality	int	%8.0g

E:\stata\data1

图 1-6　变量窗口的变量信息

在命令窗口输入 `browse`， Stata 便会弹出数据表格窗口，数据文件里的信息即可像微软的 Excel 一样以表格形式展现，一目了然，如图 1-7。

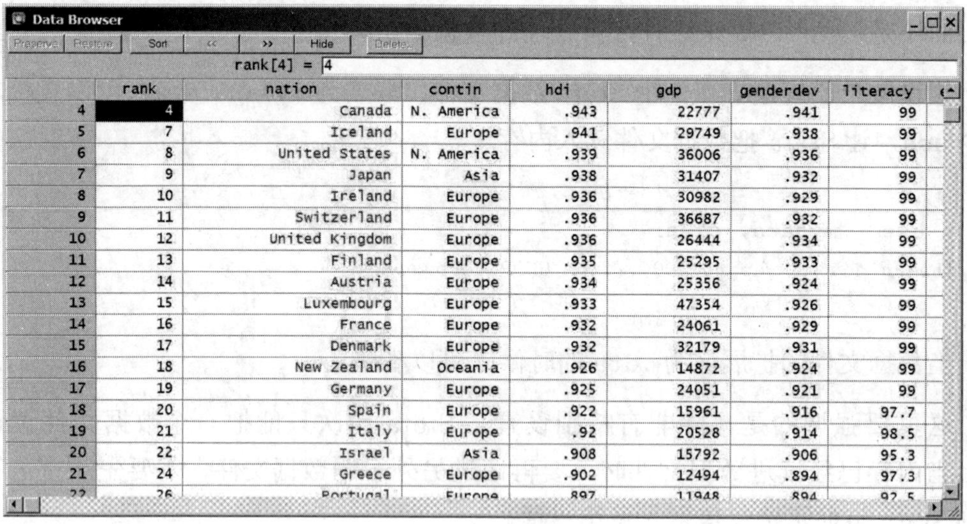

Data Browser

rank[4] = 4

	rank	nation	contin	hdi	gdp	genderdev	literacy
4	4	Canada	N. America	.943	22777	.941	99
5	7	Iceland	Europe	.941	29749	.938	99
6	8	United States	N. America	.939	36006	.936	99
7	9	Japan	Asia	.938	31407	.932	99
8	10	Ireland	Europe	.936	30982	.929	99
9	11	Switzerland	Europe	.936	36687	.932	99
10	12	United Kingdom	Europe	.936	26444	.934	99
11	13	Finland	Europe	.935	25295	.933	99
12	14	Austria	Europe	.934	25356	.924	99
13	15	Luxembourg	Europe	.933	47354	.926	99
14	16	France	Europe	.932	24061	.929	99
15	17	Denmark	Europe	.932	32179	.931	99
16	18	New Zealand	Oceania	.926	14872	.924	99
17	19	Germany	Europe	.925	24051	.921	99
18	20	Spain	Europe	.922	15961	.916	97.7
19	21	Italy	Europe	.92	20528	.914	98.5
20	22	Israel	Asia	.908	15792	.906	95.3
21	24	Greece	Europe	.902	12494	.894	97.3
22	26	Portugal	Europe	.897	11948	.894	92.5

图 1-7　数据表格窗口

1.3.8　退出 Stata

退出 Stata 的方法至少有以下两种。一是可以直接点击 Stata 窗口右上角的关闭键。二是可以在命令窗口输入命令 `exit`。

```
. exit
```

当内存中的数据文件已经发生了改变而使用第一种方法时，Stata 将提示是否还要存储数据或是不用退出 Stata；而在使用第二种方法时，Stata 直接给出一个错误信息，提醒用户数据已经改变了并还没有存储。这时，用户可以根据自己的需要决定是否存储数据。如果不需要存储数据，直接退出 Stata ，可输入

```
. exit, clear
```

这时， Stata 直接退出，并不提醒用户。而没有存储的数据将无法恢复。

1.4 一个简单的 Stata 分析流程

现在，我们使用一个简单的 Stata 分析流程，让读者初步了解一下 Stata 的功能以及 Stata 命令的简洁实用。

这个分析例子使用的数据文件为 hdr2004.dta。除了后添加的 *continent* 变量以外，所有其余数据是从联合国发展署（UNDP）网站 2004 年的《人类发展报告》[1]中摘录。数据的内容是关于世界各国 2002 年的社会经济发展指标。需要指出的是，原有报告中一共有 197 个国家或地区的数据。由于数据缺失的原因，本数据仅仅包含了没有缺失数值的 112 个国家或地区。

1.4.1 了解数据结构

当 Stata 读取了数据之后（详情参见下一小节），用户需要了解数据结构。

```
. use hdr2004, clear
(human dev'mt report 2004, from UNDP webpage)
. describe
Contains data from hdr2004.dta
  obs:           112                         human dev'mt report 2004, from
                                               UNDP webpage
 vars:            13                         30 Sep 2007 17:25
 size:         7,056 (99.9% of memory free)  (_dta has notes)
-------------------------------------------------------------------------------
              storage  display     value
variable name   type   format      label      variable label
-------------------------------------------------------------------------------
rank            int    %8.0g                  hdi rank
nation          str23  %23s                   country
contin          byte   %10.0g      conti      continent
hdi             float  %9.0g                  hdi index
gdp             long   %12.0g                 gdp/per
genderdev       float  %9.0g                  gender eq index
literacy        float  %9.0g                  literacy %
```

[1] *Human Development Report 2004.*

```
enrollf         int     %8.0g                 girl enrollment %
birthlight      byte    %8.0g                 light @ birth
infantmor       int     %8.0g                 infant mortality
internetk       float   %9.0g                 internet user /1k
lifeexp         float   %9.0g                 life expectancy
gdpn            float   %9.0g
-------------------------------------------------------------------------------
Sorted by:  rank
```

如果数据列表较长，则 Stata 的结果窗口将显示“--more--”的分页符，按任意键将继续（更详细的操作见本章稍后）。在表格的最上方的是关于数据的总体信息，如数据文件的路径和名称、数据的大小规模、最后生成时间等。在表格中的五栏则是以每一个变量为单位的数据结构的具体信息（详细的讲解见第四章）。

1.4.2 变量与变量取值

对于某个变量，如果用户希望知道具体的变量取值编码，可以使用codebook命令来获取。

```
. codebook  nation contin
---------------------------------------------------------------------------
nation                                                              country
---------------------------------------------------------------------------

                  type:  string (str23), but longest is str22

         unique values:  112                       missing "":  0/112

              examples:  "Cape Verde"
                         "Ghana"
                         "Malawi"
                         "Portugal"

               warning:  variable has embedded blanks
---------------------------------------------------------------------------
contin                                                            continent
---------------------------------------------------------------------------

                  type:  numeric (byte)
                 label:  conti
```

```
                 range:  [1,6]                    units:  1
         unique values:  6                    missing .:  0/112

            tabulation:  Freq.   Numeric  Label
                            28         1  Africa
                            20         2  Asia
                            33         3  Europe
                            11         4  N. America
                             4         5  Oceania
                            16         6  S. America
```

在上面，显示了两个不同类型的变量的取值情况。对于字符变量，只有取值例子。对于数值变量，则有取值区间和频次。两个变量均没有缺失值。

为了以更接近于数据表格的形式来查看数据，我们可以使用list命令。

```
. list   nation contin hdi in 41/50

     +------------------------------------------+
     |              nation       contin     hdi |
     |------------------------------------------|
 41. |             Bahamas   N. America    .815 |
 42. |              Mexico   N. America    .802 |
 43. | Trinidad and Dobago   N. America    .801 |
 44. |            Bulgaria       Europe    .796 |
 45. |            Malaysia         Asia    .793 |
     |------------------------------------------|
 46. |              Panama   S. America    .791 |
 47. |             Belarus       Europe     .79 |
 48. |           Mauritius       Europe    .785 |
 49. |             Albania       Europe    .781 |
 50. |           Venezuela   S. America    .778 |
     +------------------------------------------+
```

上面的例子给出了10个观察个案的3个变量的取值情况。这些都是在结果窗口显示出来的。上面的Stata命令已经加进了个案选择，即选择某些个案进入到提交的命令的运算中。这一特别的条件是用in引导的表达式来实现的。

用户也可以直接用 browse 命令调出数据浏览窗口查看或是修改数据[2]。但是，更好的方法是使用编辑 .do 文件的方式来更改数据，这样能够对所有的数据变化有一个明确的记录。

在命令窗口输入以下命令：

```
. browse if hdi < 0.5
```

Stata 会弹出数据浏览窗口，如图 1-8。

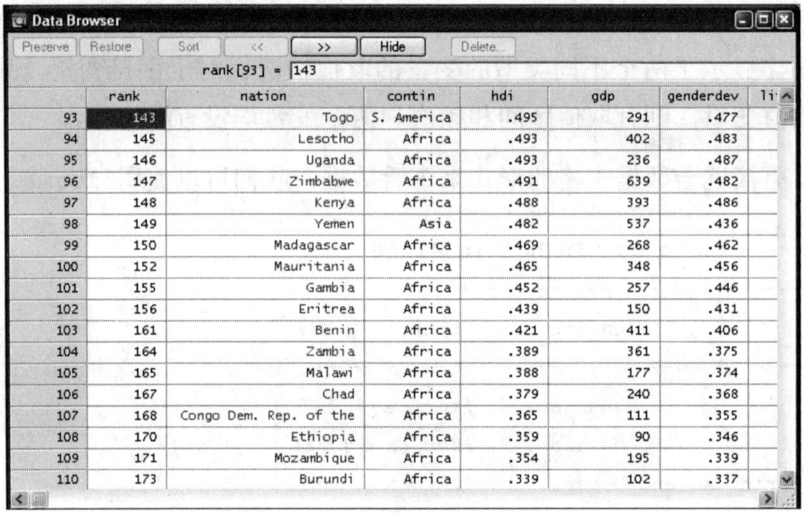

	rank	nation	contin	hdi	gdp	genderdev	li
93	143	Togo	S. America	.495	291	.477	
94	145	Lesotho	Africa	.493	402	.483	
95	146	Uganda	Africa	.493	236	.487	
96	147	Zimbabwe	Africa	.491	639	.482	
97	148	Kenya	Africa	.488	393	.486	
98	149	Yemen	Asia	.482	537	.436	
99	150	Madagascar	Africa	.469	268	.462	
100	152	Mauritania	Africa	.465	348	.456	
101	155	Gambia	Africa	.452	257	.446	
102	156	Eritrea	Africa	.439	150	.431	
103	161	Benin	Africa	.421	411	.406	
104	164	Zambia	Africa	.389	361	.375	
105	165	Malawi	Africa	.388	177	.374	
106	167	Chad	Africa	.379	240	.368	
107	168	Congo Dem. Rep. of the	Africa	.365	111	.355	
108	170	Ethiopia	Africa	.359	90	.346	
109	171	Mozambique	Africa	.354	195	.339	
110	173	Burundi	Africa	.339	102	.337	

图 1-8 Stata 的数据浏览窗口

上面的 Stata 命令已经加进了条件选择，是用 if 引导的表达式来实现的。

1.4.3 描述数据

Stata 描述数据统计量的命令相当方便实用。使用 summarize 命令可以列出变量的基本描述性统计量。

```
. summarize
    Variable |       Obs        Mean    Std. Dev.       Min        Max
```

[2]用户也可以使用菜单的形式调出浏览窗口。

```
-------------+--------------------------------------------------------
        rank |       112    81.38393    52.39769          1        176
      nation |         0
      contin |       112    2.919643    1.650216          1          6
         hdi |       112    .7242232    .1792316       .292       .956
         gdp |       112    7390.732    10554.39         90      47354
-------------+--------------------------------------------------------
   genderdev |       112    .7163393    .1819637       .278       .955
    literacy |       112     83.8375    19.51365       12.8       99.8
     enrollf |       112    61.89286    29.10817          4        101
  birthlight |       112      10.375    5.821868          3         42
   infantmor |       112    37.41071    37.40298          3        156
-------------+--------------------------------------------------------
   internetk |       112    142.2607    169.1674         .5      647.9
     lifeexp |       112    66.30179    12.86056       32.7       81.5
        gdpn |       112    7.794361    1.649659    4.49981   10.76541
```

上面给出了数据中所有变量的基本统计量，包括个案观测数目、均值、标准差、最小值与最大值。因为这些统计量不适用于字符变量，所以在计算描述性统计量时，Stata 会把所有字符变量（如 *nation*）当成缺失。

我们还可以在 `summarize` 命令中加入选项 `detail`，得出更为详细的统计结果:

```
. summarize hdi, detail
                          hdi index
-------------------------------------------------------------
      Percentiles      Smallest
 1%         .302           .292
 5%         .365           .302
10%         .452           .339       Obs                 112
25%        .6135           .354       Sum of Wgt.         112

50%         .767                      Mean           .7242232
                        Largest       Std. Dev.      .1792316
75%         .853           .943
90%         .934           .946       Variance        .032124
```

```
95%        .939           .946      Skewness     -.7249839
99%        .946           .956      Kurtosis      2.505727
```

这里给出了更多的统计量，包括更多的百分位值、更多的极值，甚至给出了偏度值与峰态值。

1.4.4 列表

在很多情况下，需要用列表的方式来呈现数据处理结果。Stata 的列表命令 `tabulate` 也显得相当地简单方便。

```
. tabulate  contin
  continent |      Freq.     Percent        Cum.
------------+-----------------------------------
     Africa |         28       25.00       25.00
       Asia |         20       17.86       42.86
     Europe |         33       29.46       72.32
 N. America |         11        9.82       82.14
    Oceania |          4        3.57       85.71
 S. America |         16       14.29      100.00
------------+-----------------------------------
      Total |        112      100.00
```

上面给出了一个简单的频次表格。对于目标变量的各个取值，Stata 给出了频次、百分比以及累积百分比。

Stata 还可以给出更加复杂的二维或是超过二维的表格：

```
. tabulate contin, summarize(hdi)
            |       Summary of hdi index
  continent |        Mean   Std. Dev.       Freq.
------------+------------------------------------
     Africa |   .49164286   .1303253          28
       Asia |      .73015  .12943858          20
```

```
     Europe |  .87263636   .0680238         33
  N. Americ |  .80745455   .08177208        11
    Oceania |       .793   .18737128         4
  S. Americ |  .74331249   .09144376        16
------------+------------------------------------
      Total |  .72422321   .17923163       112
```

上面的表格给出了定类变量 *continent* 的每一个类别所对应的连续变量 *hdi* 的描述性统计量：均值、标准差以及每一个类别的频次。

1.4.5　*t*-检验

当检验两个组别的均值是否相等时，就需要使用*t*-检验的方法。Stata 中的 *t*-检验的应用举例如下：

```
. ttest   hdi if contin<3, by(contin)
Two-sample t test with equal variances
------------------------------------------------------------------------------
   Group |     Obs        Mean    Std. Err.   Std. Dev.   [95% Conf. Interval]
---------+--------------------------------------------------------------------
  Africa |      28    .4916429    .0246292    .1303253     .441108    .5421777
    Asia |      20      .73015    .0289433    .1294386    .6695709    .7907291
---------+--------------------------------------------------------------------
combined |      48    .5910208    .0252697    .1750735    .5401848    .6418569
---------+--------------------------------------------------------------------
    diff |           -.2385071    .0380483               -.3150944   -.1619198
------------------------------------------------------------------------------
    diff = mean(Africa) - mean(Asia)                              t =  -6.2685
Ho: diff = 0                                     degrees of freedom =       46

    Ha: diff < 0                 Ha: diff != 0                 Ha: diff > 0
 Pr(T < t) = 0.0000         Pr(|T| > |t|) = 0.0000          Pr(T > t) = 1.0000
```

上述的 Stata 命令比较了两个组别在一个连续变量取值上的均值的差异。并且给出了一系列两个组别的统计量，以及 *t*-检验的各种统计量。需要指出的是，上面的 Stata 命令加进了由逗号“，”引导的选项。这样的选项指明 Stata 的命令执行特定的任务。

1.4.6 相关系数

用户可以很容易地在 Stata 中输入 correlate，以获取相关系数矩阵。而 Stata 呈现相关系数矩阵的结果也相当简洁清楚：

```
. correlate   hdi gdp genderdev literacy lifeexp
(obs=112)

             |      hdi      gdp gender~ literacy  lifeexp
-------------+---------------------------------------------
         hdi |   1.0000
         gdp |   0.6602   1.0000
   genderdev |   0.9994   0.6610   1.0000
    literacy |   0.8470   0.4415   0.8528   1.0000
     lifeexp |   0.9114   0.5440   0.9075   0.6556   1.0000
```

由于相关系数矩阵是一个沿主对角线对称的矩阵， Stata 只给出了位于左下的一半与取值为1的主对角线，而省略了右上的一半。

1.4.7 制图

从版本 8.0 开始， Stata 采用了新的制图引擎。现在 Stata 的制图完全可以达到出版要求的质量。以下是两个使用命令 scatter 制图的例子。

在命令窗口输入

```
. scatter hdi gdp
```

将得到两个连续变量的散点图，如图 1-9。

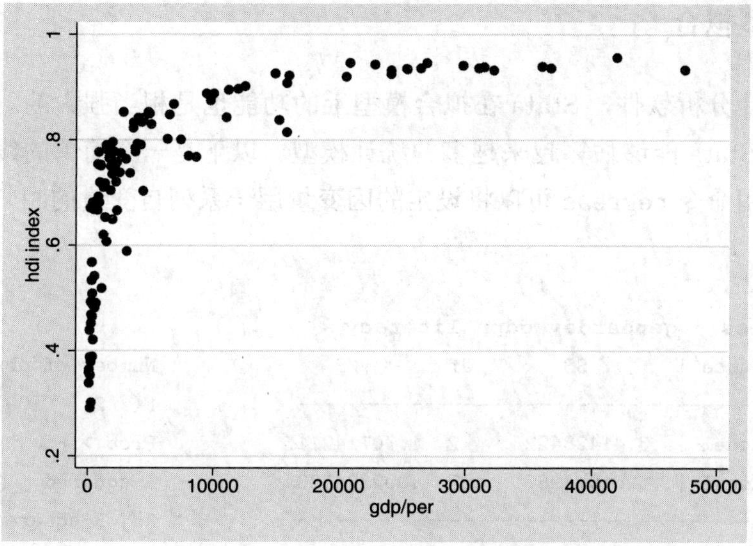

图 1-9　一个简单的散点图

一个更加复杂的图形可以用如下命令得到（图 1-10）：

```
. graph twoway (scatter hdi literacy || lfit hdi literacy), by(contin)
```

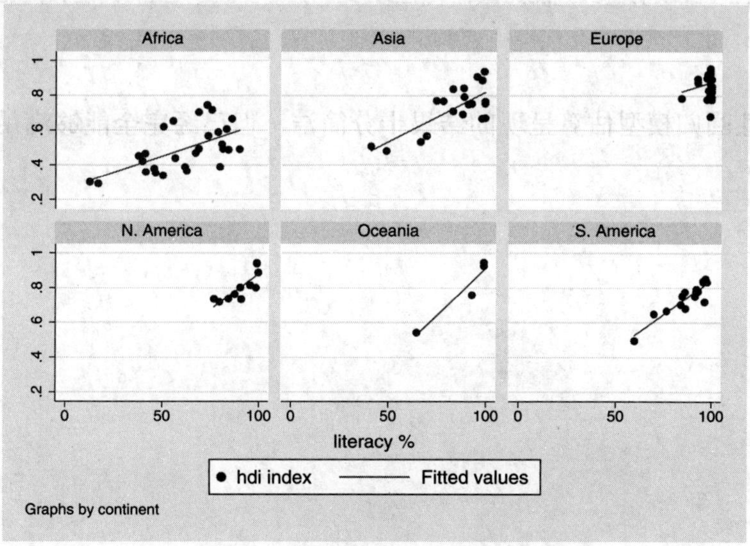

图 1-10　一个更加复杂的图形

1.4.8 模型拟合

作为统计分析软件，Stata 在拟合模型上的功能也是相当强大的。随着版本的不断更新，Stata 能够估算越来越多的统计模型。以下是一个简单的线性回归的模型拟合。使用命令 regress 可以将设定的因变量用一系列自变量的回归模型表示出来。

```
. regress   genderdev gdpn literacy
      Source |       SS       df       MS              Number of obs =     112
-------------+------------------------------           F(  2,    109) =  712.90
       Model |  3.41428422     2  1.70714211           Prob > F      =  0.0000
    Residual |  .261014957   109  .002394633           R-squared     =  0.9290
-------------+------------------------------           Adj R-squared =  0.9277
       Total |  3.67529918   111  .033110803           Root MSE      =  .04893
------------------------------------------------------------------------------
   genderdev |      Coef.   Std. Err.      t    P>|t|     [95% Conf. Interval]
-------------+----------------------------------------------------------------
        gdpn |    .067788   .0038522    17.60   0.000      .060153    .0754229
    literacy |   .0040409   .0003257    12.41   0.000     .0033955    .0046864
       _cons |  -.1508051   .0234386    -6.43   0.000    -.1972595   -.1043506
------------------------------------------------------------------------------
```

上述线性回归模型估算呈现的结果十分简洁，但已经完全能够满足我们所需要的参数估计了。

第二章

使用 Stata 的基础

通过上一章的学习，读者应当对Stata有了一个大致的了解。从本章开始，正式进入 Stata 的使用，以下所有的命令输入都是在命令窗口完成。

本章的中心内容是怎样在 Stata 中输入命令得出结果。我们首先解剖 Stata 的命令结构，讨论在Stata中怎样输入符合语法的命令。然后，我们讨论怎样处理与存储由此得到的结果。另外，我们还将介绍怎样在Stata中控制各种参数，使得用户在使用 Stata 时更为方便顺手。最后，我们列出了一些学习 Stata 的资源。在本章中使用的数据是 hdr2000.dta。

2.1 Stata 的命令结构

总体而言， Stata 的命令较为易学易用。 Stata 的输入本身是区分命令与变量的大写与小写。Stata 内在的所有命令名都是小写的。变量名大写与小写均可（详情请参见第四章）。举例来说，*hdi*、*Hdi*、*HdI* 与 *HDI* 是4个完全不同的变量。除了用户本人， Stata 在运行的过程中不会将它们混为一谈的。在 Stata 编程中（特别是在编写 .ado 文件中），经常会用到大写的命令名或是变量名。在本书中，所有数据中的变量名均使用小写形式。

2.1.1 命令组成部分详解

Stata 的通用命令结构如下：

```
[prefix:]  command [varlist] [= exp.]  [if exp.]  [using filename]
   [in range] [weight = ] [, options]
```

上述结构中的术语解释如下：

- **prefix**——命令前缀。指导Stata命令如何运行。最常见的是以by *varlist* 的形式出现。这时，Stata 命令需要对于 *varlist* 的每一个取值分别运行一次。即：*varlist* 有多少个取值，Stata 命令就需要重复多少次。在其他地方也有其他形式的前缀。前缀与命令间用“:”隔开。

- **command**——命令。这是Stata 语法结构中唯一不可缺少的。而上面命令结构里的各个中括号内的组成部分都是用来限定命令的——明确指定命令所要完成用户提交的任务的方式或是范围等。

- **varlist**——变量串。Stata 命令所执行的任务就是针对这些变量的（见本章更详细的讲解）。

- **= exp.**——表达式。界定变量间的关系（见第四章数据运算中更详细的讲解）。

- **if exp.**——条件表达式。界定 Stata 命令执行任务的对象必须满足这些逻辑表达式的条件（见第四章数据运算中更详细的讲解）。

- **using filename**——使用的文件。通常在使用数据管理的命令时，需要指定命令所针对的文件（见第九章数据管理中更详细的讲解）。

- **in range**——观察个案范围。限定 Stata 命令执行任务的个案范围（见本章更详细的讲解）。

- **weight**——权重。指定 Stata 命令执行任务时的权重参数变量。

- **options**——选项。必须由“,”与命令及命令结构中的其他部分隔开。选项是用来限定或是指导命令的执行的。例如，有的选项指定 Stata 命令仅运行特定的计算过程；有的则指定 Stata 在运算结束后显示特定的内容等等。Stata 中的选项众多，这构成了 Stata 的特色，也使得 Stata 的命令完成的任务多种多样。有些特定的选项是某些命令所特有的。对于主要选项的讲解将在讨论与其相对应的命令中完成。

2.1.2　命令及其缩写

Stata 中的命令较多，刚接触时让人觉得纷繁复杂、无从下手。随着本书的逐章讲解，我们将根据讨论的议题分类介绍各种命令的用法。事实上， Stata 命令的命名形式十分直截了当而且浅显易懂，记忆起来也并不费力。例如，列出数据的命令是 list，生成新变量的命令即是 generate，而线性回归分析的命令就是 regress。

通常，用户在熟悉命令名之后，可以使用命令的缩写形式。Stata 命令缩写的原则是，最简短的但不会引起混淆的缩写形式。例如，d 用来替代 describe，而其余由 d打头的命令的缩写则必然使用更多的字母。如使用 dis 来替代 display。具体见表 2-1。

表 2-1　一些 Stata 命令与选项的缩写形式

命令或选项	缩写
list	li
describe	d
display	di, dis
summarize	sum
tabulate	ta, tab
label	lab
rename	ren
recode	rec
generate	gen, g
graph	gr
regress	reg
memory	mem
variable	var

表 2-1　一些 Stata 命令与选项的缩写形式（续）

命令或选项	缩写
value	val
detail	d
column	col

在此后的命令输入中，我们有时只写出命令的缩写形式。上面的表格中是一些常用 Stata 命令的缩写形式。用户可以在命令帮助的浏览窗口中查到各种命令的选项及缩写。Stata 的帮助文件用下划线来强调命令或选项的缩写形式。例如，`list` 表示命令 `list` 的缩写形式为 `l`。

2.1.3　变量与变量串

数据分析的对象是变量，而 Stata 命令所指向的运算任务针对的也是变量。Stata 命令中的变量的数目可以是 0，也可以是多个。如果是多个，就成为变量串。

在 Stata 中，指明变量串的方法有多种。可以一一列出变量名，也可以使用简略方法。表2-2 是一些例子。

表 2-2　Stata 命令中的变量串

（空白）	Stata 默认为所有变量
_all	数据中的所有变量
hdi gdp infantmor	指明的 3 个变量
hdi gdp-infantmor	变量 *hdi* 以及 *gdp* 到 *infantmor* 间的所有变量
li in**	以 *li**与 *in**打头的所有变量

当然，以上的各种指明变量串的方法还可以混合使用，这使得用户在使用 Stata 时更为灵活。

对于 Stata 运算中所涉及的因变量、自变量之分（或是类似于这样的区分），Stata 命令将第 1 个变量作为因变量（或是图表中的 y 轴与行变量），而第 2

个变量及以后的均作为自变量[1]。显然，Stata 这样的区分是符合用户平时的思考方式的。

下面我们给出一些 Stata 中指明因变量（y 轴变量）与自变量（x 轴变量）的例子（表 2-3）。

表 2-3 Stata 命令中因变量的指明

`anova` *hdi contin*	*hdi* 为因变量
`regress` *genderdev gdpn literacy*	*genderdev* 为因变量
`scatter` *hdi literacy*	*hdi* 为 y 轴
`tabulate` *contin*, `summarize(`*hdi*`)`	*contin* 类别取值为行变量，纵向列出

下面给出表 2-3 中最后一个命令的例子：

```
. tabulate contin, summarize(hdi)
            |        Summary of hdi index
  continent |       Mean   Std. Dev.       Freq.
------------+------------------------------------
     Africa |  .49164286    .1303253          28
       Asia |     .73015   .12943858          20
     Europe |  .87263636    .0680238          33
  N. Americ |  .80745455   .08177208          11
    Oceania |       .793   .18737128           4
  S. Americ |  .74331249   .09144376          16
------------+------------------------------------
      Total |  .72422321   .17923163         112
```

2.1.4 观察个案范围

在 Stata 内部的系统中，每个观察个案有着各自对应的个案编号，Stata 使用变量_n来表示。这个观察个案编号并不是一个实际生成的变量，它可能因为数据文

[1]在某些制图命令中，一个变量串中，仅有最后一个变量为 x 轴变量，而前面所有的其他变量均为 y 轴变量。

件排序的变化而发生改变。用户可以使用 Stata 这一内部的系统编号来指定命令运算的范围。

需要 Stata 在结果窗口给出当前数据中第5个观察个案的以下变量取值时，可以在 Stata 的命令窗口输入：

. `list` *hdi gdp genderdev* in 5

需要 Stata 给出第 51 至 65 共 15 个观察个案的上述变量的取值时，则输入：

```
. list hdi gdp literacy enrollf in 51/63

     +-----------------------------------+
     |  hdi    gdp   literacy   enrollf  |
     |-----------------------------------|
 51. | .778   2052       97.3        81  |
 52. | .777    851       99.6        91  |
 53. | .775   2593       86.4        74  |
 54. | .773   1850       92.1        56  |
 55. |  .77   8002       74.4        68  |
     |-----------------------------------|
 56. | .768   8612       77.9        51  |
 57. | .766   1656       99.4        83  |
 58. | .764   3008       87.6        76  |
 59. | .758   2281       92.9        79  |
 60. | .754    771       99.4        86  |
     |-----------------------------------|
 61. | .753    975       92.6        62  |
 62. | .752   2113         85        65  |
 63. | .751   1000       91.6        51  |
     +-----------------------------------+
```

上述数据列表的最左端 51~65 的数字（方框之外），就是 Stata 内部的观察个案编号。

用户也可以用倒数的形式来指定当前数据中个案位置。例如，当要求 Stata 给出刚才倒数第 5 个个案的情况时，可输入 `list` *hdi* in -5。其中的 -5 表示倒数的第 5 个观察个案。

2.1.5　命令举例

我们将在第四章中详细讨论 Stata 命令结构中的诸如表达式、条件表达式等其他部分。这些部分与数据变量紧密相关。在此，不做更多的讲解。表 2-4给出一些命令的例子。

表 2-4　Stata 命令举例

前缀	命令	变量串	条件	选项	说明
	sum				默认所有变量
	sum	*hdi*			一个变量
	sum	*hdi-gdp*			一组变量
	sum	*in**			以*in**打头的变量
	sum	*hdi*	if *contin* < 3		加上限定条件
	sum	*hdi*	in 51/60		第 51 至第 60 个个案
by contin:	sum	*hdi*			分大洲来描述
	sum	*hdi*		, d	给出详细统计量

2.1.6　查找与重新输入已输入过的命令

在上一章中，我们谈到在 Stata 中可以使用 3 种方法输入命令。不论使用哪种方法， Stata 在命令输入窗口都会记录用户最近输入的命令。该窗口中的命令记录使用了两种颜色：黑色的表示已经执行过的命令，而红色的表示因各种原因未执行的命令。用户可以在此查找历史上的命令。同时，用户可以通过点击某一命令，将它再次输入到命令窗口。

另一个查找已输入的命令的方法是通过按下 PgUp 与 PgDn 键。在命令窗口激活的情况下，每按一次 PgUp 键， Stata 在该窗口显示已经输入的前一次命令；而每按一次 PgDn 键则显示已经输入的后一次命令。这是一种相当便捷的重复输入命令的方法。

2.2 使用 Stata 的运算结果

当用户输入了指令之后，Stata 会将运算结果（或是没有运算结果的原因）清楚简洁地显示在结果窗口中。对于这些运算结果，在阅读过后，用户往往需要转移、存储或是使用其他方式来处理。在 Stata 中，处理运算结果的方法至少有两种：

- 直接从结果窗口复制粘贴结果到其他文字或表格处理软件中；
- 将运算结果存储到结果记录文件中。

在 Stata 中，可以使用结果记录（.smcl/.log）文件将结果窗口中显示的内容记录下来，并存储到另外一个单独的文件中。处理结果记录文件的是由 log 引导的一系列命令。以下将分别讨论这两种方法。

除了上述两种方法以外，有些 Stata 的运算结果还可以直接转换成其他格式与形式的文件，目的是要得到一个在其他文字或是数据表格处理软件中更容易处理的格式。对于这样的一些转换方法，Stata 本身并不提供转换工具，都是由 Stata 用户群所编写。用户社区中有许多用于这种转换结果的程序，读者可以上网搜寻自己适用的程序。

除了运算结果以外，Stata 还可以绘制图形，生成图形文件。对于图形文件的格式及处理方法在第八章制图中专门讨论。

2.2.1 直接复制粘贴

在 Stata 结果窗口中，用户可以使用鼠标将需要的运算结果部分选择并复制，然后粘贴到其他处理软件中。用户可以用菜单操作，也可以用键盘操作。

在使用键盘操作时，`Ctrl + c` 用于复制文本格式的内容，而 `Ctrl + Shift + c` 用于复制表格格式。在粘贴的窗口，则使用相同的 `Ctrl + v`。

如果将 Stata 中的表格直接粘贴进诸如 Word 的文字编辑器，用户将得到一个使用tab 键作为分隔符的文本格式的文件。这种情况下，用户可以使用文字编辑器中的表格处理方法得到所希望的表格格式。另外，用户可以使用 Excel 作为中介，先将 Stata 表格粘贴到 Excel 里，然后再转到 Word 中进行进一步编辑。这样可以直接得到一个现成的表格格式。

2.2.2 结果记录文件的类型

Stata 中的运算结果也可以用结果记录文件的形式直接存储起来。特别是当运算任务多样、运算结果众多时，用户使用手工复制粘贴的方式将十分费时费力。而使用 `.do` 文件提交运算任务，并在其中生成记录所有结果的记录文件，则是一个便捷的方法。用户可以在 Stata 中或是其他软件中读取结果记录文件，再做编辑加工。

Stata 提供两种格式的结果记录文件:

- `smcl`格式[2]；
- 文本格式。

区分这两种文件格式的是它们各自使用的文件扩展名。前者使用 `.smcl`，而后者使用 `.log`。由于文本格式可以由任何文字处理软件打开，所以我们建议读者使用文本格式。[3]

Stata 初始设置的结果记录文件的默认类型为 `smcl` 格式。这意味着用户在生成结果记录文件时，如没有特别的说明，Stata 将自动生成 `smcl` 格式的结果记录文件。在 Stata 中，用户可以更改结果记录文件的默认类型。具体方法见本章稍后关于系统变量设置的讨论。

2.2.3 生成与存储结果记录文件

Stata 中，生成与存储结果记录文件是同时完成的。用户可以在命令窗口输入方式中生成并存储结果记录文件，也可以在编写 `.do` 文件时直接指示 Stata 生成并

[2] `Stata Makeup and Control Language`。用户可以使用命令 `type` *filename.smcl* 查看文件格式。它类似于 `html` 格式，只用于在 Stata 中重新打开。

[3]事实上，早期的 Stata 版本中只有 `.log` 格式的结果记录文件格式。

存储结果记录文件。这两种方式中使用的命令同样都是 `log` 及其引导的命令的其他组成部分。

用户可以将结果记录文件存入指明的目录中。这时，用户需要在命令中完整指明整个目录的路径。如果用户没有指明存储的目录路径， Stata 则将结果记录文件存入当前工作目录中。

2.2.4 打开与关闭文件

在 Stata 的工作界面下，打开记录文件的命令是：

```
. log using filname, [smcl|text]
```

这里的 *filename* 是用户给出的将要形成的记录文件的名称。选项 `smcl` 与 `text` 用来控制输出的记录文件的格式。这两者是不能同时出现的。前者指定记录文件的格式为 `smcl` 格式，而后者则是记录为文本格式。他们生成的文件的扩展名分别为 `.smcl` 与 `.log`。 Stata 默认的记录文件的格式为 `smcl`。例如下面的命令将生成打开一个文件名为 *mylog.log* 的文本格式的结果记录文件。

```
. log using mylog, text
```

如果用户直接输入 `log using` *filename.log*，则 Stata 选择将记录文件存储成文本格式。

使用 `log using` 命令之后， Stata 在计算机内存中打开了一个记录文件。此时，在计算机的硬盘上还不存在一个结果记录文件，只有当用户完成了一个完整的运算流程、完全关闭文件记录后，在计算机硬盘上才出现用户指定的结果记录文件。

关闭结果记录文件的命令为：

```
. log close
```

在得到结果记录文件之后，用户可以回到存储这一记录文件所在的目录中，针对这一记录文件开展其他任务，编写或输出到其他软件中。

下面给出一个例子。

```
log using mylog1.log
describe, short
summarize hdi gdp literacy infantmor
log close
```

上述命令将生成一个 *mylog1.log* 的文本文件。这一文件的内容记录了上述中间两行命令产生的运算结果。

```
-------------------------------------------------------------------------------
       log:  E:\ProjS\Stats\Stata\Chap1x\mylog1.log
  log type:  text
 opened on:  23 Nov 2007, 21:02:49

. describe, short

Contains data from hdr2004.dta
  obs:           112                          human dev'mt report 2004, from
                                                UNDP webpage
 vars:            13                          23 Nov 2007 11:23
 size:         7,056 (99.9% of memory free)
Sorted by:  rank

. summarize hdi gdp literacy infantmor

    Variable |       Obs        Mean    Std. Dev.       Min        Max
-------------+--------------------------------------------------------
         hdi |       112    .7242232    .1792316       .292       .956
         gdp |       112    7390.732    10554.39         90      47354
    literacy |       112     83.8375    19.51365       12.8       99.8
   infantmor |       112    37.41071    37.40298          3        156

. log close
       log:  E:\ProjS\Stats\Stata\Chap1x\mylog1.log
```

```
  log type:  text
closed on:  23 Nov 2007, 21:02:49
--------------------------------------------------------------------------------
```

2.2.5 暂时关闭/打开记录文件

在打开结果记录文件后，用户还可以选择哪些运算结果将被存储进记录文件，哪些将被排除在外。实现这一功能的开关命令是log off（暂时关闭）与log on（重新打开）。这两个命令的使用是嵌套于命令log using与log close之中的。换言之，这两个命令要在log using之后，但在log close之前使用。

还是接着使用上面的例子，只是在运算程序的最后添加了另一项命令。在下面的演示中，我们生成mylog2.log文本文件。同时，并不将第4行运算命令summarize的运算存入结果记录文件中。该文件中仅记录了第2行与第6行运算命令的结果。

```
log using mylog2.log
describe, short
log off
summarize hdi gdp literacy infantmor
log on
list hdi gdp literacy infantmor in 11/20
log close
```

我们得到如下结果记录文件：

```
--------------------------------------------------------------------------------
       log:  E:\ProjS\Stats\Stata\Chap1x\mylog2.log
  log type:  text
 opened on:  23 Nov 2007, 19:49:36
. describe, short
Contains data from hdr2004.dta
  obs:          112                        human dev'mt report 2004, from
                                             UNDP webpage
 vars:           13                        23 Nov 2007 11:23
```

```
  size:      7,056 (99.9% of memory free)
Sorted by:  rank

. log off
       log:  E:\ProjS\Stats\Stata\Chap1x\mylog2.log
  log type:  text
 paused on:  23 Nov 2007, 19:49:36
-------------------------------------------------------------------------------
-------------------------------------------------------------------------------
       log:  E:\ProjS\Stats\Stata\Chap1x\mylog2.log
  log type:  text
resumed on:  23 Nov 2007, 19:49:36

. list hdi gdp literacy infantmor in 11/20

     +--------------------------------------+
     |  hdi      gdp   literacy   infant~   |
     |--------------------------------------|
 11. | .935    25295         99         4   |
 12. | .934    25356         99         5   |
 13. | .933    47354         99         5   |
 14. | .932    24061         99         4   |
 15. | .932    32179         99         4   |
     |--------------------------------------|
 16. | .926    14872         99         6   |
 17. | .925    24051         99         4   |
 18. | .922    15961       97.7         4   |
 19. |  .92    20528       98.5         4   |
 20. | .908    15792       95.3         6   |
     +--------------------------------------+

. log close
       log:  E:\ProjS\Stats\Stata\Chap1x\mylog2.log
  log type:  text
 closed on:  23 Nov 2007, 19:49:36
-------------------------------------------------------------------------------
```

2.2.6　添加/覆盖记录文件

在打开结果记录文件时，如果相同路径下的目录中已经存在相同名称的记录文件，用户将得到错误信息。这是因为 Stata 不会轻易地让用户覆盖原有的文件。

```
. log using mylog1.log
file mylog1.log already exists
r(602);
```

这时，用户可选择 append 选项将新的结果记录添加到现存记录文件的尾部。如果用户决定不保留原有记录文件，也可以选择 replace 选项，用新的记录文件覆盖原有记录文件。需要注意的是上述两个选项不可同时出现。

. log using *oldfilename*, append | replace

例如，我们有如下命令:

```
log using mylog1.log, append
list hdi gdp literacy infantmor in 11/20
log close
```

得到的新的结果记录文件 mylog1.log 与早先的 mylog1.log 并不相同，它加进了上面第 6 行运算命令生成的结果。

表 2-5给出了 log 命令的各种用法的小结。

表 2-5 结果记录命令 log 的用法

log using *filename*	打开 SMCL 格式文件
log using *filename.log*	打开文本格式文件
log using *filename* , replace	覆盖原有文件
log using *filename* , append	添加到原有文件后
log off	暂时关闭文件
log on	重新打开文件
log close	完全关闭文件

2.3 Stata 的系统参数

Stata 的运行环境是由一系列系统参数设定的。这些参数的设定决定了 Stata 以什么样的形式来运行：给 Stata 设定了多大的内存份额，Stata 显示结果的格式的设定，甚至包括 Stata 运算过程中使用几个处理器等等。用户可以在 Stata 命令窗口输入命令 query 来查看当前的参数设定。下面给出 3 个例子，显示 Stata 内存的系统参数、输出的系统参数以及 Stata 中其他杂项的系统参数。

```
. query memory
-------------------------------------------------------------------------------
    Memory settings
      set memory          10000k
      set maxvar          2048        (not settable in this version of Stata)
      set matsize         254
. query output
-------------------------------------------------------------------------------
    Output settings
      set more            on
      set rmsg            off
      set dp              period      may be period or comma
      set linesize        80          characters
      set pagesize        39          lines
      ---------------------------------------------
      set logtype         text        may be smcl or text
. query other
-------------------------------------------------------------------------------
    Other settings
      set type            float       may be float or double
      set level           95          percent confidence intervals
      set maxiter         16000       max iterations for estimation commands
      set searchdefault   local       may be local, net, or all
      set seed            X075bcd151f123bb5159a55e50022865746ad
      set varabbrev       on
      set processors      1
```

绝大多数系统参数都是可以更改和调整的。如上面结果中内存参数的第1行所示，当前 Stata 的内存份额为10000k，亦即10mb。在第一章中，我们已经提到了使用命令 `set` 来调整 Stata 使用内存上限的方法。当然，用户调整内存容量时，受到了计算机系统内存容量的限制。

其实，命令 `set` 就是改变 Stata 系统参数的工具。而上面结果中也提示了改变参数的方法。所有使用 `set` 来调整系统参数的命令，都可以加上选项 `permanently`，使得以后每次打开 Stata 时，系统变量的设定值不变。

以下我们讨论几个常见的 Stata 系统参数及其调整方法。我们还将在第五章的一个例子中讨论使用编写 `.do` 文件的方法来改变这些系统参数。

2.3.1 改变 Stata 内存的 Windows 变量

除了使用命令 `set` 来改变 Stata 的内存容量以外，还有另外一种调整 Stata 启动时所给定的内存规模的方法，那就是改写 Stata 在 `Windows` 中的变量。

其步骤是，右击 Stata 图标，选择 Properties — Shortcut。然后，重新编写变量 `Target`。

一个例子如下：

```
C:\Stata␣10\wstata.exe␣/k10240
```

这一设定将 Stata 启动时的内存规模调整到了10mb。注意变量参数中的空格符。同时，变量中的内存单位为`kb`。

2.3.2 结果显示缓存规模

在 Stata 的结果窗口，用户可以向上移动右端的位置指示条，以查看前面的运算结果。但是，Stata 结果窗口中显示运算结果的多少，取决于其缓存规模。用户可以根据需要设定缓存规模，以显示更多或更少的运算结果。

选择菜单 Edit — Preferences — General Preference，在弹出的新窗口中点击 `windowing`，然后在第一行 `buffer size` 数字框中调整缓存规模。

另外，更为简单的是，可以使用下面的命令来完成这一任务。

```
. set scrollbufsize #
```

其中的 # 是一个表示字节多少的数字，其取值范围为：

$$10000 < \# < 500000$$

2.3.3 结果显示每行的长度

结果显示每行的长度设定了 Stata 在结果窗口显示结果时，每一行显示的字符数。其对应的系统变量是 linesize。如果该系统变量的设定值太大，输出的结果则有可能难以适应其他编辑软件中的格式；如果系统变量的设定值太小，则有可能在结果窗口中单行无法完整地显示 Stata 结果。

Stata 初始的 linesize 的设定值为 104，表示每行显示 104个字符。下面的命令将显示长度扩展为 120。

```
. set linesize 120
```

2.3.4 逐屏显示与分页符--more--

当 Stata 一次显示的运算内容过长时，单屏幕的结果窗口无法完整地显示结果（单屏幕的显示行数对应系统变量 pagesize）。这时，在结果窗口的左下方将出现分页符 --more--，以便用户可以清楚地分页查看结果。

按一下Enter键， Stata 将显示出下一行结果，按下其他任意键（Q 键除外，通常是空格键）， Stata 则显示下一页内容。

有多种方法中断分页符。

- 点击快捷键中的中止按键；
- 按下 Windows 中的中断键 Ctrl + Break；

- 最为简单的方法是按字母键Q。

有时，用户可能需要在打开与关闭分页符之间来回转换。例如，用户在执行一个较长的程序，并且不需要在结果窗口查看结果，而是将结果存储到结果记录文件中，稍后再查看。为了应对这种局面，Stata 给出了

```
. set more off
. set more on
```

两个命令来关闭与打开分页符。前者与 set more 1 等价，而后者与 set more 0 等价。

2.3.5 矩阵规模

在 Stata 的运算中，特别是模型估算过程中，有时会出现因系统设置的矩阵规模过小而造成无法运算，从而得到错误信息。这时，用户需要调整系统矩阵规模。其命令如下：

```
. set matsize #
```

其中的#是一个数字，是用户设定的矩阵规模。而不同版本类型的 Stata 的矩阵规模的上限是不同的。

2.3.6 改变结果记录文件的类型

除了在使用 log using 命令中添加 smcl 或是 text 选项以外，用户还可以使用命令 set 来改变 Stata 中默认的结果记录文件的类型。

下面的命令将当前的结果记录格式设定为文本格式。

```
. set logtype text
```

而设定当前的结果记录格式为 smcl 格式的命令则为：

```
. set logtype smcl
```

如果读者希望每次打开 Stata，其结果记录文件的格式都是文本格式，则使用如下命令：

```
. set logtype text, permanently
```

可见，命令 set 是一个设置 Stata 运行时的系统环境变量的重要命令。

2.3.7　Stata 更新

作为一个统计软件，Stata 的更新速度很快。除了每两年一次的版本升级之外，还有其他不定期的更新。这些更新也是由 Stata 公司官方发布，用作修改或是更正原有程序的。所以，用户应该养成经常更新 Stata 的好习惯。

在计算机与互联网相连时，在 Stata 的命令窗口中输入命令 update：

```
. update query
```

可以让自己的 Stata 程序与 Stata 公司网站中的最新版本比较，在结果窗口将显示两者有何差异。然后，按照系统给出的提示操作即可。通常，一个简单的命令 update all 就可以全面更新用户的 Stata 程序。

```
. update query
(contacting http://www.stata.com)

Stata executable
    folder:                 D:\Stata10\
    name of file:           wstata.exe
    currently installed:    25 Jul 2007
    latest available:       15 Oct 2007

Ado-file updates
    folder:                 D:\Stata10\ado\updates\
    names of files:         (various)
    currently installed:    19 Sep 2007
    latest available:       13 Nov 2007
```

```
Recommendation
    Type -update all-

Click to edit automatic update checking preferences
-------------------------------------------------------------------------------
```

2.4 学习 Stata 的资源

随着 Stata 的用户越来越多，相关的学习资源扩展得相当迅速。Stata 的用户可以找到许多帮助学习者怎样使用 Stata 的资源。同时，用户也可以在 Stata 用户社区中找到许多 Stata 运行程序软件，使得 Stata 的运行更为方便，能够完成更多的特定的任务。但这些资源绝大部分是用英文写成。英文阅读能力较好的用户应该相对容易地发现这些资源的宝贵。

2.4.1 Stata 出版的用法指南

在已有的关于 Stata 的参考书目中，最权威与最重要的无疑是 Stata 公司出版的系列指南。基本的一套指南，包括《开始学习 Stata》（*Getting Started with Stata for Windows*）、《Stata 用户指南》（*Stata User's Guide*）、《Stata 基本参考手册》（*Stata Basic Reference Manual*，第10版 Stata 有3册）、《Stata 数据管理参考手册》（*Stata Data Management Reference Manual*）、《Stata 制图参考手册》（*Stata Graphics Reference Manual*）。

除了这些基本指南之外，新近几个版本的参考手册也越来越多。如《编程手册》、《矩阵运算手册》、《多元变量统计分析手册》、《历时数据分析手册》、《时间序列分析手册》、《抽样调查分析手册》等。

2.4.2 Stata 的在线帮助

每一个 Stata 命令都有一个相应的帮助文件。这些文件的内容可以在 Stata 中的帮助浏览窗口中显示出来。用户只需要输入 `help commandname` 即可。

Stata 的在线帮助基本上将其《基本参考手册》的文字部分照搬上来，详细地讲解了该命令的语法结构、选项用法、命令举例以及相关的其他命令。说明文字也浅显易懂，对于不熟悉命令用法的用户，这是一个相当方便的资源。

Stata 本身还带有一个出色的搜索引擎。命令 `search` 可以完成在 Stata 资源（包括在线、网络等来源）中的搜寻。例如，输入以下命令

```
. search instrument variable
```

Stata 将在结果窗口给出一系列关于 Heckman 选择及相关的结果。用户可以点击需要查看的条目，打开浏览窗口进一步阅读相关内容。

2.4.3　其他 Stata 参考书

近几年来，各种由其他人撰写的关于使用 Stata 的参考书越来越多。由于 Stata 公司出版的系列指南编写得简洁易读，这些额外的参考书往往跳过一些基本知识与基本技能，而更多地希望读者能够在自己参阅那些系列指南的基础上进一步学习相关技巧。所以这些参考书往往更为专业。

比较有名的此类参考书包括 *Statistics with Stata (Updated for Version 9)*（Lawrence C. Hamilton，2004）、*Regression Models for Categorical Dependent Variables using Stata*（Scott S. Long & Jeremy Freese，2003）。

2.4.4　Stata 用户群

加入 Stata 用户群的优势在于，由 Stata 公司内部的统计学家与软件开发者、社会上一大批有才华的统计应用者、软件编写者以及更为广大的用户群构成的 Stata 社区，是一个活力四射的群体。在我们学习 Stata 的过程中亲身感受到这一群体对于求助者的热情帮助。而且，越来越多的人正在加入这一群体。众多用户加入了 *Statalist* 这一邮件名单，交换用户间关于 Stata 使用的各种信息。

Stata 民主的构建哲学允许庞大的 Stata 用户群提供许多的用户运行程序。这些用户程序能够轻松解决许多繁复的计算、数据处理，甚至是结果处理任务。

而所有这些都是以资源共享的形式发布，其他用户可以从网络上轻松获得。而许多经过测试的运行程序也被 Stata 公司不定期地在《技术通告》上（STB 是 *Stata Technical Bulletin*的缩写）发布。

2.4.5 Stata 用户程序安装

Stata 中有两个命令对于用户寻找与安装程序相当有用：`search` 与 `findit`。它们都可用来搜寻与安装用户程序。

通过使用命令 `search` 可以找到相关搜寻内容有哪些额外的命令。这些命令通常由其他用户编写。用户可以阅读与命令相关的文件，决定是否能够解决自己的问题。

而命令 `findit` 可以完成与命令 `search` 相同的任务，但是需要打开另外一个浏览窗口。例如，在搜寻命令 `ineqdeco` 时，键入

```
. findit ineqdeco
```

将显示命令 `ineqdeco` 的运行程序与帮助程序包含在 `STB-48 sg104`（第48期《技术通告》的文件 sg104）之中。点击 `sg-104`， Stata 会进一步给出可供下载的选项。用户点击安装， Stata 将自动安装这些用户程序。

2.4.6 使用命令 net

新近版本的 Stata 极大地增加了网络连接功能， Stata 的内在命令 `net` 是一个更新用户软件的有效方法。

键入如下命令

```
. net from http://www.stata.com
```

用户的 Stata 就能与 Stata 公司的服务器相连了。用户也可以使用

```
. net link stata
```

如果需要与 Stata 杂志（见2.4.7）的服务器相连，则输入

```
. net link sj
```

然后，用户按照指示，使用命令 net cd 或者 net link 转入需要访问的目录，使用命令 net describe 查看用户文件的简要介绍，使用命令 net install 与 net get 安装用户运行程序与相关文件。

2.4.7　网络资源

用户会发现在互联网上 Stata 的资源是相当丰富的。当然，最为权威的是 Stata 公司自己的网站：

http://www.stata.com

其中不仅有各种关于 Stata 的知识介绍与讲解，而且也有常见问题与解答（FAQs），甚至有一些专题的讲解。

另一个非常有用的是《Stata 杂志》的网站。《 Stata 杂志》是一个登载使用 Stata 来完成数据处理与统计分析的方法季刊。同时也刊登一些使用 Stata 的小技巧。其网址如下：

http://www.stata-journal.com

美国加州大学洛杉矶分校维护了一个相当出色的统计教学与学习网站。其中有相当多的学习材料供读者浏览，也有许多有用的统计用户软件可供下载。其网址如下：

http://www.ats.ucla.edu/stat/stata/

第三章

使用 Stata 数据文件

统计分析的对象是数据，而开展统计分析的第一步就是要准备好数据文件。Stata有着自己特殊的数据文件格式。只有当生成了符合Stata格式的数据文件之后，才能够进一步进行数据处理与统计分析。

Stata 特殊的数据格式也是由原始数据或者其他格式的数据格式转化而来的。同时，Stata 的数据也需要与其他软件交换，并能够输出到其他软件中去。在本章中，我们将讨论 Stata 数据文件的读取、生成、输入、转换、存储以及输出等的各种方法。

3.1 数据的结构

无论哪种统计数据，其格式总是一个以变量为列、以观察个案为行的矩阵格式的结构，具体如表 3-1 所示。

表 3-1 数据结构

变量名称		变量1	变量2	变量3	变量4	…
观察个案 1		变	…	…	…	…
2		…	量	…	…	…
3		…	…	取	…	…
4		…	…	…	值	…
…	…	…	…	…	…	…

仍然使用从《人类发展报告》中摘录的数据 hdr2004.dta，我们能够得到如表 3-2 的数据结构。

表 3-2　《人类发展报告》部分数据

排序	国家或地区	所属大洲	hdi指数	人均GDP
1	Norway	Europe	.956	41974
2	Sweden	Europe	.946	26929
3	Australia	Oceania	.946	20822
4	Canada	N. America	.943	22777
7	Iceland	Europe	.941	29749
8	United. States	N. America	.939	36006
9	Japan	Asia	.938	31407
10	Ireland	Europe	.936	30982
11	Switzerland	Europe	.936	36687
12	United. Kingdom	Europe	.936	26444
13	Finland	Europe	.935	25295
14	Austria	Europe	.934	25356
15	Luxembourg	Europe	.933	47354
16	France	Europe	.932	24061
17	Denmark	Europe	.932	32179
18	New. Zealand	Oceania	.926	14872
19	Germany	Europe	.925	24051
20	Spain	Europe	.922	15961
21	Italy	Europe	.92	20528
22	Israel	Asia	.908	15792
…	…	…	…	…

由于数据共涉及 112 个国家或地区，我们在这里只截取了前 20 个国家或地区的其中 5 个变量的数据。在这个数据列表中，每一列均表示一个单独的变量。从左至右分别为：排序、国家或地区、所属大洲、hdi 指数以及人均 GDP。而每一行则

表示一个单独的观察个案，在这里为国家或地区。这样的结构与我们常见的交互表的数据结构并不相同，而与行列形式的数据矩阵完全一致。这种格式保证了稍后以变量与观察个案为单位来处理数据的便利性。

下面给出了该数据在 Stata 中的前20个观察个案。读者可以在结构上比较它与表 3-2 的差异。

```
. list rank nation contin hdi gdp in 1/20, clean noobs
    rank           nation        contin     hdi      gdp
       1           Norway        Europe    .956    41974
       2           Sweden        Europe    .946    26929
       3        Australia       Oceania    .946    20822
       4           Canada   N. America     .943    22777
       7          Iceland        Europe    .941    29749
       8    United States   N. America     .939    36006
       9            Japan          Asia    .938    31407
      10          Ireland        Europe    .936    30982
      11      Switzerland        Europe    .936    36687
      12   United Kingdom        Europe    .936    26444
      13          Finland        Europe    .935    25295
      14          Austria        Europe    .934    25356
      15       Luxembourg        Europe    .933    47354
      16           France        Europe    .932    24061
      17          Denmark        Europe    .932    32179
      18      New Zealand       Oceania    .926    14872
      19          Germany        Europe    .925    24051
      20            Spain        Europe    .922    15961
      21            Italy        Europe     .92    20528
      22           Israel          Asia    .908    15792
```

不同的计算机统计软件所使用的数据文件由于包含了统计软件本身所特有的格式信息因而其格式各不相同，所以不能通用。Stata 使用的数据格式也是具有其他统计软件所没有的特殊格式信息。所以，在使用 Stata 之前，我们需要生成符合 Stata 数据格式的数据文件。

原始数据一般就是前面表格所显示的文本格式（ASCII）的结构。计算机统计软件通常可以读取这种格式的数据文件并生成符合自身格式的数据文件。在本章中，我们将讨论怎样让 Stata 来阅读结构相同而格式不同的数据，并生成符合 Stata 格式的数据文件，供统计分析使用。

为了方便用户生成与读取数据文件， Stata 有一系列的命令来完成这一任务。从读取现存的 Stata 格式的数据文件到读取格式多样的文本格式数据文件， Stata 都有相应的命令。Stata 甚至也可以不借助任何其他编辑器独立完成数据输入到生成的过程。

3.2　读取与生成数据文件

用户可以直接将 Stata 格式的数据文件以及文本格式的数据文件读入 Stata 程序之中。以下分别介绍读取这两种格式文件的方法。

3.2.1　读取已有的 Stata 数据文件

读取现有的以 Stata 格式存储的数据文件的命令是 `use`。其基本的语法是

. use *filename* [, clear]

其中，*filename* 是一个完整的路径及文件名。如果数据文件就在当前工作目录里，则无须指明路径。否则， Stata 将无法找到用户指明的文件。

Stata 默认数据文件的扩展名为 `.dta`，用户可以省略不写；而其他扩展名则需完整写出[1]。例如，下面的命令将打开现存在目录 `d:\data\` 的数据文件 `hdr2004.dta`。

```
. use d:\data\hdr2004
```

很多用户的目录名称中含有空格。在这种情况下，使用命令 `use` 时必须用双引号将整个路径与文件名包含在其中。例如，

[1] 当然，这样的数据文件必须符合 Stata 数据格式。

```
. use ''d:\my documents\data\hdr2004''
```

否则，Stata 将把“my”当成数据文件名，而“documents”就成了无效的指令。Stata 将给出错误信息。

```
. use my documents\data\hdr2004
invalid 'documents'
r(198);
```

使用 clear 清空计算机内存

当 Stata 内存中已经有数据时，要使用上述 use 命令就必须先使用命令 clear 清空内存，或者是直接在命令 use后添加选项，clear 。否则，Stata 将给出错误信息。

```
. use hdr2004
no; data in memory would be lost
r(4);
```

这时，需要使用以下两行命令：

```
. clear
. use hdr2004
```

或者，直接使用

```
. use hdr2004, clear
```

当然，如果用户在此前已经改变了原有数据，在清空 Stata 内存之前应当先存储原有数据文件，具体方法见本章稍后。

读取大容量数据前增加内存容量

如果用户没有改变 Stata 默认的 1mb 内存容量，并且打开的数据文件超过了 1mb 的规模时，Stata 将给出错误信息。例如，

```
. use china08
no room to add more observations
... ... ...
r(901);
```

这时，用户需要使用命令 set memory 先设定一个更高的内存容量，然后再尝试读取该数据文件。我们已经在前两章中详细讨论了改变 Stata 内存配额的方法。

使用数据文件中的部分数据

用户也可以将 Stata 数据文件中的一部分读入内存中。这时，用户可以使用如下命令

```
. use rank nation contin using d:\data\hdr2004
```

其中，*rank nation contin* 是被 Stata 读取并进入到内存中的变量名。

类似地，用户也可以使用命令

```
. use in 1/50 using d:\data\hdr2004
```

来读取数据中的前 50 个观察个案。

用户也可以使用条件表达式读取数据文件中特定的观察个案。例如命令

```
. use if contin==3 using d:\data\hdr2004
```

有条件地来读取在变量 *contin* 上取值为 3 的所有观察个案。[2]

当然，以上这 3 种读取 Stata 数据文件的方式还可以混合使用。

读取 Stata 的附带数据与网络数据文件

sysuse 命令可以读取 Stata 软件系统的附带数据。下面的命令读取的是 Stata 附带的汽车数据。读者也可以使用汽车数据做一些练习。

[2]条件的设定与用法，参见下一章。

```
. sysuse auto, clear
(1978 Automobile Data)
```

Stata 中的 use 命令还可以用来读取网络上的数据文件。这时，用户需要指明服务器的地址以及数据文件的路径。例如，以下的命令将从 Stata 公司的服务器上读取 Stata 用户指南上的汽车例子的数据：

```
. use http://www.stata-press.com/data/r10/auto
```

3.2.2 读取文本格式的数据文件

Stata 读取文本格式（ASCII）的数据文件的功能也相当强大。以下 3 个读取文本格式数据文件的命令，各自对应着读取不同的内容格式。

- insheet：对应的文本数据文件各列之间用指明的分隔符（如“,”）隔开，每一行表示一个观察个案的数据，没有多余的行列数据；
- infile：对应的文本数据文件各列之间用空格符“␣”隔开，可以有多余的行列；
- infix：对应的文本数据文件各列的位置固定。

使用 insheet 命令

当文本格式的数据文件是由表格处理软件输入得到时，可以用 insheet 命令将文件读入 Stata 中。还是使用 hdr2004.dta 的例子。假定我们有以下文件hdr2004a.raw（只列出了前15个观察个案）：

```
rank, nation, contin, hdi, gdp
1, Norway, 3, .956, 41974
2, Sweden, 3, .946, 26929
3, Australia, 5, .946, 20822
4, Canada, 4, .943, 22777
7, Iceland, 3, .941, 29749
```

```
8, United States, 4, .939, 36006
9, Japan, 2, .938, 31407
10, Ireland, 3, .936, 30982
11, Switzerland, 3, .936, 36687
12, United Kingdom, 3, .936, 26444
13, Finland, 3, .935, 25295
14, Austria, 3, .934, 25356
15, Luxembourg, 3, .933, 47354
16, France, 3, .932, 24061
17, Denmark, 3, .932, 32179
..., ..., ..., ..., ...
```

其中第一行为表头，即变量名；第二行以后为数据。每个变量的取值与变量处于相同的位置。数据文件总共 5 列，各列之间由“,”所分开。这时，我们可以用如下命令将它读入 Stata：

```
. insheet using hdr2004a.raw, comma
```

应当注意到，在国家变量的字符中间不能包含逗号，而变量*gdp*的数值也不能使用千位分隔符。否则，Stata 将无法区分作为间隔标志的“,”与变量取值中的“,”。命令选项 comma 可以忽略，Stata 系统可以自动发觉逗号为分隔符。各列之间也可以使用制表符 Tab 作为分隔符，使用的命令与上述命令类似。

如果文本数据中没有第一行，即没有变量名称，那么在使用命令 insheet 读取文本文件时就需要将变量名一一列出，指示 Stata 各列数据的变量名为用户设定。

```
. insheet rank nation contin hdi gdp using hdr2004a.raw
```

从上述文本格式的数据文件中我们可以看出，命令 insheet 的局限性较大：它行列相交的每一个水平方格之间都需要用分隔符隔开；同时，这一命令假定了每一个观察个案的取值必须放在同一行，所以文本格式的数据文件必须是一个没有多余行列的矩阵。比较而言，infile 命令则要更加自由些。

当文本格式的数据文件不完全满足上述的条件时，用户可以使用 Excel 进行相应的处理，生成含有分隔符的文本文件，然后再使用 insheet 命令。

使用 infile 命令

在某些情形下，使用 infile 命令能够更容易地将文本格式的数据文件读入 Stata 中。这时候，数据文件中不能出现变量名，变量名的输入与定义需要在输入命令 infile 时完成。

同时，这一命令还要求文本数据文件中不同数值间的分隔符为空格——可以是一个或多个空格。这就意味着一个整体字符名称中不能有空格。如果有，则必须用双引号将整个字符名称包含起来。例如，上面 hdr2004a.raw 例子中的 United States 应当变成“United States”。

特别需要注意的是，缺失数据在这种情形下不能用空格来表示，因为 Stata 将把它当成分隔符的一部分而忽略它。因此，需要设定特殊的标识来表示缺失数据，通常使用“.”。

假定我们有文本格式的数据文件 hdr2004b.raw 如下（仅列出前 15 个观察个案）：

```
1  Norway  3  .956  41974
2  Sweden  3  .946  26929
3  Australia  5  .946  20822
4  Canada  4  .943  22777
7  Iceland  3  .941  29749
8  "United States"  4  .939  36006
9  Japan  2  .938  31407
10  Ireland  3  .936  30982
11  Switzerland  3  .936  36687
12  "United Kingdom"  3  .936  26444
13  Finland  3  .935  25295
14  Austria  3  .934  25356
15  Luxembourg  3  .933  47354
16  France  3  .932  24061
17  Denmark  3  .932  32179
...  ...  ...  ...  ...
```

使用如下命令就可以将这一数据文件读入 Stata：

```
. infile rank nation contin hdi gdp using hdr2004b.raw
```

自由格式

infile 命令的数据格式较为自由，是指它并不假定单一观察个案的数据一定要放在同一行里。事实上，它只要求数据的单个数值间一定要用分隔符——空格——分开。所以，这一命令的文本数据并不一定是一个完整的矩阵，它完全可以是不规则的。例如，假定上述 hdr2004b.raw 例子中的第2、3、4、5行如下，而其他各行与前面没有变化。

```
1  Norway  3  .956  41974
2  Sweden  3  .946  26929  3  Australia
5  .946  20822 4  Canada  4  .943
22777  7
Iceland  3  .941  29749
8  "United States"  4  .939  36006
9  Japan  2  .938  31407
10  Ireland  3  .936  30982
11  Switzerland  3  .936  36687
12  "United Kingdom"  3  .936  26444
13  Finland  3  .935  25295
14  Austria  3  .934  25356
15  Luxembourg  3  .933  47354
16  France  3  .932  24061
17  Denmark  3  .932  32179
...  ...  ...  ...  ...
```

这时，我们可以使用上述相同的命令读取这个文本数据文件，并且将得到相同的结果。

使用 infix 命令

Stata 还有另外一个命令 infix 用来读取文本数据文件。使用这个命令时，用户需要给出数据已经设定的格式——数据的各个变量间应当用空格隔开且左右对齐。而用户还需要在读取数据的命令中指明每一个变量所占据的列的位置。例如，对于以下数据：

```
 1 3  .956
 2 3 .946
 3 5 .946
 4 4 .943
 7 3 .941
 8 4  .939
 9 2  .938
10 3  .936
11 3  .936
12 3  .936
13 3  .935
14 3  .934
15 3  .933
16 3  .932
17 3  .932
...    ...
```

用户可以使用的 Stata 数据读取命令为

. `infix rank 1-2 contin 3-4 hdi 5-10 using` *filename*

这里的文件 *filename* 中包含的显然是一个文本格式的数据矩阵。每一个变量取值所占的位置必须为命令 `infix` 中所指明的位置。例如，变量 *contin* 占据第 3、4 两行。注意，如果在应该为数值的地方显示为空格，则 Stata 读取为缺失值。

使用数据代码文件

上述使用 `infix` 命令的方法也可以使用 `infile` 命令来完成。不过，这时候需要使用数据代码文件。将上述的数据文件编入以下代码文件中，我们得到

```
dictionary{
```

```
        rank
        contin
        hdi
  }
   1 3  .956
   2 3  .946
   3 5  .946
   4 4  .943
   7 3  .941
   8 4  .939
   9 2  .938
  10 3  .936
  11 3  .936
  12 3  .936
  13 3  .935
  14 3  .934
  15 3  .933
  16 3  .932
  17 3  .932
  ...    ...
```

使用的 Stata 数据读取命令为

```
. infile using filename.dct
```

数据代码文件中的数据部分可以与前半部分定义变量名与变量位置的部分分开而形成两个不同的文件。这时，代码部分变成

```
dictionary using filename.raw {
        rank
        contin
        hdi
}
```

而文件 *filename.raw* 则是一个只含有数据矩阵的文本文件。

代码部分可以变得相当复杂，甚至包含每一个变量的类型、显示格式及变量标签等定义内容（对于这些内容的详细讨论见下一章）。需要注意的是，这些内容均需要在同一行里完成，即代码部分的每一行表示一个变量的定义内容。

3.3 在 Stata 中输入数据

以上讲解的方法均是在已有数据文件的条件下进行的。但有的时候，这一条件并没有满足。当数据的规模并不大时，用户可以直接在 Stata 里输入数据。在 Stata 中，有以下两种输入数据的方法。

3.3.1 使用数据编辑窗口

在 Stata 里可以打开数据编辑窗口（与数据浏览窗口不同），用户会得到一个与Excel非常相似的界面，操作方法也与 Excel 类似。用户也可以从其他表格处理软件中直接将数据“复制”—“粘贴”到数据编辑窗口。数据输入完成之后，按下 `preserve` 键，关闭数据编辑窗口即可。

在数据编辑窗口中输入的数据，第一栏的自动命名为“var1”，第二栏的自动命名为“var2”……直到最后一栏数据。在完成数据输入后，点击变量名栏“var1”等，可以更改变量名，并加上变量与数值标签（具体含义及更详细的命令操作见下一章）。

虽然上述方法可以完成在 Stata 中输入数据的任务，但是这样的操作显然烦琐，并且容易出错。我们并不建议读者使用。

3.3.2 使用命令窗口

用户也可以在命令窗口直接使用 `input` 命令输入数据。如果用户要输入上面的数据，需要使用的命令及数据的整个过程如下：

```
. input rank contin hdi
```

```
          rank     contin       hdi
 1.   1 3  .956
 2.   2 3  .946
 3.   3 5  .946
 4.   4 4  .943
 5.   7 3  .941
 6.   8 4  .939
 7.   9 2  .938
 8. 10 3  .936
 9. 11 3  .936
 10. 12 3  .936
 11. 13 3  .935
 12. 14 3  .934
 ...      ...
 n+1. end
```

在用户输入 input rank contin hdi 后，Stata 进入数据输入模式。上述矩阵左侧第一栏是由 Stata 自动给出的观察个案序号。用户在每一个个案序号的右侧按照 input 命令中输入的变量排列顺序，逐一输入该个案在各个变量上的取值。在输完 n 个观察个案的数据后，用户输入 end，Stata 会自动退出数据输入模式。这时，在 Stata 的内存中就有了数据。

3.4　转换数据

另外一种简便的方法是使用现成的数据转换软件，将已有的其他软件格式的数据转换成 Stata 的数据格式。这个软件就是 Stat/Transfer。使用这一软件可以实现不同格式的数据相互转换。例如，从 SPSS 到 Stata，从 Excel 到 Stata，从 Stata 到 Gauss 等，极大地方便了用户。

但是，需要提醒用户的是，应当小心检查从其他格式的数据转换成的 Stata 数据（包括缺失值、变量与数值标签等内容），以确保在转换的过程中没有发生任何错误。

3.5 数据的标签与注释

Stata 中有两个命令：label 与 notes，用来对数据添加额外的标签与注释信息。使用这些工具，用户可以记录更多的信息，并使得数据在不同用户之间的交流更加方便。

3.5.1 数据标签

为了便于用户描述和说明数据，用户在 Stata 中可以给数据加上标签。这样，数据在传输给其他人时，对方也可以根据标签更好地理解数据文件。给数据添加标签的 Stata 命令为 label data。例如，给定上述 hdr2004.dta 数据文件，起初的文件描述为：

```
. use hdr2004, clear
. describe, short
Contains data from hdr2004.dta
  obs:          112
 vars:           13                          22 Dec 2007 14:48
 size:        7,056 (99.9% of memory free)
Sorted by:  rank
```

在数据描述的右上端没有任何对于数据的说明。

现在我们给这一数据文件加上标签，简单地说明这一数据的内容与数据的来源：

```
. label data "human dev'mt report 2004, from UNDP webpage"
```

这时，数据的描述就变成了

```
. d, short
Contains data from hdr2004.dta
  obs:          112                          human dev'mt report 2004, from
                                               UNDP webpage
 vars:           13                          22 Dec 2007 14:48
```

```
 size:          7,056 (99.9% of memory free)
Sorted by:  rank
```

在数据描述的右上端出现了我们加入的数据标签。其他使用该数据的人就可以知道数据的内容与数据来源了。

在 Stata 中，使用 describe 命令与 use 命令都将显示数据标签。在我们读取上述已经添加了数据标签的数据文件时，有

```
. use hdr2004
(human dev'mt report 2004, from UNDP webpage)
```

与前面读取没有添加标签的数据文件比较，不同的是在use命令下面多了一行小括弧中的数据标签。

数据标签的长度限制为80个字符。

3.5.2 数据的注释

除了数据的标签以外，Stata 还可以给数据文件添加注释。这一项功能十分有用，特别是数据在由多个人组成的工作小组之间传递时。

加进数据注释的命令为 notes:。下面的命令可以在数据中添加注释，以说明数据最早由 Andy 生成。

```
. notes: data last made by andy on 09/16/07 AM
```

需要特别注意的是 notes 后面的冒号必不可少。

查看注释的命令是 notes。一个查看上面已经添加注释的例子的结果如下：

```
. notes
_dta:
  1.  data last made by andy on 09/16/07 AM
```

读者从上面结果的注释顺序号中可以知道，数据的注释可以是多个。例如，我们可以用如下命令添加更多的注释：

```
. note: bill tweaked on 09/16/07 PM
. note: need to send gordon a copy -fay
. note: copy sent, gordon confirmed -jon
```

重新查看数据的描述性信息，我们有

```
. d
Contains data from hdr2004.dta
  obs:           112                         human dev'mt report 2004, from
                                               UNDP webpage
 vars:            13                         22 Dec 2007 14:49
 size:         7,056 (99.9% of memory free)  (_dta has notes)
-------------------------------------------------------------------------------
               storage  display     value
variable name    type   format      label      variable label
-------------------------------------------------------------------------------
rank             int    %8.0g                  hdi rank
nation           str23  %23s                   country
contin           byte   %10.0g      conti      continent
hdi              float  %9.0g                  hdi index
gdp              long   %12.0g                 gdp/per
genderdev        float  %9.0g                  gender eq index
literacy         float  %9.0g                  literacy %
enrollf          int    %8.0g                  girl enrollment %
birthlight       byte   %8.0g                  light @ birth
infantmor        int    %8.0g                  infant mortality
internetk        float  %9.0g                  internet user /1k
lifeexp          float  %9.0g                  life expectancy
gdpn             float  %9.0g
-------------------------------------------------------------------------------
Sorted by:  rank
```

Stata 在第 5 行给出了数据规模大小之后，特别说明了该数据有注释。这时，用户应当在第一时间查看数据注释如下：

```
. notes
_dta:
```

```
1.  data last made by andy on 09/16/07 AM
2.  bill tweaked on 09/16/07 PM
3.  need to send gordon a copy -fay
4.  copy sent, gordon confirmed -jon
```

在 Stata 中，命令 notes: 还可以用于给变量添加注释。我们在下一章讨论变量的处理方法时再做介绍。

3.6　数据文件的存储

前面已经提到过，用户在 Stata 中读取数据文件时，数据仅仅是进入了计算机的内存。这时，如果要除去原有的数据文件，则当前 Stata 内存中的数据不能被自动存储到计算机硬盘上。即使用户已经改变了内存中的数据， Stata 也不能自动将改变过的数据存入硬盘或是用改变的数据覆盖原有数据。如果用户已经改变了数据，但没有存盘， Stata 的数据信息中将显示读者数据已经更改，提醒读者可以将更改后的数据存盘。例如：

```
. d,s
Contains data from hdr2004.dta
  obs:          112                        human dev'mt report 2004, from
                                             UNDP webpage
 vars:           13                        22 Dec 2007 14:48
 size:        7,056 (99.9% of memory free)
Sorted by:  rank
     Note:  dataset has changed since last saved
```

在信息显示的最后一行， Stata 明确指出了当前数据已经更改了，与计算机硬盘上的数据已有不同了。

为了保存已经改变的数据，用户必须输入 Stata 命令或是使用菜单的方法将数据存储到计算机硬盘的某个地方。

3.6.1 数据文件的存储

完成数据存储功能的 Stata 命令的通用格式是

```
. save filename [, replace]
```

当用户希望将当前内存中的数据存入当前工作目录时，使用简单的命令 save *filename* 即可。文件扩展名 .dta 可省略。Stata 将给出如下信息表示存储成功。例如：

```
. save hdr2004
file hdr2004.dta saved
```

用户也可以指明一个完整的路径，将数据存储到另外一个不同于当前目录的地方。例如，

```
. save d:\data\undp\hdr2004
```

当用户指明的将要存储成的数据的文件名与已有文件名相同时，Stata 不会让用户无意间将原有数据覆盖掉，它将给出错误信息：

```
. save hdr2004
file hdr2004.dta already exists
r(602);
```

这时，用户需要决定是否覆盖原有文件。如果用户决定保留原有文件作为备份，则需要另外取一个新的文件名；如果用户认为没有必要保留原有文件，则需要使用如下命令：

```
. save hdr2004, replace
file hdr2004.dta saved
```

以上例子中 Stata 给出了成功信息，表示数据文件已经存储完毕。

如果用户希望当前更改后的数据文件覆盖原有的数据文件，则可以在存储时不给出文件名，Stata 会自动使用原有数据文件名并覆盖原有文件：

```
. save, replace
file hdr2004.dta saved
```

3.6.2　数据文件的版本

不同版本的 Stata 的数据文件格式稍有不同。在读取数据文件时，Stata 的情况是：更新版本的 Stata 可以读取旧版本的数据文件，反之则不然。举例来说，版本 10.0 的 Stata 可以读取版本 8.0 和 9.0 的 Stata 的数据文件；而使用 Stata 10.0 存储的数据文件在 Stata 8.0 和9.0 就无法读取。这样就使得在交换使用数据的人群中如果大家使用的 Stata 版本不同步时，会影响数据资源共享。

因此，当用户考虑到将要存储的数据可能要为其他使用低版本的用户使用时，可以使用命令

. saveold *filename* [,replace]

这时，Stata 10.0 版会将数据存储成为 Stata 8.0 和 9.0 版可以读取的格式。

3.7　数据的输出

Stata 中的数据也可以输出成文本格式或是表格数据格式，供其他处理软件所使用。

3.7.1　输出成文本格式

如果用户需要将计算机里的 Stata 数据文件输出成为一个文本格式的数据文件，其通用命令格式如下：

. outfile [*varlist*] using *filename* [, *opt*]

其中，*varlist* 是用户计划存储到文本数据文件中的变量。如果省略，则表示所有变量均将进入新文件中。*filename* 是新的文本数据的文件名及其路径。而 *opt* 是该命

令选项的统称。如果这个文件名与已有文件的名称相冲突，则用户可以使用选项 replace 将原有文件覆盖掉。而选项 disctionary 则表示在输出的文本数据文件中写成 Stata 数据代码格式 .dct 文件。

3.7.2 输出成表格数据格式

Stata 输出的数据也可以被直接读取到如Excel这种表格数据处理软件中。其命令如下：

. outsheet [*varlist*] using *filename* [if] [in] [, *opt*]

其中，*varlist* 是输出的变量。如果省略，则表示所有变量均将进入新文件中。*filename* 是新的表格数据的文件名及其路径。而 if 与 in 则是限制条件与选择个案，用来指明哪些个案将进入生成的表格中。如果用户并不需要输出的变量名（占据表格第一行），则可以使用选项 nonames。使用选项 comma 可以将各列数据间的分隔符指明为逗号“,”；或者，用户也可以使用选项 delimiter("char") 指明分隔符为引号中的符号。char 是用户选择的分隔符，可以是诸如“&”等的符号。如果省略分隔符，Stata 将使用默认的空格。

3.8 数据文件使用命令的小结列表

本章最后，我们使用表 3-3 将前面讨论的常用的 Stata 数据文件使用命令做一个小结。

表 3-3 数据文件使用命令列表

命令	说明
use *filename*	读取 Stata 数据文件
use *filename* , clear	清空内存，读取 Stata 数据文件

表 3-3　数据文件使用命令列表（续）

命令	说明
sysuse *filename*	读取 Stata 给出的数据文件
insheet [*varlist*] using *filename*	读取文本数据表格文件
infile [*varlist*] using *filename*	读取文本数据文件
infix [*varlist col*] using *filename*	读取文本数据文件
input *varlist* ... end	在 Stata 中输入数据
label data "*datalabel*"	添加数据标签
notes: *datanotes*	添加数据注释
notes	查看数据标签与注释
save *filename*	存储 Stata 数据文件
save [*filename*], [replace]	存储并覆盖 Stata 数据文件
saveold [*filename*], [replace]	存储并覆盖旧版本 Stata 数据文件
outfile [*varlist*] using *filename*, [*opt*]	输出文本格式数据
outsheet [*varlist*] using *filename*, [*opt*]	输出数据表格格式数据

第四章

数据处理与数据运算

在上一章中，我们讨论了怎样来处理 Stata 中的数据文件，包括读取数据、存储数据、输出数据等等。这些技术是针对整个数据文件的。在 Stata 将数据读入内存后，并不一定就可以立即开始做统计分析。在此之前，我们可能需要对数据做一些处理。例如，添加变量与数值标签、改变变量的测量尺度、生成新的变量等等。这些工作有的可以大大减少统计分析的烦琐，提高效率；有的本身就是进行统计分析所必要的前期工作。

如果说上一章的讨论对象是 Stata 数据文件的话，本章讨论的主要对象则是数据内部的变量，具体内容就是介绍 Stata 处理数据的基础知识与基本技术，其中包括：变量的名称给定、变量与变量取值标签的设定、变量的类型与存储格式的给定与更改、变量的运算、生成新变量、使用运算函数等等。此外，Stata 还可以被用作计算器，甚至也可以用来选择数据中特定的观察个案与变量。使用这些方法处理数据的过程，也是我们熟悉数据的一个不可缺少的步骤。从这个意义上讲，本章的工作也是为统计分析数据做好准备。

4.1 变量与变量值

本章基本技术所针对的对象是变量。变量是统计分析语言的基本单位。如第三章中表 3-1 所示，数据矩阵的列即是变量，行即是观察个案。而每一个方格中的数值则是它所对应的观察个案在对应的变量中的取值。

4.1.1　变量的名称

在数据处理的过程中，变量是由变量名来代表的。数据矩阵每一列的抬头即是变量的名称。早期的 Stata 版本只允许 8 个字符或数字的变量名，新近版本的 Stata 系统中变量名可以达到 32 个字符。因此， Stata 的变量名可以是 1~32 个字符或数字。但是，由于过长的变量名在使用中并不方便，而 Stata 在显示时也无法完全显示过长的变量名。因此变量名最好要简短明了。

Stata 变量的命名原则

在 Stata 中，有着自己特殊的变量命名原则。

- 变量名中字符的组成部分为 $A \sim Z$、$a \sim z$、$0 \sim 9$ 与下划线"_"这些字符之外的其他符号不可以出现在变量名当中；
- 变量名不能以数字作为开始字符，字母与下划线均可作为开始字符；
- 变量名区分大小写字母。

因此，"3times"并不是一个有效的 Stata 的变量名；而"beijing"与"Beijing"表示两个完全不同的变量。

Stata 自己本身保留了以下名称供系统使用。所以，它们不能成为用户命名的变量名。

```
_all    _b      _coef   _cons   _n
_N      _pi     _pred   _rc     _se
_skip   byte    double  float   if
in      int     long    using   with
```

另外，用户最好不要使用 e 作为变量名。因为 Stata 将难以区分作为变量的 e 与作为指数表达式中的 $e+3$。

需要提醒的是，新近版本的Stata中加入了中文输入的功能。但是中文变量名在Stata中是无效的，更不用说参加统计运算了。[1]所以，当导入Stata的数据中有中文变量名时，务必在使用Stata前将其更改成合乎Stata命名原则的变量名。

4.1.2 变量名的缩写

在Stata中，所有的变量名都可以使用变量名中排列在前的字符串来指代。有效使用这种缩写方式的基本原则是：这类字符串的简写不能让Stata产生混淆。例如在数据 hdr2004.dta 中，使用以下两个命令将得到相同的结果：

```
. li ran na c
. li rank nation contin
```

但是，使用命令 list *li* 就将得到错误信息：

```
. list li
li ambiguous abbreviation
r(111);
```

这是因为，变量 *literacy* 与 *lifeexp* 同时都可以缩写成 *li* 的形式。用户输入的 *li* 使得Stata无从辨别到底是 *literacy* 还是 *lifeexp* 。在这种情况下，用户不得不将简写的变量名改写成Stata能够区分的形式。例如：

```
. li lit lif
```

在使用变量名的缩写时，用户应当注意，这样的变量名的缩写有时会造成无意的损失。这是因为Stata总是从缩写形式去推论用户想要指代的变量名。在数据 hdr2004.dta 中，如果我们想删除变量 *literacy*，我们使用命令

```
. drop literacy
```

[1]变量标签与变量数值标签（见后面的详细解释）是可以使用中文的，并且可以在运算结果中显示出来。但是，由于Stata并没有专门的汉化版本，在显示中文时，会时常给出一些乱码。而将包含汉字的Stata运算结果在不同软件间复制粘贴时，则经常出现错误。所以，在本书中，我们在变量名、变量与变量取值标签中都使用了简明的英文。同时，我们也推荐用户使用英文或是拼音的变量名与标签，以避免错误。

或是更简单的

```
. drop liter
```

都能够轻松地完成任务。

但是，如果我们事实上想要删除的就是变量 *liter* 而非变量 *literacy*，同时，数据中又没有变量 *liter*，[2]这时，如果 Stata 接到命令

```
. drop liter
```

它将认为 *liter* 是变量 *literacy* 的缩写而非另外一个并不存在于数据中的名为"*liter*"独立完整的变量名。因而，Stata 会直接删除用户并不想删除的变量 *literacy*。在这种情况下，用户需要确定这样的命令是否完成了自己所设想的任务。如果没有，用户需要从硬盘备份的数据文件中拯救自己的失误。

值得提醒的是，用户在输入变量串时也可以使用变量名的缩写形式。

4.1.3　变量的取值类型

计算机化的数据中变量的取值有两种格式：数字变量与字符变量。前者存储的变量的取值形式是数字化的；而后者的取值形式是字符。虽然后者中也有可能是数字取值，但这里的数字取值只能够被当成字符，而不能参加数字运算。

字符变量

字符变量用来分辨不同的类别。例如，患者姓名、国家名称、汽车品牌、用户地址等。以下给出数据 `hdr2004.dta` 中的字符变量 *nation* 的列表。变量 *nation* 在各个观察个案中的取值就是该国家或地区的名称，是由特定的字符串构成的。

```
. use hdr2004, clear
(human dev'mt report 2004, from UNDP webpage)
```

[2]在多种条件下有可能遇到这样的情形：一是用户忘记了先前已经删除了变量 *liter*；二是在生成新变量 *liter*前，用户需要删除原有的同变量名的变量（见稍后生成新变量的讲解），而用户忘记了数据已经没有变量 *liter* 等等。

```
. li nation in 11/20, clean

            nation
 11.       Finland
 12.       Austria
 13.    Luxembourg
 14.        France
 15.       Denmark
 16.   New Zealand
 17.       Germany
 18.         Spain
 19.         Italy
 20.        Israel
```

字符变量的取值对于每一个个案并不一定是唯一的，比如，调查汽车品牌的故障发生率时，可能会得到同一品牌的多辆汽车的调查个案，它们在品牌的变量上取值相同。这样的变量取值间没有高下之分，仅仅表示不同的个案分属不同的组别而已。

数字变量

与字符变量不同，数字变量的取值由数字构成。例如：

```
. li gdp in 21/30, clean

          gdp
 21.    12494
 22.    11948
 23.    11181
 24.    10006
 25.     9423
 26.     9748
 27.     6808
 28.     2797
 29.     4792
 30.     4894
```

给出了10个国家人均GDP（以美元为单位）的数目。

4.1.4 变量的测量类型

与字符变量相比，数字变量使用的范围要广泛得多。而实际生活中的类别变量也可以用数字变量来表示。虽然在计算机中的表示都是数字，但不同的变量中的数字取值所代表的内容则是由变量本身的定义（变量所测量的对象的内容）所决定的。

从变量所测量对象的类型来分，可以有非连续变量与连续变量。非连续变量的取值是非连续性的，不同的取值之间的距离（或差异）没有含义，取值间的同等距离（或差异）也并不表示相同的含义。连续变量的取值是连续性的，不同取值间的距离（或差异）表示两个取值间数量上的差距，取值间的同等距离（或差异）表示完全相同的差距（在数量上是等价的）。

在非连续变量中，可以分成类别变量与序列变量。前者中个案的不同取值仅仅表示这些个案来自不同的类别（或组别）；而后者中的取值除了表示不同的类别外，还表示了这些类别之间的等级关系（但不同等级间的差距与另一等级差距并不等价）。

下面给出 3 个变量的取值。通过比较，我们简单介绍变量的测量层次。

```
. li rank contin hdi in 31/40, clean nolab nodisp noobs
    rank   contin     hdi
      38        3    .848
      40        2    .843
      41        3    .842
      42        3    .842
      43        6    .839
      44        2    .838
      45        6    .834
      46        6    .833
      48        3     .83
      50        3    .823
```

上面的 3 个变量中，*rank* 与 *contin* 是非连续变量。其中，*contin* 是一个类别变量，仅仅表示各个案国家所属的大洲；而 *rank* 则表示人类发展水平的名次，是有高低之分的。[3]但是，变量 *rank* 的取值间的差异没有数量上的意义。变量 *rank* 是由连续变量 *hdi* 来决定次序的。虽然下面的两个 *rank* 间的差异都是 2，但 $rank = 41$ 与 $rank = 43$ 间的差异并不等于 $rank = 42$ 与 $rank = 44$ 间的差异。

需要指出的是，上述变量的分类是有等级之分的。这就是变量的测量层次。连续变量显然包含了比非连续变量更多的信息；而序列变量包含的信息也比类别变量更多。因此，连续变量可以向下转换成非连续变量，序列变量可以转换成类别变量。反之则不然。稍后，我们将讨论变量的转换。

不同的变量类型对应的统计分析方法是不同的。在本书的第二部分以及另一本书里的统计分析中，我们就是根据这些变量测量层次的不同来安排内容的。

4.1.5 变量标签

标签为标签所附对象提供了说明，便于用户了解更多的信息。Stata 中的标签工具不仅可以为数据加上标签（参见第三章），同时也可以为变量与变量数值加上标签。

由于 Stata 的结果输出（在结果窗口以及输出到其他编辑软件）有可能产生乱码，我们并不建议在变量与数值标签上使用中文标签。

为变量加上标签的命令是

```
. label variable varname "text"
```

其中，*varname* 是用户希望为之加上标签的变量的变量名，而双引号中的内容就是将要加上的变量标签。Stata 中的变量标签的长度限制为 80 个字符。但是，由于长标签在显示上的困难，所以变量标签应是简洁为上。

当数据中的变量没有标签时，我们查看数据（`hdr2004.dta`）将得到：

```
. d rank-gdp
```

[3]需要指出的是，类别变量的取值也是数字的。但是，这里的数字并不表示数量关系，仅仅是表示不同的数字代表不同的类别。取值为 *2* 的国家并不比取值为 *3* 的国家优或是劣，仅仅表示它们分属不同的大洲而已。

```
              storage  display    value
variable name   type   format     label      variable label
-------------------------------------------------------------------------------
rank            int    %8.0g
nation          str23  %23s
contin          byte   %10.0g     conti
hdi             float  %9.0g
gdp             long   %12.0g
```

这里，在表格的最右端“variable label”下没有任何内容，表示变量标签为空白。对于没有标签的变量，Stata 在显示结果时，使用的就是变量名本身。

为了给上述变量加上标签，我们可以输入以下命令：

```
. lab var rank "hdi rank"
. lab var nation "country"
. lab var contin "continent"
. lab var hdi "hdi index"
. lab var gdp "gdp/per"
```

在这里，我们使用了命令的缩写形式。

我们重复上面的描述变量的命令，有

```
. d rank-gdp
              storage  display    value
variable name   type   format     label      variable label
-------------------------------------------------------------------------------
rank            int    %8.0g                 hdi rank
nation          str23  %23s                  country
contin          byte   %10.0g     conti      continent
hdi             float  %9.0g                 hdi index
gdp             long   %12.0g                gdp/per
```

当数据中的变量有标签后，Stata 在给出的结果（包括表格、图形）中，将使用变量标签，而非变量名。这有利于用户阅读结果。例如：

```
. ta contin
  continent |      Freq.     Percent        Cum.
------------+-----------------------------------
     Africa |         28       25.00       25.00
       Asia |         20       17.86       42.86
     Europe |         33       29.46       72.32
N. America |         11        9.82       82.14
    Oceania |          4        3.57       85.71
S. America |         16       14.29      100.00
------------+-----------------------------------
      Total |        112      100.00
```

使用了标签continent，而非变量名*contin*。

4.1.6 变量数值标签

变量数值标签是给变量的各个取值（通常也是由数字表示的）添加的说明。在 Stata 中，为变量数值加上标签的命令分为两个步骤：首先定义一个标签，然后将该标签附加在变量上。其命令为：

. `label define` *labelname 1"text" 2"text" 3"text" ...*

. `label value` *varname labelname*

其中，*labelname* 是用户将要定义的数值标签，1、2、3 ··· 等数字是取值，而双引号中的字符则是数值标签的具体内容。

为了给数据 `hdr2004.dta` 中的变量 *contin* 加上数值标签，我们有：

```
. lab def conti 1"Africa" 2"Asia" 3"Europe"
. lab def conti 4"N. America" 5"Oceania" 6"S. America", modify
. lab val contin conti
```

对于变量*contin*的6个取值，我们有6个对应的标签。注意，我们在这里使用了命令的缩写形式。同时，两行命令的`lab def`内容完全可以合成一行的命令——仅需将第二行的3个数值定义项挪到第一行的最后即可。[4]

如果双引号内的内容中间没有空格，双引号可以省略，Stata 可以自动辨认为数值标签。但省略双引号时，数字与内容之间应当有至少一个空格作为分隔符。因此，上面第一行的命令可以写成：

```
. lab def conti 1 Africa 2 Asia 3 Europe
```

由于“N. America”中包含了空格，因而不能使用省略双引号的写法。

在添加变量数值标签之后，我们查看数据时将得到：

```
. d contin
              storage  display     value
variable name   type   format      label      variable label
--------------------------------------------------------------------------------
contin          byte   %10.0g      conti      continent
```

我们看到，变量 *contin* 有了变量与数值标签。

如果我们希望更改已有的 *labelname* 中的内容，使用的是相同的命令 `label define`。但正如上面定义数值标签 *contin* 的第二行命令所示，要在标签内容的最后添加选项“`, modify`”以表示用户的更改。

使用命令 `label list` *labelname* 将显示该 *labelname* 的具体内容：

```
. lab li conti
conti:
           1 Africa
           2 Asia
           3 Europe
           4 N. America
           5 Oceania
           6 S. America
```

如无特别说明，Stata 在给出结果时显示的是变量数值标签。

[4]这里的命令分行仅仅是为了印刷的原因。

```
. ta contin
  continent |      Freq.     Percent        Cum.
------------+-----------------------------------
     Africa |         28       25.00       25.00
       Asia |         20       17.86       42.86
     Europe |         33       29.46       72.32
 N. America |         11        9.82       82.14
    Oceania |          4        3.57       85.71
 S. America |         16       14.29      100.00
------------+-----------------------------------
      Total |        112      100.00
```

在命令中给出选项“`, nolabel`”，Stata 在结果中将显示变量的原始取值而非数值标签。

```
. ta contin, nolab
  continent |      Freq.     Percent        Cum.
------------+-----------------------------------
          1 |         28       25.00       25.00
          2 |         20       17.86       42.86
          3 |         33       29.46       72.32
          4 |         11        9.82       82.14
          5 |          4        3.57       85.71
          6 |         16       14.29      100.00
------------+-----------------------------------
      Total |        112      100.00
```

重复使用数值标签

从上述给数值加上标签的命令步骤中可以得出，用户可以多次将同一数值标签 *labelname* 附加在不同的变量上。一个经常遇见的例子是，调查问卷中有多个让受访者回答“是”与“否”的问题。

假定我们有 5 个问题的回答选项都是 1 为“是”、2 为“否”。所有这些类似问题产生的变量 v1~v5 都可以用以下的步骤来完成添加标签的过程：

```
. lab def yesno 1 yes 2 no, modify
```

```
. lab val v1 yesno
. lab val v2 yesno
. lab val v3 yesno
. lab val v4 yesno
. lab val v5 yesno
```

4.1.7 变量注释

用户可以通过给变量加注释的方法来添加对于该变量的说明。使用的命令与给数据加注一样使用 notes 命令。例如，我们可以用以下命令给 hdr2004.dta 中的变量加注：

```
. note hdi: by UNDP: > .8 high; > .5 as medium; < .5 low.
. note gdp: per capita gdp in US$ in 2002.
```

这时，我们查看数据，有

```
. d rank-gdp
              storage  display     value
variable name   type   format      label      variable label
-------------------------------------------------------------------------------
rank            int    %8.0g                  hdi rank
nation          str23  %23s                   country
contin          byte   %10.0g      conti      continent
hdi             float  %9.0g                * hdi index
gdp             long   %12.0g               * gdp/per
```

在变量 *hdi* 与 *gdp* 的最右栏中的星号表示它们有注释。使用 notes 命令可以查看注释的具体内容。

```
. notes
_dta:
  1.  data last made by andy on 09/16/07 AM
  2.  bill tweaked on 09/16/07 PM
  3.  need to send gordon a copy -fay
```

```
  4.  copy sent, gordon confirmed -jon
hdi:
  1.  by UNDP: > .8 high; > .5 as medium; < .5 low.
gdp:
  1.  per capita gdp in US$ in 2002.
```

从上述变量注释的编号中可以知道，我们对于同一变量可以添加更多的注释。而注释是向上累积的，后面的注释并不覆盖前面的注释。用户可以输入命令 `help notes` 查看更多的有关这一命令的使用方法。

4.2 变量取值的类型与存储格式

上面提到了从变量的取值类型来分有数字变量与字符变量。这两种不同的变量取值类型在 Stata 中也对应着不同的数据存储格式。同时，这两种变量取值格式也可以相互转换。具体内容将在本章稍后讨论。

4.2.1 数字变量的取值与存储格式

大多数的数据均是以数字取值的类型出现在计算机中并以数字形式存储的。以下是数字变量的各种类型：

```
667
.656
-7.627
5.287e+3
```

它们分别是整数、小数、负数以及指数表达式（$5.287 \times 10^3 = 5287$）。

数字变量的存储格式

在 Stata 中，共有5种数字存储类型，分别是 `byte`、`int`、`long`、`float` 以及 `double`。其中 `float` 是默认的存储类型。不同的存储类型所对应的存储数值规模的上限不同，在所占的计算机空间上有大小之分，在辨别数字的精确度上也不相同。float 与 double 可用来存储带小数的数字（当然也可以用来存储小数），而其余 3 种类型只能用来存储整数。见表 4-1。

表 4-1　数字格式数据的存储类型

数字	存储类型	所占空间	数位精确度	数字范围
整数	byte	1 byte	2	±126
	int	2 bytes	4	±32766
	long	4 bytes	9	$\pm2\times10^9$
小数	float	4 bytes	7	$\pm10^{36}$
	double	8 bytes	16	$\pm10^{308}$

清楚变量的取值区间并适当地设定数据存储的类型，可以降低 Stata 内存配置给数据的容量。在 Stata 中使用命令 compress 可以让 Stata 自动压缩数据占用的内存空间。

以下我们给出一个例子：在将一个数据读入 Stata 后，用户可以从描述结果中看到 4 个数字变量的存储类型均为 float，在压缩变量存储后，变量 *rank* 的存储类型变成了 int，而变量 *contin* 的存储类型变成了 byte。

```
. infile rank str30 nation contin hdi gdp using hdr2004b.raw
(112 observations read)
. d
Contains data
  obs:          112
 vars:            5
 size:        5,600 (99.9% of memory free)
--------------------------------------------------------------------------------
              storage  display     value
variable name   type   format      label      variable label
--------------------------------------------------------------------------------
rank            float  %9.0g
nation          str30  %30s
contin          float  %9.0g
```

```
hdi              float  %9.0g
gdp              float  %9.0g
--------------------------------------------------------------------------------
Sorted by:
     Note:  dataset has changed since last saved
. compress
rank was float now int
contin was float now byte
nation was str30 now str22
. d
Contains data
  obs:           112
 vars:             5
 size:         4,144 (99.9% of memory free)
--------------------------------------------------------------------------------
                storage  display     value
variable name   type     format      label       variable label
--------------------------------------------------------------------------------
rank            int      %9.0g
nation          str22    %22s
contin          byte     %9.0g
hdi             float    %9.0g
gdp             float    %9.0g
--------------------------------------------------------------------------------
Sorted by:
     Note:  dataset has changed since last saved
```

数字变量的数位精确度

数位精确度表示 Stata 能够分辨到多少位的数字。由于 Stata 的默认存储类型为 `float`，遇到一些数位较长的变量时，需要小心给出数据存储类型。例如，在大规模调查中，作为区分观察个案的变量“数据编号”往往取值较大。当使用数字变量时，如果它的数位超过 7 位，一定要使用 `long` 或是 `double` 存储类型。否则，Stata 无法分清数据编号取值相近的两个个案。这是因为，该变量的数据存储类型的数位精确度太低。

在将原始数据读入 Stata 时，用户可以自己定义变量的存储类型。例如，上面的读取数据的例子中，我们可以在变量名的前面添加存储类型，自己设定变量的存储类型。

```
. clear
. infile rank str30 nation contin  /*
>     */  long hdi double gdp using hdr2004b.raw
(112 observations read)
. d
Contains data
  obs:            112
 vars:              5
 size:          6,048 (99.9% of memory free)
-------------------------------------------------------------------------------
              storage  display     value
variable name   type   format      label      variable label
-------------------------------------------------------------------------------
rank            float  %9.0g
nation          str30  %30s
contin          float  %9.0g
hdi             long   %12.0g
gdp             double %10.0g
-------------------------------------------------------------------------------
Sorted by:
     Note:  dataset has changed since last saved
```

在读取数据的过程中，我们指令 Stata 将变量 *hdi* 设定为 `long` 存储类型，而变量 *gdp* 为 `double` 存储类型。

4.2.2　字符变量及其存储格式

字符格式的变量是由一串字符组成，它通常被双引号“”围起来。但双引号“”仅仅是一个分隔符而已[5]，并不是变量取值的一个部分。

[5]参见第三章中的数据读取 `infile` 的部分。

需要注意的是，双引号“”内的任何字符都是该变量取值的一部分，包括任何位置上任何数量的空格。双引号“”围起来的数字是字符变量取值，而非数字变量取值。同时，字符格式也分大小写。

```
"Hong Kong"
" HongKong"
"hong kong"
"HK"
"H K"
" H K "
"1/2*3"
```

以上都是字符格式变量的例子。并且，所有的例子都是不同的字符取值。

字符变量可以包括多种取值内容。在很多情况下，字符变量用来表示个案独一无二的标签。例如，国家名、学生花名册中的学生名等等。在大规模抽样调查中，包含数字的调查个案的编号往往被定义为字符变量。

在另外一些情况下，字符变量有可能本身就是可以被转换成数字的类别变量。例如，前面提到过汽车制造商的变量，可以被转换成不同制造商取值不同的数字变量，然后对每个取值给出对应的制造商的取值标签即可。

字符变量的存储格式

字符变量的存储格式为 str 紧接着一个数字：

```
str#
```

其中，str 表示提醒 Stata 使用字符变量的格式，而# 则表示 Stata 该变量的存储最多可容纳的字符数。

所以，字符变量存储格式的例子有：str7、str12、str22 等等。这里的最多字符数可以超过实际上字符变量的长度。例如，前面提到数据 hdr2004.dta 中的国家变量，在压缩前其字符长度为 str30，而压缩后仅为 str22。这意味着该变量中最长的字符为 22 个，而非早先设定的 30 个。自动压缩命令 `compress` 将其中的 8 个空格删除了。

字符变量数的限制在 Stata SE 中为 244，在 intercooled Stata 中为 80。超过这一限制的字符在 Stata 中将无法显示出来。

Stata 读取字符变量数据

由于字符变量取值的特殊性，Stata 在读取这样的数据时（参见前面第三章中对命令 `infile` 的讨论）需要指明它的存储格式。

例如，我们知道 `hdr2004b.raw` 数据中变量 *nation* 是一个字符变量。因此，在读入这个变量时，我们应当使用下面的命令:

```
. infile rank str30 nation ...  using hdr2004b.raw
```

如果我们指明的存储类型为 `str15`，那么变量 *nation* 的取值字符最多只能存储前 15 个字符，后面的则被忽略掉了。

4.2.3　缺失数据

除了上述的数字与字符变量存储形式以外，在 Stata 中还有一种特殊的变量取值，这就是缺失数值。

Stata 有 27 个缺失数值表示法，分别为“`.`”、“`.a`”、“`.b`”、…“`.z`”。在绝大多数的情况下，我们只用 Stata 的默认缺失值——一个点“`.`”来代表所有的缺失值就可以了。但如果要表示不同类型的缺失值，可以细分为“`.a`”、“`.b`”、“`.c`”等等（有关更多不同类型缺失值的讨论见第九章）。

缺失数值被作为数值变量取值的一种特殊形式。在数字取值中，缺失值可以被认为是趋近于 $+\infty$。这是因为 Stata 给各个取值类型的数字变量中的缺失值定义了一个在其数字取值范围之外的数值。

例如，类型 `byte` 的取值范围为 ±126，而其中的缺失值被定义为 127；类型

float 的取值范围为 $\pm 10^{36}$，而其中的缺失值被定义为 2^{128}。因此，数字变量中缺失值可以被视为该变量的最大值。这一点跟别的统计软件很不一样，在对变量值进行条件操作时，一定要记得，否则容易出错。比如我们要选择变量 x 取值大于 10 的观察个案的时候，如果用 x>10，则 x=. 的个案也会被包含在里面；要排除 x = . 的个案，则需要用 x>10 & x<.。

在字符变量中，缺失值被当成是数字取值。因此，如果按照字母顺序，缺失值则排在所有字符取值之前。

为了显示缺失值的取值大小以及这些缺失值在数据中的位置，我们在数据 hdr2004.dta中人为地生成带有缺失值的变量取值。[6]

首先，我们假定所有 4 个大洋洲国家的变量 *gdp* 均为缺失值。在下面变量 *gdp* 从小到大的排序中，可以发现这 4 个大洋洲国家排在数据的最后。这是因为在这一变量上，大洋洲国家的缺失值最大。

```
. li rank nation contin gdp in 101/112, clean
        rank             nation       contin     gdp
101.       7            Iceland       Europe   29749
102.      10            Ireland       Europe   30982
103.       9              Japan         Asia   31407
104.      17            Denmark       Europe   32179
105.       8      United States   N. America   36006
106.      11        Switzerland       Europe   36687
107.       1             Norway       Europe   41974
108.      15         Luxembourg       Europe   47354
109.       3          Australia      Oceania       .
110.     133   Papua New Guinea      Oceania       .
111.      81               Fiji      Oceania       .
112.      18        New Zealand      Oceania       .
```

如果我们又将大洋洲的 4 个国家的国家名称 *nation* 人为地定义为缺失值，同时将变量 nation 按字母顺序 A~Z 排序，我们将得到如下结果：

```
. li rank nation contin gdp in 1/10, clean
```

[6]这完全是为了显示缺失值的目的，没有任何其他意义。

```
         rank       nation        contin     gdp
  1.      133            .       Oceania       .
  2.        3            .       Oceania       .
  3.       81            .       Oceania       .
  4.       18            .       Oceania       .
  5.       65      Albania        Europe    1535
  6.      108      Algeria        Africa    1785
  7.       34    Argentina   S. America    2797
  8.       82      Armenia          Asia     771
  9.       14      Austria        Europe   25356
 10.       51      Bahamas   N. America   15797
```

我们可以看到缺失国家名称的 4 个个案排在了最前面。

需要提醒的是，上面讨论的用“.”来表示的缺失值是 Stata 中默认的系统缺失值。事实上，在数据处理中，还有用户自己定义的缺失值。这样的缺失值与系统缺失值是有区别的。比如，在问卷调查中经常会遇到“不知道”或“不适用”两种答案。这样的回答并不一定要编码成系统缺失值。通常的做法是使用“8”或“9”[7]来表示，并保留在后续的数据处理中的多种可能。

4.3 数据的显示

数据的显示格式决定了 Stata 在结果窗口怎样显示数据结果。比如，某国家的人类发展指数 *hdi*=0.939。Stata 可以将这一数字显示为：1、0.94、9.39e-1、0.9390 等等。

4.3.1 数字变量的显示格式

Stata 中数字变量的基本显示格式有 3 种：`e`、`f` 及 `g`。其中，`e` 表示科学指数格式；`f` 表示固定格式；而 `g` 则是默认格式，表示普通格式。

[7]在选项众多的情况下，使用“98”或“99”的编码。

这 3 种格式的表达式中均含有用黑点隔开的两个数字 $w.d$。其中的 w 表示整个显示所占的字符数，即宽度；d 表示显示的数字中小数点后的数位[8]。普通格式 g 中的 d 要灵活一些，它自动调整显示的格式。

显示格式的表达式为 %$w.d$ 加上 3 种基本格式的显示符。例如，%9.2f 表示变量的整个显示宽度为 9 个字符，其中小数点后有两个数位的固定显示格式。另外，在 f 后面加上字母 c 则是要求 Stata 给出带逗号“,”的数字显示格式。见表 4-2。

表 4-2　数字变量的显示格式

格式	表达式	表达式举例	$\sqrt{2}$	12345
普通格式	%w.dg	%9.0g	1.4142	12345
	%w.dgc	%9.2gc	1.4142	12,345
固定格式	%w.df	%9.4f	1.4142	12345.0000
	%w.dfc	%9.0fc	1	12,345
科学指数	%w.de	%9.2f	1.41e+00	1.23e+04

细心的读者应当注意到，使用命令 describe 可以查看变量的显示格式（display format）。

```
. d rank-gdp
               storage  display     value
variable name   type    format      label      variable label
-------------------------------------------------------------------------------
rank            int     %8.0g                  hdi rank
nation          str23   %23s                   country
contin          byte    %10.0g      conti      continent
hdi             float   %9.0g                  hdi index
gdp             long    %12.0g                 gdp/per
```

用户可以输入以下命令查看特定变量的显示格式：

```
. format rank-gdp
  variable name  display format
```

[8]显然，$d \le w$。

```
------------------------------
rank            %8.0g
nation          %23s
contin          %10.0g
hdi             %9.0g
------------------------------
gdp             %12.0g
------------------------------
```

用户可以使用命令 format 来自己定义变量的显示格式。我们生成一系列变量，它们的数值事实上与变量 *gdp* 完全相同，只不过我们给这些新变量设定不同的显示格式。以下为定义显示格式的命令的例子以及新定义的显示格式所显示的内容。

```
. format gdp_e %9.2e
. format gdp_f %9.2f
. format gdp_g %9.2g
. format gdp_gc %9.2gc
. li gdp gdp_e-gdp_gc in 1/10, clean
          gdp      gdp_e      gdp_f    gdp_g    gdp_gc
  1.    41974   4.20e+04   41974.00    41974    41,974
  2.    26929   2.69e+04   26929.00    26929    26,929
  3.    20822   2.08e+04   20822.00    20822    20,822
  4.    22777   2.28e+04   22777.00    22777    22,777
  5.    29749   2.97e+04   29749.00    29749    29,749
  6.    36006   3.60e+04   36006.00    36006    36,006
  7.    31407   3.14e+04   31407.00    31407    31,407
  8.    30982   3.10e+04   30982.00    30982    30,982
  9.    36687   3.67e+04   36687.00    36687    36,687
 10.    26444   2.64e+04   26444.00    26444    26,444
```

4.3.2　字符的显示格式

字符变量的显示格式只有一种。其表达式为 %#s。其中，% 是一个提示符；# 表示显示的字符数，即宽度；s 表示字符变量的显示格式。例如，%22s 表示 22 个字符的字符变量显示格式。

对于 hdr2004.dta 中的变量 *nation*，可以有以下定义显示格式的命令：

```
. format nation %15s
```

这个命令指令 Stata 显示变量 *nation* 的前 15 个字符。

Stata 中的显示均是以右对齐为默认格式，用户也可以根据需要指定左对齐。这时，需要用户在定义显示格式时使用左对齐的选项“-”。例如，对于变量 *nation*，我们有：

```
. li nation in 1/10, clean
              nation
  1.          Norway
  2.          Sweden
  3.       Australia
  4.          Canada
  5.         Iceland
  6.   United States
  7.           Japan
  8.         Ireland
  9.     Switzerland
 10.  United Kingdom
```

为了使用新的显示格式，我们有：

```
. format nation %-15s
. li nation in 1/10, clean
       nation
  1.   Norway
  2.   Sweden
  3.   Australia
  4.   Canada
  5.   Iceland
  6.   United States
  7.   Japan
  8.   Ireland
```

```
 9.   Switzerland
10.   United Kingdom
```

在上面的显示中，变量 *nation* 的右对齐格式被更改成了左对齐。

值得提醒的是，数字变量的显示格式也可以使用同样的方法更改成左对齐。

4.4 变量的运算

其实，数据处理的重要目的就是将原有的数据通过各种手段加以改变，使得它可以直接进入到统计分析的过程当中。

由于统计分析的过程是依据研究的目的与假设决定的，而实际的数据收集中并不一定能够收集到完全与研究任务中使用的变量相一致的数据。例如，有些统计分析需要复合变量，而这样的变量在实际中是根本不存在的，只能通过处理多个收集的原始变量而得到。这时，需要将数据“加工”成可以使用于统计分析的形式。

在这样的准备工作中，除去数据的逻辑检查、错误更正以外，另一个重要的步骤就是改变原有数据中的变量，其中包括重新对变量编码、改变原有变量的测量层次、生成新的变量等等。所有这些数据上的变化都涉及变量的运算。

4.4.1 变量的更名与排序

更改变量名称

为了方便用户更好地使用变量， Stata 中可以更改变量名，但保留原变量的数值内容不变。更改变量名的命令为 `rename`。例子如下：

```
. ren sex gender
. ren internetk netuserk
```

上述的命令将原有的变量 *sex* 更名为 *gender*，将 *internetk* 更名为 *netuserk*。

数据中的变量排序

Stata 也提供了可以调整数据中变量排列顺序的工具。使用命令 order 可以重新将数据中变量的先后顺序排列一次，变量显示的顺序在变量窗口中将得到改变。在下面的命令中，

. order *contin nation gdp hdi rank-liter*

变量*contin nation gdp hdi rank* 将依顺序成为新数据中的前 5 个变量，然后是变量 *rank* 与 *literacy* 之间的变量。这一命令中没有提到的变量将依照原来的顺序排列在 *literacy* 之后。

```
. order contin nation gdp hdi rank-liter
. d contin-liter
                storage  display     value
variable name   type     format      label      variable label
-------------------------------------------------------------------------------
contin          byte     %10.0g      conti      continent
nation          str23    %-15s                  country
gdp             long     %12.0g                 gdp/per
hdi             float    %9.0g                  hdi index
rank            int      %8.0g                  hdi rank
genderdev       float    %9.0g                  gender eq index
literacy        float    %9.0g                  literacy %
```

读者可以比较，上面的变量顺序与数据的原有变量顺序已经不同了。

另外一个可以调整变量顺序的命令是 move。

. move *contin nation*

将变量 *contin* 挪到变量 *nation* 的位置上。相应地，变量 *nation* 及后面到变量 *contin* 间的所有变量则依次往后挪动一个位置。

在使用上面的命令过程中，读者也可以通过查看变量窗口中变量的顺序来验证这些排序命令的结果。

4.4.2 数据的排序

除去变量的重新排列以外，Stata 中还可以依照某一个或多个变量的数值大小排序。

数据排序是数据处理过程中的一个重要手段。用户在查看数据时，使用排序的手段可以检测某些极值的情况。另外，Stata 中的某些命令需要用户在使用之前将变量排序。

向上排序

Stata 中排序的命令为 sort。很多时候，命令 sort与命令 by 配套使用。

```
. sort contin gdp
```

上述命令要求 Stata 按顺序依照变量 *contin gdp* 的取值大小排列数据，即先按照 *contin* 的数值从小到大排序；而后在相同 *contin* 取值中，依照 *gdp* 的数值大小排序。

```
. sort contin gdp
. li contin gdp rank nation in 22/32, nolab clean

       contin    gdp   rank   nation
 22.        1   1345    105   Cape Verde
 23.        1   1354    120   Egypt
 24.        1   1463    126   Namibia
 25.        1   1785    108   Algeria
 26.        1   2149     92   Tunisia
 27.        1   2299    119   South Africa
 28.        1   3080    128   Botswana
 29.        2    193    116   Tajikistan
 30.        2    304    135   Lao People's Dem. Rep.
 31.        2    321    130   Cambodia
 32.        2    351    138   Bangladesh
```

从上面的列表中可以看出，非洲（$contin = 1$）中变量 *gdp* 最大值为 \$3080；

而亚洲（$contin = 2$）中变量 *gdp* 最小值为 $193。

向下排序

有时候，用户可能需要数据从大到小排列。例如，需要查看极大值的数个个案的情况。以下命令将达成这一目标：

```
. gsort -contin -gdp
```

其中的"-"要求 Stata 按照从大到小的顺序排序。这时的数据中，变量 *contin* 取值较大的个案排列在前，取值较小的个案则排列在后；相同 *contin* 数值的，*gdp* 数值较大的在前，数值较小的在后。

```
. gsort -contin -gdp
. li contin gdp rank nation in 12/21, nolab clean
        contin     gdp   rank   nation
 12.         6    1000     89   Paraguay
 13.         6     937    104   Guyana
 14.         6     886    114   Bolivia
 15.         6     749    118   Nicaragua
 16.         6     291    143   Togo
 17.         5   20822      3   Australia
 18.         5   14872     18   New Zealand
 19.         5    2281     81   Fiji
 20.         5     523    133   Papua New Guinea
 21.         4   36006      8   United States
```

此外，gsort 命令也可以完成向上排序或是向上向下的混合排序。这时，使用"+"或是混合使用"+"与"−"。例如，

```
. gsort -contin +gdp -hdi
```

4.4.3 Stata 中的表达式

在变换变量的过程中，变量之间的关系是用表达式来表示的。这样的表达式是由一系列的运算符号连接起来的。这些运算符号包括算术符号、关系符号与逻辑符号。下面分别介绍这3类关系表达符号。

算术符号

Stata 中的算术符号有："+"（加号）、"−"（减号）、"*"（乘号）、"/"（除号）、"^"（乘方）以及表示负号的"−"。

开方的运算可以用乘方的形式来表达。例如，开根号$\sqrt[5]{555}$可以表达成"555^(1/5)"。

在 Stata 中，所有涉及缺失值的运算将生成缺失值。同时，涉及没有意义的运算，如除以0，也将生成缺失值。

下面的算式：

$$\frac{\sqrt{b^2-4ac}}{2a}$$

在 Stata 中的表达式为：

```
sqrt(b^2-4a*c)/2a
```

或

```
(b^2-4a*c)^(1/2)/2a
```

在 Stata 中的算术优先顺序依常规是：乘方、乘与除、加与减。

关系符号

Stata 中表达数量之间的关系的符号有："=="（等于）、"~="（不等于）、">"（大于）、"<"（小于）、">="（大于等于）、"<="（小于

等于）。特别要注意的是等于的关系符号是双等号的表达方式。这是为了与定义等式中的单个等号相互区分（参见本章第5节有关生成新变量的内容）。

不等于的表达式也可以使用“!=”。

关系表达式所表示的情形要么是正确的（满足表达式的情形），要么是错误的（不满足表达式的情形。更多的讨论参见稍后对 if 条件表达式的讨论）。对于数值变量的缺失值，它大于任何非缺失的取值（参见前面对缺失值的讨论）。

对于数据 hdr2004.dta，我们可以有如下关系表达式：

```
rank<11
contin==2
gdp>=3000
infantmor>100
```

它们分别表示：排名在前 10 位的、属于亚洲（$contin = 2$）的、人均 GDP 大于或等于 3000 美元的、婴儿死亡率大于千分之 一百 的国家和地区。

逻辑符号

逻辑符号可以用来连接上面讨论过的算术与关系表达式。Stata 中的逻辑符号有3种：“&”（与）、“|”（或者）[9]、“~”（否定）。其中，我们已经在前面遇到过“~”。同样地，逻辑表达式所表示的要么是正确的（满足表达式情形），要么是错误的（不满足表达式情形）。

对于表达式

```
gdp>30000&contin==2|gdp>20000&contin==1
```

所表示的是，人均 GDP 大于 30000 美元的亚洲国家和地区“以及”（或者）人均 GDP 大于 20000 美元的非洲国家。这里的“|”表示满足任一情形都可以；而“&”则表示必须同时满足的情形。需要指出的是， Stata 中的“&”优先于“|”。因此，上述表达式也可以写成

```
(gdp>30000&contin==2)|(gdp>20000&contin==1)
```

[9]其键盘输入的（通常）方式是 Shift 与 Enter 上面按键的组合。

3 种关系符号的混合使用

我们已经知道，这 3 种关系符号通常是混合使用的。它们之间的优先等级依次为：算术符号、关系符号、逻辑符号。但是，否定逻辑符号“∼”先于其他所有符号。在算术符号与逻辑符号内部也有优先等级，这在前面已经讨论过，但是关系符号内部没有优先等级之分。

所有的运算符号的优先等级都可以通过小括号提高到最优先的等级。

需要注意的是，在 Stata 中，只有小括号，没有中括号与大括号。但是，用户可以在小括号里面套用另外的小括号。例如：

```
(x^(y*(x+1))>3|x==2)&y>5
```

Stata 中的运算符号小结如表 4-3。

表 4-3　Stata 中的运算符号

类型	符号	说明	表达式	Stata 输入方式
算术符号	^	乘方	$x^{(y-1)}$	x^(y − 1)
	*	乘以	$x \times y$	$x * y$
	/	除以	$\frac{x}{y}$	x/y
	+	加上	$x + y$	$x + y$
	−	减去	$x - y$	$x - y$
关系符号	==	等于	$x = y$	$x == y$
	~=	不等于	$x \neq y$	$x \sim= y$
	>	大于	$x > y$	$x > y$
	<	小于	$x < y$	$x < y$
	>=	大于等于	$x \geq y$	$x >= y$
	<=	小于等于	$x \leq y$	$x <= y$
逻辑符号	&	与	$x > 1 \& y < 1$	$x > 1 \& y < 1$
	|	或者	$x > 1 \| y < 1$	$x > 1 \| y < 1$
	~	否	$(x + y) \neq 2$	$(x + y) \sim= 2$

4.4.4 Stata 中 if 引导的条件

上述 Stata 中的表达式至少有两个用途：一个是用来定义新的变量，另一个是用来指明 Stata 执行命令的特定情形。后者即是我们在第一章讨论 Stata 的命令语法结构时讨论到的逻辑条件。这样的条件就是由 if 来引导的。对于含有 if 引导的条件的 Stata 命令，它所完成的任务仅仅局限于满足这些条件的观察个案。

在数据 hdr2004.dta中，我们有：

```
. sum hdi gdp literacy
    Variable |       Obs        Mean    Std. Dev.       Min        Max
-------------+--------------------------------------------------------
         hdi |       112    .7242232    .1792316       .292       .956
         gdp |       112    7390.732    10554.39         90      47354
    literacy |       112     83.8375    19.51365       12.8       99.8
```

简单地给出了变量 *hdi gdp* 的描述性统计量。当我们需要知道数据中非洲与欧洲国家在这两个变量之间的情况对比时，我们可以有：

```
. sum hdi gdp literacy if contin==1
    Variable |       Obs        Mean    Std. Dev.       Min        Max
-------------+--------------------------------------------------------
         hdi |        28    .4916429    .1303253       .292       .745
         gdp |        28    747.2143    796.2017         90       3080
    literacy |        28      61.175    20.55682       12.8         90
. sum hdi gdp literacy if contin==3
    Variable |       Obs        Mean    Std. Dev.       Min        Max
-------------+--------------------------------------------------------
         hdi |        33    .8726364    .0680238       .681       .956
         gdp |        33    15298.21    13466.32        382      47354
    literacy |        33    98.13333    2.995795       84.3       99.8
```

值得提醒的是，在每一个命令中，只能够有一个 if 引导的条件表达式。用户可以使用前面讨论的逻辑运算符号“&”与“|”来得到条件表达式的组合。例如，如果我们要知道上述两个大洲的两个变量的统计量，可以使用下面的命令：

```
. sum hdi gdp literacy if contin==1|contin==3

    Variable |       Obs        Mean    Std. Dev.       Min        Max
-------------+--------------------------------------------------------
         hdi |        61    .6977541    .2162335       .292       .956
         gdp |        61    8619.066    12265.99         90      47354
    literacy |        61    81.16885    23.23332       12.8       99.8
```

当然，上面查看非洲与欧洲国家 *hdi gdp* 时，将两个大洲的国家放在一起，而无法分别查看两个大洲内的情况。这时，用户需要使用 by 命令前缀引导的 Stata 命令才能够使用一个命令分别查看各个大洲内的情况。

```
. sort contin
. by contin: sum hdi gdp literacy

------------------------------------------------------------------------------
-> contin = Africa

    Variable |       Obs        Mean    Std. Dev.       Min        Max
-------------+--------------------------------------------------------
         hdi |        28    .4916429    .1303253       .292       .745
         gdp |        28    747.2143    796.2017         90       3080
    literacy |        28      61.175    20.55682       12.8         90

------------------------------------------------------------------------------
-> contin = Asia

    Variable |       Obs        Mean    Std. Dev.       Min        Max
-------------+--------------------------------------------------------
         hdi |        20      .73015    .1294386       .482       .938
         gdp |        20     5666.45    7979.267        193      31407
    literacy |        20      84.045    16.78049       41.1       99.5

------------------------------------------------------------------------------
-> contin = Europe

    Variable |       Obs        Mean    Std. Dev.       Min        Max
-------------+--------------------------------------------------------
         hdi |        33    .8726364    .0680238       .681       .956
         gdp |        33    15298.21    13466.32        382      47354
    literacy |        33    98.13333    2.995795       84.3       99.8

------------------------------------------------------------------------------
-> contin = N. America

    Variable |       Obs        Mean    Std. Dev.       Min        Max
```

```
-------------+--------------------------------------------------------
         hdi |        11    .8074545    .0817721        .72       .943
         gdp |        11    10062.18    10813.55       1897      36006
    literacy |        11    91.07273    8.136349       76.9       99.7
-----------------------------------------------------------------------
-> contin = Oceania
    Variable |       Obs        Mean    Std. Dev.       Min        Max
-------------+--------------------------------------------------------
         hdi |         4        .793    .1873713       .542       .946
         gdp |         4      9624.5    9826.572        523      20822
    literacy |         4      88.875    16.43682       64.6         99
-----------------------------------------------------------------------
-> contin = S. America
    Variable |       Obs        Mean    Std. Dev.       Min        Max
-------------+--------------------------------------------------------
         hdi |        16    .7433125    .0914438       .495       .853
         gdp |        16        2468    1441.929        291       4394
    literacy |        16    87.51875    10.73184       59.6       97.7
```

在使用 by 引导的命令时，需要先将数据依据 by 之后的变量排序（或者数据已经根据这一变量排序）。如果没有这一步， Stata 将给出错误信息：

```
. by contin:sum hdi gdp literacy if contin==1|contin==3
not sorted
r(5);
```

使用前缀 bysort 引导的命令可以得到与上面相同的结果。前缀 bysort 与前缀 by 没有区别。只不过前者多了让 Stata 直接运行命令 sort；而后者必须在已经运行 sort 命令过后才不会得到错误信息。此外，sort 可以作为命令选项加在 by 引导的命令最后。下面两个命令是等价的：

. **bysort** *contin:* **sum** *hdi gdp literacy*

. **by** *contin:* **sum** *hdi gdp literacy* **, sort**

4.5 生成新变量与变量赋值

数据处理的一个重要任务就是要生成在统计分析过程中所需要的新的变量。当然，这些新的变量与指导设计统计分析的理论、假设与概念紧密相关。这时候，生成的新变量即是理论假设中概念的操作化，是可以直接带入到稍后的统计分析中的。

4.5.1 使用 generate 命令

在 Stata 中，生成新变量过程中使用最为普遍的命令是 generate:

```
. generate newvar = exp. [if] [in]
```

在命令 generate 之后紧跟的是新变量。这个新变量的名称必须是现有数据中所没有的。如果用户输入的新变量名称是现有数据中已经存在的，Stata 将给出错误信息。例如:

```
. sort hdi
. gen rank = _n
rank already defined
r(110);
```

紧接着新变量的是一个用等号引导的表达式。这里的表达式可以是各种各样的。与其他 Stata 命令一样，生成新变量时，用户也可以给出条件（if）与个案范围（in）。举例说明，见表 4-4。

我们将在后面讨论在表 4-4中出现的函数表达式。除此之外，我们还需要注意以下几点:

- 首先，生成新变量中，紧接新变量名的等号“=”表示“定义”，所以使用单个的等号。而条件中的等号表示的则是一种数量关系，使用的是双等号。初学者特别应当注意这一区分。
- 其次，在所有涉及其他变量运算的新变量的生成过程中，如果这些变量中涉

表 4-4 generate 命令生成新变量举例

命令	新变量	=	表达式	条件	说明
gen	newvar	=	7		常数
		=	$7x-1$		涉及变量 x
		=	$(x-y)*$ z		涉及多个变量
		=	log(x+1)		常用函数
		=	x+y	in 1/100	样本选择
		=	x+100	if male==1	样本选择

及取值为缺失的个案，其新变量的取值也为缺失。同样地，如果在运算过程中，产生了无意义的结果（比如，除数为 0 或是给负数开根等），Stata 将对这些个案的取值给出缺失值。

- 最后，在定义表达式后使用条件时，用户需要清楚地明白，不满足条件的观察个案将被 Stata 赋予缺失值。例如在表 4-4中的最后一行，在生成新变量的过程中，女性观察个案在新变量上的取值为缺失值。在这种只需要改变男性（$male == 1$）的取值而女性的取值保持不变的情形下，用户需要使用的命令是下面将要讨论的 replace。

下面我们给出一个使用 generagte 命令生成新变量的比较复杂的例子。

使用数据 chnhf2000.dta，根据其中的身高与体重，我们可以计算一个国际上通用的身材指数（BMI）[10]。BMI的公式为：

$$\mathrm{BMI} = \frac{weight}{height^2}$$

其中的变量 *height* 是身高的公制米数，而变量 *weight* 是体重的公斤数。

由于原有数据中的变量身高与体重使用了更常见的单位厘米与市斤，所以在生成 BMI 指数变量时，需要先进行单位换算。因此，为了生成新变量 *bmi*，有以下 Stata 的命令：

[10] BMI 为 Body Mass Index 的缩写。

```
. gen bmi = (weight/2)/(height/100)^2
```

在数据中生成新变量之后，应该养成马上检查数据的习惯，查看新生成的变量是否与所设想的相符。

```
. sum height weight bmi
    Variable |       Obs        Mean    Std. Dev.       Min        Max
-------------+--------------------------------------------------------
      height |      1500     164.436     7.48371        130        188
      weight |      1500    122.3687    21.49278         70        230
         bmi |      1500    22.55878     3.19678   12.11073   37.46098
. li male height weight bmi in 1/10, clean
         male   height   weight         bmi
  1.   female      162      142     27.0538
  2.     male      173      147    24.55812
  3.   female      165      110    20.20202
  4.   female      168      100    17.71542
  5.     male      172      172    29.06977
  6.   female      164       90    16.73111
  7.   female      156      110    22.60026
  8.   female      163      119    22.39452
  9.     male      169      134    23.45856
 10.   female      158      100    20.02884
```

上面的初步检查中，变量 *bmi* 的有效个案、取值范围等都没有问题，而男女间的取值比较也符合常识。

考虑到一般意义上使用的 BMI 的数值通常是一个整数，所以我们可以将上面生成新变量 *bmi* 的命令直接更改成：

```
. gen bmi = round((weight/2)/(height/100)^2)
. li male height weight bmi in 1/10, clean
         male   height   weight   bmi
  1.   female      162      142    27
  2.     male      173      147    25
  3.   female      165      110    20
  4.   female      168      100    18
```

```
  5.     male    172    172   29
  6.   female    164     90   17
  7.   female    156    110   23
  8.   female    163    119   22
  9.     male    169    134   23
 10.   female    158    100   20
```

这时，生成的变量 *bmi* 将是一个小数位被四舍五入而没有小数的正整数。

在上面将变量 *bmi* 整数化的过程中使用了函数的表达式。有关函数 round 及其他函数的讨论见本章稍后的内容。

Stata 中生成新变量的命令还有 egen。我们将在本章讨论完函数后作专门的讲解。

4.5.2 使用 replace 命令

上面提到过，如果 generate命令后跟着的变量名与数据中的变量名相同时，Stata 将给出错误信息，而无法完成指令。同时，在使用 generate 命令与 if 条件为数据中的部分观察个案赋值时， Stata 将对剩下部分的观察个案给出缺失值。

例如，上面生成新变量的举例中

. gen $newvar = x + 100$ if $male == 1$

对于 $male == 0$ 的观察个案将统一给出缺失值：

```
. gen heightm=height/100 if male==1
(766 missing values generated)
. li male height heightm in 1/10, clean
         male   height   heightm
  1.   female      162         .
  2.     male      173      1.73
  3.   female      165         .
  4.   female      168         .
  5.     male      172      1.72
```

```
  6.   female     164          .
  7.   female     156          .
  8.   female     163          .
  9.     male     169       1.69
 10.   female     158          .
```

上述将男性身高转换成公制米数单位的命令，对数据中所有女性观察个案的新变量取值都给出了缺失值。

在这些情形下，为了给这些个案赋予非缺失值（或是保留原有的变量值），用户应当使用命令 replace。[11]

又如，如果我们已经有了带有小数的变量 *bmi*，当我们使用命令 generate 将该变量四舍五入时，Stata 将拒绝执行这一指令，因为数据中已经有了变量 *bmi*。用户需要将已有的变量 *bmi* 删除，然后再使用命令 generate。更简单的方法是在已有的变量 *bmi* 的基础上，使用命令 replace 更改观察个案（或使用条件针对特定观察个案）的取值。

有关变量 *bmi* 的生成与更改可以由以下两个命令完成：

```
. gen bmi = (weight/2)/(height/100)^2
. replace bmi = round(bmi)
(1491 real changes made)
```

这里对变量值的更改是针对数据中所有的观察个案。[12]replace 对变量值的更改也可以针对数据中的部分观察个案。这时，用户需要指明条件（使用 if）或是个案范围（使用 in）。

假定我们现在需要建立一个新变量，这个新变量 *overweit* 仅仅取两个不同的数值：1（表示身材超重）和 0（表示身材不超重）。

按照惯例，当 BMI 指数超过 25 时，可以认为是身材超重。但是，对于一般男女而言，女性身体中的脂肪含量总会略微高一些。因此，可能有研究人员认为相似

[11] 出现这种常见的情况的原因显然是 $male == 1$ 与 $male == 0$ 时，新变量的取值并不相同。而我们又无法在同一个命令 generate 中给出两个定义表达式。

[12] 更严格地讲，是针对所有变量 *bmi* 为非缺失值的观察个案。

身材的男女的 BMI 指数有差异：男性略高于女性。为了简单起见，我们将男性的超重标准向上浮动 1 个单位，女性则向下浮动 1 个单位，即超重身材的男性 BMI 为 26 及以上，而超重身材的女性 BMI 为 24 及以上。

正是由于同一个变量在不同人群中的赋值基础不同，所以在生成这样的新变量时需要调整。我们有以下命令来完成这一任务：

```
. gen overweit = 1 if male==1&bmi>=26
(1357 missing values generated)
. replace overweit = 0 if male==1&overweit==.
(591 real changes made)
. replace overweit = 1 if male==0&bmi>=24
(227 real changes made)
. replace overweit = 0 if male==0&overweit==.
(539 real changes made)
```

我们可以简单地检查一下数据，看看是否有明显的错误。

```
. li male height weight bmi overweit in 1/10, clean

         male   height   weight   bmi   overweit
  1.   female      162      142    27          1
  2.     male      173      147    25          0
  3.   female      165      110    20          0
  4.   female      168      100    18          0
  5.     male      172      172    29          1
  6.   female      164       90    17          0
  7.   female      156      110    23          0
  8.   female      163      119    22          0
  9.     male      169      134    23          0
 10.   female      158      100    20          0
```

显然上述的变量生成过程没有明显的错误。

小结一下，replace 命令的基本用法是：

. replace *oldvar* = exp. [if] [in]

可见，replace 命令和 generate 命令的用法和功能十分接近，都是对变量重新赋值。不同的是，generate 命令需要生成新的变量，而 replace 则是修改现有变量的取值。

4.5.3 使用 recode 命令

在 Stata 中，用户有时需要对已有的变量重新赋值。这是因为数据中原有的变量取值与用户所需要的并不完全相同，同时又可以变换已有的变量取值获得需要的变量取值。

除了上面的 replace 命令以外，在 Stata 中，有时可以使用 recode 命令重新定义变量中的取值。一个常见的用法就是将调查对象的年龄分组。例如，以下使用 recode 命令将原有数据中的变量 *age* 中的取值重新定义为 6 个组别：25 岁以下、26~35 岁、36~45 岁、46~55 岁、56~65 岁、66 岁以上。

```
. recode age min/29=1 30/39=2 40/49=3 50/59=4 60/max=5
(age: 1500 changes made)
. ta age
        age |      Freq.     Percent        Cum.
------------+-----------------------------------
          1 |        369       24.60       24.60
          2 |        466       31.07       55.67
          3 |        384       25.60       81.27
          4 |        202       13.47       94.73
          5 |         79        5.27      100.00
------------+-----------------------------------
      Total |      1,500      100.00
```

recode 命令每次只能给一个变量改值，变量 age 后面跟的是改值的指令。min/29=1 表示把所有小于或等于 29 的值更改为 1；60/max=5 则是把所有60或以上的值更改为 5。用户也可以跟中间的指令一样，把 min 和 max 写成具体数字，如 0/29=1 和 60/100（假设数据里没有大于 100 岁的个案）。如果要更改的不是数字范围，而是个体数字，直接把数字写在等号的左边，如

```
. recode x 0=1 2 5 8 =2 nonmissing=3
. recode x 0=1 2 5 8 =2 else=3
```

上述两个命令都把 x 中的 0 更改为 1，2、5、8 更改为 2。不同的是，在第一个命令中，nonmissing 表示所有的其他非缺失值，而第二个命令中的 else 则指把所有的其他值（包括缺失值）。nonmissing 可以缩写为 nonm，而 else 可以用一个星号“*”表示。这两个指令必须放在更改指令的最后，以表示“上述以外的所有其他（非缺失）值”。

读者可以清楚地了解，recode 的功能与 replace 很相近。上面对变量 *age* 的分组任务可以使用以下命令来完成：

```
. gen ageg = 0
. replace ageg = 1 if age<30
(369 real changes made)
. replace ageg = 2 if age>=30&age<40
(466 real changes made)
. replace ageg = 3 if age>=40&age<50
(384 real changes made)
. replace ageg = 4 if age>=50&age<60
(202 real changes made)
. replace ageg = 5 if age>=60
(79 real changes made)
```

这时，新变量 *ageg* 是一个包含 6 个组别的变量。

虽然这种方法比使用 recode 的方法要复杂得多，但是它有自己的优势。需要特别提醒的是，命令 recode 直接更改原有的变量，而命令 generate 与 replace 的组合则是保留原有变量，而生成一个新变量。

在使用命令 recode 时，可以加上选项 generate 生成新的变量。同时，在使用 recode 时，还可以为新生成的变量加上取值标签。下面两个变量都将生成并不改变原有变量 *age* 的新变量。其中，第 2 个命令还额外为各个组别添加了取值标签。[13]

[13]以下命令中使用符号“/*”的目的是为了印刷方便。其具体的用法介绍参见下一章。

```
. recode age 0/29=1 30/39=2 40/49=3 50/59=4 60/200=5, gen(ageg)
(1500 differences between age and ageg)
. recode age (0/29=1 "-29") (30/39=2 "30-39")  /*
>       */  (40/49=3 "40-49") (50/59=4 "50-59")  /*
>       */  (60/65=5 "60+"), pre(new) label(ageg)
(1500 differences between age and newage)
. ta newage
 RECODE of |
 age (age) |      Freq.     Percent        Cum.
-----------+-----------------------------------
       -29 |        369       24.60       24.60
     30-39 |        466       31.07       55.67
     40-49 |        384       25.60       81.27
     50-59 |        202       13.47       94.73
       60+ |         79        5.27      100.00
-----------+-----------------------------------
     Total |      1,500      100.00
. li age ageg newage in 1/10, clean
        age   ageg   newage
  1.     37      2    30-39
  2.     47      3    40-49
  3.     23      1      -29
  4.     36      2    30-39
  5.     60      5      60+
  6.     20      1      -29
  7.     59      4    50-59
  8.     33      2    30-39
  9.     25      1      -29
 10.     43      3    40-49
```

4.5.4　使用算术运算来重新赋值

在某些情况中，对变量的重新赋值也可以用简单的算术运算来完成。例如，在职业变量 *occ* 的列表中，我们发现变量数值的排列顺序是从声望较低的职业开始到声望较高的职业结束。

```
. ta occ
   occupation |      Freq.     Percent        Cum.
--------------+-----------------------------------
 Never Worked |         15        1.00        1.00
       Farmer |        184       12.27       13.27
       Manual |        460       30.67       43.93
Sales/Service |        235       15.67       59.60
Self-employed |        216       14.40       74.00
     Clerical |        207       13.80       87.80
 Professional |        108        7.20       95.00
      Manager |         21        1.40       96.40
Administrator |         33        2.20       98.60
        Other |         21        1.40      100.00
--------------+-----------------------------------
        Total |      1,500      100.00
```

这里的“other”组别可以看成是受访者“不知道”的回答。简单的处理方法是将它编码成缺失。[14]

查看变量取值标签，有:

```
. lab list occx
occx:
           0 Never Worked
           1 Farmer
           2 Manual
           3 Sales/Service
           4 Self-employed
           5 Clerical
           6 Professional
           7 Manager
           8 Administrator
           9 Other
```

但是，在有些时候我们需要按照相反的顺序对职业进行排列（如查看父子职业变动的列表）。这时就需要我们对变量 *occ* 重新赋值。一个简单的方法是使用算术

[14]也可以查看这一组别的特征与其他组别的相似程度，然后将该组别编码成特征最为相似的组别。

运算将变量值颠倒过来。

重新查看数据，有：

```
. gen occx=9-occ if occ!=9
(21 missing values generated)
. lab def occxx 9 neverwk 8 farmer 7 manual 6 saleserv  /*
>     */  5 selfemp 4 clerical 3 proftech 2 manager 1 admini
. lab val occx occxx
. ta occx
       occx |      Freq.     Percent        Cum.
------------+-----------------------------------
     admini |         33        2.23        2.23
    manager |         21        1.42        3.65
   proftech |        108        7.30       10.95
   clerical |        207       14.00       24.95
    selfemp |        216       14.60       39.55
   saleserv |        235       15.89       55.44
     manual |        460       31.10       86.54
     farmer |        184       12.44       98.99
    neverwk |         15        1.01      100.00
------------+-----------------------------------
      Total |      1,479      100.00
```

4.6　连续变量转换成非连续变量

我们在前面提到过变量的测量类型分为连续变量与非连续变量。其中，非连续变量又可以分成类别变量与序列变量。测量层次较高的变量可以转换成测量层次较低的变量。以下我们给出一些转换变量测量层次的方法。

由于序列变量本身也可以被看成是类别变量，所以由连续变量转换而成的序列变量也可以是类别变量。之前我们至少讨论了 3 种可以将连续变量转化成类别（序列）变量的方法：使用命令 generate 与 replace 的组合、使用命令 recode以及使用算术运算。

4.6.1 使用 autocode 函数

使用 Stata 中的函数表达式，autocode 命令可以将连续变量转换成非连续变量。例如，将数据 chnhf2000.dta 中的变量 *age* 分成 9 组、各组相等间隔为 5 岁的类别变量的命令如下：

```
. gen ageg5 = autocode(age, 9, 20, 65)
```

其中，*age5* 是新生成的序列（类别）变量，*age* 是用来分组的目标连续变量，“9”为需要分成的组别数，而函数 autocode 则是指自动分成 9 个组别且各组间隔相等，“20”与“65”是指明的分组过程中最小与最大值（即在此区间内等分 9 组，每组以 5 岁作为区间间隔）。

查看分组的结果，我们有：

```
. gen ageg5 = autocode(age, 9, 20, 65)
. sum age ageg5
    Variable |       Obs        Mean    Std. Dev.       Min        Max
-------------+--------------------------------------------------------
         age |      1500       38.72    11.29235         20         64
       ageg5 |      1500       40.79    11.20013         25         65
. ta ageg5
      ageg5 |      Freq.     Percent        Cum.
------------+-----------------------------------
         25 |        202       13.47       13.47
         30 |        217       14.47       27.93
         35 |        207       13.80       41.73
         40 |        251       16.73       58.47
         45 |        217       14.47       72.93
         50 |        163       10.87       83.80
         55 |         94        6.27       90.07
         60 |         86        5.73       95.80
         65 |         63        4.20      100.00
------------+-----------------------------------
      Total |      1,500      100.00
```

新变量在取值上选择了每一组别取值区间的上限：25、30、…、65。

4.6.2 使用 group 函数

使用 autocode 函数时，均匀分组的根据是目标变量的取值，即各个组别在目标变量上的取值区间宽度相等。

假如用户需要根据观察个案的数目来均匀分组，即各个组别在目标变量的排列顺序下包含有相同数目的观察个案，可以使用函数 group。这时，用户需要事先根据目标变量排序，然后再分组。例如：

```
. sort inc
. gen inc10g=group(10)
. ta inc10g
     inc10g |      Freq.     Percent        Cum.
------------+-----------------------------------
          1 |        150       10.00       10.00
          2 |        150       10.00       20.00
          3 |        150       10.00       30.00
          4 |        150       10.00       40.00
          5 |        150       10.00       50.00
          6 |        150       10.00       60.00
          7 |        150       10.00       70.00
          8 |        150       10.00       80.00
          9 |        150       10.00       90.00
         10 |        150       10.00      100.00
------------+-----------------------------------
      Total |      1,500      100.00
```

上述命令生成了一个新变量 *inc10g*，每个组别含有 10% 的观察个案。这个新变量可以看成是针对收入的十等分分组。

需要提醒的是，使用函数 group 生成新变量之前一定要事先完成目标变量的排序过程。否则，这样生成的新变量没有任何意义。

4.6.3 使用 recode 函数

在均匀分组的意义上（针对目标变量的取值或是根据目标变量所对应的观察个

案数目），autocode 与 group 是自动完成分组的。如果用户希望对分组的过程有更多的控制——特别是针对目标数量取值的控制，则需要使用函数 recode[15]。这时，用户可以任意定义各组的取值区间。例如，下面的命令生成了一个含有 6 个组别的新变量 *incg6*。其中，小括号内的 *inc* 是将被转换为类别变量的目标变量，而其后的 6 个数字分别是各个组别的取值上限。

```
. gen incg6=recode(inc, 300,600,1000,1500,3000,50000)
. ta incg6
      incg6 |      Freq.     Percent        Cum.
------------+-----------------------------------
        300 |        370       24.67       24.67
        600 |        432       28.80       53.47
       1000 |        399       26.60       80.07
       1500 |        164       10.93       91.00
       3000 |        105        7.00       98.00
      50000 |         30        2.00      100.00
------------+-----------------------------------
      Total |      1,500      100.00
```

在上面的列表中，各个组别的变量取值即是该组别区间的上限（即命令 generate 中的输入的数值）。应当注意，超过 recode 函数中最大值的目标变量的数值将被保留在新变量的取值中。所以，使用这种方法时一定要清楚目标变量的取值范围。

4.7 虚拟变量的生成

最简单的类别变量是取值为 1 和 0 的虚拟变量，又称标识变量。当该变量取值为 1 时，表示满足特定的特征，取值为 0 时表示其他情况。例如，前面提到的身材超重的变量表示受访者的 BMI 指数是否超过一定的标准。

由于虚拟变量非此即彼的取值特征，它在统计分析中的应用非常广泛。因此，在数据处理过程中经常会遇到生成虚拟变量的情形。

[15]注意与命令 recode 的区别。

4.7.1 使用命令 generate、replace 与 recode

在上面的讨论中，我们知道了使用命令 generate 与 replace 的组合可以生成虚拟变量。当然，使用命令 recode 也可以直接将变量重新编码成虚拟变量。

例如，可以根据变量 *age* 生成一个老年人的虚拟变量（60 岁作为老年人的分界线：1代表老年人；0代表非老年人）。以下两种方法得到的结果是等价的：

```
. gen elderly=0
. replace elderly=1 if age>= 60
```

以及

```
. gen elderly=age
. recode elderly 20/59=0 60/200=1
```

```
. ta elderly
    elderly |      Freq.     Percent        Cum.
------------+-----------------------------------
          0 |      1,421       94.73       94.73
          1 |         79        5.27      100.00
------------+-----------------------------------
      Total |      1,500      100.00
```

除了以上的方法外，在面临不同的变量类型时，至少还有以下其他几种方法可以生成虚拟变量。

4.7.2 针对类别变量使用 tabulate 命令

在前面的内容中，读者已经了解了 tabulate 命令可以生成频次表——列出目标变量的所有取值类别及其所对应的频次。如果在这一命令中加上一个选项 generate，就可以生成一系列的虚拟变量，这些虚拟变量对应着目标类别变量的每一个组别。

变量 *edu* 有 6 个组别，分别表示受到的教育水平。使用上述的方法，我们可以生成 6 个对应于这 6 个教育水平组别的虚拟变量。

```
. ta edu, gen(edug)
  education |      Freq.     Percent        Cum.
------------+-----------------------------------
       none |         63        4.20        4.20
    primary |        221       14.73       18.93
    jun. hi |        570       38.00       56.93
    sen. hi |        441       29.40       86.33
   jun. col |        131        8.73       95.07
    univ. + |         74        4.93      100.00
------------+-----------------------------------
      Total |      1,500      100.00
. li edu edug* in 1/10, clean
             edu   edug1   edug2   edug3   edug4   edug5   edug6
  1.     jun. hi       0       0       1       0       0       0
  2.    jun. col       0       0       0       0       1       0
  3.     sen. hi       0       0       0       1       0       0
  4.     sen. hi       0       0       0       1       0       0
  5.     jun. hi       0       0       1       0       0       0
  6.     sen. hi       0       0       0       1       0       0
  7.        none       1       0       0       0       0       0
  8.     jun. hi       0       0       1       0       0       0
  9.     sen. hi       0       0       0       1       0       0
 10.     jun. hi       0       0       1       0       0       0
```

在紧随选项 gen 的小括号内的字符是新生成的 6 个变量的起始字符[16]，而起始字符后的数字则是由 Stata 自动添加的，分别依顺序对应变量 *edu* 中数值从小到大的 6 个组别。

需要提醒的是，变量 *edu* 中的缺失值（如果有的话）将影响这组虚拟变量。因为所有 6 个新变量中都将缺失值编码成 0 。所以，在统计分析中使用这些虚拟变量时，需要额外地注意缺失值的编码。

[16]这里的起始字符必须满足变量名的原则。可以是英文字母与下划线，但不能是数字。

4.7.3　针对二分变量使用算术运算

有时有些变量的取值虽然只有两个，但是却不是以 1 和 0 的形式出现的（通常以 1 和 2 的形式）。这时候，可以通过简单的算术运算将这样的二分变量转换成虚拟变量。

一个常见的例子就是性别变量。很多时候，数据中关于性别变量的编码 1 为男性、2 为女性。在数据 chnhf2000.dta 中：

```
. ta sex
        sex |      Freq.     Percent        Cum.
------------+-----------------------------------
       male |        734       48.93       48.93
     female |        766       51.07      100.00
------------+-----------------------------------
      Total |      1,500      100.00
. lab list sex
sex:
           1 male
           2 female
```

在统计分析时，特别是在模型拟合中，需要将这个二分变量转化成取值为1或0的虚拟变量。我们可以生成两个不同的虚拟变量：*male* 与 *female*。在变量 *male* 中，男性取值为 1，女性取值为 0；在变量 *female* 中，则有相反的取值。Stata 中的简单命令如下：

```
. gen male = 2-sex
. lab var male "male"
. lab val male maler
. ta male
       male |      Freq.     Percent        Cum.
------------+-----------------------------------
     female |        766       51.07       51.07
       male |        734       48.93      100.00
------------+-----------------------------------
      Total |      1,500      100.00
```

```
. gen female = sex-1
. ta male female
           |        female
      male |         0          1 |     Total
-----------+----------------------+----------
    female |         0        766 |       766
      male |       734          0 |       734
-----------+----------------------+----------
     Total |       734        766 |     1,500
```

4.7.4 使用快捷方法

除了以上讨论的将连续变量与类别变量转换成虚拟变量的方法外，在 Stata 中还有更加快捷的操作方式。例如，生成老年人 *elderly* 的例子中，可以用单行命令完成：

```
. gen elderly = (age>=60)
```

在这一命令中，第一个等号是表示定义的：满足其后小括号内表达式的观察个案将在新变量 *elderly* 中被赋值为 1，否则则被赋值为 0。在用户熟悉这种用法之后，小括号可以省略。

多次重复类似的命令就可以将类别变量中的各个组别定义成相应的虚拟变量。例如对于上面将变量 *edu* 各教育水平定义成虚拟变量的例子中，可以使用以下的命令得到相同的结果：

```
. gen edunone=edu==1
. gen parimary=edu==2
. gen juniorhi=edu==3
. gen seniorhi=edu==4
. gen college=edu==5|edu==6
. tab1 edunone-college
-> tabulation of edunone
    edunone |      Freq.     Percent        Cum.
------------+-----------------------------------
          0 |      1,437       95.80       95.80
```

```
          1 |         63        4.20      100.00
------------+-----------------------------------
      Total |      1,500      100.00
-> tabulation of parimary
   parimary |      Freq.     Percent        Cum.
------------+-----------------------------------
          0 |      1,279       85.27       85.27
          1 |        221       14.73      100.00
------------+-----------------------------------
      Total |      1,500      100.00
-> tabulation of juniorhi
   juniorhi |      Freq.     Percent        Cum.
------------+-----------------------------------
          0 |        930       62.00       62.00
          1 |        570       38.00      100.00
------------+-----------------------------------
      Total |      1,500      100.00
-> tabulation of seniorhi
   seniorhi |      Freq.     Percent        Cum.
------------+-----------------------------------
          0 |      1,059       70.60       70.60
          1 |        441       29.40      100.00
------------+-----------------------------------
      Total |      1,500      100.00
-> tabulation of college
    college |      Freq.     Percent        Cum.
------------+-----------------------------------
          0 |      1,295       86.33       86.33
          1 |        205       13.67      100.00
------------+-----------------------------------
      Total |      1,500      100.00
```

在上面的编码方案中，大专（junior college）与大学（university）教育水平被合并在一起，成了虚拟变量 *college* 中的同一个组别。

这里再次提醒，使用这种方法时应当特别注意缺失值的情况。缺失值将被归入不满足定义等号后的表达式的情况，因而进入各个虚拟变量中取值为 0 的组别。

4.8 数值变量与字符变量间的转换

前面提到过，变量取值的类型分为数字变量与字符变量。其中，前者的取值就是数值，而后者则是由字符组成。即使字符变量中可以含有数字，但是其性质仍然是字符。使用数据 hdr2004.dta，我们可以比较这两种类型的变量：

```
. use hdr2004, clear
(human dev'mt report 2004, from UNDP webpage)
. li nation contin in 1/12, clean

              nation       contin
  1.          Norway       Europe
  2.          Sweden       Europe
  3.       Australia      Oceania
  4.          Canada   N. America
  5.         Iceland       Europe
  6.   United States   N. America
  7.           Japan         Asia
  8.         Ireland       Europe
  9.     Switzerland       Europe
 10.  United Kingdom       Europe
 11.         Finland       Europe
 12.         Austria       Europe
```

从上面显示的两个变量来看，形式上似乎没有区别，都是显示的国家名称与大洲名称。但是，我们知道变量 *contin* 是一个数字变量，这里显示的是它的取值标签而已。使用选项 nolabel 就可以让 Stata 显示变量的取值而非取值标签。

```
. li nation contin in 1/12, clean nolab

              nation   contin
  1.          Norway        3
  2.          Sweden        3
  3.       Australia        5
  4.          Canada        4
  5.         Iceland        3
  6.   United States        4
  7.           Japan        2
```

```
  8.          Ireland        3
  9.      Switzerland        3
 10.   United Kingdom        3
 11.          Finland        3
 12.          Austria        3
. sum nation contin
    Variable |       Obs        Mean    Std. Dev.       Min        Max
-------------+--------------------------------------------------------
      nation |         0
      contin |       112    2.919643    1.650216          1          6
```

由于变量 *contin* 是类别变量，上面的描述性统计量没有任何意义。但由于它是数字变量，所以它可以在 Stata 中进行运算。与此相反，字符变量 *nation* 就不能参加运算， Stata 在描述性统计中给出了空白。

因此，有时候用户需要将字符变量转换成数字变量，或是将数字变量转换成以其取值标签为字符取值的字符变量。

4.8.1　从字符变量到数值变量

将字符变量转换成数字变量的命令是 `encode`。 Stata 使用 `encode` 命令给字符变量赋值的过程可以是一个自动的过程。首先， Stata 将字符变量按照字母顺序由 a~z 排序。然后，给每一个不同的字符变量取值赋予从 1 开始的自然数的数值。例如，下面的命令将上面的字符变量 *nation* 转换成数值变量：

```
. encode nation, gen(nationx)
. d nation nationx
              storage  display     value
variable name   type   format      label      variable label
-------------------------------------------------------------------------------
nation          str23  %23s                   country
nationx         long   %22.0g      nationx    country
. sort nation
. li nation nationx in 1/12, clean nolab
             nation   nationx
```

```
  1.       Albania        1
  2.       Algeria        2
  3.     Argentina        3
  4.       Armenia        4
  5.     Australia        5
  6.       Austria        6
  7.       Bahamas        7
  8.       Bahrain        8
  9.    Bangladesh        9
 10.      Barbados       10
 11.       Belarus       11
 12.        Belize       12
. li nation nationx in 101/112, clean nolab
                          nation   nationx
101.                        Togo       101
102.    Trinidad and Dobago          102
103.                     Tunisia       103
104.                      Uganda       104
105.                     Ukraine       105
106.              United Kingdom       106
107.               United States       107
108.                     Uruguay       108
109.                   Venezuela       109
110.                       Yemen       110
111.                      Zambia       111
112.                    Zimbabwe       112
```

上面的结果给出了整个赋值过程。在依据国家名称（*nation*）进行排序后，列出了数据中最前面与最后面的各 12 个观察个案。

变量 *nation* 与 *nationx* 为两种不同取值类型的变量。同时，从 *nationx* 的取值中可以看出， Stata 的赋值过程显然依据了字符变量的字母顺序。

值得注意的是，当字符变量的取值中仅仅包含存储为字符的数字时[17]，用户不应当使用命令 encode，而应当使用如下命令。

[17] 显示为数字，但是被当成不能参加运算的字符。

```
. generate newvar = real(varname)
```

4.8.2 从数值变量到字符变量

同样地，Stata 也提供了将数字变量转换成字符变量的工具，其命令为 decode。在此转换过程中，Stata 可以将原有的数字变量的数值标签作为新生成的字符变量的取值字符。如果原有的数字变量没有数值标签，则这一转换过程无法完成。下面的命令将数字变量 *contin* 转换成字符变量 *continx*：

```
. decode contin, gen(continx)
. d contin continx
              storage  display     value
variable name   type   format      label      variable label
-------------------------------------------------------------------------------
contin          byte   %10.0g      conti      continent
continx         str10  %10s                   continent
. li nation contin continx in 1/12, clean nolab
               nation   contin      continx
  1.           Norway        3       Europe
  2.           Sweden        3       Europe
  3.        Australia        5      Oceania
  4.           Canada        4   N. America
  5.          Iceland        3       Europe
  6.    United States        4   N. America
  7.            Japan        2         Asia
  8.          Ireland        3       Europe
  9.      Switzerland        3       Europe
 10.   United Kingdom        3       Europe
 11.          Finland        3       Europe
 12.          Austria        3       Europe
```

变量 *contin* 与 *continx* 显然为两种不同的变量类型。而字符变量 *continx* 就是数字变量 *contin* 的数值标签。

4.9 系统变量

在 Stata 中，除了数据中用户定义的变量以外，还有一些系统变量。这些系统变量是 Stata 内部生成的，并且在用户使用 Stata 的过程中不断生成与更新。这些变量都是由“_”（下划线）作为变量名的起始符号的。

Stata 中主要的系统变量包括以下几种：

- _b 是指在最近模型估算之后得到的系数。其表达式为 [*eq*#]_b[*varname*]，其中的*eq*# 是指模型估算中的模型的序号，而 *varname* 则是指系数所对应的变量。

- _cons 是指最近模型估算之后得到的常数项（即截距）。通常使用的形式为 _b[_cons]。

- _n 是指当前观察个案所对应的顺序数。

- _N 是指整个数据中的观察个案数。

- _pi 是指常用数 π 的数值。

- _se 是指模型估算之后得到的系数的标准误。其表达式为 [*eq*#]_se[*varname*]。其中的 *eq*# 是指模型估算中的模型的序号，而 *varname* 则是指该系数所对应的变量。

- _result 是指当前的特定 Stata 运算结果中的统计量。其表达式为 _result(#)。其中的 # 是一个指代数字序号。

以上这些系统变量可以直接进入到数据运算的表达式当中。以下是一些使用系统变量的例子：

```
. gen area=radius^2*_pi
. sort inc
. gen incorder=_n
```

其中，第1行命令是使用公式 $s = \pi r^2$ 生成一个新的面积变量 *area*；第 2、第 3 行是建立一个表示收入排序的新变量。

下面的命令是用线性回归估算一个模型（详细用法见第七章），然后显示变量 *gdpn* 的回归系数，以及变量 *enrollf* 回归系数的标准误。

```
. use hdr2004, clear
(human dev'mt report 2004, from UNDP webpage)
. reg hdi gdpn enrollf infantmor internetk
      Source |       SS       df       MS              Number of obs =     112
-------------+------------------------------           F(  4,   107) =  644.75
       Model |  3.42371498     4  .855928745           Prob > F      =  0.0000
    Residual |  .142046416   107  .001327537           R-squared     =  0.9602
-------------+------------------------------           Adj R-squared =  0.9587
       Total |   3.5657614   111  .032123977           Root MSE      =  .03644
------------------------------------------------------------------------------
         hdi |      Coef.   Std. Err.      t    P>|t|     [95% Conf. Interval]
-------------+----------------------------------------------------------------
        gdpn |   .0418692   .0049474     8.46   0.000     .0320616    .0516767
     enrollf |   .0017885   .0002624     6.82   0.000     .0012684    .0023086
   infantmor |   -.001794   .0002092    -8.58   0.000    -.0022086   -.0013794
   internetk |  -.0000126   .0000359    -0.35   0.726    -.0000837    .0000585
       _cons |   .3560935   .0422054     8.44   0.000     .2724263    .4397607
------------------------------------------------------------------------------
. disp _b[gdpn]
.0418692
. disp _se[enrollf]
.00026237
```

下面的命令先简要描述变量 *hdi*，然后利用两个描述性统计量均值与标准差生成新的变量： *hdimean* 与 *hdistd*。

```
. sum hdi
    Variable |       Obs        Mean    Std. Dev.       Min        Max
-------------+--------------------------------------------------------
         hdi |       112    .7242232    .1792316       .292       .956
. gen hdimean=_result(3)
```

```
. gen hdistd=sqrt(_result(4))
. li hdi hdimean hdistd in 1/12, clean
        hdi    hdimean     hdistd
  1.   .956   .7242232   .1792316
  2.   .946   .7242232   .1792316
  3.   .946   .7242232   .1792316
  4.   .943   .7242232   .1792316
  5.   .941   .7242232   .1792316
  6.   .939   .7242232   .1792316
  7.   .938   .7242232   .1792316
  8.   .936   .7242232   .1792316
  9.   .936   .7242232   .1792316
 10.   .936   .7242232   .1792316
 11.   .935   .7242232   .1792316
 12.   .934   .7242232   .1792316
```

4.10 Stata 中的函数

除了上述使用各种运算符号的表达式以外，Stata 中还有自带的各种函数形式。这些函数形式可以直接成为表达式或是成为运算表达式的一部分。

函数的表达方式为函数名称后面紧接一个包含变量的表达式的小括号。括号内的表达式可以是单个的变量，也可以是用逗号隔开的变量与参数，还可以是包含运算的复杂表达式。

例如，平方根的函数形式为

```
sqrt(x)
```

而一个稍微复杂些的取整数的函数可以是

```
round(sqrt(x)*$\pi$+2.786)
```

4.10.1　Stata 中的常用函数

Stata 中的函数有多种类型，包括数学函数、概率分布与密度函数、随机数字函数、字符变量函数、时间函数、时间序列选择函数、矩阵运算函数以及用于程序编写的程序函数。用户可以在 Stata 中输入 `help functions`，查看更多的函数形式。例如， Stata 中有一套完整的三角函数。

表 4-5 至表 4-8 列出了一些常用的 Stata 函数。

表 4-5　Stata 中的常用数学函数

函数名称	简要说明
`abs(x)`	取绝对数
`comb(n,k)`	计算组合 $n!/k!(n-k)!$
`exp(x)`	取自然指数
`int(x)`	取整数
`ln(x)`	取自然对数
`log(x)`	取自然对数
`log10(x)`	取 10 为底的对数
`logit(x)`	logit(x) = lnx/(1-x)
`max(x1,x2,...,xn)`	取最大值
`mean(x)`	取均值
`min(x1,x2,...,xn)`	取最小值
`round(x)`	四舍五入取整数
`round(x,y)`	同上，y为四舍五入的单位
	round(π,0.01)=3.14
	round(32,10)=30
`sqrt(x)`	取平方根
`sum(x)`	求和

表 4-6 Stata 中的常用概率函数

函数名称	简要说明
`chi2(n,x)`	自由度为n的χ^2累积分布函数
`chi2tail(n,x)`	chi2tail(n,x) = 1-chi2(n,x)
`F(n1,n2,f)`	自由度为n1与n2的 F累积分布函数
`Ftail(n1,n2,f)`	Ftail(n1,n2,f)=1-F(n1,n2,f)
`invchi2(n,p)`	chi2(n,x)的反函数
`invchi2tail(n,p)`	chi2tail(n,x)的反函数
`invF(n1,n2,p)`	F(n1,n2,f)的反函数
`invFtail(n1,n2,p)`	Ftail(n1,n2,f)的反函数
`invnormal(p)`	normal(x)的反函数
`invttail(n,p)`	ttail(n,x)的反函数
`normal(z)`	标准正态分布的累积函数
`std(x)`	取标准差
`ttail(n,t)`	自由度为n的累积函数的右端

表 4-7 Stata 中的常用随机数字函数

函数名称	简要说明
`uniform()`	生成数值在[0,1)间均匀分布的 虚拟随机数字 ()内无内容，但不可省略
`invnormal(uniform())`	生成标准正态分布的随机数字 ()内无内容，但不可省略

需要指出的是，以上所有函数的运算中均将忽略缺失值，所得到的数值仅仅是根据非缺失值计算的结果。当然，由函数的生成过程中产生的无意义的取值，如除

表 4-8 Stata 中的常用其他函数

函数名称	简要说明
autocode(x,n,x0,x1)	自动分组赋值
cond(x,a,b,c)	条件赋值：=x，取值 a； !=x，取值 b；缺失，取值 c
recode(x,x1,x2,...,xn)	重新分组赋值
rmin(x1,x2,x3,...,xn)	取变量 *x1-xn* 中的最小值
rmax(x1,x2,x3,...,xn)	取变量 *x1-xn* 中的最大值
rmean(x1,x2,x3,...,xn)	取变量 *x1-xn* 中的均值
rsum(x1,x2,x3,...,xn)	取变量 *x1-xn* 中的和
robs(x1,x2,x3,...,xn)	取变量 *x1-xn* 中的 非缺失值的个数

数为0或是自然对数中原数值为0等，也将被 Stata 赋予缺失值。用户在使用函数生成新变量时，应当特别注意这些可能的缺失值。

4.10.2 使用函数生成新变量

在 Stata 中，函数可以直接进入到生成新变量的表达式中。命令 generate 与 egen 都可以使用函数生成新变量。其中，egen 是 generate 的扩展形式。[18]

使用 generate

使用包含函数表达式的 generate 命令生成新变量时，其命令格式与前面生成新变量的命令格式完全一样。表 4-9为一些常见的例子：

下面给出一个累积求和的例子：

```
. use chnhf2000, clear
(1500 sampled from CHNHF)
```

18 "egen" 即是 "extended generate" 的缩写。

表 4-9 使用 generate 生成函数新变量

生成新变量命令	简要说明
gen y=abs(x)	
gen y=exp(x)	
gen y=ln(x)	
gen y=int(x)	
gen y=round(x)	
gen y=round(x, 0.25)	
gen y=max(x1,...,xn)	n 个数值中的最大值
gen y=min(x1,...,xn)	n 个数字化中的最小值
gen y=sum(x)	注意，这里的求和是累积和

```
. sor age
. gen incsum = sum(inc)
. li inc incsum in 1/5, clean

        inc     incsum
  1.    200        200
  2.    800       1000
  3.    167   1166.667
  4.    518   1684.667
  5.    200   1884.667
```

使用 egen

在 Stata 中，也可以使用包含函数表达式的 egen 命令生成新变量。有一部分 Stata 中的函数是特意为 egen 所编写的。这时需要用户加倍小心的是，即使在 egen 中使用与 generate 中相同的函数表达式，它们仍然是有所不同的。

在生成新变量时，egen 可以是针对所有观察个案，也可以是针对单一观察个案中的多个变量。举例说明，见表 4-10。

表 4-10　egen 生成新变量举例

生成新变量命令	简要说明
针对所有观察个案	
egen meanhdi=mean(hdi)	*hdi* 在所有个案的均值
by contin:　egen meanhdi=mean(hdi)	各大洲内*hdi* 在所有个案的均值
egen suminc=sum(inc)	*inc* 在所有个案的求和
by contin:　egen maxgdp=max(gdp)	各大洲内 *gdp* 的最大值
by contin:　egen minage=min(gdp)	各大洲内 *gdp* 的最小值
针对单个观察个案的多个变量	
egen v1_5min=rmin(v1-v5)	变量 *v1-v5* 取值中的最小值
egen v1_5max=rmax(v1-v5)	变量 *v1-v5* 取值中的最大值
egen v1_5mean=rmean(v1-v5)	变量 *v1-v5* 取值的均值
egen v1_5sum=rsum(v1-v5)	变量 *v1-v5* 取值的和
egen v1_5count=robs(v1-v5)	变量 *v1-v5* 中非缺失值的个数

下面给出的例子中，命令 egen 求和与命令 generate 的求和显然不同：

```
. egen suminc = sum(inc)
. li inc incsum suminc in 1/12, clean
        inc      incsum    suminc
  1.    200         200   1304291
  2.    800        1000   1304291
  3.    167    1166.667   1304291
  4.    518    1684.667   1304291
  5.    200    1884.667   1304291
  6.    350    2234.667   1304291
  7.    500    2734.667   1304291
  8.    900    3634.667   1304291
  9.    250    3884.667   1304291
 10.    550    4434.667   1304291
 11.    600    5034.667   1304291
 12.    300    5334.667   1304291
```

下面的例子给出了命令 egen 对男女两个性别分别求收入均值。

```
. bysort male: egen incmean = mean(inc)
. sort age
. li male inc suminc incmean in 1/12, clean
         male    inc   suminc    incmean
  1.     male    700  1304291   1145.973
  2.     male      0  1304291   1145.973
  3.   female    100  1304291   604.6303
  4.   female    600  1304291   604.6303
  5.   female   1500  1304291   604.6303
  6.     male    900  1304291   1145.973
  7.     male    900  1304291   1145.973
  8.   female    200  1304291   604.6303
  9.     male    518  1304291   1145.973
 10.   female    200  1304291   604.6303
 11.   female    150  1304291   604.6303
 12.     male      0  1304291   1145.973
```

4.11 作为计算器的 Stata：使用 display 命令

将 Stata 中的运算表达式和函数表达式与命令 display 结合起来，可以让 Stata 扮演计算器的角色。使用 Stata 的这一功能时并不影响内存中的数据，因为这一功能是 Stata 自身内部携带的。[19]

在 Stata 中输入 display 紧接一个运算表达式或函数表达式时，计算结果将在结果窗口显示出来。同时，display还可以直接显示当前 Stata 估算的统计结果。

4.11.1 算术运算

使用前面讨论过的算术运算表达式，用户可以直接得到这样的简单的计算结果。例如：

[19]事实上，内存中没有数据时也可以让 Stata 执行这一功能。

```
. display 3+4
7
. di (265-43)*1.5+(432-733)
32
. di 3*4
12
. di 5^3
125
. di 10/3
3.3333333
. di 46/(23-5)^3
.00788752
```

4.11.2　函数运算

使用函数表达式，用户可以得到更多的计算结果。例如：

```
. dis exp(4)
54.59815
. di log(20)
2.9957323
. di ln(20)
2.9957323
. di (sqrt(16))^2
16
. di sqrt(10)/10*exp(4)
17.265451
. di round(log(sqrt(2453)))
4
```

使用 Stata 内部的概率函数，用户可以得到相应概率函数的累积概率、给定概率的临界值以及给定置信水平的临界值。在不需要查阅繁复的统计分布表的情况下，这一功能显得十分方便。以下给出常用的一些例子。

显示正态分布几个标准差之间的累积分布：

```
. di normal(1)
.84134475
. di normal(2)
.97724987
. di normal(3)
.9986501
```

显示正态分布临界值对应的右端概率：

```
. di 1-normal(1.96)
.0249979
. di 1-normal(3.29)
.00050094
```

显示正态分布临界概率对应的临界值：

```
. di invnorm(.95)
1.6448536
. di invnorm(.995)
2.5758293
```

显示自由度为 10，t-值为2的单双边检验：

```
. di ttail(10,2)
.03669402
. di 2*ttail(10,2)
.07338803
```

显示自由度增加、置信水平固定为 0.25 的 t-值接近于 z-值：

```
. di invttail(10,.025)
2.2281389
. di invttail(100, .025)
1.9839715
. di invttail(10000,.025)
1.9602012
```

显示 F-分布自由度为（2,1500）情形下，置信水平为 0.25 的临界值以及 F-值为3.6979的右端概率：

```
. di invFtail(2,1500,.025)
3.6979662
. di Ftail(2,1500, 3.6979)
.02500165
```

4.12 数据中的选择

在 Stata 中，可以使用多种命令保留或是删除数据中指定的部分。同时，用户还可以在数据中实施随机抽样抽取一定数量的观察个案。

需要特别强调的是，这里所指的数据中的选择是在 Stata 内存中完成的，还没有涉及更改硬盘中原来的数据。如果用户确定要更改原来的数据，则需要指令 Stata 将内存数据存盘。[20]如果用户发现自己的选择发生了错误，可以使用 use 命令将原来的数据从硬盘中重新读入内存中。

4.12.1 保留或是删除观察个案

使用数据 hdr2004.dta，在选择数据中的某些特定的观察个案时，可以输入以下命令来选择。

```
. keep if contin==1|contin==3
. drop if contin==2|contin>3
```

上面两个命令是等价的。它们都指令 Stata 保留非洲与欧洲的所有国家，而删除掉其他大洲的国家。

```
. use hdr2004, clear
(human dev'mt report 2004, from UNDP webpage)
. drop if contin==2|contin>3
```

[20]为了谨慎起见，用户最好使用另外的数据文件名。

```
(51 observations deleted)
. ta contin
  continent |      Freq.     Percent        Cum.
------------+-----------------------------------
     Africa |         28       45.90       45.90
     Europe |         33       54.10      100.00
------------+-----------------------------------
      Total |         61      100.00
```

需要提醒的是，命令

```
. drop if contin~=1|contin~=3
```

将删除内存中的所有观察个案。

用户还可以通过指定观察个案范围来选择。例如：

```
. keep in 21/35
```

将指令 Stata 保留当前内存数据中第 21 到第 35 共 15 个观察个案。

另外，用户在使用命令 use 读取已有的数据文件时，可以同时完成选择的过程：

```
. use hdr2004.dta if contin==1
. use hdr2004.dta in 1/20
```

前者仅仅将非洲国家的数据读入 Stata 的内存中；而后者则仅仅将已有数据文件中的前 20 个观察个案读入到内存中。

4.12.2 保留或是删除变量

与选择观察个案一样，使用命令 keep 与 drop，用户可以任意保留或是删除内存数据中的变量。

```
. keep rank contin-gdp
. drop rank contin-gdp
```

前者将保留指明的内存数据中的变量（其他变量被删除，见下面的例子）；后者将删除指明的内存数据中的变量（其他变量被保留）。

```
. keep rank contin-gdp
. d
Contains data from hdr2004.dta
  obs:              61                          human dev'mt report 2004, from
                                                  UNDP webpage
 vars:               4                          15 Sep 2007 10:49
 size:             915 (99.9% of memory free)   (_dta has notes)
-------------------------------------------------------------------------------
              storage  display     value
variable name   type   format      label      variable label
-------------------------------------------------------------------------------
rank            int    %8.0g                  hdi rank
contin          byte   %10.0g      conti      continent
hdi             float  %9.0g                  hdi index
gdp             long   %12.0g                 gdp/per
-------------------------------------------------------------------------------
Sorted by:  rank
     Note:  dataset has changed since last saved
```

用户在读取已有的数据文件时，也可以指令 Stata 仅将指明的变量读入内存中。

```
. use rank contin-gdp using hdr2004.dta
```

这一命令获得的内存中的实际文件仅包括了 *rank*、*contin*、*hdi* 与 *gdp* 等变量。

第五章

编写命令程序文件

在前面的讨论中，我们极力建议读者不要通过使用下拉菜单的方式给 Stata 下指令，而是尽量采用在 Stata 的命令窗口逐一输入命令的方式。这也是本书一直以来采用的模式。但是还有一种更为有效的方法，即以编写命令程序文件来输入 Stata 命令。

当用户面对的任务较为简单或是用户正在进行尝试性的数据处理与统计分析时，在命令窗口逐行输入命令的方式就显得相当方便与快捷：在输入命令之后，马上可以从结果窗口得到 Stata 的运算结果。

但是，这种人机对话形式的命令输入方式有着很大的局限：用户每次只能输入一行命令。同时，这种方式对于用户工作的记录显得较为单薄，只有在命令窗口与结果窗口的容量下记录输入的命令，而这些适时的记录会随着 Stata 程序的关闭而消失。[1]

当用户需要记录在整个数据处理与统计分析过程中所使用的命令时，编写命令程序 .do 文件则是更好的选择。这样，用户在以后可以非常方便地通过重新调用、修改 .do 文件来重复、补充、改进或是更新整个处理与分析的过程，而不用整体从头再来。

因此，对于复杂任务，我们建议用户采用编写命令程序 .do 文件的方式，批量向 Stata 提交运算任务，同时能够批量地得到运算结果。我们将在本章专门讨论命令程序 .do 文件的编写。

[1]除非用户使用了 log 命令记录整个结果。

5.1 命令程序文件简介

简单地讲，Stata 中的命令程序 .do 文件就是一系列单个 Stata 命令的集合。正是由于命令程序 .do 文件集中了多个 Stata 命令，使得用户可以将整个文件一次性提交给 Stata，让它连续地逐一执行文件中的所有命令，并一次性地给出所有命令的结果。而用户可以专心地查看结果，而不用再回头一次一次地输入命令。

因此，Stata 中的命令程序文件有以下特征：

- 命令程序文件是 Stata 命令的集合；
- 命令程序文件是一个扩展名为 .do 的、标准文本格式的文件。

由于命令程序文件只能是 ASCII 的文本格式，用户可以使用任何文本编辑器编写 .do 文件，包括 Notepad、Word（需指明存储为文本格式）或其他编辑器。

需要提醒的是，不论用哪种文本编辑器，该文件的扩展名都应当存盘为默认的 .do。虽然 Stata 可以接受其他形式扩展名的命令程序文件，但这容易产生混淆，并且不便于文件管理。

Stata 本身的命令文件编辑器也是一个方便的工具。由于该编辑器与 Stata 内部直接相连，用户可以选择提交命令文件中的部分内容（选择该部分命令，点击“Do”快捷键）。

这里我们给出一个简单的命令程序文件的例子。假定我们已经编写了包含有下面3行命令的命令程序文件 chap5a.do。

```
use hdr2004
sum contin hdi gdp literacy infantmor
ta contin
```

将这一命令程序文件提交给 Stata 后（运行 .do 文件的方法见本章稍后的内容），我们有如下结果：

```
. use hdr2004
(human dev'mt report 2004, from UNDP webpage)
```

```
. sum contin hdi gdp literacy infantmor

    Variable |       Obs        Mean    Std. Dev.       Min        Max
-------------+--------------------------------------------------------
      contin |       112    2.919643    1.650216          1          6
         hdi |       112    .7242232    .1792316       .292       .956
         gdp |       112    7390.732    10554.39         90      47354
    literacy |       112     83.8375    19.51365       12.8       99.8
   infantmor |       112    37.41071    37.40298          3        156

. ta contin

   continent |      Freq.     Percent        Cum.
-------------+-----------------------------------
      Africa |         28       25.00       25.00
        Asia |         20       17.86       42.86
      Europe |         33       29.46       72.32
  N. America |         11        9.82       82.14
     Oceania |          4        3.57       85.71
  S. America |         16       14.29      100.00
-------------+-----------------------------------
       Total |        112      100.00
```

读者可以清楚地看到，我们把命令程序文件 chap5a.do 提交给 Stata 之后得到的结果与我们在命令窗口分 3 次输入这 3 行命令得到的结果是完全一样的。

同时，这一命令程序文件记录了所有运算的命令。在以后的分析过程中，我们可以随时读取、查看、修改并重复运行它。

用户应该知道，当我们需要几十甚至上百行命令来完成一项分析工作时，如果没有原始记录，程序编写者不可能完整记忆所有这些命令。因此，编写命令程序 .do 文件无疑是向 Stata 提交运算指令的最佳方法。所以，我们在一开始就建议读者以编写命令程序文件的方式来运行 Stata 。

本书中使用的所有 Stata 命令都是通过编写命令程序文件的方式完成的。例如，第四章中与数据 chnhf2000.dta 部分相关的数据处理与数据分析命令集结成的 chap5b.do 文件如下：

```
****part of chapter4.do

use chnhf2000, clear
gen bmi = round((weight/2)/(height/100)^2)
li male height weight bmi in 1/10, clean

gen heightm=height/100 if male==1
li male height heightm in 1/10, clean

replace bmi = round(bmi)
gen overweit = 1 if male==1&bmi>=26
replace overweit = 0 if male==1&overweit==.
replace overweit = 1 if male==0&bmi>=24
replace overweit = 0 if male==0&overweit==.
li male height weight bmi overweit in 1/10, clean

recode age min/29=1 30/39=2 40/49=3 50/59=4 60/max=5
ta age
gen ageg = 0
replace ageg = 1 if age<30
replace ageg = 2 if age>=30&age<40
replace ageg = 3 if age>=40&age<50
replace ageg = 4 if age>=50&age<60
replace ageg = 5 if age>=60

use chnhf2000, clear
recode age 0/29=1 30/39=2 40/49=3 50/59=4 60/200=5, gen(ageg)
recode age (0/29=1 "-29") (30/39=2 "30-39") /*
    */ (40/49=3 "40-49") (50/59=4 "50-59") /*
    */ (60/65=5 "60+"), pre(new) label(ageg)
ta newage
li age ageg newage in 1/10, clean
```

```
ta occ
lab list occx
gen occx=9-occ if occ9̄
lab def occxx 9 neverwk 8 farmer 7 manual 6 saleserv /*
    */ 5 selfemp 4 clerical 3 proftech 2 manager 1 admini
lab val occx occxx
ta occx

gen ageg5 = autocode(age, 9, 20, 65)
sum age ageg5
ta ageg5

sort inc
gen inc10g=group(10)
ta inc10g

gen incg6=recode(inc, 300,600,1000,1500,3000,50000)
ta incg6

gen elderly=0
replace elderly=1 if age>=60
ta elderly

ta edu, gen(edug)
li edu edug* in 1/10, clean
```

5.2 命令程序文件的内容

命令程序文件的主要部分即是用户需要提交给 Stata 的运算命令。编写这些命令的过程与在命令窗口输入的 Stata 命令没有区别。

除了这些 Stata 命令以外，在命令程序文件里，用户还可以加入其他内容。这些另外添加的内容并不参加运算过程，Stata 在运行程序文件时，仅会在结果显示中列出这些添加的内容。但是，由于这些内容可以帮助 Stata 用户理解与执行该程序文件，所以它们在记录与说明命令程序 .do 文件时就显得相当重要。

5.2.1 版本注释

由于 Stata 系统的不断更新，有时会出现更早版本的命令已经不在新版本中继续使用的情况。这时，用户需要告诉现有 Stata 其以前编写的命令程序文件的版本（如 Stata 6.0 等）。Stata 将根据系统内存储的旧版本信息，自动调整以适应旧版本的命令。若没有对旧版本的注释，新版本的 Stata 可能给出错误信息并拒绝执行命令程序中的命令。这种情况更多地是出现在高级的编程过程中，普通用户碰到的机会较少。

比如，假定上述的命令程序文件是在 2000 年编写，当时的 Stata 版本是 6.0，则可以写成

```
version 6.0

use hdr2004
sum contin hdi gdp literacy infantmor
ta contin
```

5.2.2 空行与编者注释

为了用户在编写命令程序文件时的方便，Stata 提供了在运行中忽略跳过的空行与添加编者注释两项工具。这使得用户可以在编写命令程序文件时自由设定、添加自我提醒的信息与格式，同时又不影响整个命令程序文件在 Stata 中的运行。

Stata 在运行过程中忽略命令程序中的空行与编者注释，而只是在结果中将这些内容原原本本地列出来。

用户可以在 Stata 的命令程序文件中任意添加空行。空行的使用方法可以像文章中的分段一样，用来将不同组别的命令隔开。

Stata 中有以下两种方法在命令程序文件中添加编者注释：

- Stata 在运行时忽略由*引导的整行；
- Stata 在运行时忽略在区间标号“/* */”之中的所有内容。

在并不改变任何运行过程与结果的情况下，上面给出的命令运行文件可以改写成

```
**a trial .do file in chapter 5

version 6.0

use hdr2004        /* data also used in chapter 1-3 */
sum contin hdi gdp /*genderdev*/ literacy infantmor
ta contin
```

在该命令程序文件中：

- 第 1 行是添加的对文件用途的说明；
- 第 2 与第 4 行是空格行，为了将版本注释单独隔开；
- 第 5 行后半段是包含在区间标号“/* */”之中的注释；
- 同样地，在第 6 行的中段也是由区间标号“/* */”隔开来的注释。变量 *genderdev* 并不参加到命令 sum 的运算当中。

5.2.3 处理命令文件中的超长命令行

在第一章中我们提到过，如果在命令窗口中输入命令，按下回车键即是将命令提交给 Stata 运行。如果用户输入命令的长度超过该窗口一行所能显示的长度，Stata 会自动在第 2 行中接着显示。只要用户不按下回车键，就还不算作向 Stata 提交命令。

这样设定的原因是 Stata 将键入一次回车键（亦即输入分段符“¶”）当成是默认的该命令完成的标志。换言之，在默认的情形下，单个命令是在一行中完成。

如果用户遇到超长的命令，可能无法在文本编辑器一行的空间中完成编写这一命令，并且超长的命令在视觉效果上也显得较差。这时， Stata 提供以下两种工具来应付这样的情形：

- 使用上面讨论过的区间标号“/* */”将分段符“¶”隔离出来，Stata 在运行命令程序文件时会忽略掉分段符；
- 用户改变 Stata 默认的命令完成标志符号，自己重新定义命令完成的标志符号。

在上一章以及 5.1 小节，我们已经遇到了使用第一种处理超长命令行的方法的情况。在前面的命令文件举例中的 28~30 行以及 37~38 行分别是单独的一个占据多行空间的 Stata 命令。以下是另外一个简单的例子：

```
use hdr2004

sum hdi gdp genderdev literacy infantmor /*
 */ if contin==1 | contin>3 /*
 */    & hdi<.50
ta contin
gen gdpn=log(gdp)
corr hdi gdpn
```

在以下例子中，使用了用户重新定义了命令的完成标志符号。它所完成的任务与上面的命令程序文件完全相同。

```
use hdr2004

#delimit ;

sum hdi gdp genderdev literacy infantmor
    if contin==1 | contin>3
       & hdi<.50;
ta contin;

#delimit cr

gen gdpn=log(gdp)
corr hdi gdpn
```

在以上的命令中：

- 第 3 行命令设定了新的分段符为“;”，告诉 Stata 直到遇到“;”才确认该命令结束。其中的#是引导定义分段符的符号。

- 从第 5 行开始直到第 7 行遇到第一个“;”。因此，5~7 行是一个单一的命令。同理，即使第 8 行的命令较为简短，但是它必须以“;”来结束。否则，Stata 将继续寻找“;”，而不是执行命令。

- 第 10 行命令以#开始，清除用户定义的分段符，[2]返回默认的以回车键为分段符的状态。

- 因此，第 12 行与第 13 行命令后面没有任何符号了。

这里使用了“;”作为重新定义的命令结束标志。这也是 Stata 使用中最为常见的标志。当然，用户也可以定义其他符号作为自定义的分段符。

5.3 运行命令程序文件

将命令程序文件提交给 Stata 执行的命令是 do。当用户完成了命令程序文件的编写，需要运行整个程序文件时，在命令窗口输入以下命令即可：

. do *filename*

这里的 *filename* 可以省略扩展名 .do。同时，*filename* 也包括了该文件的完整路径。如果该文件在用户当前的工作目录，则可省略路径。

使用 Stata 本身的命令程序文件编辑器时，用户也可以按下编辑器上端最右边的快捷键 Run，让 Stata 运行当前正在编辑的整个命令程序文件。用户还可以选择文件中的部分命令，然后点击快捷键 Do Selected Lines，运行所选的命令。

[2] “cr”表示英文中的 clear。

5.3.1 结果显示与保存

控制分页符

由于命令程序文件中的指令通常较多，因此它所产生的运算结果可能较长。在运行命令程序文件时，很多时候Stata会逐屏显示运算结果。这时候，在结果显示窗口的右下端将显示分页符 -more-，便于用户逐页查看结果。

有时候，用户并不需要逐页查看运算结果。特别是当用户已经在命令程序文件中加入了记录运算结果的命令时，根本用不着在显示屏上逐页查看，而是希望整个命令程序文件运行完成之后再统一查看结果。这时候的分页符就成了累赘。

但是，用户在这里不能使用第一章所讨论过的中断分页符的方法，因为这样做将中断整个命令程序文件的运行。强行中断分页符后，命令程序文件中从此以下的所有命令都无法执行。

所以，这种情况下最好的方法是在命令程序文件的起始加进关闭分页符的命令，以确保其不会在运算过程中出现。

```
set more off

log using result1, replace
use hdr2004,clear
sum hdi gdp genderdev literacy infantmor /*
 */ if contin==1 | contin>3 /*
 */     & hdi<.50
ta contin
gen gdpn=log(gdp)
corr hdi gdpn
log close
```

如果用户需要打开分页符时，只要再输入 set more on 即可。

省略结果显示

有时在运行命令程序文件的过程中，用户并不一定需要Stata显示运算过程。

例如，在 4.1 最后的命令程序文件中，绝大部分命令仅仅是定义新变量、重新对变量赋值、给变量加上标签等。这样的命令仅仅更改数据，并不直接生成运算结果。这种情况下，可以使用以下命令：

. run *filename*

使用 `run` 命令时， Stata 将执行命令程序文件所提交的所有任务，但是并不显示 `.do` 文件中的指令与运算结果。这时候，即使用户指令 Stata 保存结果，也无法将运算结果输出到结果记录文件中，而将得到一个空白的记录文件。

保存结果

用户可以将 Stata 执行命令程序文件中指令的结果存入指定的结果记录文件中。使用的方法是我们在第一章已经介绍过的 `log` 命令。用户可以在命令程序文件的开头与结尾加上打开与关闭结果记录文件的命令。例如：

```
set more off
log using result1, replace

use hdr2004,clear
sum hdi gdp genderdev literacy infantmor /*
 */ if contin==1 | contin>3 /*
 */    & hdi<.50
ta contin
gen gdpn=log(gdp)
corr hdi gdpn

log close
```

这里需要强调的是命令 `log` 覆盖同名文件的选项 `replace`。对于命令程序文件的顺利运行来说，这一选项比较重要。因为如果当前目录中已经有了同名文件，Stata 将给出错误信息：

```
. log using result1
file E:\result1.log already exists
```

```
r(602);
```

然后， Stata 将停止执行下一步的指令并退出命令程序文件的运行。

用户可以灵活使用命令 log，通过插入 log on 与 log off 来有选择地保存运算过程中的结果。

```
set more off
use hdr2004,clear
log using result1, replace

sum hdi gdp genderdev literacy infantmor /*
 */ if contin==1 | contin>3 /*
 */    & hdi<.50

log off
gen gdpn=log(gdp)
corr hdi gdpn

log on
ta contin

log close
```

5.3.2　错误及其排查

在执行命令程序文件时， Stata 如果遇到命令 exit 或者遇到错误的命令，将中断执行过程，直接退出运行。用户也可以在命令程序文件运行过程中，通过按下快捷键 Break 或是 Ctrl+Break 双键，人为中断运行。

一旦 Stata 遇到错误命令，在中断继续运行的同时将给出错误信息。根据错误信息，用户可以回头检查命令程序文件的编写错误在哪里。

```
. use hrr2004,clear
file hrr2004.dta not found
r(601);
```

```
end of do-file

r(601);
```

显然，该命令程序文件中的use命令后数据文件名输入错误。

在运行命令程序文件时，用户也可以要求Stata忽略其过程中遇到的错误命令，直接进入下一个命令而不是退出运行，直到整个命令程序文件结束。这一命令如下：

```
. do filename , nostop
```

一个简单的例子将生成如下结果：

```
. use hdr2004, clear
(human dev'mt report 2004, from UNDP webpage)

. sum contin hdi gdp literacy infantmor

    Variable |       Obs        Mean    Std. Dev.       Min        Max
-------------+--------------------------------------------------------
      contin |       112    2.919643    1.650216          1          6
         hdi |       112    .7242232    .1792316       .292       .956
         gdp |       112    7390.732    10554.39         90      47354
    literacy |       112     83.8375    19.51365       12.8       99.8
   infantmor |       112    37.41071    37.40298          3        156

. ta conten
variable conten not found
r(111);

. corr hdi gdp
(obs=112)

             |      hdi      gdp
-------------+------------------
```

```
     hdi |   1.0000
     gdp |   0.6602   1.0000
```

这个命令程序文件中共有 4 个命令。Stata 执行了第 1、2、4 个命令。第 3 个命令输入了一个错误的变量名称，但 Stata 忽略了这一命令，没有中断运行，直接进入了下一个命令的执行过程。

5.4　读取其他命令程序文件

一个 Stata 的命令程序文件可以读取另一个命令程序文件，即命令程序文件中可以有诸如命令 do filename。这种嵌套形式的命令程序文件的组织形式是一种有效的管理方式。

假定在一个项目中，用户为每一步骤的任务编写了一个命令程序文件。从生成数据开始，到清理数据、添加变量标签、变量生成与转换、统计分析与储存结果，都各自用一个命令程序文件来完成。这时，与其将这 5 个命令程序里的所有命令粘贴到一起、生成一个内容庞大繁杂的命令程序文件，还不如另外简单编写一个统一读取这5个命令程序文件的高一级的程序文件。

```
****master.do
****a whole analysis process

do datagen
do dataclean
do labeladd
do vargen
do analyze
```

运行这个 master.do 命令程序文件时，其中包含的 5 个命令程序文件中的所有命令将在 Stata 中依次逐一被读取执行。当然，如果这 5 个命令程序文件并不在当前工作目录，则需要指明完整的路径。

在 master.do 文件中，被读取的命令程序文件数目可以成百上千。同时，被读取的命令程序文件本身也可以读取其他的命令程序文件，这样的嵌套层次可以多达 32 级。

5.5 命令程序文件举例 profile.do

在第一章与第二章中，我们讨论过一些设置 Stata 基本运行环境的命令。由于这些命令需要在 Stata 启动时就执行，所以我们可以将这些命令编写进一个被称为 profile.do 的命令程序文件中。

当 profile.do 被放到 Stata 的主目录中（c:\Program Files\Stata 10\）或是用户私人运行程序目录中（通常为 c:\ado\personal\），Stata 在启动的时候会首先自动运行这一文件。通过这样的方式，用户可以避免每次打开 Stata 都要重新设置系统变量的烦琐任务。[3]

一个 profile.do 的简单例子如下：

```
set varwindow float
set revwindow float
set varlabelpos 10
set scrollbufsize 500000
set mem 100m
set matsize 256
set logtype text
set graphics on
set more off
cd e:\data
```

在这一命令程序文件中：

- 第 1、2 行设定变量与命令记录窗口可以自由浮动；
- 第 3 行将变量标签在变量窗口的显示长度设定为 10 个字符；

[3]另外一种设定系统变量的方法是在设定某些系统参数时，加上选项 permanently 将告诉 Stata 存储设置，并在以后启动 Stata 时继续有效。

- 第 4、5、6 行分别扩大 Stata 的内存规模并改变内存分配。它们分别重新定义了结果窗口的显示容量、内存读取数据容量以及内存中矩阵规模大小；
- 第 7 行将结果储存的格式定义为文本格式；
- 第 8 行设定所绘制图形在制图窗口中显示；
- 第 9 行关闭分页符；
- 最后一行命令将当前工作目录转换到用户定义的 `e:\data`。

使用命令 `help set`， Stata 将显示 Stata 各种系统环境变量，而键入命令 `query` 则将显示各种系统环境变量的参数。用户可以根据自己的习惯和实际需要改变这些系统环境变量的参数，编写文件 `profile.do` 中的内容。

第六章

数据描述、制表、比较与检验

前面几章的内容介绍了 Stata 作为一个数据处理软件的基础知识与基本技术。接下来，我们将使用另一些基本技术来进行统计分析。

在本章中，我们首先介绍使用 Stata 查看数据的常见手段；其次给出 Stata 中计算连续性变量的描述性统计量的常用命令与方法；接下来我们讨论针对类别变量的表格的制作以及与此相应的各种统计检验。其中也包括获取类别变量各个组别的连续性变量描述性统计量的表格制作；然后，我们讨论均值比较与 t-检验；在本章的最后讨论方差分析。

在本章中，使用的数据包括 hdr2004.dta 与 chnhf2000.dta。

6.1 查看数据

在 Stata 中有一系列的命令可以用来查看数据，使得用户在做统计分析之前能够了解数据的基本情况、熟悉数据，为进一步分析做准备。

6.1.1 查看数据与变量的基本信息

查看数据最基本的命令是前面已经见过的 describe。它可以列出内存中数据的基本信息。

读取数据 hdr2004.dta，我们可以查看其基本信息如下：

```
. use hdr2004, clear
(human dev'mt report 2004, from UNDP webpage)
. describe
Contains data from hdr2004.dta
  obs:           112                          human dev'mt report 2004, from
                                                UNDP webpage
 vars:            13                          15 Sep 2007 10:49
 size:         7,056 (99.9% of memory free)   (_dta has notes)
-------------------------------------------------------------------------------
              storage  display     value
variable name   type   format      label      variable label
-------------------------------------------------------------------------------
rank            int    %8.0g                  hdi rank
nation          str23  %23s                   country
contin          byte   %10.0g      conti      continent
hdi             float  %9.0g                  hdi index
gdp             long   %12.0g                 gdp/per
genderdev       float  %9.0g                  gender eq index
literacy        float  %9.0g                  literacy %
enrollf         int    %8.0g                  girl enrollment %
birthlight      byte   %8.0g                  light @ birth
infantmor       int    %8.0g                  infant mortality
internetk       float  %9.0g                  internet user /1k
lifeexp         float  %9.0g                  life expectancy
gdpn            float  %9.0g
-------------------------------------------------------------------------------
Sorted by:  rank
```

在上面的结果中， Stata 给出了数据的文件名、标签、个案数、变量数、文件规模大小以及所有变量的存储类型、显示类型、标签和数值标签。

命令 describe 的最简短缩写为 d。换言之，键入 d，我们即可得到与上面相同的结果。同样的命令有以下两个变种：第 1 个命令中加入选项 simple，是简单版本，仅显示数据文件信息；第 2 个命令则指定 Stata 仅显示指明的变量信息。*hdi-literacy* 是指在内存中当前变量顺序下，从 *hdi* 到 *literacy* 间的所有变量。

```
. d, s
```

```
Contains data from hdr2004.dta
  obs:          112                    human dev'mt report 2004, from
                                         UNDP webpage
 vars:           13                    15 Sep 2007 10:49
 size:        7,056 (99.9% of memory free)
Sorted by:  rank
. d hdi-literacy
              storage  display     value
variable name   type   format      label      variable label
-------------------------------------------------------------------------------
hdi             float  %9.0g                  hdi index
gdp             long   %12.0g                 gdp/per
genderdev       float  %9.0g                  gender eq index
literacy        float  %9.0g                  literacy %
```

命令 lookfor 是一个简单的搜索工具。特别是面对大规模数据时，数据中的变量数目众多，使用 lookfor 可以方便地寻找变量或是变量标签。例如，下面的例子搜索数据中含有字符串“in”的所有变量或是变量标签：

```
. lookfor in
              storage  display     value
variable name   type   format      label      variable label
-------------------------------------------------------------------------------
contin          byte   %10.0g      conti      continent
hdi             float  %9.0g                  hdi index
genderdev       float  %9.0g                  gender eq index
infantmor       int    %8.0g                  infant mortality
internetk       float  %9.0g                  internet user /1k
```

6.1.2 列出数据与查看数据取值

查看数据的一个重要工具是 list 命令。对于已有数据，可以使用 list 列出包含前 5 个变量的前 15 个观察个案的数据：

```
. list rank-gdp in 1/15, clean
       rank            nation        contin    hdi      gdp
```

```
  1.     1          Norway        Europe   .956   41974
  2.     2          Sweden        Europe   .946   26929
  3.     3       Australia       Oceania   .946   20822
  4.     4          Canada   N. America   .943   22777
  5.     7         Iceland        Europe   .941   29749
  6.     8   United States   N. America   .939   36006
  7.     9           Japan          Asia   .938   31407
  8.    10         Ireland        Europe   .936   30982
  9.    11     Switzerland        Europe   .936   36687
 10.    12  United Kingdom        Europe   .936   26444
 11.    13         Finland        Europe   .935   25295
 12.    14         Austria        Europe   .934   25356
 13.    15      Luxembourg        Europe   .933   47354
 14.    16          France        Europe   .932   24061
 15.    17         Denmark        Europe   .932   32179
```

命令 list 与 sort 及 if 联合使用时，可以从数据中调出用户希望查看的观察个案取值。例如，下面的命令先查看人类发展指数 *hdi* 最低的 10 个国家，接着查看大洋洲各个国家的基本情况：

```
. sort hdi
. list rank-gdp in 1/10, clean
      rank                      nation   contin    hdi   gdp
  1.   176                       Niger   Africa   .292   190
  2.   175                Burkina Faso   Africa   .302   264
  3.   173                     Burundi   Africa   .339   102
  4.   171                  Mozambique   Africa   .354   195
  5.   170                    Ethiopia   Africa   .359    90
  6.   168     Congo Dem. Rep. of the   Africa   .365   111
  7.   167                        Chad   Africa   .379   240
  8.   165                      Malawi   Africa   .388   177
  9.   164                      Zambia   Africa   .389   361
 10.   161                       Benin   Africa   .421   411
. li rank-gdp if contin==5

     +------------------------------------------------+
     | rank              nation     contin   hdi    gdp |
     |------------------------------------------------|
```

```
 24. |  133   Papua New Guinea   Oceania   .542     523 |
 54. |   81               Fiji   Oceania   .758    2281 |
 97. |   18        New Zealand   Oceania   .926   14872 |
110. |    3          Australia   Oceania   .946   20822 |
     +------------------------------------------------+
```

使用命令 list，用户可以查看每一个变量在每一个观察个案上的取值。除了 list 以外，命令 codebook 与 inspect 可以查看各个变量的包括取值区间在内的基本信息。下面给出一个简单的例子：

```
. codebook hdi gdp
------------------------------------------------------------------------------
hdi                                                                  hdi index
------------------------------------------------------------------------------

                  type:  numeric (float)

                 range:  [.292,.956]                  units:  .001
         unique values:  101                      missing .:  0/112

                  mean:   .724223
              std. dev:   .179232

           percentiles:        10%       25%        50%       75%       90%
                              .452     .6135       .767      .853      .934

------------------------------------------------------------------------------
gdp                                                                    gdp/per
------------------------------------------------------------------------------

                  type:  numeric (long)

                 range:  [90,47354]                   units:  1
         unique values:  111                      missing .:  0/112

                  mean:   7390.73
              std. dev:   10554.4

           percentiles:        10%       25%        50%       75%       90%
                               264       694       2290    9585.5     25295
. inspect hdi literacy
hdi:  hdi index                             Number of Observations
---------------                          ------------------------------
                                          Total    Integers   Nonintegers
|                #         Negative           -           -             -
|           #    #         Zero               -           -             -
```

```
|           #   #      Positive      112          -      112
|           #   #                   -----      -----    -----
|       #   #   #   #  Total         112          -      112
|   #   #   #   #   #  Missing         -
+----------------------             -----
.292             .956                 112
(More than 99 unique values)
literacy:  literacy %                Number of Observations
----------------------          -------------------------------
                                  Total   Integers  Nonintegers
|               #      Negative       -          -          -
|               #      Zero           -          -          -
|               #      Positive     112         25         87
|               #                  -----      -----      -----
|               #      Total        112         25         87
| .   .   .   #   #    Missing        -
+----------------------            -----
12.8              99.8               112
  (80 unique values)
```

6.1.3　用主干－枝叶图显示数据分布

由统计学家图基[1]发明的主干－枝叶图可以在对数据不做任何调整和处理的情况下给出变量的分布。在主干－枝叶图中，变量数值的头几位被当成是“主干”，随后的几位被当成是“枝叶”。[2]图形依照主干从小到大的顺序列出，而枝叶的数值就是变量原有的数值，枝叶的数量与该数值的观察个案数量一致。以下为变量 *hdi* 的主干－枝叶图。

```
. stem hdi, round(.01) line(1)
Stem-and-leaf plot for hdi (hdi index)
hdi rounded to nearest multiple of .01
plot in units of .01
  2* | 9
```

[1]John Tukey.

[2]用户可以设定这些参数。键入 help stem 阅读更多的信息。

```
3* | 04567899
4* | 2457789999
5* | 01234779
6* | 12557777889
7* | 0012224445555556677777788889999
8* | 00012333444445555578999
9* | 0012233333344444444556
```

在上面的制图命令中，为了得到更简洁的图形，我们将变量 *hdi* 的取值暂时四舍五入，取到小数点之后的第 2 位（即最小单位为 0.01）。因此，Stata 在绘制主干—枝叶图时，主干的数位为 0.1，枝叶的数位为 0.01。同时，我们设定每一个图形主干对应一个数位在 0.1 的数值（选项 `lines(1)`）。[3]

在上面的图形中，以最后一个图形主干为例，它表示变量 *hdi* 数值在 0.90 以上的个案数目为 22。其中对应于各个枝叶数值 0.90、0.91、0.92、0.93、0.94、0.95、0.96 的个案数目分别为 2、1、2、6、8、2、1。这样，主干—枝叶图就给出了该变量的取值分布。

主干—枝叶图并不改变数据，也不设定任何假设，仅仅是用图形直截了当地给出按变量取值大小顺序排列的各个数值观察个案的数目。由于该图形的制作是用文本字符完成的，所以绘制起来也相当方便。当然，对于观察个案众多的数据，使用主干—枝叶图只能增加阅读图形的复杂性。

另一个同样由图基发明的、相当有用的查看数据的图形是盒形图。在第八章绘制图形中将会有较为详细的讨论，在这里不做更多的说明。读者可以参考那里的讨论，自行绘制盒形图。

6.2 描述性统计量

统计分析的第一步就是计算出描述性统计量。这些描述性统计量使用简单的数字来表示变量的分布特征，包括集中趋势、离散趋势等。

[3] Stata 的默认值为每一个图形主干对应主干数位的一半数值。如果没有选项 `lines(1)`，主干数位之后枝叶数值（0~4）对应带“*”的图形主干，而枝叶数值（5~9）对应带“.”的图形主干。

6.2.1 使用 summarize 计算描述性统计量

Stata 中计算描述性统计量的最常用命令是 summarize。

```
. summarize
    Variable |       Obs        Mean    Std. Dev.       Min        Max
-------------+--------------------------------------------------------
        rank |       112    81.38393    52.39769          1        176
      nation |         0
      contin |       112    2.919643    1.650216          1          6
         hdi |       112    .7242232    .1792316       .292       .956
         gdp |       112    7390.732    10554.39         90      47354
-------------+--------------------------------------------------------
   genderdev |       112    .7163393    .1819637       .278       .955
    literacy |       112     83.8375    19.51365       12.8       99.8
     enrollf |       112    61.89286    29.10817          4        101
  birthlight |       112      10.375    5.821868          3         42
   infantmor |       112    37.41071    37.40298          3        156
-------------+--------------------------------------------------------
   internetk |       112    142.2607    169.1674         .5      647.9
     lifeexp |       112    66.30179    12.86056       32.7       81.5
        gdpn |       112    7.794361    1.649659    4.49981   10.76541
```

键入命令 summarize， Stata 会给出内存中数据的所有数值变量的观察个案数目、均值、标准差、极小值与极大值等。这些都是常用的描述性统计量。而对于取值并非数值的字符变量，summarize 则仅给出变量名称，而忽略其他统计量。

需要注意的是，summarize 也给出了类别变量的均值、标准差等描述性统计量。但是，这些统计量对于这种类型的变量是没有意义的。用户需要加以区分。

在上面的命令中，我们在 summarize 之后没有键入任何变量名称。为了指明让 Stata 给出某些变量的描述性统计量，用户只需将变量名放到命令之后即可。同时，用户也可以使用命令的缩写形式。例如：

```
. sum hdi gdp literacy infantmor
```

除了以上的描述性统计量以外， Stata 还可以计算另外一些统计量。为了得到更多的描述性统计量，用户需要在命令 summarize 之后加上选项 detail。例如：

```
. sum gdp, d

                          gdp/per
-------------------------------------------------------------
      Percentiles      Smallest
 1%          102             90
 5%          190            102
10%          264            111       Obs                 112
25%          694            150       Sum of Wgt.         112

50%         2290                      Mean           7390.732
                        Largest       Std. Dev.      10554.39
75%       9585.5          36006
90%        25295          36687       Variance       1.11e+08
95%        31407          41974       Skewness       1.821679
99%        41974          47354       Kurtosis       5.530913
```

这里的 d 为 detail 的缩写。读者可以在结果中找到前面已经列出的常见描述性统计量。除去这些以外，以上详细结果中还包括了以下统计量：

- **百分位值**：即是数值大小顺序中排列第百分之几的位置上的数值。主要的有四分位值中的 25%、50%、75% 位值。其中的 50% 位值也就是中位值。
- **极小值与极大值**：这里，Stata 给出了4个极小值与极大值。用户可以根据这些查看是否有偏离值。
- **权重和**：如果数据中设定了权重变量，该统计量给出该变量的和。
- **方差**：该变量的方差。数值上等于标准差的平方。
- **偏态系数**：用来表示该变量分布的对称程度或是非对称的方向。完全对称的分布的偏态系数为 0。偏态系数大于 0 时，为正偏态分布，图形的尾巴向右拖延；偏态系数小于 0 时，为负偏态分布，图形的尾巴向左拖延。
- **峰态系数**：用来表示该变量分布顶端的锋利程度。可以从与正态分布的比较中了解该系数的意义。正态分布的峰态系数为 3。峰态系数大于 3，表示该分布顶端的锋利程度比正态分布更大；峰态系数小于 3，表示该分布顶端的锋利程度比正态分布更小。

需要强调一点，这里计算的 *gdp* 在各个国家间的均值是在统计上是没有意义的。因为 *gdp* 本身就是一个均值的概念，在宏观层次对均值求均值是一个常见的统计陷阱。

6.2.2 使用 tabstat 计算描述性统计量

命令 tabstat 可以计算更多的描述性统计量。同时，它给出的结果更接近于表格的形式，可以更方便地输出到其他表格处理软件中。

使用 tabstat 时需要指明变量，同时还要指明需要 Stata 计算的统计量的名称，使用的选项为 stats()。若没有选项 stats()， Stata 默认的统计量仅包含均值。在本章随后的内容中，我们使用数据 chnhf2000.dta，于是有：

```
. use chnhf2000, clear
(1500 sampled from CHNHF)
. d
Contains data from chnhf2000.dta
  obs:         1,500                          1500 sampled from CHNHF
 vars:            13                          13 Nov 2007 22:19
 size:        42,000 (99.6% of memory free)   (_dta has notes)
-------------------------------------------------------------------------------
              storage  display     value
variable name   type   format      label      variable label
-------------------------------------------------------------------------------
sex             float  %9.0g       sex
male            byte   %6.0f       maler      gender
age             byte   %3.0f                  age
edu             byte   %8.0f       edur       education
inc             float  %7.0f                  monthly income
occ             byte   %22.0f      occx       occupation
health          byte   %13.0g      health03   health condition
height          int    %9.0g                  height in cm
weight          int    %9.0g                  weight in .5kg
weitlose        byte   %12.0g      weitlose   want to lose weight?
hiblood         byte   %2.0f       jkyn       had high blood pressure
hitreat         byte   %2.0f       jkyn       took medicine for hiblood
```

```
mentalh         float  %5.3f                * mental health, low is bad
                                            * indicated variables have notes
-------------------------------------------------------------------------------
Sorted by:  male
. tabstat age height weight, stats(mean sd range max skewness)
   stats |       age    height    weight
---------+------------------------------
    mean |     38.72   164.436  122.3687
      sd |  11.29235   7.48371  21.49278
   range |        44        58       160
     max |        64       188       230
skewness |  .3108707 -.0249473  .7155621
----------------------------------------
```

使用选项 by()，可以生成更为复杂的表格。以下给出变量 *age* 分教育水平的各个统计量的结果：

```
. tabstat age, stats(mean sd range max skewness) by(edu)
Summary for variables: age
     by categories of: edu (education)
      edu |      mean        sd     range       max  skewness
----------+--------------------------------------------------
     none |  49.71429  9.192263        32        64   .092142
  primary |  42.60181  11.17891        44        64  .0936334
  jun. hi |  37.95965  10.85615        44        64  .2536281
  sen. hi |  36.25624  10.41852        44        64  .5051302
 jun. col |  37.38931  11.73396        42        62  .3782259
  univ. + |  40.66216  12.40556        43        64  .3754945
----------+--------------------------------------------------
    Total |     38.72  11.29235        44        64  .3108707
-------------------------------------------------------------
```

命令 tabstat 中选项 stats() 中可以选择的统计量包括如表 6-1 所示。

tabstat 可以生成更加复杂的表格。例如，以下的例子给出了 3 个变量的 3 种统计量：均值、离差系数与取值区间。在每个变量与教育水平相交的方格中，按照这一顺序有 3 行数字分别对应这 3 种统计量。

表 6-1　tabstat 命令中包括的统计量

选项名	说明	选项名	说明
mean	均值	count	计数
sum	和	n	同计数
max	极大值	min	极小值
range	取值区间	sd	标准差
var	方差	cv	离差系数
semean	均值的标准误	skewness	偏态系数
kurtosis	峰态系数	median	中位值，用 p50 表示
p#	百分位值	iqr	四分位区间，q75-q25
q	四分位值		

```
. tabstat age height weight, stats(mean cv range) by(edu)
Summary statistics: mean, cv, range
  by categories of: edu (education)
     edu |       age    height    weight
---------+------------------------------
    none |  49.71429  159.7619  119.9841
         |  .1849018  .0396944  .1616141
         |        32        29        80
---------+------------------------------
 primary |  42.60181  162.2262  119.9457
         |  .2624045  .0442458  .1634731
         |        44        40       114
---------+------------------------------
 jun. hi |  37.95965  164.1123  121.6456
         |  .2859919  .0438916  .1671503
         |        44        55       160
---------+------------------------------
 sen. hi |  36.25624  165.3311  122.2404
         |   .287358  .0459134  .1804091
         |        44        42       118
---------+------------------------------
```

```
jun. col |  37.38931   167.145   126.916
         |  .3138318  .0439341    .19035
         |        42        30       130
---------+------------------------------
 univ. + |  40.66216  167.3784  129.9189
         |  .3050886  .0429201  .2025545
         |        43        31       120
---------+------------------------------
   Total |     38.72   164.436  122.3687
         |  .2916414  .0455114  .1756395
         |        44        58       160
----------------------------------------
```

6.2.3 使用 ci 计算置信区间

以上的描述性统计量给出了数据中样本的统计特征。有时，用户可能需要根据样本数据做出统计推论。这时，我们需要得到样本均值的置信区间。Stata 中可以非常方便地计算置信区间，使用的命令是 ci。例如，我们计算 3 个变量的置信区间如下：

```
. ci age height weight
    Variable |        Obs        Mean    Std. Err.       [95% Conf. Interval]
-------------+---------------------------------------------------------------
         age |       1500          39           0              38          39
      height |       1500     164.436    .1932285         164.057     164.815
      weight |       1500    122.3687    .5549411        121.2801    123.4572
```

命令 ci 中的选项可以让用户计算不同统计分布下的置信区间。用户也可以任意选择置信水平。下面我们计算一个新生成的二项分布的变量的99%水平下的置信区间。

```
. gen healthgd=health>3
. lab def healthgd 1"good" 0"not good", modify
. lab val healthgd healthgd
. ci healthgd, binomial level(99)
```

```
                                                       -- Binomial Exact --
    Variable |        Obs        Mean    Std. Err.       [99% Conf. Interval]
-------------+---------------------------------------------------------------
    healthgd |       1500    .6266667    .0124888         .593798    .6587217
```

命令 cii 是 ci 的即时形式。所谓即时形式，就是指 cii 根据用户输入的简单数据计算置信区间，而并不是计算 Stata 内存中的数据得出置信区间。例如，在下面，分别给出了两个即时计算置信区间的例子。第 1 个例子假定了正态分布，观察个案数目为 288，均值为 5466，而方差为 321；第 2 个例子是关于二项分布的，观察个案数目为 53，成功个案数目为 20。Stata 根据用户输入的数据格式，自动辨别数据对应的分布。

```
. cii 288 5466 321
    Variable |        Obs        Mean    Std. Err.       [95% Conf. Interval]
-------------+---------------------------------------------------------------
             |        288        5466    18.91511         5428.77    5503.23
. cii 53 20
                                                       -- Binomial Exact --
    Variable |        Obs        Mean    Std. Err.       [95% Conf. Interval]
-------------+---------------------------------------------------------------
             |         53    .3773585    .0665822        .2478722    .5210607
```

6.3　制表

以上所讨论的描述性统计量的计算只能针对连续性变量，对于类别变量而言没有意义。对于类别变量，列表则是整理归纳数据的一个有效方法。

Stata 中类别变量列表的命令为 tabulate 与 table。前者得出的表格包含更多的统计计算结果，而后者得到的则是更符合制表格式的结果。

6.3.1　单变量频次表

为了查看类别变量各个组别中观察个案的分布，可以生成频次表。下面分别给出tabulate 与table生成的频次表：

```
. tabulate edu
  education |      Freq.     Percent        Cum.
------------+-----------------------------------
       none |         63        4.20        4.20
    primary |        221       14.73       18.93
    jun. hi |        570       38.00       56.93
    sen. hi |        441       29.40       86.33
   jun. col |        131        8.73       95.07
    univ. + |         74        4.93      100.00
------------+-----------------------------------
      Total |      1,500      100.00
. table edu
----------------------
education |      Freq.
----------+-----------
     none |         63
  primary |        221
  jun. hi |        570
  sen. hi |        441
 jun. col |        131
  univ. + |         74
----------------------
```

可以从上面的结果中看出，table生成的表格要简单得多。

对于取值数目众多的变量，Stata 也可以生成频次表。但这样的表格包含了太多的信息，因而失去了简单扼要的特点。这时，更常见的方法是将这样的变量转换成组别数量更少的类别变量。例如，下面的例子将变量 *age* 转换成 20~29，30~39，40~49，50~64 的 4 个组别，并列出这 4 个组别的频次。

```
. gen agegroup=recode(age,29,39,49,64)
. lab var agegroup "age group"
. recode agegroup 64=4 49=3 39=2 29=1
(agegroup: 1500 changes made)
. lab def agegroup 1 "20-29" 2"30-39" 3"40-49" 4"50-59", modify
. lab val agegroup agegroup
. ta agegroup
```

```
  age group |      Freq.     Percent        Cum.
------------+-----------------------------------
      20-29 |        369       24.60       24.60
      30-39 |        466       31.07       55.67
      40-49 |        384       25.60       81.27
      50-59 |        281       18.73      100.00
------------+-----------------------------------
      Total |      1,500      100.00
```

6.3.2 两变量列联表

命令 tabulate 可以很方便地生成两个类别变量间的列联表。例如，以下给出各个教育水平下年龄组 *agegroup* 的分布。

```
. tabulate edu agegroup
           |                    age group
 education |     20-29      30-39      40-49      50-59 |     Total
-----------+--------------------------------------------+----------
      none |         0          8         28         27 |        63
   primary |        29         62         68         62 |       221
   jun. hi |       142        187        146         95 |       570
   sen. hi |       141        148         98         54 |       441
  jun. col |        43         33         34         21 |       131
   univ. + |        14         28         10         22 |        74
-----------+--------------------------------------------+----------
     Total |       369        466        384        281 |     1,500
```

在生成表格时，制表命令后的第 1 个变量成为表格中的列变量，而第 2 个变量成为表格中的行变量。从上表中可以看出各个教育水平在 *agegroup* 中的分布并不一致。低教育水平更多地集中在高年龄组，高教育水平则均匀分布在更多的年龄组别中。

对于这样的趋势，tabulate 可以加以检验，看看各个年龄组中教育水平的分布是否一致。以下的变量与前面相同，但是我们增加了行百分比以及 χ^2、τ_b 与 γ 假设检验。

```
. tabulate edu agegroup, row chi2 taub gamma

+----------------+
| Key            |
|----------------|
|   frequency    |
| row percentage |
+----------------+

           |                 age group
 education |     20-29      30-39      40-49      50-59 |     Total
-----------+--------------------------------------------+----------
      none |         0          8         28         27 |        63
           |      0.00      12.70      44.44      42.86 |    100.00
-----------+--------------------------------------------+----------
   primary |        29         62         68         62 |       221
           |     13.12      28.05      30.77      28.05 |    100.00
-----------+--------------------------------------------+----------
   jun. hi |       142        187        146         95 |       570
           |     24.91      32.81      25.61      16.67 |    100.00
-----------+--------------------------------------------+----------
   sen. hi |       141        148         98         54 |       441
           |     31.97      33.56      22.22      12.24 |    100.00
-----------+--------------------------------------------+----------
  jun. col |        43         33         34         21 |       131
           |     32.82      25.19      25.95      16.03 |    100.00
-----------+--------------------------------------------+----------
   univ. + |        14         28         10         22 |        74
           |     18.92      37.84      13.51      29.73 |    100.00
-----------+--------------------------------------------+----------
     Total |       369        466        384        281 |     1,500
           |     24.60      31.07      25.60      18.73 |    100.00
          Pearson chi2(15) = 116.7059   Pr = 0.000
                     gamma =  -0.2071  ASE = 0.029
           Kendall's tau-b =  -0.1539  ASE = 0.021
```

上述结果一致拒绝了教育水平在各个年龄组的分布没有差别的假设。

命令 tabulate 还包括许多选项。表 6-2 给出一些常用的选项。

表 6-2　**tabulate 命令的常用选项**

选项名	说明
cell	显示方格百分比
chi2	完成 χ^2 检验
column	显示列百分比
gamma	完成 γ 检验
missing	显示缺失组别
nofreq	不显示方格频次
nolabel	不显示数值标签
row	显示行百分比
taub	完成 τ_b 检验
v	完成 V 检验
all	完成前面所有的检验[4]

命令 tabulate 对应一个即时命令 tabi。这一命令在用来分析二手数据时显得十分方便。在直接输入数据（表格中各个方格中的数字）时，用户需要使用“\”将各行隔开。下面给出一个例子：

```
. tabi 34 66 78 \ 23 99 44 \ 12 78 96, col chi2

+-------------------+
| Key               |
|-------------------|
|     frequency     |
| column percentage |
+-------------------+

           |              col
       row |         1          2          3 |     Total
-----------+---------------------------------+----------
         1 |        34         66         78 |       178
           |     49.28      27.16      35.78 |     33.58
```

[4]特定的表格并不一定适合使用所有的检验统计量。

```
-----------+-----------------------------------+----------
         2 |        23         99         44 |       166
           |     33.33      40.74      20.18 |     31.32
-----------+-----------------------------------+----------
         3 |        12         78         96 |       186
           |     17.39      32.10      44.04 |     35.09
-----------+-----------------------------------+----------
     Total |        69        243        218 |       530
           |    100.00     100.00     100.00 |    100.00
          Pearson chi2(4) =  35.7146   Pr = 0.000
```

命令 `table` 也可以制作两变量的列联表。例如，下面给出了与前面相同的表格，但只有频次。同时，在 `table` 生成的表格中，频次为 0 的方格并没有显示，同时也无法进行统计检验。

```
. table male agegroup, row
----------------------------------------
          |          age group
   gender | 20-29  30-39  40-49  50-59
----------+-----------------------------
   female |   192    239    190    145
     male |   177    227    194    136
          |
    Total |   369    466    384    281
----------------------------------------
```

6.3.3 多个表格与多维表格

当用户需要生成多个表格时， Stata 有 `tab1` 与 `tab2` 两个简化的命令。它们分别可以生成一维频次表与生成二维的列联表。在这两个命令后面均可以键入多个变量。例如，在下面假设的命令中：

```
. tab1 male agegroup edu occ
. tab2 male agegroup edu occ
```

第 1 个命令将生成 4 个（每个变量对应本身的）频次表，而第 2 个命令将生成 6 个

（4 个变量中两两成对的）列联表。

对于生成多维的列联表，其中的一个方法是联合使用 by（或是相同的 bysort）与 tabulate。

```
. bysort male: ta agegroup healthgd, row nofreq chi2

--------------------------------------------------------------------------------

-> male = female

           |       healthgd
 age group |  not good       good |     Total
-----------+----------------------+----------
     20-29 |     29.69      70.31 |    100.00
     30-39 |     35.56      64.44 |    100.00
     40-49 |     43.68      56.32 |    100.00
     50-59 |     57.93      42.07 |    100.00
-----------+----------------------+----------
     Total |     40.34      59.66 |    100.00

          Pearson chi2(3) =  30.8440   Pr = 0.000

--------------------------------------------------------------------------------

-> male = male

           |       healthgd
 age group |  not good       good |     Total
-----------+----------------------+----------
     20-29 |     22.60      77.40 |    100.00
     30-39 |     31.28      68.72 |    100.00
     40-49 |     37.11      62.89 |    100.00
     50-59 |     50.00      50.00 |    100.00
-----------+----------------------+----------
     Total |     34.20      65.80 |    100.00

          Pearson chi2(3) =  27.2674   Pr = 0.000
```

从上面的表格中可以看出，低年龄组的人群中，身体健康状况为“好”的比例更高，而高年龄组的比例则要低一些。这一趋势在男女两个性别中都是一致的。

在制作多维列联表时，table 能够给出更简洁、更美观的结果。例如，上面同样的 3 维列联表可以由 table 生成如下结果：

```
. table agegroup healthgd male
```

```
------------------------------------------------------
           |             gender and healthgd
           | ----- female -----      ------ male ------
 age group | not good       good    not good       good
-----------+------------------------------------------
     20-29 |       57        135          40        137
     30-39 |       85        154          71        156
     40-49 |       83        107          72        122
     50-59 |       84         61          68         68
------------------------------------------------------
```

使用命令 table 生成多维表格时，无法显示出行比例或是列比例，同时也无法进行 tabulate 能够实施的统计检验。

命令 table 也可以与 by 联合使用，生成更为复杂的多维列联表：

```
. bysort male: table edu healthgd hiblood
------------------------------------------------------------------------------
-> male = female
------------------------------------------------------
           |  had high blood pressure and healthgd
           | ------- no -------      ------- yes ------
 education | not good       good    not good       good
-----------+------------------------------------------
      none |       18         22           5          3
   primary |       50         68           7          2
   jun. hi |       97        173          11          5
   sen. hi |       80        127          10          2
  jun. col |       19         38           2
   univ. + |       10         17
------------------------------------------------------
------------------------------------------------------------------------------
-> male = male
------------------------------------------------------
           |  had high blood pressure and healthgd
           | ------- no -------      ------- yes ------
 education | not good       good    not good       good
```

```
----------+----------------------------------------------
     none |     3         11                      1
  primary |    35         54           3          2
  jun. hi |    76        198           8          2
  sen. hi |    68        133          13          8
 jun. col |    24         43           5
  univ. + |    14         30           2          1
---------------------------------------------------------
```

由于列表中包含了 4 个变量，样本数目进一步被细分。表格中空白的方格，其频次为 0。

6.3.4　显示描述性统计量的列联表

由命令 tabulate 与 table 生成的类别变量的表格中，可以显示其他连续性变量的描述性统计量。这样，类别变量与连续性变量就结合在一起了。例如，我们可以使用 tabulate 列出各个年龄组的身高的均值与标准差。

```
. ta agegroup, summ(height)
            |      Summary of height in cm
  age group |        Mean   Std. Dev.       Freq.
------------+-----------------------------------
      20-29 |   165.09485   7.6601879         369
      30-39 |   164.88627    7.328978         466
      40-49 |   164.47917   7.4493649         384
      50-59 |   162.76512   7.3408101         281
------------+-----------------------------------
      Total |     164.436   7.4837095        1500
```

这样的显示对于二维的列联表同样适用。例如，以下给出了男女两个性别各个年龄组的身高的均值：

```
. ta male agegroup, sum(height) means
                          Means of height in cm
           |                age group
```

```
    gender |     20-29      30-39      40-49      50-59 |      Total
-----------+--------------------------------------------+----------
    female | 159.58854  159.81172  159.11579  157.48966 |   159.1436
      male |  171.0678  170.22907  169.73196  168.38971 |  169.95913
-----------+--------------------------------------------+----------
     Total | 165.09485  164.88627  164.47917  162.76512 |    164.436
```

在这个表中，我们指明了仅给出均值。若是没有此选项，Stata 会在每一个方格内都给出均值、标准差与频次。

命令 table 也可以生成同样的表格，甚至可以显示更多的描述性统计量。下面给出了男女两个性别各个年龄组健康状况的均值（即健康状况较好的比例）、身高的中位值以及体重的标准差。

```
. table male ageg, contents(mean healthgd median hei sd weig)
--------------------------------------------------
          |              age group
   gender |     20-29      30-39      40-49      50-59
----------+---------------------------------------
   female |   .703125   .6443515   .5631579   .4206896
          |       160        160        159        158
          |  12.91885   15.79126   17.26512   19.72332
          |
     male |  .7740113   .6872247    .628866         .5
          |       170        170        170        169
          |  20.20653   21.08809   20.81031   21.24608
--------------------------------------------------
```

其中，每个方格的第1行显示的是 *healthgd* 的均值，第 2 行是 *height* 的中位值，第 3 行则是 *weight* 的标准差。

在制表过程中，命令 table 所显示的内容由选项 contents() 内的统计量选项指定。注意，先统计量选项再变量名的顺序。在 contents() 小括号内，可以指定多个统计量及与之对应的变量。常见的统计量如表 6-3 所示。

表 6-3　table 命令中 contents() 选项包括的统计量

选项名	说明	选项名	说明
freq	频次，后无变量	mean	均值
sd	标准差	sum	和
count	计数	n	计数
max	极大值	min	极小值
rawsum	忽略权重的和	median	中位值，亦即 p50
p#	百分位值	iqr	四分位区间，q75-q25

除了这些基本的适用于更普通情形的制表命令以外，Stata 还专门为流行病学编写了制表命令 epitab。这是一组由多个命令及其即时命令构成的命令族。由于它们特定的目的、涉及的其他统计技术以及特殊的数据要求，我们将在另外一本书中做专门的详细讨论。

6.4　均值比较与 *t*-检验

在很多时候，用户会涉及比较均值大小的情形：比较某变量的均值与特定的数值是否相等，或是比较两个样本中同一变量的均值是否相等。这就开始涉及统计推论，而非仅仅是统计描述了。

t-检验是一个简洁方便的比较均值的方法。它涉及一套完整的假设检验的流程：从原假设与替代假设开始，到计算标准误与 *t*-统计量，再到最后的根据显著水平所对应的临界概率值得出结论。Stata 的 *t*-命令结果对应了所有这些步骤。Stata 的 *t*-检验命令有两种：ttest 及其即时形式 ttesti。

6.4.1　单样本 *t*-检验

单样本的 *t*-检验比较变量的均值与用户设定的数值是否相等。例如，下面的例子检验在数据 chnhf2000.dta中，成年男女的平均身高是否等于 165 cm。

```
. ttest height=165
```

```
One-sample t test
------------------------------------------------------------------------------
Variable |     Obs        Mean    Std. Err.   Std. Dev.   [95% Conf. Interval]
---------+--------------------------------------------------------------------
  height |    1500     164.436    .1932285     7.48371     164.057    164.815
------------------------------------------------------------------------------
    mean = mean(height)                                       t =  -2.9188
Ho: mean = 165                               degrees of freedom =     1499
   Ha: mean < 165              Ha: mean != 165              Ha: mean > 165
 Pr(T < t) = 0.0018       Pr(|T| > |t|) = 0.0036          Pr(T > t) = 0.9982
```

从上面的结果中可以看出，显然这些成年人的平均身高不等于 165 cm，而更有可能是比 165 cm要矮。

Stata 自动选择的显著水平为 95%。如果用户需要改变这一标准，可以在 ttest 命令中加入选项来实现，例如 level(90)。

对于分布较为偏斜的变量，更合适的可能是检验其中位值是否等于一个特定的数值。这时，需要使用的命令是 signtest。signtest 的使用方法并不涉及任何参数，因而是一种非参数检验方法。回到刚才的假设检验中，这次检验成年男女身高的中位值是否为 165 cm。其原假设为身高的中位值等于 165 cm。这一假设等价于以 165 cm为参照，大于和小于 165 cm的观察个案正好相等。因而这是一个关于二项分布的检验。

```
. signtest height=165
Sign test
        sign |    observed    expected
-------------+------------------------
    positive |         648       703.5
    negative |         759       703.5
        zero |          93          93
-------------+------------------------
         all |        1500        1500
One-sided tests:
  Ho: median of height - 165 = 0 vs.
  Ha: median of height - 165 > 0
```

```
        Pr(#positive >= 648) =
           Binomial(n = 1407, x >= 648, p = 0.5) =  0.9986
    Ho: median of height - 165 = 0 vs.
    Ha: median of height - 165 < 0
        Pr(#negative >= 759) =
           Binomial(n = 1407, x >= 759, p = 0.5) =  0.0017
  Two-sided test:
    Ho: median of height - 165 = 0 vs.
    Ha: median of height - 165 != 0
        Pr(#positive >= 759 or #negative >= 759) =
           min(1, 2*Binomial(n = 1407, x >= 759, p = 0.5)) =  0.0033
```

上面的结果显示，身高等于 165 cm的有 93 个人，大于 165 cm的有 648 个人，而小于 165 cm的有 759 个人。从二项分布的检验中得出相同的结论，该变量的中位值更有可能小于 165 cm。

ttest 还可以比较相同样本中两个不同的变量的均值是否相等。这种情况更多地出现在医学统计中。例如，对于相同的一个人群，治疗前与治疗后分别测量了某些身体指标。使用 ttest 可以检验治疗前后这些指标是否产生了变化。使用的命令形式如下：

. ttest *varname1*=*varname2*

用户也可以使用即时命令 ttesti 根据已经得到了描述性统计量的样本均值比较其是否与特定的数值相等。例如，根据变量 *height* 的统计量，前面检验成年人身高是否等于 165 cm的 t-检验可以使用如下的形式，ttesti 后的数字分别是观察个案数、均值、标准差以及比较的数值：

```
. ttesti  1500 164.436 7.48371 165
One-sample t test
------------------------------------------------------------------------------
         |     Obs        Mean    Std. Err.   Std. Dev.   [95% Conf. Interval]
---------+--------------------------------------------------------------------
       x |    1500     164.436    .1932286     7.48371     164.057     164.815
------------------------------------------------------------------------------
```

```
    mean = mean(x)                                           t =  -2.9188
Ho: mean = 165                                  degrees of freedom =     1499

   Ha: mean < 165             Ha: mean != 165             Ha: mean > 165
 Pr(T < t) = 0.0018        Pr(|T| > |t|) = 0.0036        Pr(T > t) = 0.9982
```

6.4.2 两个样本 t-检验

更多的时候，用户需要比较两个不同样本同一个变量的均值是否相等。例如，我们可以比较男女的身高是否相等或体重是否相等。以下我们比较的是男女性别在精神健康指数取值上是否相等。精神健康指数的内容解释与分性别的描述性统计量见下：

```
. notes mentalh
mentalh:
  1.  index of sleepingbad, depressed, fatigued, esay angry, not happy
. ta male, sum(mentalh)
            | Summary of mental health, low is
            |              bad
     gender |       Mean   Std. Dev.       Freq.
------------+------------------------------------
     female |      0.005      0.802         766
       male |      0.064      0.713         734
------------+------------------------------------
      Total |      0.034      0.760        1500
```

从上面的均值中可以看出精神健康指数的性别差异相对而言并不小，标准差也较大。完成比较两个均值的 t- 检验的命令跟前面的例子有些不同。

```
. ttest mentalh, by(male)
Two-sample t test with equal variances
------------------------------------------------------------------------------
   Group |     Obs        Mean    Std. Err.   Std. Dev.   [95% Conf. Interval]
---------+--------------------------------------------------------------------
  female |     766    .0047849    .0289691    .8017696   -.0520835    .0616533
    male |     734    .0642772    .0263148    .7129323    .0126159    .1159386
---------+--------------------------------------------------------------------
```

```
combined |    1500    .0338965    .0196213    .7599282   -.0045916    .0723845
---------+--------------------------------------------------------------------
    diff |           -.0594924    .0392345               -.1364527    .0174679
------------------------------------------------------------------------------
    diff = mean(female) - mean(male)                              t =  -1.5163
Ho: diff = 0                                     degrees of freedom =     1498

    Ha: diff < 0                 Ha: diff != 0                 Ha: diff > 0
 Pr(T < t) = 0.0648         Pr(|T| > |t|) = 0.1296          Pr(T > t) = 0.9352
```

统计检验的结果显示，男女性别在精神健康指数上的取值没有统计意义上的差异。

以上的检验假定了男女性别在该指数取值上的分布的方差相同。这与实际情况有出入。这时，用户可以添加选项 unequal 来放松这一假设。

```
. ttest mentalh, by(male) unequal
Two-sample t test with unequal variances
------------------------------------------------------------------------------
   Group |     Obs        Mean    Std. Err.   Std. Dev.   [95% Conf. Interval]
---------+--------------------------------------------------------------------
  female |     766    .0047849    .0289691    .8017696   -.0520835    .0616533
    male |     734    .0642772    .0263148    .7129323    .0126159    .1159386
---------+--------------------------------------------------------------------
combined |    1500    .0338965    .0196213    .7599282   -.0045916    .0723845
---------+--------------------------------------------------------------------
    diff |           -.0594924    .0391367               -.1362612    .0172765
------------------------------------------------------------------------------
    diff = mean(female) - mean(male)                              t =  -1.5201
Ho: diff = 0                     Satterthwaite's degrees of freedom =  1489.74

    Ha: diff < 0                 Ha: diff != 0                 Ha: diff > 0
 Pr(T < t) = 0.0643         Pr(|T| > |t|) = 0.1287          Pr(T > t) = 0.9357
```

在比较两个样本均值时，即时命令 ttesti 也可以根据已有的描述性统计量得出检验结果。下面的例子是关于男女性别身高是否相等的 t-检验：

```
. ttesti 766 159.1436 5.0532076 734 169.95913 5.2977863
Two-sample t test with equal variances
------------------------------------------------------------------------------
```

```
         |     Obs        Mean    Std. Err.   Std. Dev.   [95% Conf. Interval]
---------+--------------------------------------------------------------------
       x |     766    159.1436    .1825798    5.053208    158.7852    159.502
       y |     734    169.9591    .1955449    5.297786    169.5752    170.343
---------+--------------------------------------------------------------------
combined |    1500     164.436    .1932286    7.483711     164.057    164.815
---------+--------------------------------------------------------------------
    diff |           -10.81553     .267262               -11.33978  -10.29128
------------------------------------------------------------------------------
    diff = mean(x) - mean(y)                                  t = -40.4679
Ho: diff = 0                                     degrees of freedom =     1498

    Ha: diff < 0                 Ha: diff != 0                 Ha: diff > 0
 Pr(T < t) = 0.0000         Pr(|T| > |t|) = 0.0000          Pr(T > t) = 1.0000
```

结果显示，男女身高的差异是明显的。

6.5 方差分析

使用t-检验只能比较两个样本间的均值是否相等。当样本数量大于2时，则需要使用一个更为普遍的方法：方差分析（ANOVA）。其命令 anova是 Stata 中最为简单的拟合模型的命令。它不仅仅可以比较多个不同样本间的均值的差异（样本的设计也可以相当复杂），甚至可以得到预测值与残差，检验各个类别变量的效应等。方差分析更多地在实验分析中得到使用。同时它也是一个比较多样本均值的简洁工具。

根据将目标变量分成次级样本的类别变量的取值多少与类型，可以将方差分析分为最为简单的一元方差分析、二元或多元方差分析以及包含连续性变量的协方差分析。

6.5.1 一元方差分析

一元方差分析比较目标变量在单个变量的多个类别间的均值是否有差异。使用数据 chnhf2000.dta，我们比较不同教育水平（*edu*）间精神健康指数取值的均值是否相等：

```
. anova mentalh edu
                    Number of obs =    1500     R-squared     =  0.0078
                    Root MSE      =  .75822     Adj R-squared =  0.0045
            Source |  Partial SS    df       MS           F     Prob > F
        -----------+----------------------------------------------------
             Model |  6.76072336     5  1.35214467       2.35     0.0387
                   |
               edu |  6.76072336     5  1.35214467       2.35     0.0387
                   |
          Residual |   858.89801  1494  .574898266
        -----------+----------------------------------------------------
             Total |  865.658733  1499  .577490816
```

Stata 给出的结果是一个标准的回归模型的小结信息。该结果可以分为两个部分：模型信息与方差分析表。模型信息给出了观察个案数目、平均残差平方根以及模型的 R^2 与调整 R^2。在方差分析表中，给出了各种来源的方差平方和及其对应的自由度。例如，教育水平能够解释的方差平方和为 6.76，自由度为 5。[5]由方差平方和及其自由度可以得到各个来源的平均方差平方和。而教育水平的平均方差平方和（1.35）除以模型剩余的残差平均方差平方和（0.57），就得到了 F-检验的统计量值。根据该值及其自由度（3, 1494）， Stata 给出了其概率。

结果显示，各个教育组别间的精神健康指数取值的均值是存在差异的。

一元方差分析中，也可以使用命令 oneway。命令的结构形式与 anova 相同。读者可以键入 help oneway 阅读更多的内容及该命令的用法。

6.5.2　二元与多元方差分析

一元方差分析比较目标变量的均值在单个变量的各个类别间的差异，而二元与多元方差分析将这一差异的比较扩展到两个变量或是多个变量类别交叉的各个组别中。例如，我们可以比较收入 *inc* 在不同性别与教育水平的交叉组别中的差异情

[5]该自由度是由于教育水平包含有 6 个组别，减去 1 而得到的。

况。因此，有如下的方差分析。由于二元方差分析涉及两个类别变量，因而模型中还增加了这两个变量的交互项。

```
. anova inc male edu male*edu
                          Number of obs =     1500     R-squared     =  0.0557
                          Root MSE      = 1868.13     Adj R-squared =  0.0487
                 Source |  Partial SS    df       MS           F     Prob > F
            ------------+----------------------------------------------------
                  Model |   306256520    11  27841501.8       7.98     0.0000
                        |
                   male |  48271349.2     1  48271349.2      13.83     0.0002
                    edu |   154224290     5  30844858.1       8.84     0.0000
               male*edu |  30156872.3     5  6031374.46       1.73     0.1250
                        |
               Residual |  5.1930e+09  1488   3489902.2
            ------------+----------------------------------------------------
                  Total |  5.4992e+09  1499  3668599.73
```

从上面的结果中可以看出，性别与教育水平的主干效应都导致了收入均值的差异，而这两个变量的交互效应却并不导致收入均值的差异。所以这一交互项可以从模型中剔除。

```
. anova inc male edu
```

下面给出一个多元的方差分析（含有 3 个类别变量）的例子。这里的交互项变得比较复杂，所以通常情况下我们也很少使用这样的模型。

```
. anova inc edu male ageg edu*male edu*ageg male*ageg edu*male*ageg
                          Number of obs =     1500     R-squared     =  0.0908
                          Root MSE      = 1854.41     Adj R-squared =  0.0626
                 Source |  Partial SS    df       MS           F     Prob > F
     -------------------+----------------------------------------------------
                  Model |   499155555    45  11092345.7       3.23     0.0000
                        |
                    edu |   125130684     5  25026136.8       7.28     0.0000
                   male |  28963376.8     1  28963376.8       8.42     0.0038
               agegroup |  8825958.95     3  2941986.32       0.86     0.4636
```

```
          edu*male |  21546972.7     5  4309394.55       1.25     0.2818
      edu*agegroup |  75067118.1    14  5361937.01       1.56     0.0838
     male*agegroup |  10968260.6     3  3656086.87       1.06     0.3637
 edu*male*agegroup |  75606518.5    14  5400465.61       1.57     0.0805
                   |
          Residual |  5.0001e+09  1454  3438841.43
-------------------+----------------------------------------------------
             Total |  5.4992e+09  1499  3668599.73
```

6.5.3 协方差分析

如果在方差分析中加进了连续性变量，形成了类别变量与连续性变量的混合形式，方差分析就成为了协方差分析。在方差分析中，除了目标变量，anova 默认所有其他进入分析的变量为类别变量。将 anova 应用于协方差分析时，需要在选项中指明哪些变量是连续性变量。

下面的协方差分析中，我们仍然以精神健康指数为目标变量，以性别、教育水平以及体重作为其他分析变量。

```
. anova mentalh male edu weight, continuous(weight)

                  Number of obs =    1500    R-squared     =  0.0117
                  Root MSE      = .757254    Adj R-squared =  0.0070

         Source |  Partial SS    df       MS           F     Prob > F
     -----------+----------------------------------------------------
          Model |  10.0959877     7  1.44228395       2.52     0.0143
                |
           male |  .182040084     1  .182040084       0.32     0.5732
            edu |  6.55633483     5  1.31126697       2.29     0.0440
         weight |   1.9473615     1   1.9473615       3.40     0.0656
                |
       Residual |  855.562745  1492  .573433475
     -----------+----------------------------------------------------
          Total |  865.658733  1499  .577490816
```

在上面的协方差分析中，性别对精神健康指数没有影响，教育水平有显著的影响，而体重对精神健康指数的影响接近于统计性显著。

如果在上面的命令中加入选项 regress，Stata 则给出了与拟合回归模型完全相同的结果。

```
. anova mentalh male edu weight, continuous(weight) regress
      Source |       SS       df       MS              Number of obs =    1500
-------------+------------------------------           F(  7,  1492) =    2.52
       Model |  10.0959877     7  1.44228395           Prob > F      =  0.0143
    Residual |  855.562745  1492  .573433475           R-squared     =  0.0117
-------------+------------------------------           Adj R-squared =  0.0070
       Total |  865.658733  1499  .577490816           Root MSE      =  .75725
------------------------------------------------------------------------------
     mentalh        Coef.   Std. Err.      t    P>|t|     [95% Conf. Interval]
------------------------------------------------------------------------------
_cons            .0056969   .1663273     0.03   0.973    -.3205633    .3319571
male
           1    -.0248953   .0441851    -0.56   0.573    -.1115669    .0617762
           2    (dropped)
edu
           1    -.1216842    .130776    -0.93   0.352    -.3782085    .1348401
           2    -.1061751   .1022213    -1.04   0.299    -.3066878    .0943377
           3    -.1997119    .093902    -2.13   0.034    -.3839058    -.015518
           4    -.2565466   .0954154    -2.69   0.007    -.4437093    -.069384
           5    -.2076167   .1101806    -1.88   0.060    -.4237421    .0085086
           6    (dropped)
weight           .0018887   .0010249     1.84   0.066    -.0001217     .003899
------------------------------------------------------------------------------
```

而拟合线性回归模型正是下一章讨论的主题。

第七章

线性回归分析

在上一章中，我们讨论了怎样在 Stata 中制作表格、检验各个组别间是否相互独立，同时还使用了 t-检验与方差分析等方法比较变量的不同组别间的均值的差异。以上的这些统计方法所揭示的都是类别变量间或是连续性变量与类别变量间的统计关系。而对于连续性变量间的分析，则可以使用相关分析与线性回归分析。在正式介绍线性回归分析之前，我们先简要地讨论 Stata 中相关分析的使用方法。而在回归分析的介绍中：

- 我们首先介绍回归分析的命令使用与模型指明，以及结果的阅读；
- 其次，我们使用常用的图形来更加直观地显示回归分析中自变量与因变量间的关系；
- 接下来，回归分析估算后的预测值及其他统计量的估算是讨论的话题；
- 然后，我们将讨论回归分析中的各种假设检验；
- 在接下来的两个部分里，我们在回归分析的自变量中引入非连续性变量与交换变量，并讨论它们的使用方法与结果解释；
- 最后，我们介绍逐步回归的方法。

线性回归分析方法是一项有着长久历史且发展成熟的技术。由于线性回归技术的复杂性，我们在本章中仅讨论它的基本内容，当作使用这种方法的入门介绍，而更多的内容则留到另外一本书中做更加详细的介绍与讨论。

7.1 相关分析

7.1.1 整行删除缺失数据的相关系数——correlate

相关分析的命令 correlate 显示用户指定的变量或是系数间的皮尔逊相关系数矩阵。使用数据 hdr2004，我们可以得到如下结果：[1]

```
. correlate hdi-infan
(obs=112)

             |      hdi      gdp  genderd literacy  enrollf birthlow infantmo
-------------+---------------------------------------------------------------
         hdi |   1.0000
         gdp |   0.6602   1.0000
     genderd |   0.9994   0.6610   1.0000
    literacy |   0.8470   0.4415   0.8528   1.0000
     enrollf |   0.9196   0.5610   0.9229   0.8258   1.0000
    birthlow |  -0.6378  -0.3941  -0.6425  -0.6734  -0.6360   1.0000
    infantmo |  -0.9338  -0.5269  -0.9321  -0.7849  -0.8730   0.5925   1.0000
```

由于相关系数矩阵是一个对称矩阵，所以这里仅仅给出了主对角线及其左下部分。

如果在 correlate 命令后没有指明变量， Stata 将给出数据中所有变量的相关系数矩阵。如果用户在该命令后添加选项covariance，则得到的是变量间的协方差矩阵。例如：

```
. corr hdi-liter, covariance
(obs=112)

             |      hdi      gdp  genderd literacy
-------------+------------------------------------
         hdi |  .032124
         gdp |  1248.92  1.1e+08
     genderd |  .032595   1269.4  .033111
    literacy |  2.96225  90928.6  3.02801  380.783
```

需要指出的是，correlate 在计算这些变量间的相关系数时，采用了按观察个

[1]其中几个变量名称的改变完全是为了显示的方便，没有任何数据上的变化。

案删除缺失数据的方法，即如果某个观察个案在指明的变量当中有一个缺失，那么整个观察个案均不参加所有的两两相关系数的计算。[2]这样的处理方法与回归分析的处理方法相同。由于我们使用的数据没有缺失值，为了演示的目的，用户可以自己找到包含缺失值的数据，看看 Stata 的计算结果有何不同。

7.1.2 计算两两对应的相关系数——pwcorr

另外一个命令 pwcorr 采用了不同的方法处理缺失数据。即使某些观察个案可能在其他变量上包含缺失数值，它也尽可能使用两两变量中所有没有缺失的数据，并由此得出这两个变量的相关系数。同时，该命令还可以对每一个相关系数做显著性检验，检验的原假设为：相关系数等于 0。下面给出与7.1.1中相同变量的例子：

```
. pwcorr hdi-infan, sig
             |      hdi      gdp  genderd literacy  enrollf birthlow infantmo
-------------+---------------------------------------------------------------
         hdi |   1.0000
             |
             |
         gdp |   0.6602   1.0000
             |   0.0000
             |
     genderd |   0.9994   0.6610   1.0000
             |   0.0000   0.0000
             |
    literacy |   0.8470   0.4415   0.8528   1.0000
             |   0.0000   0.0000   0.0000
             |
     enrollf |   0.9196   0.5610   0.9229   0.8258   1.0000
             |   0.0000   0.0000   0.0000   0.0000
             |
    birthlow |  -0.6378  -0.3941  -0.6425  -0.6734  -0.6360   1.0000
             |   0.0000   0.0000   0.0000   0.0000   0.0000
             |
    infantmo |  -0.9338  -0.5269  -0.9321  -0.7849  -0.8730   0.5925   1.0000
```

[2]这就是 listwise deletion。

```
       |  0.0000   0.0000   0.0000   0.0000   0.0000   0.0000
       |
```

皮尔逊相关系数给出的是两两变量的直线相关程度。对于这一相关系数的谨慎解释需要与实际的数据分布联系在一起。而命令 pwcorr 所对应的散点图矩阵可以很好地显示两个变量之间的关系。上面相关系数矩阵对应的散点图矩阵如图 7-1。

```
. graph matrix hdi-infan, maxis(ylabel(none) xlabel(none))
```

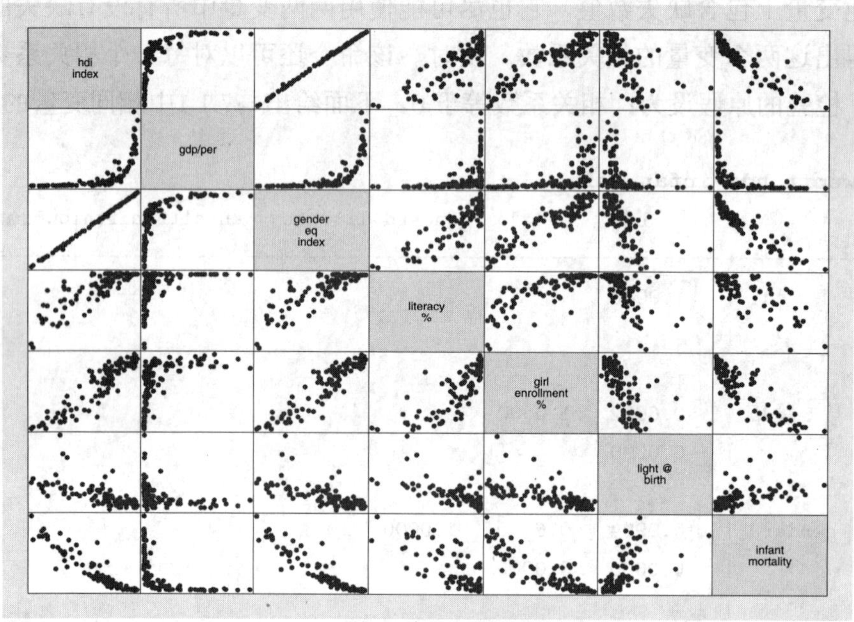

图 7-1 散点图矩阵

与回归分析结合起来，correlate 命令还有另外一个功能。在回归估算后，键入

```
. correlate, _coef
. correlate, _coef covariance
```

将分别得到回归分析模型中回归系数间的相关系数矩阵与方差一协方差矩阵。它们在假设检验与回归诊断中有着广泛的用途。

7.2 回归分析

7.2.1 一元回归分析

Stata 中回归分析的命令为 regress，可简写为 reg。而它指明模型的格式非常简单。

```
. regress y x
```

其中的 y 为因变量，而 x 为自变量。在自变量之后可以添加条件表达式。而在逗号之后可以添加选项。

以下的例子是为了审视自变量识字率 *literacy* 对于因变量人类发展指数 *hdi* 的影响。

```
. regress hdi literacy
      Source |       SS       df       MS              Number of obs =     112
-------------+------------------------------           F(  1,   110) =  279.19
       Model |  2.55793154     1  2.55793154           Prob > F      =  0.0000
    Residual |  1.00782986   110  .00916209           R-squared     =  0.7174
-------------+------------------------------           Adj R-squared =  0.7148
       Total |   3.5657614   111  .032123977           Root MSE      =  .09572
------------------------------------------------------------------------------
         hdi |      Coef.   Std. Err.      t    P>|t|     [95% Conf. Interval]
-------------+----------------------------------------------------------------
    literacy |   .0077794   .0004656    16.71   0.000     .0068567     .008702
       _cons |   .0720204   .0400675     1.80   0.075     -.007384    .1514248
------------------------------------------------------------------------------
```

7.2.2 阅读回归分析结果

Stata 给出的回归分析结果可以分成两个部分：下半部分为整行虚线上下包夹的完整表格，上半部分又分为左右两部分。

在上半部分中，包含有如下信息：

- 左边的部分是一个方差分析表，给出了模型中各个来源的方差平方和及其自由度以及平均方差平方和。

- 右边部分首先给出了模型观察个案数目。

- 然后是方差分析的 F-检验统计量及其对应的 p-值。

- 接下来的两行给出了模型的回归决定系数 R^2 与修正的 R^2。前者表示因变量的方差 $R^2 \times 100\%$ 被模型中的自变量所解释的部分；而后者则使用了模型中的自变量数目与数据中观察个案数目的信息对前者加以修正。虽然修正 R^2 可能包含更多的信息，但在报告模型时，通常使用的仍然是原始的 R^2。

- 右边最后一项信息是平均残差平方和的平方根。它是一个统计推论中所需的标准误的计算过程中不可缺少的统计量。

在下半部分中是关于模型系数的估算结果，从左到右各栏的内容如下：

- 变量栏：显示因变量、自变量以及常数项（即截距）；

- 回归系数栏：显示各个变量所对应的估算得来的回归系数；

- 标准误栏：回归系数的标准误；

- t-统计量栏：回归系数/标准误；

- p-值栏：由 t-统计量得到；

- 置信区间栏：分为下限与上限两个数值。

上述回归模型可以写成如下表达式：

$$hdi = 0.0720 + 0.0078 \times literacy$$

由于模型较为简单，还有其他影响到变量 hdi 的因素没有考虑到。虽然严格来说，任何确定的解释与推论对这个模型而言都并不合适，但为了给出回归分析系数的含义让读者有个更加直观的理解，仍可解释为：识字率 *literacy* 每增加一个单位，人类发展指数 *hdi* 的取值增加 0.0078 个单位。

这里需要清楚地了解这两个变量的各自的取值单位与取值区间。

```
. summ hdi literacy
    Variable |       Obs        Mean    Std. Dev.       Min        Max
-------------+--------------------------------------------------------
         hdi |       112    .7242232    .1792316       .292       .956
    literacy |       112     83.8375    19.51365       12.8       99.8
```

7.2.3　多元回归分析

多元回归分析中，命令的输入与一元回归分析没有太大的区别，仅仅在指明模型上略有差异。由于自变量的数目多于 1，因而只需在输入命令时在因变量 y 之后添加更多的自变量名称即可。在前面的一元回归模型的基础上添加更多的自变量，我们有：

```
. reg hdi literacy enrol birthl infant inter
      Source |       SS       df       MS              Number of obs =     112
-------------+------------------------------           F(  5,   106) =  363.65
       Model |  3.36933542     5  .673867083           Prob > F      =  0.0000
    Residual |  .196425981   106  .001853075           R-squared     =  0.9449
-------------+------------------------------           Adj R-squared =  0.9423
       Total |   3.5657614   111  .032123977           Root MSE      =  .04305
------------------------------------------------------------------------------
         hdi |      Coef.   Std. Err.      t    P>|t|     [95% Conf. Interval]
-------------+----------------------------------------------------------------
    literacy |   .0018345   .0004074     4.50   0.000     .0010268    .0026423
     enrollf |   .0013797   .0003472     3.97   0.000     .0006913    .0020682
    birthlow |   .0002999   .0009767     0.31   0.759    -.0016366    .0022364
    infantmo |  -.0022689   .0002316    -9.80   0.000    -.0027281   -.0018096
      interk |   .0001948   .0000332     5.88   0.000     .0001291    .0002605
       _cons |   .5390807   .0430376    12.53   0.000     .4537545    .6244069
------------------------------------------------------------------------------
```

由上面的结果，我们可以用方程的形式写出完整的模型如下：

$$
\begin{aligned}
hdi \;=\;& 0.5391 + 0.0018 \times literacy + 0.0014 \times enrillf \\
& +0.0003 \times birthlight - 0.0023 \times infantmor \\
& +0.0002 \times internetk
\end{aligned}
$$

从结果右上部分的信息中可以看出，模型的 $R^2 = 0.945$，显示因变量 *hdi* 中 95% 的方差被模型中的 5 个自变量所解释。与前面一元回归模型的 $R^2 = 0.717$ 相比，显然该模型解释力更强。在原有模型的基础上添加新的变量得到的新模型的 R^2 至少不会小于原有模型中的 R^2。

当我们控制其他 4 个自变量之后，变量 *literacy* 的回归系数变小了。但是，它仍然对于 *hdi* 有显著的影响。其系数 0.0018 可以被解释为：当控制其他变量时[3]，识字率 *literacy* 每增加一个百分点，人类发展指数 *hdi* 的取值增加 0.0018。

在上述模型中，变量 *infantmor* 的回归系数为负，表示因变量 *hdi* 随着这个变量的增加而变小，它们的变动方向相反。

在判定特定自变量对于因变量的影响效应是否显著时，最为简单的方法是查看该自变量对应的 t-检验的 p-值的大小。通常情况下，该 p-值小于 0.05则可以认为其回归系数显著地不等于 0，说明该变量对于因变量有显著的影响效应。当然，这一显著性水平的选择可以变化。例如，在样本规模不大的医学研究中，有时也选择 0.10 作为显著性水平。在上面的模型中，变量 *birthlight* 的回归系数与 0 没有显著的差异。所以，在这个模型中，它对于因变量 *hdi* 没有影响效应。

回归系数列表中的最后一行里，*_cons* 代表回归模型中的常数项，即截距。用户也可以强制性地指令 Stata 不显示该项。这时，得到的回归直线是一条通过圆点的直线，需要添加选项 nocons。例如：

```
. regress y x1 x2 x3 x4 x5, nocons
```

[3] 这里“控制”的意思是，保持这些变量不变、仅仅只有讨论的自变量变化的情况下。

同样地，添加选项 `level(#)` 将改变 Stata 给出结果中建立置信区间的置信水平。例如，下面的例子指定 Stata 给出 99% 的置信区间：

```
. regress y x1 x2 x3 x4 x5, level(99)
```

另一个有用的回归分析选项是 `beta`。它指令 Stata 给出标准化的回归系数。在估算标准化回归系数时，模型中的因变量与所有的自变量均被转换成了标准分布（均值为 0，标准差为 1）。这样，得到的回归系数表示了自变量与因变量间的标准差的相对变化。上面同样的模型，得到了如下的标准化回归模型的结果：

```
. reg hdi literacy enrol birthl infant inter, beta
      Source |       SS       df       MS              Number of obs =     112
-------------+------------------------------           F(  5,   106) =  363.65
       Model |  3.36933542     5  .673867083           Prob > F      =  0.0000
    Residual |  .196425981   106  .001853075           R-squared     =  0.9449
-------------+------------------------------           Adj R-squared =  0.9423
       Total |   3.5657614   111  .032123977           Root MSE      =  .04305
------------------------------------------------------------------------------
         hdi |      Coef.   Std. Err.      t    P>|t|                     Beta
-------------+----------------------------------------------------------------
    literacy |   .0018345   .0004074     4.50   0.000                 .1997333
     enrollf |   .0013797   .0003472     3.97   0.000                 .2240756
    birthlow |   .0002999   .0009767     0.31   0.759                 .0097419
    infantmo |  -.0022689   .0002316    -9.80   0.000                -.4734772
      interk |   .0001948   .0000332     5.88   0.000                 .1838595
       _cons |   .5390807   .0430376    12.53   0.000                        .
------------------------------------------------------------------------------
```

在显示回归系数表格中的最右端，显示了各个自变量对应的标准化回归系数。我们可以将 *literacy* 的标准化回归系数解释为：当控制其他变量时，识字率 *literacy* 每增加一个单位的标准差，人类发展指数 *hdi* 的取值增加 0.1997 个标准差。

由于标准化回归方程中所有变量的转换过程都消除了它们各自的取值单位，因此在某些情况下，标准化回归系数可以用来比较不同的自变量之间对于因变量的效应的大小。当然，这里的比较是针对标准化回归系数的绝对值而言的。例如，根据上面得到的结果，变量 *infantmor* 对于因变量 *hdi* 的影响效应最大。

标准化回归方程中的其他统计量，如 F-检验、t-检验、R^2、修正的 R^2 等，均没有变化。

7.3 估算后的拟合值及其他统计量

在拟合了回归模型后，使用命令 predict 可以得到一系列的统计量。这些统计量既包括由模型直接得到的拟合值以及由此生成的残差，也包括其他用于诊断模型拟合度的诸如影响力、库克距离值 D 等统计量。这些模型估算后的统计值都是以观察个案为对象来估算的。

7.3.1 模型拟合值与残差

Stata 完成回归模型估算后，用户可以使用命令 predict 直接得到各个观察个案在这个模型下的拟合值与残差。其命令格式如下：

```
. predict yhat
. predict ehat, residuals
```

前者估算拟合值，并不需要用户在选项中指明估算的统计值名称。而后者则是估算残差（观察值－拟合值），需要指明估算统计值的名称。

回到前面的多元回归模型，我们可以计算各个观察个案的拟合值与残差。然后，我们将这两个估算的统计值与因变量的观察值同时列出：

```
. predict yhat
(option xb assumed; fitted values)
. predict ehat, residuals
. li hdi yhat ehat in 1/10, clean

        hdi        yhat        ehat
  1.   .956    .9421038    .0138962
  2.   .946    .9633249   -.0173249
  3.   .946     .927196     .018804
```

```
  4.   .943    .946261   -.0032609
  5.   .941   .9585795   -.0175796
  6.   .939   .9319058    .0070942
  7.   .938   .9430901   -.0050901
  8.   .936    .878934     .057066
  9.   .936   .8968062    .0391938
 10.   .936   .9252483    .0107517
```

用户可以很容易地验证这 3 个统计值之间的数量关系 $hdi - yhat = ehat$。从这个等式中，可以知道残差可以为负。这时，使用模型过低预测了这些个案在因变量上的取值。

拟合值的计算是将各个观察个案中各个变量的取值带入回归模型中得到的。Stata 储存估算回归系数的暂时变量为 _b[*varname*]。如，常数项为 _b[*cons*]，*literacy* 的系数为 _b[*literacy*]。使用这些回归系数，用户可以使用命令 generate 手工计算拟合值及残差。

残差在模型诊断中非常重要。过小的残差与过大的残差（其平方值较大，都是较为偏离的观察个案），均是分析者应当特别关注的对象。与命令 sort 联合使用，用户可以查看残差值较为偏离的观察个案。以下给出残差平方值最大的5个观察个案。

```
. gen ehat2=ehat^2
. gsort -ehat2
. li hdi yhat ehat ehat2 in 1/10, clean

        hdi       yhat        ehat      ehat2
  1.   .703    .495209     .207791   .0431771
  2.   .439   .5680439    -.129044   .0166523
  3.   .491   .5958608   -.1048609   .0109958
  4.   .568   .4730107    .0949893    .009023
  5.   .493   .5865461   -.0935461   .0087509
  6.   .465   .3736542    .0913458   .0083441
  7.   .681    .764164    -.083164   .0069162
  8.   .389   .4693927   -.0803928    .006463
  9.   .488   .5556087   -.0676087   .0045709
 10.   .292     .22738      .06462   .0041757
```

7.3.2 其他用于诊断的统计量

使用命令 predict 还可以得到其他常用于模型诊断的统计量。其命令的形式同上述。这些统计量见表 7-1。

表 7-1 回归分析后估算的统计量

选项名	说明
xb	模型拟合值；默认值
cooksd	库克距离值，D
leverage | hat	影响力，即H矩阵的对角元素
residuals	残差
rstandard	标准化残差
rstudent	学生化残差（折刀方法）
stdp	拟合值的标准误
stdf	预测值的标准误，$stdf^2 = stdp^2 + stdr^2$
stdr	残差的标准误
covratio	COVRATIO，测量某观察个案的影响力
dfbeta(*varname*)	DFBETA，测量某变量的偏离
dfits	dfits，测量某观察个案的偏离
welsch	韦尔什距离，测量某观察个案的偏离

上述的统计量常用于模型拟合后的诊断过程中。下面给出几个估算观察个案影响力的统计量的例子：

```
. predict dfits, dfits
. predict cooksd, cooksd
. predict welsch, welsch
. li ehat dfits cooksd welsch in 1/10, clean

            ehat        dfits      cooksd       welsch
  1.     .207791     1.843012    .4331582     20.37695
  2.    -.129044    -1.030385    .1619988     -11.3777
  3.   -.1048609    -.6135107    .0595828    -6.645395
```

```
  4.    .0949893    .551326     .04866    5.971099
  5.   -.0935461  -.4952246   .0393378   -5.340516
  6.    .0913458   1.986035   .6203039    25.94575
  7.    -.083164  -.3762813    .022954   -4.034378
  8.   -.0803928  -.6325976   .0648918   -6.994455
  9.   -.0676087  -.4162924   .0284357   -4.526103
 10.      .06462    .846408   .1173353    9.969812
```

7.3.3 估算方差与协方差矩阵以及膨胀因子

在完成模型拟合后，用户可以使用简便的命令得到有关回归系数的方差与协方差矩阵。其命令为紧接回归估算的 vce。若该命令并不紧接模型拟合，则显示最近一次的模型拟合的方差与协方差矩阵。例如，我们拟合上述回归模型，但删除其中一个自变量。[4]其中的回归系数的方差与协方差矩阵为：

```
. quietly reg hdi literacy enrol birthl infant
. vce
Covariance matrix of coefficients of regress model
        e(V) |  literacy     enrollf    birthlow    infantmo       _cons
-------------+------------------------------------------------------------
    literacy |  2.145e-07
     enrollf | -6.816e-08   1.414e-07
    birthlow |  1.685e-07   5.599e-08   1.229e-06
    infantmo |  2.600e-08   6.297e-08  -6.355e-09   6.969e-08
       _cons |-.00001649  -5.972e-06  -.00003011  -8.618e-06   .00240823
```

上面在命令前面加上 quietly 是为了让 Stata 运行该命令，但并不在结果窗口显示运算的结果。

另外，用户还可以得到各个变量的方差膨胀因子。使用的命令为紧接模型拟合的 vif。方差的膨胀因子在模型诊断中判定变量间的多元共线性情形时十分重要。例如，上述未删除自变量的回归模型中各个变量的膨胀因子为：

```
. quietly reg hdi literacy enrol birthl infant inter
. vif
```

[4]删除一个自变量的原因仅仅是为了更好地在书中显示该矩阵。

```
    Variable |       VIF       1/VIF
-------------+----------------------
     enrollf |      6.12    0.163404
    infantmo |      4.50    0.222431
    literacy |      3.79    0.264105
    birthlow |      1.94    0.516283
      interk |      1.88    0.530803
-------------+----------------------
    Mean VIF |      3.64
```

7.4 回归分析中的图形

在回归分析中，图形可以作为一个有用的工具，辅助用户对数据以及模型中各个变量之间的关系有一个直观的了解。

在本小节中，我们仅讨论一些简单常用的图形，重点介绍变量间的散点图。这里需要说明的是，本小节的图形尽可能不涉及回归估算后的各种统计量。这类图形在回归模型的诊断中可以作为重要的辅助信息，用来帮助用户判定模型的有效性。而回归模型的诊断对于提高模型对数据的拟合又是不可缺少的。为了本章内容的连贯性，我们在这里并不做介绍。在另一本书中，我们有专门的章节做更加详细的讨论。

在本小节的制图过程中，我们的注意力放在这些图形的阅读及用途上，而非怎样得到这些图形或是怎样提高图形的质量。关于图形制作的详细过程，参见本书稍后制图的章节。

7.4.1 一元回归分析中的散点图及拟合直线图

回到在前面得到的 *hdi* 与 *literacy* 之间的一元回归分析模型，我们可以得出这两个变量的散点图。见图 7-2。

```
. graph twoway scatter hdi literacy
```

在该图中，人类发展指数 *hdi* 随着 *literacy* 的增加而增加。

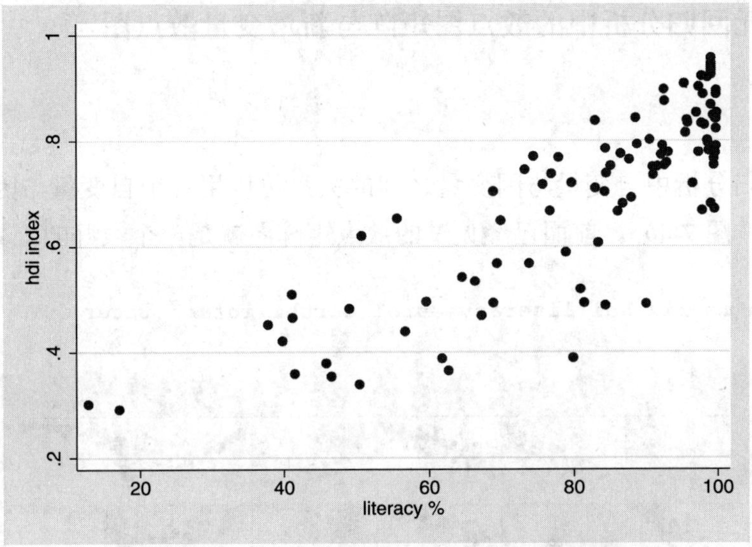

图 7-2　一元回归模型两变量的散点图

为了显示散点图中的趋势，Stata 甚至提供了拟合直线的图形。在图 7-3 中拟合直线被叠加在散点图之上，同时也标出了回归系数的置信区间。

```
. graph twoway lfitci hdi literacy || scatter hdi literacy
```

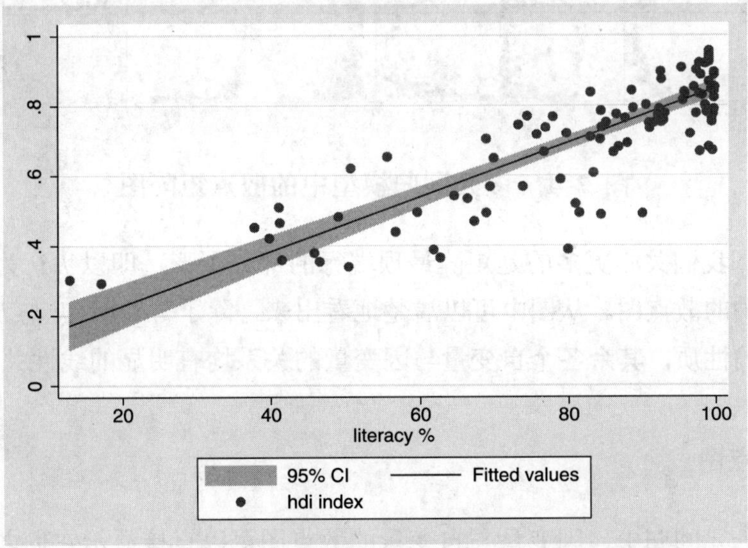

图 7-3　一元回归模型两变量的散点图及拟合直线

7.4.2 多元回归分析中的散点图矩阵与新增变量散点图

散点矩阵图

多元回归分析中自变量与因变量之间的关系可以用各个自变量与因变量的散点图显示出来（图 7-4）。前面已经见过的散点矩阵图就是一个很好的工具。

```
. graph matrix hdi literacy enrol birthl infant inter
```

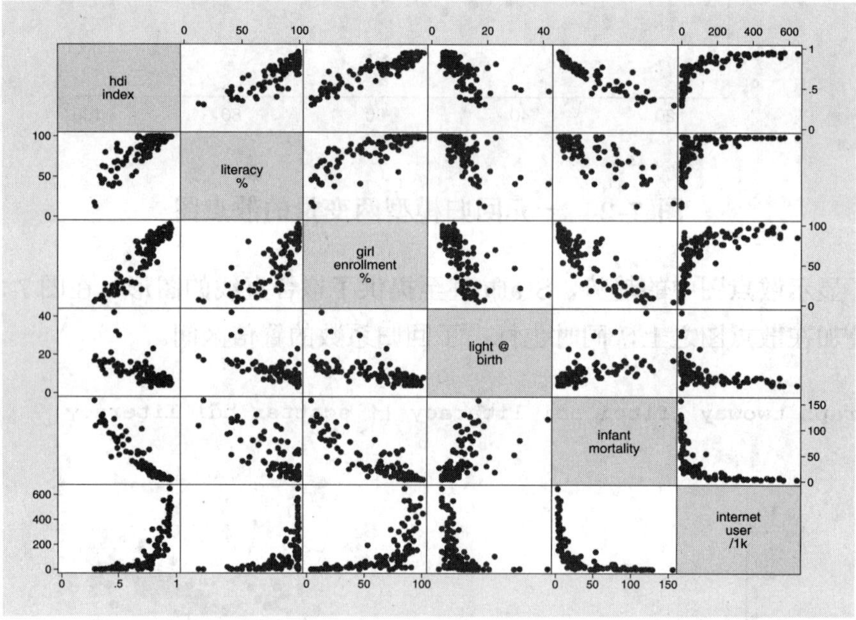

图 7-4 多元回归模型中的散点矩阵图

在这里，我们关心更多的是矩阵最顶端行的部分图形，即以 *hdi* 为纵轴，其余自变量为横轴的散点图。从图中可以清楚地看出来，除了 *internetk* 与 *hdi* 的关系模式带有曲线的性质，其余各个自变量与因变量的关系均有明显的线性关系。

新增变量散点图

在简单一元回归中，因变量与自变量的散点图可以直接显示它们之间的关系。在多元回归中，因变量与其中某一自变量的散点图并不能表示在控制其他变量之后它们之间的关系。因此，为了在多元回归模型中查看控制了其他自变量之后某个特定自变量与因变量之间的关系，我们引入新增变量散点图。

新增变量散点图的制图步骤如下：

- 在多元回归模型中，使用因变量与除去目标自变量以外的所有其他自变量建立新的回归模型。此模型产生的残差表示的是因变量中除去目标自变量外所无法解释的部分。
- 以上面没有进入模型的目标自变量为因变量，其他所有自变量为自变量，建立另一个新的回归模型。此模型产生的残差表示的是其他自变量所无法解释的目标变量的部分。
- 控制其他变量之后，目标变量与因变量之间的关系其实就是上述这两部分残差之间的关系。
- 绘制以第一个残差为纵轴，第二个残差为横轴的散点图，我们就得到了以目标变量为新增变量的新增变量散点图。

在新增变量散点图中，如果显示了较强的线性关系，则可以认为在控制其他自变量后，目标自变量与因变量之间有着较强的关系，自变量对于因变量能够有较强和独特的解释力。相反，如果显示的线性关系较弱，则可以认为在控制其他自变量后，目标变量与因变量之间没有较强的关系，即作为新增变量的目标变量对于因变量没有独特的解释作用。[5]

Stata 中绘制新增变量散点图的命令 `avplot`，可以很方便地绘制出新增变量散点图。命令之后的变量就是绘制新增变量散点图的目标变量。这一命令只能紧跟在回归模型估算命令之后使用，得出的结果是这一回归模型中自变量的新增变量散点图。例如，图 7-5 给出了前面多元线性回归的模型中，自变量 *literacy* 的新增变量散点图。这一命令必须是在回归估算模型之后才能够生成图形。否则，Stata 将给出错误信息。

[5]当然，这里有两种可能：一是目标自变量与因变量之间本身就没有什么强烈的两两变量间的关系；二是目标自变量与因变量之间的关系与其他自变量与因变量的关系相重叠。

```
. avplot literacy
```

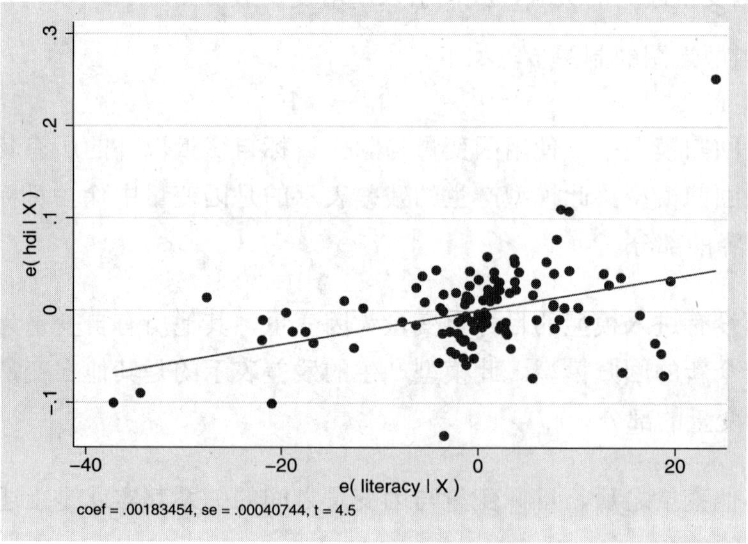

图 7-5　多元回归模型的新增变量散点图

从图形中可以看出，拟合直线的斜率与 0 有一定距离。因此，可以判定 *literacy* 对于因变量 *hdi* 的独有的解释力较强。同时，也可以发现图中右上角有一个散点远离其他所有数据点，这个点很有可能就是一个异常点。

在回归模型估算命令之后，使用 avplots 命令可以得到所有自变量的新增变量散点图（图 7-6）。对于模型包含众多自变量时，这一命令将带来一个计算量相当庞大的过程。同时，生成的图形显示也较小。

```
. avplots
```

由于我们有 5 个自变量，因此 Stata 使用 3-2 的两行显示。有以下两点值得特别指出：

- 在所有图形中，无一例外地有一个数据点落在远离所有其他数据点位置。这是一个强烈的信号，该数据点有很大可能是一个异常点。
- 第一行最右端的图形是变量 *birthlight* 的新增变量散点图。从图形中的拟合直线与横轴近乎平行可以看出，该变量对于因变量 *hdi* 的独特的解释力较弱。

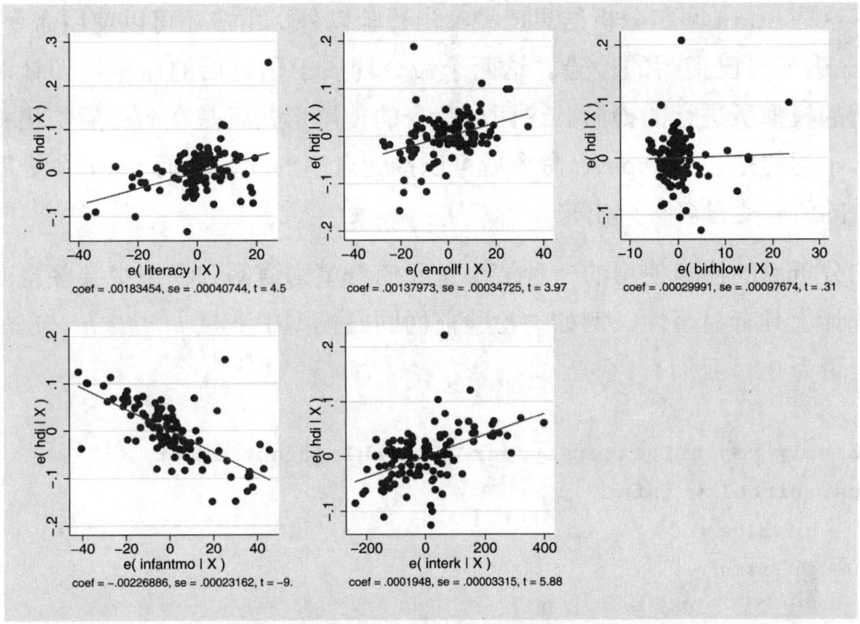

图 7-6　多元回归模型中所有自变量的新增变量散点图

对照前面的变量散点矩阵图中 *hdi* 与 *birthlight* 较为明显的线性趋势——在一元回归分析中 *birthlight* 能够解释较大的 *hdi* 中方差变动的比例，这样的结果显然意味着变量 *birthlight* 和 *hdi* 的关系与其他自变量和 *hdi* 的关系相重合。

7.5　假设检验

在 Stata 给出的回归分析的结果中已经包含了以下两种假设检验：

- 检验整个模型显著性的 *F*-检验。前面已经提到过，在 Stata 给出的结果右上角给出了*F*-检验的统计量（及自由度）与相应的 *p*-值。这是用来检验整个模型中所有自变量的回归系数是否都为 0。其替代假设是：所有自变量对应的回归系数中至少有一个不为 0。

- 检验单个自变量的回归系数的 *t*-检验。在回归系数列表中的第 4 栏与第 5 栏（左起）给出了 *t*-检验统计量值与对应的 *p*-值。这一检验的原假设是：该回归系数为 0。

除了这些 Stata 回归分析结果已经给出检验以外，用户还可以使用命令 test 与 testparm 进行自己指明的检验。这两个命令均属于估算后的命令，即针对最近的回归分析的模型所进行的检验。这两个命令的使用形式就是在命令后给出检验的变量名称。不同的是，testparm 命令后可以接变量串的简写，而 test 命令后则需要将检验中的所有变量名称列出来。

回归分析后的检验使用的一种情形是我们希望知道回归模型中某些自变量组合是否在统计上具有显著性。例如，检验前面回归模型中变量 *birthlight* 与 *infantmor* 的组合是否为 0。[6]我们有：

```
. quietly reg hdi literacy enrol birthl infant inter
. test birthlow infan
 ( 1)  birthlow = 0
 ( 2)  infantmo = 0
       F(  2,   106) =   48.00
            Prob > F =    0.0000
```

当然，用户可以轻易地使用 test 命令得到整个模型的 *F*-检验以及单个自变量的检验。使用 testparm 命令可以将模型中的变量串写成简写形式。下面的例子给出了更多的检验。

```
. testparm literacy-interk
 ( 1)  literacy = 0
 ( 2)  enrollf = 0
 ( 3)  birthlow = 0
 ( 4)  infantmo = 0
 ( 5)  interk = 0
       F(  5,   106) =  363.65
            Prob > F =    0.0000
. test birthlow
 ( 1)  birthlow = 0
       F(  1,   106) =    0.09
            Prob > F =    0.7594
```

[6]由于 *infantmor* 的回归系数显著小于 0，所以该检验必定显著。但有时两个自变量的回归系数分别不显著，但可能其组合则具有显著性。

```
. test interk
 ( 1)  interk = 0
       F(  1,   106) =   34.53
            Prob > F =    0.0000
```

上面第 1 个检验就是整个模型的检验，与回归分析结果右上角的 F-检验结果相同。而其他单个变量的 F-检验与回归系数表中的 t-检验等价。读者应当注意到，这里的 F-检验的统计量在数量上等于 t-检验统计量的平方。

更多 test 命令的使用方法包括以下 3 种类型：

- 检验某一回归系数是否等于某个特定的数值；
- 检验某两个回归系数是否相等；
- 检验回归系数间的代数关系。

下面分别给出以上 3 种检验类型相应的例子：

```
. test infantmo==-0.0023
 ( 1)  infantmo = -.0023
       F(  1,   106) =    0.02
            Prob > F =    0.8933
. test literacy==enrollf
 ( 1)  literacy - enrollf = 0
       F(  1,   106) =    0.51
            Prob > F =    0.4748
. test enrollf= - (infantmo+literacy)*3
 ( 1)  3 literacy + enrollf + 3 infantmo = 0
       F(  1,   106) =    0.00
            Prob > F =    0.9606
```

结果显示，我们设定的原假设与实际情况相当接近。

7.6 变量转换

7.6.1 一个有关收入的例子

让我们首先来查看一个例子。在这个例子中，收入 *inc* 是因变量。由于收入中有 0 的取值，为了简便起见，以下的分析剔除了这些观察个案。[7]

我们生成一个新变量 x。当 $x=1$ 时，收入大于 0。换言之，使用 $x==1$ 的条件，我们将收入小于 0 的观察个案排除了。

我们直接使用变量年龄 *age* 来回归分析收入 *inc*，得到：

```
. use chnhf2000,clear
(1500 sampled from CHNHF)
. gen x=1 if inc>0
(78 missing values generated)
. reg inc age if x==1
      Source |       SS       df       MS              Number of obs =    1422
-------------+------------------------------           F(  1,  1420) =    0.52
       Model |  1992816.81     1  1992816.81           Prob > F      =  0.4707
    Residual |  5.4350e+09  1420  3827485.41           R-squared     =  0.0004
-------------+------------------------------           Adj R-squared = -0.0003
       Total |  5.4370e+09  1421   3826194.3           Root MSE      =  1956.4
------------------------------------------------------------------------------
         inc |      Coef.   Std. Err.      t    P>|t|     [95% Conf. Interval]
-------------+----------------------------------------------------------------
         age |  -3.328701   4.613153    -0.72   0.471    -12.37803    5.720626
       _cons |   1046.288   186.2405     5.62   0.000     680.9523    1411.624
------------------------------------------------------------------------------
```

从上面的结果中可以看出：

[7]这些应答者给出收入为 0 的回答有多种原因。有的是不愿给出具体的收入数字，而给出了收入区间。但这一收入区间的变量没有纳入当前的数据中。有的应答者直接给出了错误的回答。当然，应当有部分应答者本身是学生或是从未工作过，因而收入为 0。但最后这一类应答者比例较小。为了方便的原因（下面还将提及），这些观察个案被排除在以下回归分析之外。

- 模型的 F-检验与 t-检验都没有显示出显著性，表示年龄 age 的回归系数与 0 在统计上没有任何差异；

- 相应地，自变量年龄 age 对于因变量收入 inc 没有任何解释力。

这与我们的常识相悖。

让我们先看看因变量 inc 的分布情况（图 7-7）：

```
. histogram inc if x==1, normal
(bin=31, start=8.333333, width=1612.6344)
```

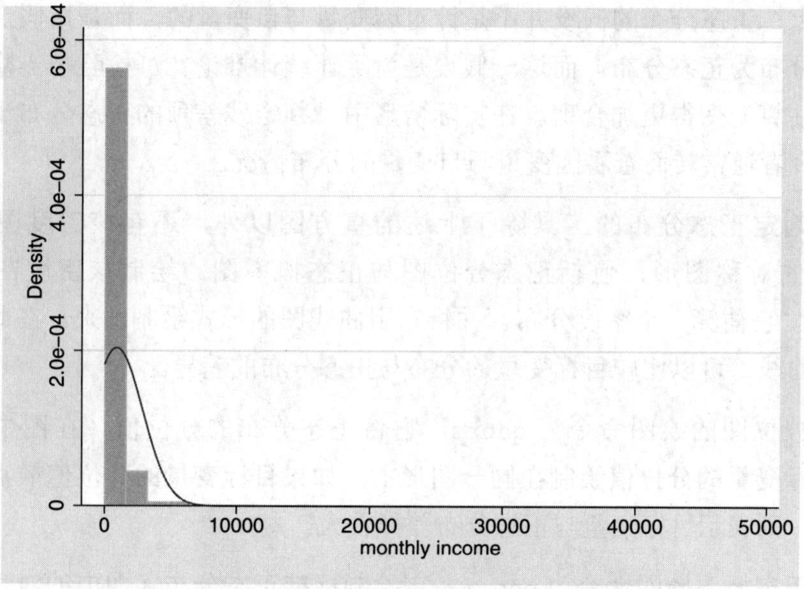

图 7-7　收入的分布图

我们在图中添加了正态分布曲线，用来对照收入分布的偏离。

收入 inc 的分布是向右偏斜的，即正偏态分布。显然，样本中绝大多数人的收入集中在左端（收入较少）；而极少数收入更高的人将收入分布右端的尾巴拖拽得很长。这样的分布与正态分布的差距太远。

7.6.2 诊断正态分布的假设

上述情形的产生涉及一个使用线性回归的前提问题。在使用线性回归分析中，我们假定数据满足了一系列的假设。这些假设往往并不是虚设的。在很多时候，违反这些假设将带来一些列的严重后果——使得回归系数的估算本身就不是无偏的，也使得回归系数的假设检验并不有效等。

当现有的数据并不满足某些回归分析的假设时，变量的转换是补救的有效措施之一。变量的转换有时可以使得我们得到更为有效与准确的估算与检验。本小节使用变量的转换来讨论怎样补救违反因变量的正态分布假设的情况。当然，变量的转换并不仅仅适用于补救对正态分布假设的违反，它在回归分析中的使用非常广泛。这也是我们提前在这里介绍它的原因之一。

事实上，正态分布的假设并不是针对因变量与自变量的，而是指假定回归分析中的残差分布为正态分布。而这一假设是为了让统计推论（F-检验与 t-检验以及置信区间的估算）变得更加合理。在实际情形中，判定残差项的正态分布十分困难。因此，研究者通常转而查看因变量与自变量的分布情况。

借以判定正态分布的工具除了上述的直方图以外，还有核密度图以及使用更为广泛的对称图形，包括正态分位图与正态概率图。绘制核密度图的命令为 kdensity。它估算一个密度分布，并将它用曲线图的形式绘制出来。在此图上添加正态分布曲线，可以比较目标变量的分布与正态分布的差异。

正态分位图的绘图命令为 qnorm。它将正态分布的分位值（在图中为一对角线）与目标变量的分位值绘制在同一图形上。如果目标变量的分位值散点图偏离对角线很远，则表示目标变量与正态分布差异较大。

绘制正态概率图的命令为 pnorm。它绘制标准正态分布（图中的对角线）与目标变量的标准化分布。同样地，如果目标变量的分布散点图偏离对角线很远，则表示目标变量与正态分布差异较大。

图 7-8和图 7-9是我们给出的核密度图与正态分位图。

```
. kdensity inc if x==1, normal
```

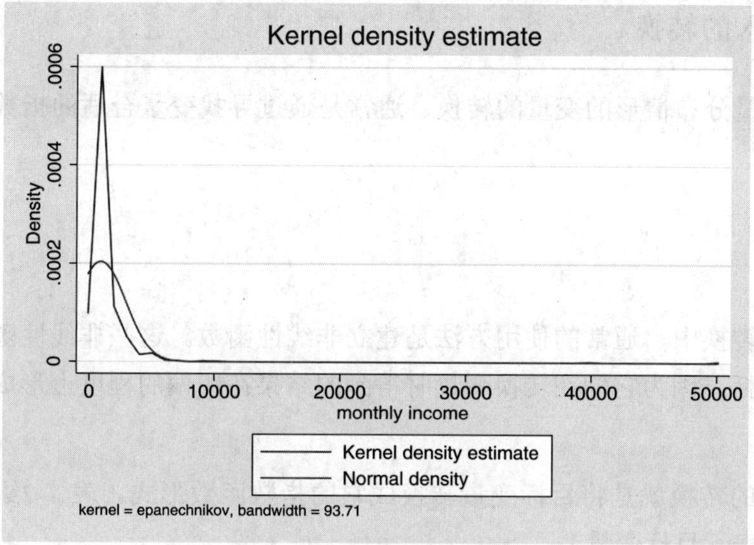

图 7-8　收入的核密度分布图

```
. qnorm inc if x==1
```

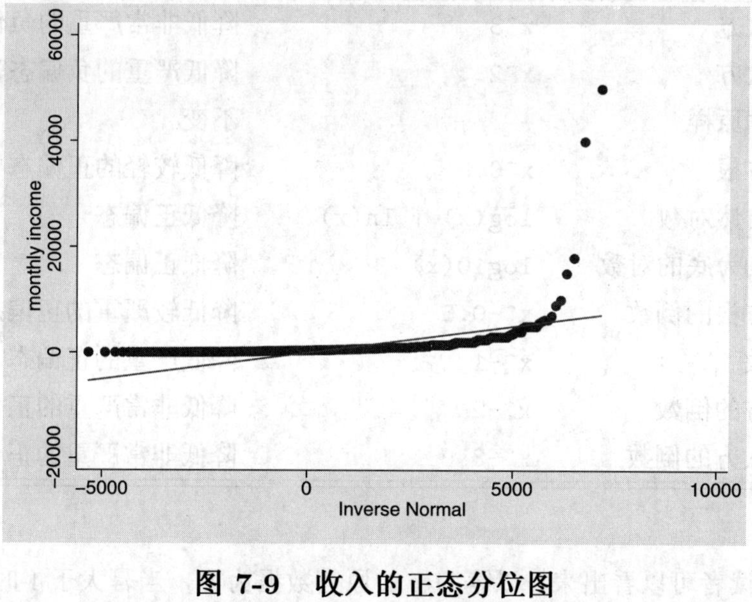

图 7-9　收入的正态分位图

从这两个图形中都可以得出与前面相同的结论。变量 *inc* 的分布是程度较严重的向右正偏态分布。

7.6.3 收入的转换

改变变量分布情形的变量的转换，通常是通过寻找变量合适的指数形式来完成的。

幂的阶梯表

在变量转换中，通常的使用方法是建立非线性函数。这些非线性函数可以用幂的阶梯来概括，因为它们在转换变量时得到的结果在纠偏的程度上形成一种阶梯的情形。[8]

非线性的转换就是将目标变量转换成它的指数函数形式。表 7-2给出了具体的内容（用 x 表示目标变量）。

表 7-2 变量转换的幂的阶梯

转换形式	Stata 中的表示法	说明
三次方	`x^3`	降低非常严重的负偏态
二次方	`x^2`	降低严重的负偏态
数据原样	—	不变
平方根	`x^0.5`	降低较轻的正偏态
取自然对数	`log(x)` | `ln(x)`	降低正偏态
取10为底的对数	`log10(x)`	降低正偏态
平方根的倒数	`x^-0.5`	降低较严重的正偏态
倒数	`x^-1`	降低严重的正偏态
平方的倒数	`x^-2`	降低非常严重的正偏态
三次方的倒数	`x^-3`	降低非常严重的正偏态

从表中读者可以看出来，以幂为 1 的原有数据为界，当幂大于 1 时，转换后的变量调整了负偏态；当幂小于 1 时，调整了正偏态；幂的绝对值越大，调整的强度

[8]这样的比喻以及整个转换的方法在图基 1977 年经典的《探索性数据分析》（*Exploratory Data Analysis*）中提出并做了介绍。

就越大。

对于表中的所有这些转换形式，Stata 中有命令 `ladder` 对应。它给出目标变量各个幂的转换方式是否成为正态分布的 χ^2 检验。下面给出两个变量 *weight* 与 *inc* 的幂的转换检验结果：

```
. ladder weight
Transformation        formula               chi2(2)      P(chi2)
------------------------------------------------------------------
cubic                 weight^3                   .         0.000
square                weight^2                   .         0.000
identity              weight                     .         0.000
square root           sqrt(weight)           41.86         0.000
log                   log(weight)             8.27         0.016
1/(square root)       1/sqrt(weight)          1.24         0.537
inverse               1/weight               23.59         0.000
1/square              1/(weight^2)               .         0.000
1/cubic               1/(weight^3)               .         0.000
. ladder inc if x==1
Transformation        formula               chi2(2)      P(chi2)
------------------------------------------------------------------
cubic                 inc^3                      .             .
square                inc^2                      .             .
identity              inc                        .             .
square root           sqrt(inc)                  .         0.000
log                   log(inc)                   .         0.000
1/(square root)       1/sqrt(inc)                .         0.000
inverse               1/inc                      .             .
1/square              1/(inc^2)                  .             .
1/cubic               1/(inc^3)                  .             .
```

从结果中可以看出，对变量 *weight* 使用平方根的倒数的转换可以得到满足正态分布的新变量。而变量 *inc* 的幂的转换得不到满足正态分布的结果。

另外一种方法是使用伯克斯－考克斯转换。[9]这种方法强制寻求变量的幂的转换方式，使得新得到的变量最接近于正态分布。这种方法在精准度上更高，但并非

[9] Box-Cox transformation.

所有得到的结果都可以被用户做出与实际情形相对应的解释。下面我们给出变量 *inc* 的伯克斯一考克斯转换参数：

```
. boxcox inc if x==1
Fitting comparison model
Iteration 0:   log likelihood = -12794.128
Iteration 1:   log likelihood = -11117.551
Iteration 2:   log likelihood = -10969.255
Iteration 3:   log likelihood = -10969.155
Iteration 4:   log likelihood = -10969.155
Fitting full model
Iteration 0:   log likelihood = -12794.128
Iteration 1:   log likelihood = -11117.551
Iteration 2:   log likelihood = -10969.255
Iteration 3:   log likelihood = -10969.155
Iteration 4:   log likelihood = -10969.155
                                                Number of obs   =       1422
                                                LR chi2(0)      =       0.00
Log likelihood = -10969.155                     Prob > chi2     =          .

------------------------------------------------------------------------------
         inc |      Coef.   Std. Err.      z    P>|z|     [95% Conf. Interval]
-------------+----------------------------------------------------------------
      /theta |   .0960138   .0171703     5.59   0.000     .0623606     .129667
------------------------------------------------------------------------------

Estimates of scale-variant parameters
----------------------------
             |      Coef.
-------------+--------------
Notrans      |
       _cons |   8.850266
-------------+--------------
      /sigma |   1.719985
----------------------------
---------------------------------------------------------
   Test         Restricted      LR statistic      P-value
```

```
     H0:        log likelihood      chi2        Prob > chi2
-------------------------------------------------------------
theta = -1        -12868.776      3799.24          0.000
theta =  0        -10984.476        30.64          0.000
theta =  1        -12794.128      3649.95          0.000
-------------------------------------------------------------
```

得到伯克斯—考克斯转换参数为 0.096，转换的变量为 $inc^{0.096}$。

同样地，我们可以更加简便地使用命令 bcskew0 来求出使得新变量分布的偏态系数接近于 0 的伯克斯—考克斯转换的参数。

```
. bcskew0 incx=inc if x==1
       Transform |         L      [95% Conf. Interval]       Skewness
-----------------+----------------------------------------------------
     (inc^L-1)/L |   .0850988     (not calculated)            .000086
(78 missing values generated)
. bcskew0 weightx=weight
       Transform |         L      [95% Conf. Interval]       Skewness
-----------------+----------------------------------------------------
  (weight^L-1)/L |  -.3612274     (not calculated)           .0000624
```

这里得到的变量inc 的伯克斯—考克斯转换参数为 0.085，而变量$weight$ 的伯克斯—考克斯转换参数为 −0.361。它们转换的新变量分别为 $inc^{0.085}$ 及 $weihgt^{-0.361}$，而后者的大小与前面命令 ladder 给出的转换参数 −0.5 相去不远。

使用图形来显示调整结果

Stata 中的命令 gladder 给出了幂的阶梯转换的图形显示。从这样的图形中，用户可以得到更为直观的了解。图 7-10给出变量 inc 的幂的转换的图形显示。

```
. gladder inc if x==1
```

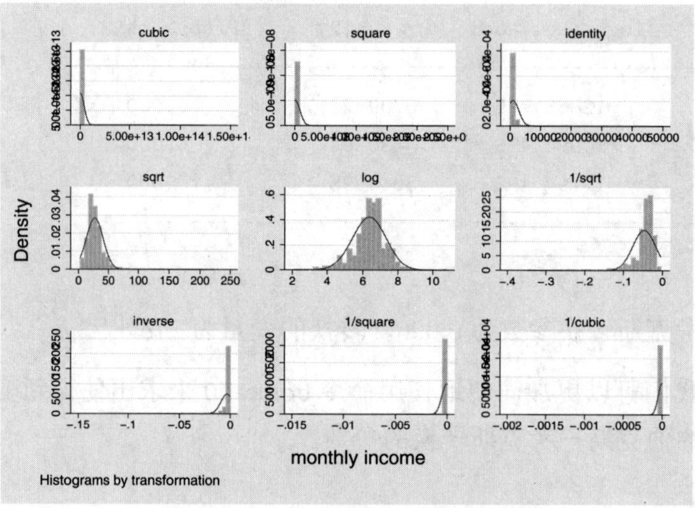

图 7-10 收入的幂的阶梯转换图

在各个图形中， Stata 还给出了对应的正态分布曲线，用来与目标变量转换后的分布相比较。

虽然在前面的检验中，变量 *inc* 的所有转换都无法通过 χ^2 检验，但是从图中可以看出平方根与对数形式的转换非常接近正态分布曲线。[10]

特别是对数转换仅仅比正态分布的峰态要高一些而已。因此，结合到伯克斯－考克斯转换的结果中参数与 0 相差并不大，可以得出结论，变量 *inc* 使用对数转换得到的新变量的分布接近于正态分布。

对数的形式是一个相当常见的转换，几乎在所有有关收入的转换中都使用对数转换。

7.6.4 重新带入回归分析

根据上面的分析，我们将因变量转换成其对数形式，重新计算相同的回归模型，得到

[10]感兴趣的读者可以绘制变量 *weight* 的幂的阶梯转换图。从中也可以得出这两种转换得到接近于正态分布的结论。从图中看，对数转换得到的结果甚至强于平方根的转换。

```
. gen incn=log(inc) if x==1
(78 missing values generated)
. reg incn age
      Source |       SS       df       MS              Number of obs =    1422
-------------+------------------------------           F(  1,  1420) =    5.11
       Model |  4.54026691     1  4.54026691           Prob > F      =  0.0240
    Residual |  1261.95048  1420  .888697522           R-squared     =  0.0036
-------------+------------------------------           Adj R-squared =  0.0029
       Total |  1266.49075  1421   .89126724           Root MSE      =  .94271
------------------------------------------------------------------------------
        incn |      Coef.   Std. Err.      t    P>|t|     [95% Conf. Interval]
-------------+----------------------------------------------------------------
         age |  -.0050244   .0022229    -2.26   0.024    -.0093849   -.0006639
       _cons |   6.558448   .0897417    73.08   0.000     6.382407    6.734489
------------------------------------------------------------------------------
```

我们得到的结果显示 age 对于 inc 的解释力有了较大的提高。这时模型的完整形式如下:

$$log(inc) = 6.5584 - 0.0050 \times age$$

或者换算为收入的原有度量刻度为:

$$inc = e^{6.5584 - 0.0050 \times age}$$

当然，我们仍然发现整个模型的 R^2 很小；同时，age 的回归系数甚至小于 0。显示这仍然与常识不符，我们将在后面的讲解中讨论这些情况。

7.7 非连续性变量

到目前为止，在回归模型的右端加入的自变量都是连续性变量。在上一章最后的协方差分析中，我们已经看到了连续性变量与类别变量共同出现在同一个模型里。事实上，类别变量在回归分析中占有重要的地位。对它们回归系数的解释所引申出来的比较非常贴切地对应着现实情况。由于分类是我们认识与理解自然与社会现象的一种重要手段，因此在回归分析中往往离不开类别变量。

根据类别变量的组别数，可以将非连续性变量分成两种类型：含有两个组别的虚拟变量和含有两个组别以上的类别变量。以下分别介绍怎样处理这两种情形。

7.7.1 两个组别的虚拟变量

虚拟变量是取值为 0 和 1 两个数值的变量。这种变量又被称为标识变量，因为它可以用来表示取值为 1 的特殊的类型（即取值为 1 时就是表示该类型，取值为 0 则表示其他类型）。例如，数据 chnhf2000.dta 中的男性变量 *male* 就是一个虚拟变量：取值为 1 时，表示该应答者为男性；取值为 0 时，为女性。

```
. use chnhf2000, clear
(1500 sampled from CHNHF)
. gen x=1 if inc>0
(78 missing values generated)
. ta male if x==1
     gender |      Freq.     Percent        Cum.
------------+-----------------------------------
     female |        705       49.58       49.58
       male |        717       50.42      100.00
------------+-----------------------------------
      Total |      1,422      100.00
```

只含有两个组别，但取值并非 0 和 1 的变量可以轻易地转换为虚拟变量。例如，变量 *sex* 可以通过以下程序转换成虚拟变量 *female*。

```
. ta sex if x==1, nolab
        sex |      Freq.     Percent        Cum.
------------+-----------------------------------
          1 |        717       50.42       50.42
          2 |        705       49.58      100.00
------------+-----------------------------------
      Total |      1,422      100.00
. lab list sex
sex:
           1 male
```

```
          2 female
. gen female = sex-1
. ta female if x==1
     female |      Freq.     Percent        Cum.
------------+-----------------------------------
          0 |        717       50.42       50.42
          1 |        705       49.58      100.00
------------+-----------------------------------
      Total |      1,422      100.00
```

将虚拟变量 *male* 作为自变量带入因变量 *incn* 的回归模型中，得到：

```
. reg incn male
      Source |       SS       df       MS              Number of obs =    1422
-------------+------------------------------           F(  1,  1420) =   91.63
       Model |  76.7727729     1  76.7727729           Prob > F      =  0.0000
    Residual |  1189.71798  1420  .83782956            R-squared     =  0.0606
-------------+------------------------------           Adj R-squared =  0.0600
       Total |  1266.49075  1421  .89126724            Root MSE      =  .91533
------------------------------------------------------------------------------
        incn |      Coef.   Std. Err.      t    P>|t|     [95% Conf. Interval]
-------------+----------------------------------------------------------------
        male |   .4647285   .0485482     9.57   0.000     .3694945    .5599624
       _cons |    6.12931   .0344733   177.80   0.000     6.061686    6.196934
------------------------------------------------------------------------------
```

可以将模型写成方程的形式如下：

$$log(inc) = 6.1293 + 0.4647 \times male$$

需要提醒的是，女性由于在变量 *male* 上取值为0，其方程简化为 $log(inc) = 6.1293$。这一数字其实是女性收入对数值的平均值。

这里带入的虚拟变量意味着我们希望比较男性与女性在收入的对数形式上的差异。这一回归分析的结果与下面的 *t*-检验的结果一致。

```
. ttest incn, by(male)
Two-sample t test with equal variances
```

```
------------------------------------------------------------------------------
Variable |     Obs        Mean    Std. Err.   Std. Dev.   [95% Conf. Interval]
---------+--------------------------------------------------------------------
  female |     705     6.12931    .0342054    .9082172    6.062153    6.196467
    male |     717    6.594039    .0344428    .9222707    6.526418     6.66166
---------+--------------------------------------------------------------------
combined |    1422    6.363635    .0250354    .9440695    6.314525    6.412745
---------+--------------------------------------------------------------------
    diff |           -.4647285    .0485482               -.5599624   -.3694945
------------------------------------------------------------------------------
    diff = mean(female) - mean(male)                              t =  -9.5725
Ho: diff = 0                                     degrees of freedom =     1420

    Ha: diff < 0                 Ha: diff != 0                 Ha: diff > 0
 Pr(T < t) = 0.0000         Pr(|T| > |t|) = 0.0000          Pr(T > t) = 1.0000
```

两种分析的结果均显示男女两性的收入差距在对数形式上为 0.4647。而这正是上面方程的截距。

因此，虚拟变量 *male* 的回归系数可以解释为：在不控制其他变量的情况下，与女性相比，男性收入在对数形式上多 0.4647。或者，男性收入是女性收入的 1.59（$e^{0.4647}$）倍。

加入另一个连续变量

更多的时候，回归分析中既含有虚拟变量，也有连续变量。

在下面的例子中，我们将连续变量年龄 *age* 与虚拟变量性别 *male* 都纳入到模型中：

```
. reg incn age male
      Source |       SS       df       MS              Number of obs =    1422
-------------+------------------------------           F(  2,  1419) =   48.70
       Model |  81.3427857     2  40.6713929           Prob > F      =  0.0000
    Residual |  1185.14796  1419   .83519941           R-squared     =  0.0642
-------------+------------------------------           Adj R-squared =  0.0629
       Total |  1266.49075  1421   .89126724           Root MSE      =  .91389
```

```
------------------------------------------------------------------------------
        incn |      Coef.   Std. Err.      t    P>|t|     [95% Conf. Interval]
-------------+----------------------------------------------------------------
         age |  -.0050408   .0021549    -2.34   0.019     -.009268   -.0008136
        male |   .4648186    .048472     9.59   0.000     .3697342    .5599031
       _cons |   6.324715   .0903485    70.00   0.000     6.147484    6.501946
------------------------------------------------------------------------------
```

这个模型中，两个变量的回归系数都显著地不等于 0。而年龄 *age* 的回归系数为负，表示收入随年龄的增长而降低。[11]

我们可以根据这一模型得到收入对数值的预测值。同时，我们将得到的预测值与年龄变量 *age* 一起绘制散点图（图 7-11）。

```
. predict yhat
(option xb assumed; fitted values)
. scatter yhat age
```

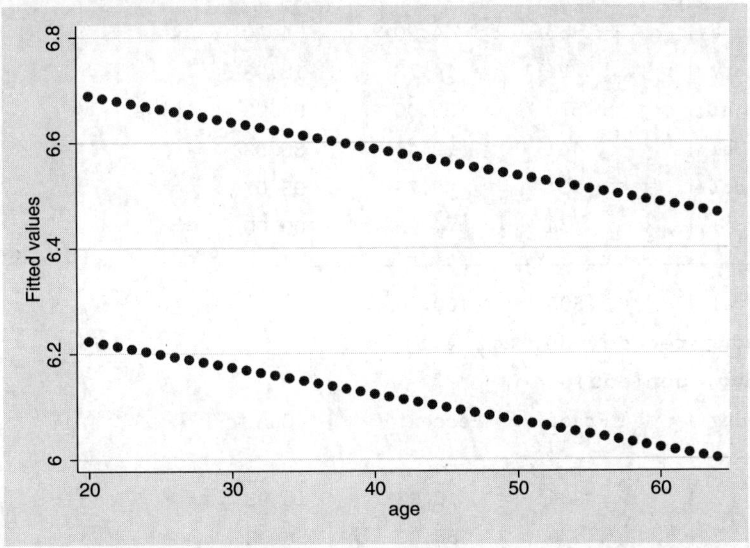

图 7-11　分性别的收入预测值与年龄的散点图

[11]这一问题在下面的回归模型中就消失了。

这一散点图其实是两条平行直线。之所以是两条直线，是因为模型中有性别虚拟变量 *male*。这两条直线的斜率相同，它们就是年龄 *age* 的回归系数。下面的直线是女性的收入与年龄的回归直线，而上面的直线是男性的收入与年龄的回归直线。

而这两条直线的距离就是性别变量 *male* 的回归系数，它表示两个性别在收入上的差异。

7.7.2 多个组别的类别变量

多个组别的类别变量不能直接带入回归模型中，否则命令 `regress` 会将类别变量表示组别的取值当成是连续性的，并纳入运算当中。这时，应当将这样的组别变量变成多个虚拟变量。例如，以下将原有 6 个组别的变量 *edu* 转化成含有 4 个组别的变量 *edug*，并进一步生成与这 4 个组别分别相对应的虚拟变量：小学 *primary*、初中 *junior*、高中 *senior*以及大学 *college* 4 种教育水平。

```
. ta edu
  education |      Freq.     Percent        Cum.
------------+-----------------------------------
       none |         63        4.20        4.20
    primary |        221       14.73       18.93
    jun. hi |        570       38.00       56.93
    sen. hi |        441       29.40       86.33
   jun. col |        131        8.73       95.07
    univ. + |         74        4.93      100.00
------------+-----------------------------------
      Total |      1,500      100.00
. gen edug=recode(edu, 2,3,4,6)
. ta edug, gen(edu)
       edug |      Freq.     Percent        Cum.
------------+-----------------------------------
          2 |        284       18.93       18.93
          3 |        570       38.00       56.93
          4 |        441       29.40       86.33
          6 |        205       13.67      100.00
------------+-----------------------------------
```

```
      Total |      1,500      100.00
. ren edu1 primary
. ren edu2 junior
. ren edu3 senior
. ren edu4 college
```

在讨论变量 *edug* 中不同组别对于收入 *incn* 的影响时，应当至少将由 *edug* 生成的 3 个虚拟变量带入回归模型中。[12]同时，我们还在回归模型中加进其他变量。

```
. reg incn age male junior senior college
      Source |       SS       df       MS              Number of obs =    1422
-------------+------------------------------           F(  5,  1416) =   82.61
       Model |  285.99718     5  57.1994361            Prob > F      =  0.0000
    Residual |  980.493568  1416  .69243896            R-squared     =  0.2258
-------------+------------------------------           Adj R-squared =  0.2231
       Total |  1266.49075  1421  .89126724            Root MSE      =  .83213
------------------------------------------------------------------------------
        incn |      Coef.   Std. Err.      t    P>|t|     [95% Conf. Interval]
-------------+----------------------------------------------------------------
         age |   .0007461   .0020195     0.37   0.712    -.0032154    .0047077
        male |   .3858596   .0443892     8.69   0.000      .298784    .4729353
      junior |   .5641576   .0641335     8.80   0.000     .4383507    .6899645
      senior |   .8322113   .0677253    12.29   0.000     .6993586    .9650641
     college |   1.304459   .0795566    16.40   0.000     1.148398    1.460521
       _cons |   5.496934   .1042963    52.70   0.000     5.292342    5.701525
------------------------------------------------------------------------------
```

从模型结果中，我们知道 $R^2 = 0.226$，显示该模型可以解释收入变动中的 22.6%。相对于前面的模型而言，这是一个显著的提高。

我们可以将完整的回归模型用方程的形式写出来：

$$
\begin{aligned}
incn &= 5.4969 + 0.0007 \times age + 0.3859 \times male \\
&\quad +0.5642 \times junior + 0.8322 \times senior \\
&\quad +1.3045 \times college
\end{aligned}
$$

[12]作为更为普遍的原则，类别变量的组别数为 k 时，生成 k 个虚拟变量，进入回归模型的虚拟变量数为 $k-1$。

值得提醒的是，这是一个总体意义上的方程。不同的教育水平由于在这 3 个教育的虚拟变量上取值不同，因而所对应的方程各不相同。

我们可以根据这个模型得出各种情形下的收入的对数值。例如，一个 30 岁的男性高中毕业生的收入的对数值为 $5.4969 + 0.0007 \times 30 + 0.3859 + 0.8322 = 6.736$，相应的收入为 $e^{6.736} = 842.19$。

在上面的模型中，我们有意将小学教育水平排除在模型之外。另外 3 个教育水平的虚拟变量的回归系数均显著地大于 0，显示：控制年龄 *age* 与性别 *male*，与小学教育程度相比，其他 3 个教育水平的人显著地获得了更多的收入。

在上面的模型中，我们看到了年龄 *age* 对于收入 *incn* 的影响作用变成了正的，但是并不显著地区别于 0。因此，在控制了性别与教育水平后，年龄对于收入没有明显的影响作用。

检验虚拟变量回归系数的差异

我们还可以使用 test 命令来比较模型中这3个回归系数是否有显著差异：

```
. test junior=senior
 ( 1)  junior - senior = 0
       F(  1,  1416) =   24.47
            Prob > F =    0.0000
. test senior=college
 ( 1)  senior - college = 0
       F(  1,  1416) =   43.14
            Prob > F =    0.0000
```

结果显示这 3 个回归系数两两之间均显著不同。这样，对于教育水平对收入的影响，我们可以得出结论：教育水平越高，收入就越高。

预测各教育水平的收入

为了更加清楚地显示教育水平对于收入的影响，我们可以建立以下表格。它显示了“平均而言”，40 岁的男性在这 4 个不同的教育水平的收入的对数值。

```
. adjust age=40 male=1, by(edug)
---------------------------------------------------------------------------------
-
     Dependent variable: incn     Command: regress
   Variables left as is: junior, senior, college
Covariates set to value: age = 40, male = 1
---------------------------------------------------------------------------------
-
----------------------
     edug |        xb
----------+-----------
        2 |   5.91264
        3 |    6.4768
        4 |   6.74485
        6 |    7.2171
----------------------
     Key:  xb  =  Linear Prediction
```

这些对数值对应的收入分别为：369.81、650.02、849.80 以及 1362.40。

虚拟变量的输入与自动输入

在前面添加教育水平的虚拟变量时，我们仅输入了初中 *junior*、高中 *senior*与大学 *college*，而将小学 *primary* 排除在外。事实上，即使我们将这 4 个虚拟变量都带入回归分析模型中， Stata 也将自动选择删除其中一个虚拟变量。

```
. reg incn age male primary junior senior college
      Source |       SS       df       MS              Number of obs =    1422
-------------+------------------------------           F(  5,  1416) =   82.61
       Model |  285.99718     5  57.1994361           Prob > F      =  0.0000
    Residual | 980.493568  1416   .69243896           R-squared     =  0.2258
-------------+------------------------------           Adj R-squared =  0.2231
       Total | 1266.49075  1421   .89126724           Root MSE      =  .83213
------------------------------------------------------------------------------
        incn |      Coef.   Std. Err.      t    P>|t|     [95% Conf. Interval]
-------------+----------------------------------------------------------------
```

```
         age |   .0007461   .0020195     0.37   0.712    -.0032154    .0047077
        male |   .3858596   .0443892     8.69   0.000      .298784    .4729353
     primary |  (dropped)
      junior |   .5641576   .0641335     8.80   0.000     .4383507    .6899645
      senior |   .8322113   .0677253    12.29   0.000     .6993586    .9650641
     college |   1.304459   .0795566    16.40   0.000     1.148398    1.460521
       _cons |   5.496934   .1042963    52.70   0.000     5.292342    5.701525
------------------------------------------------------------------------------
```

这是因为虚拟变量的编码方案使得这些组别中的一个将被作为常数项，而其他模型中的虚拟变量的回归系数成为它们与被删除组别的比较差异。这个被删除的组别被称为参照组别。用户在输入这些虚拟变量时可以选择哪一个组别作为参照组。例如，如果用户希望显示随着教育水平的降低，收入将随之下降的趋势，则可以将大学 *college*作为参照组排除在外。

在 Stata 中，使用命令 xi 可以在回归分析中自动地将某个设定为类别变量的各个组别生成虚拟变量，并将它们带入运算中。因此，这样的方法在探索性分析中十分便捷。命令的格式是在回归命令前加上前缀 xi:，然后在设定的类别变量的前面加上前缀 i.。例如，下面得到的回归分析结果与前面的完全相同。

```
. xi: reg incn age male i.edug
i.edug            _Iedug_2-6          (naturally coded; _Iedug_2 omitted)
      Source |       SS       df       MS              Number of obs =    1422
-------------+------------------------------           F(  5,  1416) =   82.61
       Model |  285.99718     5  57.1994361            Prob > F      =  0.0000
    Residual | 980.493568  1416   .69243896            R-squared     =  0.2258
-------------+------------------------------           Adj R-squared =  0.2231
       Total | 1266.49075  1421   .89126724            Root MSE      =  .83213
------------------------------------------------------------------------------
        incn |      Coef.   Std. Err.      t    P>|t|     [95% Conf. Interval]
-------------+----------------------------------------------------------------
         age |   .0007461   .0020195     0.37   0.712    -.0032154    .0047077
        male |   .3858596   .0443892     8.69   0.000      .298784    .4729353
    _Iedug_3 |   .5641576   .0641335     8.80   0.000     .4383507    .6899645
    _Iedug_4 |   .8322113   .0677253    12.29   0.000     .6993586    .9650641
    _Iedug_6 |   1.304459   .0795566    16.40   0.000     1.148398    1.460521
```

```
       _cons |   5.496934   .1042963    52.70   0.000    5.292342    5.701525
------------------------------------------------------------------------------
```

7.8　交互作用

在某些情形下，一个自变量对于因变量的影响作用的大小取决于另一个自变量取值的大小。这种影响效应被称为这两个变量对于因变量的交互作用。这样的交互作用是对称的。由于交互作用增添了多样性与复杂性，因而往往成为统计分析中较为新奇的发现，能够为分析者带来更多的解释的乐趣。

处理交互作用的方法是生成一个新的变量。该变量就是这两个变量的乘积。在将交互变量带入回归模型时，需要同时将原有变量（主干作用）包括在模型之中。

以下根据变量的类型分别讨论在Stata中怎样使用交互变量。本小节使用的数据是中国人民大学完成的“全国综合社会调查”（CGSS）2003年数据中18~60岁的部分样本。同样地，我们仍然使用收入的对数形式作为分析中的自变量。

7.8.1　类别变量间的交互作用

两个虚拟变量的交互作用

回归模型中包含虚拟变量间的交互作用时，可以用表7-3来显示与这两个虚拟变量相关的变量。

表7-3　虚拟变量间交互作用的各项

变量		A	
		0	1
B	0	常数项	主干A
	1	主干B	交互项

下面的回归模型中包含男性 *male*、国有单位 *stata* 与它们的交互变量，以及其他变量。

```
. use cgss2003, clear
(18-64 yr old individuals from CGSS2003)
. d,s
Contains data from cgss2003.dta
  obs:         5,140                          18-64 yr old individuals from
                                                CGSS2003
 vars:            20                          19 Nov 2007 15:21
 size:       200,460 (98.0% of memory free)
Sorted by:
. gen malestate=male*state
(671 missing values generated)
. reg incn age age2 male party eduyr state malestate
      Source |       SS       df       MS              Number of obs =    3620
-------------+------------------------------           F(  7,  3612) =  103.63
       Model |  480.635505     7  68.6622149           Prob > F      =  0.0000
    Residual |  2393.17768  3612  .662563035           R-squared     =  0.1672
-------------+------------------------------           Adj R-squared =  0.1656
       Total |  2873.81319  3619  .794090408           Root MSE      =  .81398
------------------------------------------------------------------------------
        incn |      Coef.   Std. Err.      t    P>|t|     [95% Conf. Interval]
-------------+----------------------------------------------------------------
         age |  -.0383966   .0099724    -3.85   0.000    -.0579486   -.0188445
        age2 |   .0516479   .0123647     4.18   0.000     .0274053    .0758905
        male |   .3125115   .0458405     6.82   0.000     .2226356    .4023873
       party |   .1821233   .0367132     4.96   0.000     .1101427    .2541039
       eduyr |   .1051018   .0051381    20.46   0.000     .0950278    .1151757
       state |   .1589656   .0422447     3.76   0.000     .0761398    .2417914
   malestate |  -.2125852   .0571772    -3.72   0.000     -.324688   -.1004825
       _cons |   8.306567   .2112717    39.32   0.000     7.892343    8.720791
------------------------------------------------------------------------------
```

从结果中看出，所有变量都显示出了显著性。整个模型的 R^2 为 0.17。用方程的形式将完整的回归模型写出来如下：

$$
\begin{aligned}
incn \quad = \quad & 8.3066 - 0.0384 \times age + 0.0516 \times age^2 \\
& +0.3125 \times male + 0.1821 \times party \\
& +0.1051 \times eduyr + 0.1590 \times state \\
& -0.2126 \times statemale
\end{aligned}
$$

其余变量的解释在前面的讨论中已经提过。这里更重要的是变量 $male$ 与 $state$ 及其交互效应影响作用的解释。这时，这两个变量各种组合形式的效应用回归系数表示出来如下：[13]

$$
\begin{cases}
-- & male = 0, state = 0 \\
0.1590 & male = 0, state = 1 \\
0.3125 & male = 1, state = 0 \\
0.3125 + 0.1590 - 0.2126 & male = 1, state == 1
\end{cases}
$$

根据上述模型，以非国有单位的女性收入（$male = 0$, $state = 0$）为参照组。与她们相比，国有单位的女性收入多 17%（$e^{0.1590} - 1$）；非国有单位的男性收入多 37%（$e^{0.3125} - 1$）；而国有单位的男性收入多 30%（$e^{0.3125+0.1590-0.2126} - 1$）。

显然，国有单位男女间的收入差异与非国有单位男女间的收入差异相比要小很多。因此，可以得出以下结论：平均而言，男性收入普遍比女性收入更高，存在收入上的性别歧视。但是，与非国有单位相比，国有单位对于女性收入的性别歧视显然要小得多。

多组别类别变量间的交互作用

虚拟变量间交互作用的使用方法与解释，可以简单地扩展到虚拟变量与多组别类别变量以及多组别类别变量间的交互作用。只是生成的交互变量数目更多一些，而对应的各种情形更复杂些。例如，组别数为 3 与 4 的两个类别变量的交互变量数目为 6 个。更为普遍的情形是，组别数为 m 与 n 的两个变量将生成 $(m-1)(n-1)$ 个交互变量。被排除的组别是参照组。

[13]给定其他变量控制不变。

以下给出了包含国有单位 *state* 与教育组别 *edug*、*primary*、*junior*、*senior* 以及 *college* 间交互作用的回归模型。

```
. gen statejun=state*junior
(671 missing values generated)
. gen statesen=state*senior
(671 missing values generated)
. gen statecol=state*college
(671 missing values generated)
. reg incn age age2 male party junior senior college state*
      Source |       SS       df       MS              Number of obs =    3620
-------------+------------------------------           F( 11,  3608) =   66.59
       Model |  484.990761    11  44.0900692           Prob > F      =  0.0000
    Residual |  2388.82243  3608  .662090473           R-squared     =  0.1688
-------------+------------------------------           Adj R-squared =  0.1662
       Total |  2873.81319  3619  .794090408           Root MSE      =  .81369
------------------------------------------------------------------------------
        incn |      Coef.   Std. Err.      t    P>|t|     [95% Conf. Interval]
-------------+----------------------------------------------------------------
         age |  -.0324594   .0100614    -3.23   0.001    -.0521861   -.0127327
        age2 |   .0441661   .0124909     3.54   0.000     .0196763     .068656
        male |   .1780363   .0275654     6.46   0.000     .1239909    .2320816
       party |    .146525     .03703     3.96   0.000     .0739233    .2191268
      junior |   .3959911   .0708871     5.59   0.000     .2570084    .5349738
      senior |   .5784123   .0734528     7.87   0.000     .4343992    .7224253
     college |   1.223818   .0938565    13.04   0.000       1.0398    1.407835
       state |   .2111528   .0829286     2.55   0.011     .0485611    .3737444
    statejun |  -.2271132   .0951278    -2.39   0.017    -.4136228   -.0406036
    statesen |  -.1145393   .0960532    -1.19   0.233    -.3028633    .0737848
    statecol |  -.3036015   .1129324    -2.69   0.007    -.5250191   -.0821839
       _cons |   8.827384    .213226    41.40   0.000     8.409329     9.24544
------------------------------------------------------------------------------
```

上述结果显示，教育越高收入也就越高。但是，国有企业对于高教育的回报显然没有非国有企业高。这是因为，除去高中教育水平外，国有企业对于高教育的回报是有所折扣的、具体表现在小于 0 的 *state* 与 *junior* 以及 *college* 的交互作用上。

7.8.2　类别变量与连续变量的交互作用

类别变量与连续变量的交互作用的使用方法与前面讨论过的类似。在下面的例子中，我们将原始的教育变量 *edu* 转换成连续性的完成的教育年限 *eduyr*。读者可以使用如下命令查看转换的方法：

```
. ta edu eduyr
```

下面我们将性别 *female* 与教育年限 *eduyr* 的交互变量带入到回归分析中。该交互变量的生成就是性别虚拟变量与教育年限的乘积。

```
. gen femaleeduyr=female*eduyr
(1 missing value generated)
. reg incn age age2 female party eduyr femaleeduyr
      Source |       SS       df       MS              Number of obs =    3774
-------------+------------------------------           F(  6,  3767) =  126.48
       Model |  545.079322     6  90.8465537           Prob > F      =  0.0000
    Residual |  2705.79391  3767  .718288799           R-squared     =  0.1677
-------------+------------------------------           Adj R-squared =  0.1663
       Total |  3250.87323  3773  .861614956           Root MSE      =  .84752
------------------------------------------------------------------------------
        incn |      Coef.   Std. Err.      t    P>|t|     [95% Conf. Interval]
-------------+----------------------------------------------------------------
         age |  -.0069257      .0099    -0.70   0.484    -.0263357    .0124842
        age2 |   .0162107   .0123308     1.31   0.189     -.007965    .0403864
      female |  -.4155349   .0997091    -4.17   0.000     -.611024   -.2200459
       party |   .1833415    .037694     4.86   0.000     .1094388    .2572441
       eduyr |   .1003513   .0067136    14.95   0.000     .0871887     .113514
 femaleeduyr |   .0228549    .008945     2.56   0.011     .0053174    .0403923
       _cons |   7.918024   .2154088    36.76   0.000     7.495694    8.340353
------------------------------------------------------------------------------
```

从上面的结果中可以看出，相对于同等教育的男性而言，没有受过教育的女性的收入要少约 1/3（$1-e^{-0.4155}$）。但是，每多受一年的教育，女性的收入增加 2.3%。换言之，随着教育年限的增长，女性收入的增长要快于男性。控制其他变量，当女性受教育年限达到 15 年（约为大学本科毕业）时，女性的收入与同等教育程度的男性持平。

为了更加直观清楚地查看男女两个性别的收入随着教育年限增加而呈现的增长速度的差异，下面根据预测值绘制了男女收入 *incn* 随教育年限 *eduyr* 的变化图（图 7-12）。

```
. predict yhat if incn!=.;
(option xb assumed; fitted values)
(1366 missing values generated)
. twoway lfit yhat eduyr if male==1,
> clp(dash) clw(medthick) clcolor(blue) ||
> lfit yhat eduyr if male==0, clw(medthick) clcolor(red) ||
> , legend(pos(3) rows(2) ring(0)
> label(1 "male") label(2 "female"));
```

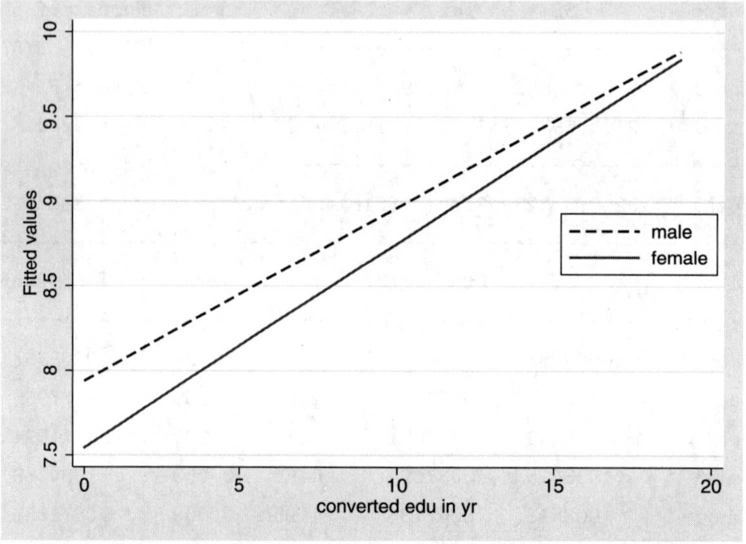

图 7-12　分性别的收入预测值与教育年限直线图

图 7-12 中上面的虚线为男性直线，下面的实线为女性直线。随着教育年限的增加，男女收入均有增长。但是，女性的增长速率要快。而这两条直线的斜率的差异正是上面回归模型中交互变量的小于0的回归系数。[14]

[14]这里在预测收入时没有控制其他变量，因而两条直线并没有在15年处相交。在下一章制图的最后例子中，我们在控制其他变量的情况下重新绘图，得到的图形是两条直线大约在15年处相交。

7.8.3 交互变量的自动生成——xi

使用命令前缀 `xi`，用户可以在 Stata 中自动生成类别变量的虚拟变量以及与此相关的交互变量。使用的规则如表 7-4 所示。

表 7-4　xi 自动生成虚拟变量与交互作用

Stata 中的格式	说明
i.*catvar*	生成 $(m-1)$ 个虚拟变量
i.*catvar1**i.*catvar2*	分别生成 $(m-1)$ 与 $(n-1)$ 个虚拟变量，以及 $(m-1)(n-1)$ 个交互变量
i.*catvar***convar*	生成 $(m-1)$ 个虚拟变量与原有连续变量以及 $(m-1)$ 个交互变量

下面的例子给出各种可能使用 `xi` 的情形：

```
. xi: reg incn i.ageg i.party*i.state i.male*eduyr
i.ageg            _Iageg_30-60       (naturally coded; _Iageg_30 omitted)
i.party           _Iparty_0-1        (naturally coded; _Iparty_0 omitted)
i.state           _Istate_0-1        (naturally coded; _Istate_0 omitted)
i.party*i.state   _IparXsta_#_#      (coded as above)
i.male            _Imale_0-1         (naturally coded; _Imale_0 omitted)
i.male*eduyr      _ImalXeduyr_#      (coded as above)
      Source |       SS       df       MS              Number of obs =    3620
-------------+------------------------------           F(  9,  3610) =   80.32
       Model |  479.44093     9  53.2712144            Prob > F      =  0.0000
    Residual | 2394.37226  3610  .663261013            R-squared     =  0.1668
-------------+------------------------------           Adj R-squared =  0.1648
       Total | 2873.81319  3619  .794090408            Root MSE      =  .81441
------------------------------------------------------------------------------
        incn |      Coef.   Std. Err.      t    P>|t|     [95% Conf. Interval]
-------------+----------------------------------------------------------------
   _Iageg_40 |  -.1015673     .04199    -2.42   0.016     -.1838937   -.0192409
   _Iageg_50 |  -.0766677   .0433141    -1.77   0.077     -.1615904    .0082549
```

```
    _Iageg_60 |   .0673199   .0483173     1.39   0.164    -.0274121    .1620519
    _Iparty_1 |   .0500821   .0760872     0.66   0.510    -.0990961    .1992603
    _Istate_1 |   .0256408    .032182     0.80   0.426    -.0374558    .0887375
 _IparXsta_ 1 |   .1620979   .0843459     1.92   0.055    -.0032723    .3274682
     _Imale_1 |   .4223532   .1014943     4.16   0.000     .2233614    .6213451
        eduyr |   .1168721   .0069199    16.89   0.000     .1033047    .1304394
 _ImalXeduy 1 |  -.0229948   .0090531    -2.54   0.011    -.0407444   -.0052451
        _cons |   7.612792   .0856128    88.92   0.000     7.444937    7.780646
------------------------------------------------------------------------------
```

7.9 逐步回归

逐步回归是一种自动选择回归模型的技术。对于一个复杂的模型，逐步回归可以根据用户设定的显著性原则帮助用户选择哪些自变量进入到模型中，从而最终得到用户希望得到的模型。

逐步回归分为两种：向后逐步回归与向前逐步回归。逐步回归的命令为 `sw regress`。区分向后或是向前逐步回归的是选项的不同，前者使用选项 `pr()`，后者使用选项 `pe()`。选项中小括号内为用户设定的显著性水平。

逐步回归能够在短时间内根据相对简单的原则得到一个精简过后的模型。因此，它在实际分析中得到了较为广泛的使用。但是逐步回归省略了分析者对于整个数据的熟悉、探索以及反复分析的过程。在逐步回归过程中，由于是自动连续地删除某些变量，每一个步骤的优劣得不到评估。同时，每一步删除变量的过程在理论分析上是否有相对应的实际理由也被忽略了。因此，逐步回归仅仅是一个有用的起始的分析手法。

例如，下面的模型中，我们使用数据 `chnhf2000.dta` 来分析精神健康的决定因素，得到下面的模型：

```
. reg mentalh male age ju sen col incn hei weig healthgd hiblood
      Source |       SS       df       MS              Number of obs =    1422
-------------+------------------------------           F( 10,  1411) =   13.48
       Model |   70.75537    10   7.075537             Prob > F      =  0.0000
    Residual | 740.585633  1411  .524865792            R-squared     =  0.0872
```

```
-------------+------------------------------           Adj R-squared =  0.0807
       Total |  811.341003  1421  .570964816           Root MSE      =  .72448
------------------------------------------------------------------------------
     mentalh |      Coef.   Std. Err.      t    P>|t|     [95% Conf. Interval]
-------------+----------------------------------------------------------------
        male |   .0307005    .056639     0.54   0.588    -.0804052    .1418061
         age |   .0050713   .0019764     2.57   0.010     .0011944    .0089483
      junior |  -.1447409   .0574379    -2.52   0.012    -.2574137    -.032068
      senior |  -.1810198   .0626806    -2.89   0.004     -.303977   -.0580626
     college |  -.1042502   .0764378    -1.36   0.173    -.2541941    .0456938
        incn |   .1054253   .0232883     4.53   0.000     .0597419    .1511087
      height |  -.0048923   .0043148    -1.13   0.257    -.0133563    .0035717
      weight |   .0010244   .0011692     0.88   0.381    -.0012692     .003318
    healthgd |   .3871512   .0415831     9.31   0.000     .3055798    .4687226
     hiblood |  -.0658085   .0862206    -0.76   0.445    -.2349428    .1033259
       _cons |  -.2792206   .6648597    -0.42   0.675     -1.58344    1.024999
------------------------------------------------------------------------------
```

如果我们可以认为这样的模型过于复杂，则可以借助逐步回归让 Stata 帮助我们选择哪些自变量进入到回归模型中。

7.9.1　向后逐步回归

向后逐步回归是从完整的复杂模型出发，逐步剔除不满足显著性原则的变量，得到最终模型。

对上面的回归模型使用向后逐步回归，我们使用 0.05 的显著性水平，得到：

```
. sw reg ment ma age ju sen col incn hei weig healthgd hibl, pr(.05)
                      begin with full model
p = 0.5879 >= 0.0500  removing male
p = 0.4467 >= 0.0500  removing hiblood
p = 0.4192 >= 0.0500  removing weight
p = 0.5403 >= 0.0500  removing height
p = 0.1322 >= 0.0500  removing college
      Source |       SS       df       MS              Number of obs =    1422
```

```
-------------+------------------------------           F(  5,  1416) =   26.14
       Model |  68.5688842     5  13.7137768           Prob > F      =  0.0000
    Residual |  742.772119  1416  .524556581           R-squared     =  0.0845
-------------+------------------------------           Adj R-squared =  0.0813
       Total |  811.341003  1421  .570964816           Root MSE      =  .72426
------------------------------------------------------------------------------
     mentalh |      Coef.   Std. Err.      t    P>|t|     [95% Conf. Interval]
-------------+----------------------------------------------------------------
    healthgd |   .3965842   .0409134     9.69   0.000     .3163268    .4768417
         age |    .005622   .0017782     3.16   0.002     .0021339    .0091101
      junior |  -.0978815   .0463932    -2.11   0.035    -.1888882   -.0068748
      senior |  -.1362715   .0501501    -2.72   0.007    -.2346479   -.0378951
        incn |    .091453   .0206234     4.43   0.000     .0509973    .1319087
       _cons |  -.9315236   .1573151    -5.92   0.000    -1.240119   -.6229278
------------------------------------------------------------------------------
```

在上面的回归分析过程中，Stata 首先将回归系数的 p-值最大且大于 0.05 的自变量删除，然后重复这一步骤，直到模型中剩下的所有自变量涵盖系数的 p-值都小于 0.05。

7.9.2 向前逐步回归

向前逐步回归是从只含有常数项的简单模型出发，逐步加进满足显著性水平的变量，得到最终模型。

同样地，我们仍然使用0.05的显著性水平，对前面的复杂回归模型做向前逐步回归分析，得到：

```
. sw reg ment ma age ju sen col incn hei weig healthgd hibl, pe(.05)
                      begin with empty model
p = 0.0000 <  0.0500  adding   healthgd
p = 0.0001 <  0.0500  adding   incn
p = 0.0002 <  0.0500  adding   age
      Source |       SS       df       MS              Number of obs =    1422
-------------+------------------------------           F(  3,  1418) =   40.71
       Model |  64.3385752     3  21.4461917           Prob > F      =  0.0000
```

```
    Residual |  747.002428  1418   .52680002          R-squared     =  0.0793
-------------+------------------------------          Adj R-squared =  0.0774
       Total |  811.341003  1421  .570964816          Root MSE      =  .72581
------------------------------------------------------------------------------
     mentalh |      Coef.   Std. Err.      t    P>|t|     [95% Conf. Interval]
-------------+----------------------------------------------------------------
    healthgd |   .3982143   .0409051     9.74   0.000     .3179733    .4784552
        incn |   .0866953   .0204931     4.23   0.000     .0464953    .1268953
         age |   .0065705   .0017502     3.75   0.000     .0031372    .0100038
       _cons |  -1.016598   .1536042    -6.62   0.000    -1.317913   -.7152818
------------------------------------------------------------------------------
```

在这个回归分析过程中，Stata 首先纳入回归系数的 p-值最小且小于 0.05 的变量，然后重复这一步骤，直到剩余的自变量的回归系数的 p-值均大于 0.05 为止。这样，模型中的所有自变量均满足 0.05 的显著性水平的原则。

7.10　小结与讨论

线性回归分析几乎是统计分析中最为常见的分析方法。更多的高级分析都可以转化成近似的线性回归分析的问题。熟练掌握与使用线性回归分析方法是开展统计分析必不可少的基本要求。

在本章中，我们详细地讨论了 Stata 中线性回归分析的使用方法，包括怎样拟合直线、假设检验、带入类别变量与交互变量等基本议题，同时也触及了变量的转换、模型的诊断等更为高级的议题。对于后者而言，本章介绍的内容远远不够。我们将在另外一本书中用专门的章节来做详细的讨论。

第八章

绘制图形

现代统计中，图形的使用越来越多。用图形来呈现数据，不仅可以简化数据的烦琐，使读者能更加直观地理解数据与统计结果；在很多时候，图形甚至可以成为整个分析报告的点睛之处。这是因为图形呈现出来的意象往往是读者所能够首先记忆的。正因为如此，统计分析软件在拥有强大的分析功能的同时，通常都包含了一系列有效的制图工具。

Stata 一直都致力于提高它自身的制图功能。在早期的 Stata 制图中，图形的效果虽然达不到直接出版的要求，留给用户控制图形的工具也不多，但是 Stata 可以以超出想象的速度迅速给出制图结果，用户可以很快得到图形的结构与形状。从版本 8.0 开始，Stata 全面升级了它的制图工具。这次升级是根本性的：既扩展了制图的功能，使得用户可以绘制更加复杂的图形；同时也加强了图形呈现的能力，使得用户在拥有更多的质量控制的情况下得到了完全可以达到出版要求的图形效果。

正是由于 Stata 的制图功能如此强大，用户完全可以将 Stata 生成的图形输出到其他文字处理器当中，直接用到分析报告或是学术文章当中，根本没有必要像以前使用 Stata 处理数据时，需要将数据输出到其他制图软件中完成最终的图形呈现。因此，完整地介绍 Stata 中的制图功能是教程中不可缺少的部分。我们也相信，通过本章详细的介绍，读者完全可以学习绘制高质量的图形，并学会在使用 Stata 处理数据或是统计分析的同时完成图形的绘制。

在本章接下来的内容中，我们首先将对 Stata 中的制图做一个整体上的简单介绍，包括图形的组成部分、绘制图形的基本命令格式等等。其中将着重讨论 Stata

制图引擎中的图形显示格式的选择。图形的显示格式决定了 Stata 怎样向用户呈现图形。其次，我们将讨论怎样在 Stata 中制作各种类型的图形。由于 Stata 图形库包含的图形类型非常广泛，我们仅限于对常用的图形类型详细讨论。这些常用的图形类型包括直方图、扇形图、条形图、散点图、直线图以及数据拟合图。同时，我们也简要地介绍一些其他类型的图形制作。然后，我们将讨论如何调整图形的各个附件部分，提高图形的视觉效果。质量控制的内容包括调整轴线、添加文字、放置图例以及极大地增加图形复杂程度的图形的叠加。接下来，我们会介绍在图形绘制完成以后的管理工作，包括怎样处理图形文件：存储与读取以及怎样将图形输出到其他软件中或是提交打印。最后，本章以介绍怎样使用命令程序文件来制作图形作为结束。

8.1　Stata 制图简介

Stata 的制图引擎所提供的是一整套制图工具与选项。各种不同目的、不同水平的用户都可以自由地选择自己所需要的制图工具。在 Stata 中绘制简单图形的命令相当简单，用户可以轻松跨入 Stata 制图的大门。

在用户提交一个绘图命令后（如果没有错误），Stata 将自动弹出另外一个图形窗口，显示用户所要绘制的图形。用户提交下一个绘图命令后，内存中的图形将为 Stata 新绘制的图形所替代。例如绘制某变量的直方图（图 8-1）的命令如下：

```
. hist gdp
(bin=10, start=90, width=4726.4)
```

但是，即便是这样一个简单的图形，要使之成为达到出版要求的图形，其制图工具与选项也可以变得相当复杂。详细介绍整个 Stata 的制图引擎的说明手册超过了 500 页。在本章有限的空间里，我们将讨论从基础到高级的制图技术。我们将大量使用制图的例子，使得读者可以方便地将命令与图形效果联系起来。

在进一步讨论之前，有两点值得指出：

第一，用户可以使用 Stata 中的 Graphics 菜单制图。但是我们并不推荐读者使用这种方法，也不讨论这种方法的具体使用。有兴趣的读者可以自己探索一下。

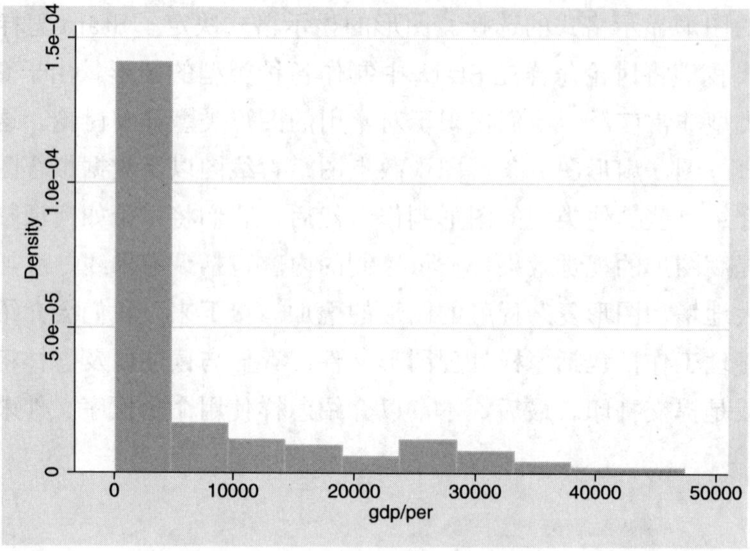

图 8-1　一个简单的图形

因为这不是使用 Stata 制图工具的最佳方法，也无法让用户保存命令并在将来复制整个制图过程。

第二，从版本 8.0 开始， Stata 在升级制图工具的同时，也更改了具体的制图命令。以往的制图命令在新版本中已经无法运行。例如，版本 7.0 及以前的绘制散点图的命令为：

```
. graph varname1 varname2
```

而新版本中相应的命令应该为：

```
. graph twoway scatter varname1 varname2
```

虽然具体命令发生了变化。但是新命令的构成与老命令具有相同的逻辑连贯性。通过练习，完全可以很快适应这一转变。同时，版本 7.0 及以前的命令在 Stata 中得以继续保留。只不过使用的命令为 graph7。如果在版本 10.0 中使用如下命令将得到老版本的图形：

```
. graph7 varname1 varname2
```

8.1.1 主要的图形类型

Stata 提供了包含广泛图形库的一系列图形类型供用户使用。其中主要的图形类型有以下几种：直方图、扇形图、条形图、散点图、直线图以及数据拟合图。

这些图形的绘制涉及一个或者两个变量，可以将它们分别称为一维或二维图形。除了以上几种主要类型的图形以外，Stata 还提供诸如盒形图、长钉图、圆点图、面积图以及其他各种常用于财经数据的图形。我们将在后面的内容中一一讨论这些图形类型的制作。

同时，在二维图形中，有时多个图形可以一次叠加在一起。这样，Stata 最终会在同一个坐标内显示由多个命令分别绘制的不同的图形。

在本章中，我们并不打算一一介绍 Stata 所能绘制的所有图形。我们将选择上面提到的最常用的 6 种图形，详细讨论它们在 Stata 中的制作过程。除此之外，我们还将简单地介绍盒形图、长钉图、圆点图、分位图、面积图与区间图等其他图形的绘制。

8.1.2 图形的组成部分与制图命令的结构

简单地讲，Stata 中图形的组成大致可以分为以下四个部分：

- 由横轴与纵轴围成的图形的核心部分；
- 核心部分中诸如轴线间隔、连线、数值显示等附加部分；
- 用户在核心部分周围添加的诸如图形名称、轴线说明、图例名称、数据来源等文字部分；
- 在复杂图形中，用户添加在核心部分上的其他图形的叠加部分。

Stata 中制图命令的结构与第二章所讨论的普遍意义上的 Stata 命令结构一致。Stata 中制图命令的结构也可以被分解而一一对应以上的图形组成部分。其中，第1与第4部分是由 Stata 制图命令的主干部分来完成的，而第2与第3部分则是由制图命令中的选项来完成的。

与其他命令一样，Stata 制图命令中的选项也是由逗号引导的。这些选项的目的在于添加或是调整图形中的文字、标签、色彩、轴线间隔以及数值点的连线等附加内容。虽然这些选项庞杂多样，但制图命令的主干部分还是相对简单易学的，而这一主干部分也正是熟练绘制 Stata 图形的根本。本章讨论的重点也放在了制图命令的主干部分。

Stata 中制图命令的选项可以分为两种：各类图形通用的与某种图形特有的。前者包括添加标题与注释、设定轴线间隔等等；后者包括扇形图的扇形位置、散点图中的连线等等。

我们并不专门讨论选项的用法，而是在讲解某种图形的制作过程中，结合制图命令与图形结果加以讨论。因此，读者根据书中给出的例子来反复模仿练习是学习提高的较好途径。

前面提到过的几种主要图形类型的制图命令列成表，如表 8-1。

表 8-1 主要图形类型的制图命令

图形类型	制图命令	命令简写
直方图	`graph twoway histogram`	`hist`
条形图	`graph bar`	
扇形图	`graph pie`	
散点图	`graph twoway scatter`	`scatter`
直线图	`graph twoway line`	`line`
分位图	`graph twoway dot`	`twoway dot`

8.1.3 图形处理

在完成图形绘制后，用户需要保存与使用图形。这时，Stata 提供了以下几类命令来完成这些任务：

- 图形管理：包括图形的存储、命名、复制、删除以及多个图形的组合等；
- 图形使用：包括图形的读取、显示等；

• 图形输出：包括打印、格式转换等。

8.1.4 设定图形显示格式

新版本 Stata 在制图功能上最大的改进之一就是升级了图形显示格式。图形的显示格式包括了有关 Stata 如何呈现图形的各个方面。例如，图形的底色、字体的大小、轴线的自动分段、横轴纵轴的位置等，在不同的显示格式中都各不相同。

举例来讲，显示格式 `s2color` 是 Stata 的出厂设置（亦即默认格式），而显示格式 `economist` 是杂志 *The Economist* 使用的图形格式。与格式 `s2color` 相比，格式 `economist` 将纵轴（y 轴）移到了右侧，图形名称采用了左对齐的方式，默认图形栅格化，底色可以设定为彩色，注释放在图形的右上。

使用数据 `hdr2004.dta`，我们可以绘制以上两种不同显示格式下相同内容的图形。其中的 `s2color` 为默认的出厂设置，所以在制图命令后面没有任何选项，直接给出制图命令的主干部分即可得到图 8-2 所示图形。

```
. scatter enrollf literacy
```

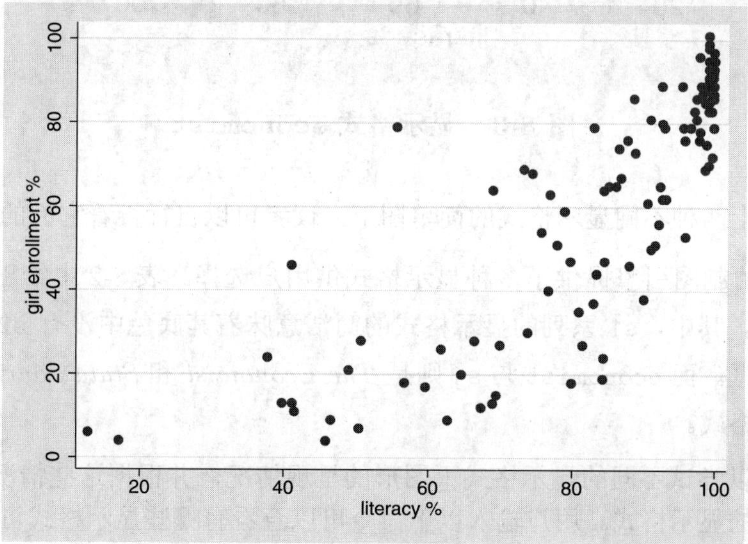

图 8-2　显示格式 s2color

相反，在第 2 个制图命令中，则需要指明显示格式 economist 得到如图 8-3 所示图形。

```
. scatter enrollf literacy, scheme(economist)
```

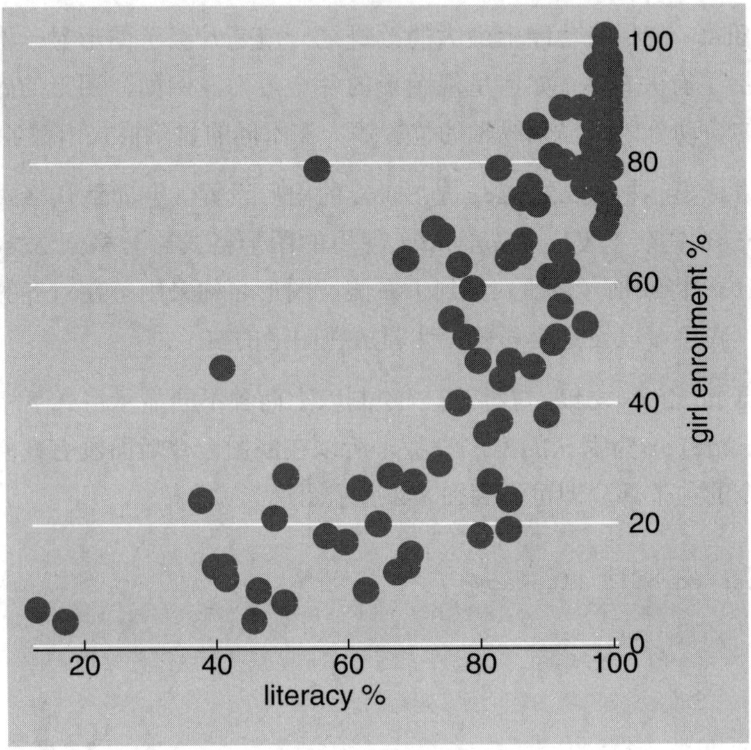

图 8-3 显示格式 economist

根据以上两种不同显示格式的简单图形，读者可以自行查看它们的差异。

Stata 的制图引擎提供了多种显示格式供用户选择。表 8-2 中给出了各种显示格式的对比。其中，s1 系列的显示格式的简洁意味着其底色中没有 s2 格式图形中的淡色的边框。而 economist 与 sj 则是 *The Economist* 和 *Stata Journal* 两个杂志设定的显示格式。

用户可以尝试不同的显示格式下图形的呈现情况，并根据这些情况及个人偏好选择要使用的显示格式。用户输入以下命令可以查看有哪些显示格式可供选择：

```
. graph query, scheme
```

表 8-2　Stata 制图中的显示格式

显示格式	图形前景	图形底色	简要说明
s2color	彩色	白色	出厂设置
s2mono	单色	白色	单色的s2color
s2manual	单色	白色	Stata 手册中的格式
s2gmanual	单色	白色	Stata 制图手册中的格式
s1rcolor	彩色	黑色	黑底色上的简洁格式
s1color	彩色	白色	简洁格式
s1mono	单色	白色	单色简洁格式
s1manual	单色	白色	更小的单色简洁格式
economist	彩色	白色	杂志 *The Economist*格式
sj	单色	白色	杂志 *Stata Journal*格式

在确定了显示格式后，用户可以输入以下命令设定制图的显示格式：

```
. set scheme schemename [, permanently]
```

如果加上选项 permanently，则表示用户将制图显示格式永远设定为所选的格式，直到下一次用户重新设定显示格式为止。

用户也可以通过菜单来选择图形的显示格式。在菜单 Graphics 中，选择 Change scheme/size，将弹出一个对话窗口。在此窗口中可以选择显示格式、图形中的边界以及图形大小。当然，图形窗口的大小也可以在图形窗口弹出之后，用鼠标按住其边界，任意调整。

在本书的所有图形制作中，我们将直接使用出厂设置的显示格式 s2color。由于书籍是单色印刷，读者无法看到图形中的颜色变化，只能体察颜色深浅的差异。

8.1.5　寻求帮助

Stata 中的制图命令与选项相当广泛与庞杂。好在 Stata 的在线帮助提供了一个较好的资源，用户可以随时检索查看所需的信息。输入命令

```
. help graph
```

将在浏览窗口得到有关制图命令的所有帮助信息列表。用户可以根据自己的需要点击相应的主题，进一步查看具体的制图命令的使用方法与例子。

8.2 直方图

在统计图形中，直方图也许是最为简单的。它直接将某一变量在各个取值上的数量或是比例用长形的直方表示出来。数量大或是比例高的数据相应的直方越长。在一定意义上讲，直方图就是频次或是比例表格的图形化。由于它的简洁，直方图在统计中的使用非常广泛。

在 Stata 中，绘制直方图的命令就是它的英文单词 histogram。由于直方图是单一变量的图形，因此，其命令的主干部分的形式为

```
. histogram varname
```

8.2.1 简单的例子

使用前面使用过多次的数据 hdr2004.dta，我们现在来绘制一个人类发展指数（*hdi*）的直方图。输入命令

```
. hist hdi
(bin=10, start=.292, width=.0664)
```

我们即可得到图 8-4 所示的图形。

在图形纵轴处的标签是密度（density），这是 Stata 中直方图的刻度默认值。事实上，直方图的纵轴一共有三种刻度形式：

- 密度（density）：直方的高度根据所有直方的面积加总为 1 的原则设定；
- 比例（fraction）：直方的高度根据所有直方的高度加总为 1 的原则设定；

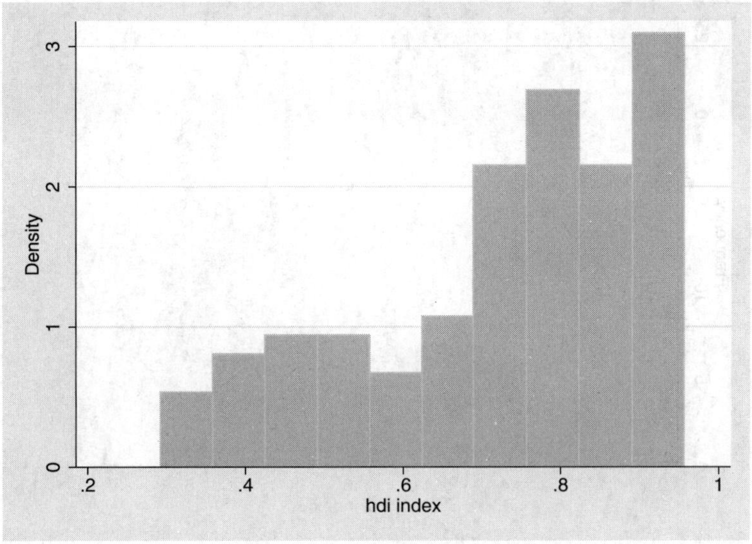

图 8-4　人类发展指数直方图 1

- 频次（frequency）：直方的高度根据横轴取值区间内的观察个案数设定，所有直方的高度之和为观察个案总数（这一变量上的缺损值不被计算在内）。

如果事先确定上述图形使用频次，绘图命令有所改变：

```
. hist hdi, frequency
(bin=10, start=.292, width=.0664)
```

得到图形如图 8-5 所示。

图 8-5 与前面图 8-4 所示基本上完全一样，仅有的差别就是纵轴上的刻度发生了变化。当然，用户也可以依照方法绘制刻度为比例的直方图。图形上的变化是由命令中的选项所引起的。

8.2.2　添加选项

为了得到一个视觉效果更好的图形，我们可以在制图命令中加进更多的选项：

```
. hist hdi, freq start(.2) width(.1) ylabel(0(5)35) xlabel(.2(.1)1.0)
(bin=8, start=.2, width=.1)
```

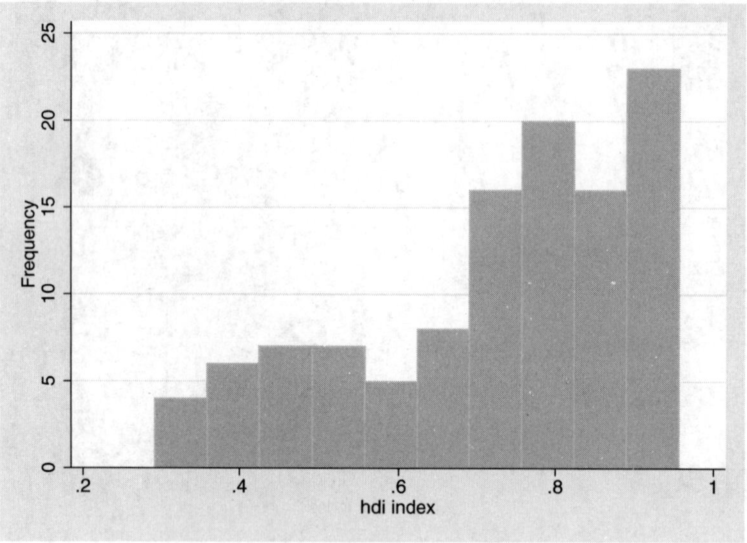

图 8-5 人类发展指数直方图 2

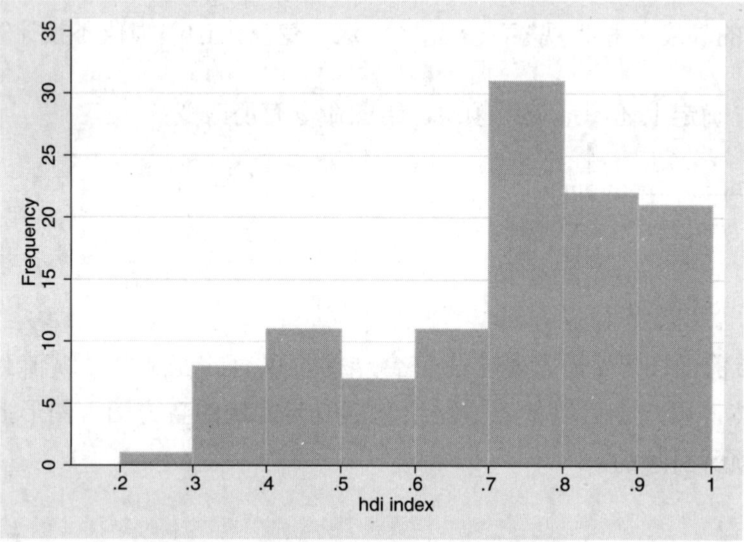

图 8-6 人类发展指数直方图 3

得到的新图形（图 8-6）与前面的两个图形有了较大的差别：新的图形的可读性显然更强，并且它还在以下方面得到了提高：

- 第一个直方从 hdi取值区间 [0.2,0.3) 开始。每一个直方所涵盖的取值区间为 0.1，直到最高区间 [0.9,1.0)。
- 由于直方所涵盖区间的不同，直方的数量和高度与前两个图形相差较大。而本图的直方所对应的取值区间十分明确。
- 横轴（x）的标签与刻度从 0.2 开始，然后以 0.1（直方的宽度）为单位增加，直到 1.0。
- 纵轴（y）的标签与刻度从 0 开始，然后以 5 为单位增加，直到 35。

根据上述的比较我们可以看出，绘制图形时，选项可以提高整个图形的视觉效果。表 8-3 列出了在直方图的绘图命令中常用的选项。

表 8-3　绘制直方图命令的主要选项

选项名称	说明
`bin(#)`	直方的数目（#）
`start(#)`	横轴开始的数值（#）
`width(#)`	直方的宽度（#）；与开始数值一起决定直方的数目
`gap(#)`	直方间的空隙，（$0 \leq \# \leq 100$）
`discrete`	指明变量为非连续，每个类别对应一个直方
`addlabels`	在直方的上方添加高度数值
`percent`	在纵轴刻度上显示百分比
`normal`	在直方图之上叠加正态曲线

8.2.3　添加更多的选项

在制图命令中加进更多的选项，可以得到图 8-7。在这一图形中，增加了以下几个新的内容：

- 在图形中的直方之间加入了空隙，使得查看更加方便一些（`gap(8)`）；

- 在每个直方的上方添加了该直方的频次（addlabels）；
- 在整个图形上叠加了一条正态曲线，用来比较 *hdi* 的分布是否符合正态分布（normal）；
- 最后，在图形的上方添加了整个图形的名称。

其中添加的图形名称也可以为中文。但是，Stata 与其他文字的兼容性还没有得到完全的开发，其稳定性有待检验，有时甚至会出现乱码。

```
. hist hdi, freq start(.2) width(.1) ylabel(0(5)35)  /*
>         */  xlabel(.2(.1)1.0) gap(8) addlabels normal  /*
>         */  title("The Distribution of Human Development Index")
(bin=8, start=.2, width=.1)
```

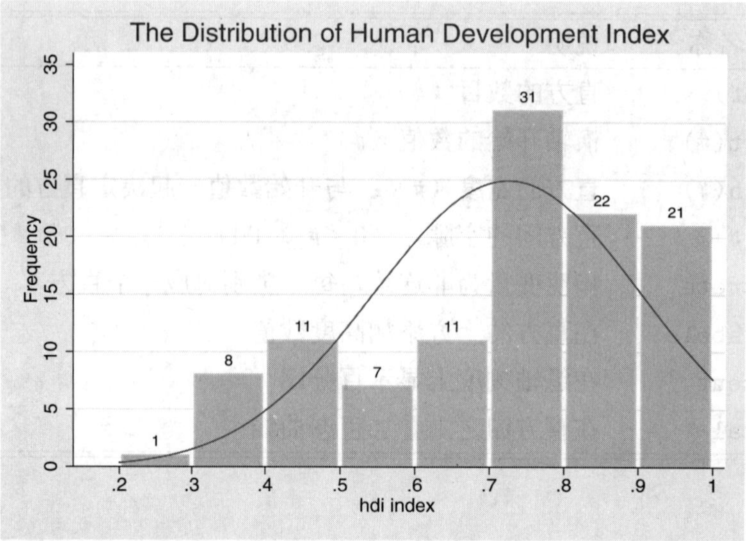

图 8-7　人类发展指数直方图 4

到现在为止，我们给出了四个不同的关于人类发展指数的直方图。这四个图形的绘制过程是一个由简到繁、不断调整内容的过程，同时也是一个不断提高视觉效果、增加信息的过程。这正是在 Stata 中绘制图形的过程：由最简单的命令开始，然后在不停的试验中增加选项，直到图形达到用户满意的效果为止。

8.2.4　多个直方图

直方图中的另一个选项可以让我们查看各个大洲内部人类发展指数（*hdi*）的分布情况。完成这一任务的就是选项 by。其他选项同样有效。各个大洲内包含的国家数目如下所示（图形见图 8-8）：

```
. use hdr2004, clear
(human dev'mt report 2004, from UNDP webpage)

. ta contin

  continent |      Freq.     Percent        Cum.
------------+-----------------------------------
     Africa |         28       25.00       25.00
       Asia |         20       17.86       42.86
     Europe |         33       29.46       72.32
 N. America |         11        9.82       82.14
    Oceania |          4        3.57       85.71
 S. America |         16       14.29      100.00
------------+-----------------------------------
      Total |        112      100.00

. hist hdi, percent start(.2) width(.1) ylabel(0(10)50)  /*
>       */  xlabel(.2(.1)1.0) gap(8) by(contin)
```

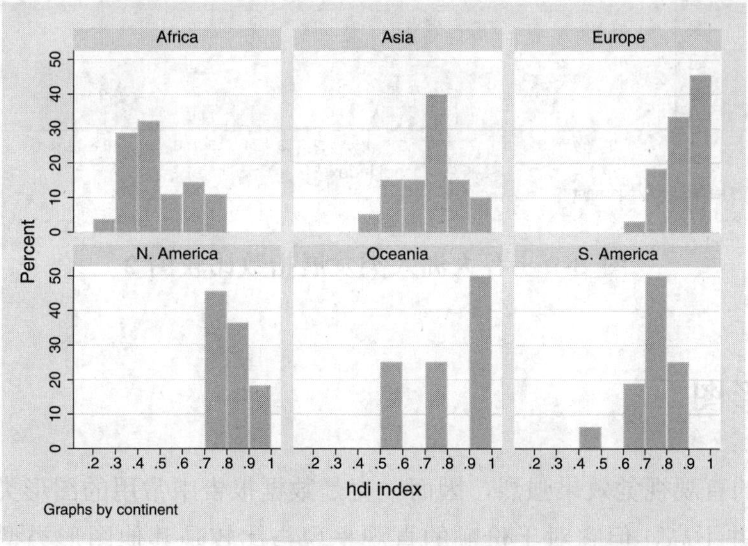

图 8-8　各大洲人类发展指数比较图 1

图 8-8 所示图形中包含了 6 个直方图，每个直方图对应一个大洲。大洲的名称（实际上是变量 *contin* 的 6 个取值标签）在直方图的上方。纵轴的刻度换成了百分比。我们可以清楚地看出，人类发展指数由高到低的分布情况依次为：欧洲、北美洲、南美洲、亚洲与非洲。而数据中的大洋洲仅有 4 个国家。

Stata 中的制图命令也可以加上 if 引导的条件表达式以及 in 引导的个案范围指令。如果仅想比较亚、非、欧 3 个大洲的情况，可以绘制相应的直方图（图 8-9）。

```
. hist hdi if contin<=3, percent start(.2) width(.1)  /*
>        */  ylabel(0(10)50)  /*
>        */  xlabel(.2(.1)1.0) gap(8) by(contin, total)
```

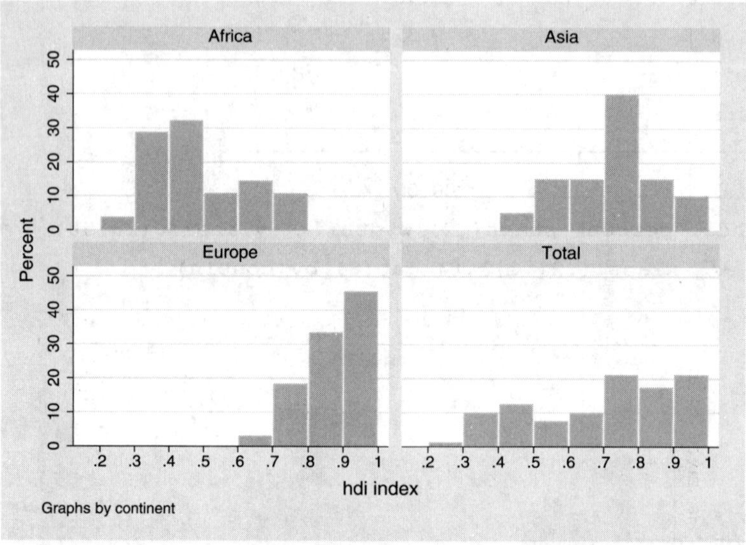

图 8-9 各大洲人类发展指数比较图 2

8.3 扇形图

扇形图的直观视觉效果强烈，因而一直是数据报告中常用的图形类型。虽然它的分析价值并不高，但它对于份额的直观呈现与比较是其他图形类型所不能比拟的。

在 Stata 中制作扇形图有 3 种方式：

- 多个变量的扇形图。所用命令为 `graph pie` *varname1 varname2* ...。得到的扇形图中每一个扇形对应一个变量，而每一个扇形的大小对应该变量在所有观察个案上的和。
- 根据其他变量分组的扇形图。使用的命令中增加了一个选项，为 `graph pie` *varname1*, `over(`*varname2*`)`。得到的扇形图中每一个扇形对应变量 *varname2* 的各个组别；每个扇形的大小对应变量 *varname1* 在变量*varname2* 的各个组别上的和，即第 1 个扇形对应 *varname2* 中第 1 个组别中所有 *varname1* 的和，第 2 个扇形对应*var2* 中第 2 个组别中所有 *var1* 的和，以此类推。
- 观察数目的扇形图。使用的命令为 `graph pie, over(`*varname*`)`。得到的扇形图中每一个扇形对应变量 *varname* 的各个组别；每个扇形的大小对应变量 *varname* 各个组别观察个案的数目。

8.3.1 扇形图中的主要选项

在用实际例子一一讨论上述制作方式之前，我们简要列出了扇形图制作过程中的主要选项（表 8-4）。

表 8-4 绘制扇形图命令的主要选项

选项名称	说明
`over(`*varname*`)`	扇形对应 *varname* 的各个组别
`sort`	扇形按大小排列
`sort(`*varname*`)`	扇形按 *varname* 中的取值顺序排列
`pie(...)`	指定扇形从圆形中分裂出来
`plabel(...)`	指明扇形上的标签
`legend(...)`	显示或关闭图例

其中，后 3 个选项的详细格式与说明如下：

- pie(*numlist*|_all, explode)：指定 *numlist* 或是所有扇形从圆形中分裂出来；
- plabel(#|_all sum|percent|name"*text*", [gap(#)])：在指定#或是所有扇形上显示何种标签（和、百分比、名称或是文字），并指明标签位置的相对距离（gap）；
- legend on|off：打开或是关闭图例。

8.3.2 多个变量的扇形图

首先，我们绘制一个多个变量的扇形图。使用数据 hdr2004.dta，扇形图绘制的是各个人类发展指数 *hdi* 组别的构成。第一步，我们先根据 *hdi* 的数值生成一个新变量 *hdigroup* —— 一个包含 5 个组别的类别变量。根据此类扇形图的定义，该数据并不满足直接绘制图形的要求。因此，需要根据变量 *hdigroup* 的频次分布表重新建立一个新数据。

该数据中包含 5 个变量（亦即 *hdigroup* 的 5 个类别），仅有一个观察个案（亦即 *hdigroup* 中 5 个类别中的国家数目）。为了方便阅读，我们为 5 个变量添加了变量标签。使用以下命令，我们得到图 8-10所示的扇形图。

```
. use hdr2004, clear
(human dev'mt report 2004, from UNDP webpage)
. gen hdigroup=recode(hdi, .5,.7,.8,.9,1)
. ta hdigroup
   hdigroup |      Freq.     Percent        Cum.
------------+-----------------------------------
         .5 |         20       17.86       17.86
         .7 |         18       16.07       33.93
         .8 |         31       27.68       61.61
         .9 |         22       19.64       81.25
          1 |         21       18.75      100.00
------------+-----------------------------------
      Total |        112      100.00
. clear
```

```
. input hdi5 hdi7 hdi8 hdi9 hdi10
           hdi5      hdi7      hdi8      hdi9      hdi10
  1. 20 18 31 22 21
  2. end
. lab var hdi5 "HDI Lowest"
. lab var hdi7 "HDI Low"
. lab var hdi8 "HDI Middle"
. lab var hdi9 "HDI High"
. lab var hdi10 "HDI Highest"
. graph pie hdi5-hdi10, legend(off) pie(1, color(gs3))  /*
>    */  pie(2, c(gs4)) pie(3, c(maroon)) pie(4, c(midgreen)) /*
>    */  pie(5, c(gs5)) plabel(_all name, c(white))  /*
>    */  title("Human Development Index")  /*
>    */  subtitle("by hdi group")  /*
>    */  note("Source: 2004 UNDP Human Development Report")
```

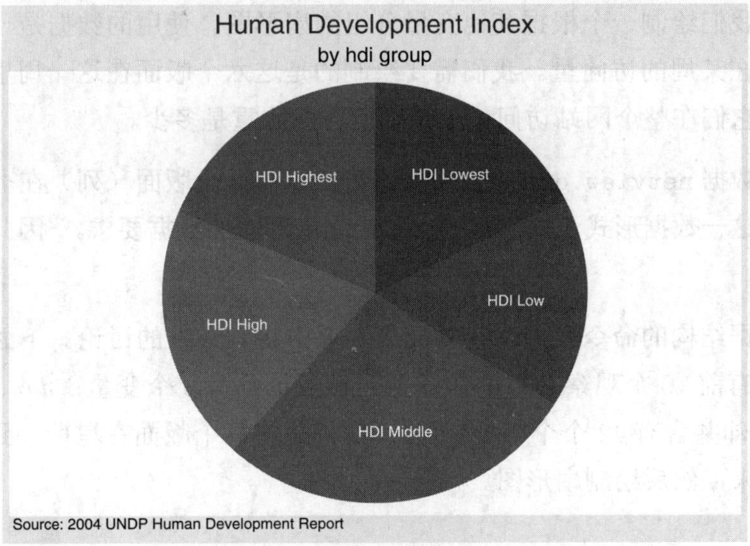

图 8-10　人类发展指数分组构成

上述制图命令中含有众多的选项，它们是用来提高图形易读性的。除了前面见过的选项 title 外：

- legend(off)关闭了图例说明。

- 选项 pie(1, color(gs3))、pie(2, c(gs4))、pie(3, c(maroon))、pie(4, c(midgreen))、pie(5, c(gs5)) 分别改变 5 个扇形的颜色：
  - 小括号中的第一个数字表示将要赋色的扇形（数字对应制图命令中变量输入的次序，如 1 对应变量 *hdi5*，2 对应变量 *hdi7*，以此类推）。
  - color 后小括号内的内容是在指定具体颜色（gs#是灰色。#越大越接近黑色，越小越接近白色；maroon 是深褐色；midgreen 是中等绿色；[1]在 Stata 中输入 help colorstyle 可以查看各种颜色代号）。
- 选项 plabel(_all name, c(white)) 给所有（_all）扇形添加标签（使用的是变量名称，使用的颜色为白色）。

8.3.3 根据其他变量分组的扇形图

现在，我们绘制一个根据其他变量分组的扇形图。使用的数据是一个未知网站的六个版面在某周的访问量。我们需要绘制的是这六个版面在这一周里访问量的总数是多少，它们在整个网站访问量中分别所占的比重是多少。

原始的数据 netview.dta 以表格形式列出了每一个版面（列）在七天（行）中的访问量。这一数据形式无法满足 Stata 绘制扇形图的数据要求。[2]因此，我们将调整数据结构。

调整数据结构的命令及用法在后面第九章中将有详细的讨论。下面的结果中，也显示了含有前 10 个观察个案的新数据。该数据只有 3 个变量：*day*、*department* 与 *view*。但却共含有 42 个个案。[3]显然，我们是将每个版面在星期一到星期天的访问量加总起来，然后绘制扇形图。

```
. use netview,clear
(Web Internet Visits, from undisclosed sources)
. li, clean
```

[1]由于印刷原因，读者无法看到色彩，只能看到颜色的深浅。

[2]事实上，这组数据满足使用前面一种绘制扇形图的结构要求。使用命令 graph pie *view1-view6* 将得到一个与下面相同的扇形图。

[3]与前面表格中的六个版面七天表格中的方格数一致。

```
          day      view1      view2     view3     view4     view5     view6
  1.        1     974008     705175    389492    252558    192649    162579
  2.        2     968269     729189    326932    319764    196768    157415
  3.        3    1061469     754437    339460    296955    207110    195799
  4.        4     990026     795996    350515    297956    223089    223620
  5.        5     988336     828002    355744    301871    217268    186311
  6.        6     997144     881693    362073    290521    231354    166354
  7.        7    1294546    1196421    493460    407941    255836    269633
. reshape long view, i(day) j(department)
(note: j = 1 2 3 4 5 6)
Data                                   wide   ->   long
-----------------------------------------------------------------------------
Number of obs.                            7   ->      42
Number of variables                       7   ->       3
j variable (6 values)                         ->   department
xij variables:
                     view1 view2 ... view6    ->   view
-----------------------------------------------------------------------------
. sort depart day
. li in 1/10, clean
          day   depart~      view
  1.        1         1    974008
  2.        2         1    968269
  3.        3         1   1061469
  4.        4         1    990026
  5.        5         1    988336
  6.        6         1    997144
  7.        7         1   1294546
  8.        1         2    705175
  9.        2         2    729189
 10.        3         2    754437
. graph pie view, over(department)  /*
>    */  plabel(_all perc, form(%3.1f) c(white))  /*
>    */  pie(5, explode) legend(position(1) rows(6) ring(0))  /*
>    */  title("Internet Visits in a Week")  /*
>    */  subtitle("by department")  /*
>    */  note("Source: Undisclosed Sources")
```

下面得到了上面所说的扇形图（图 8-11）。

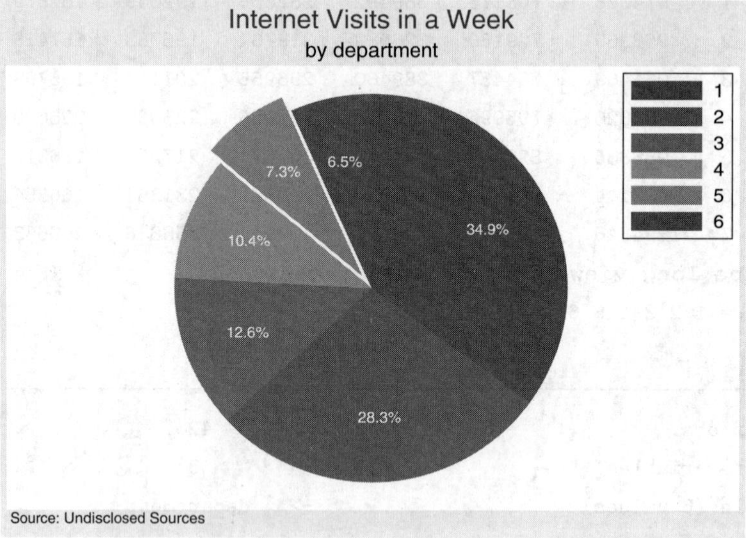

图 8-11　某网站某周的访问量，分版面

在这个图形中，我们得到了一些前一个扇形图所没有的新的效果。这是因为我们在制图命令中增加了另外一些选项。在这个图中：

- 各个扇形的标签是它们各自在总访问量中所占的比重（`perc`），其格式为含有 1 位小数的 3 位数（`form%3.1f`）；
- 第 5 个版面为网站重点推出的，因此在图形中从其他扇形中分裂出来（`pie(5, explode)`）；
- 图例放到了 1 点钟的位置[4]（`position(1)`），以 6 行来表示而非默认的 3 行（`rows(6)`），并放到了图形的方格以内（`ring(0)`）[5]。

图 8-11 使用了一个星期的整体数据。从数据中可以简单了解到：周末、特别是星期天的访问量较平时的访问量更高。一个有趣的问题是，这几个版面访问量的比重构成在周末与平时是否有区别呢？这时，需要绘制不同时间而非整个星期的访问量扇形图。以下的命令选择比较星期三与星期天访问量的构成情况：

[4] Stata 制图中图例的位置以 12 小时的时钟为蓝本。默认值是在正下方 6 点钟的位置。

[5] `ring(#)`表示图例与图形方格的距离。若`# > 0`则表示在图形方格的外面。

```
. graph pie view if day==3|day==7, over(department) by(day)  /*
>    */  plabel(_all perc, form(%3.1f) c(white))   /*
>    */  pie(5, explode) legend(rows(1) angle(0))   /*
>    */  note("Source: Undisclosed Sources")
```

在这个绘图命令中，我们使用了 if 引导的条件表达式。同时我们也使用了 by 引导的分组别的指令。由于条件表达式仅仅将星期三与星期天纳入制图命令中，所以最后只绘制了这两天的扇形图（图 8-12）。

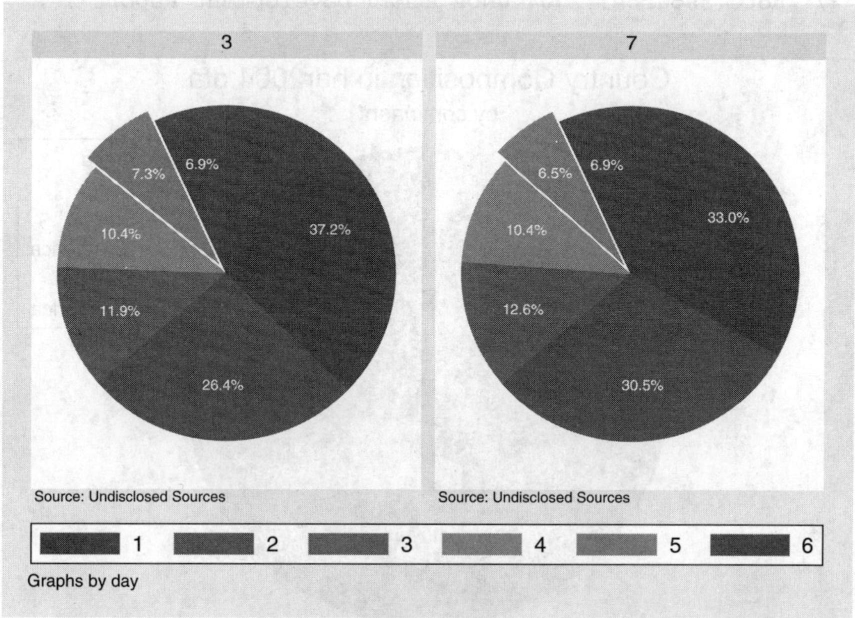

图 8-12　某网站某星期三与星期天访问量比较，分版面

简单比较这两天的访问量构成，可以发现各个版面的比重略有差异。而版面 5 与版面 6 的比重名次在这两天中竟然不同。

8.3.4　观察数目的扇形图

最后，我们讨论怎样绘制一个观察数目的扇形图。我们重新使用数据 hdr2004.dta 中的变量 *contin*。我们希望知道各个大洲中有多少国家进入到没有缺失数据的 hdr2004.dta 中来。

使用以下命令，我们将得到所需的扇形图（图 8-13）。

```
. use hdr2004, clear
(human dev'mt report 2004, from UNDP webpage)
. graph pie, over(contin)  /*
>    */  plabel(_all perc, form(%3.1f) c(white))  /*
>    */  pie(6, c(gs11)) legend(posi(1) rows(6) ring(0))  /*
>    */  title("Country Composition in hdr2004.dta")  /*
>    */  subtitle("by continnent")  /*
>    */  note("Source: 2004 UNDP Human Development Report")
```

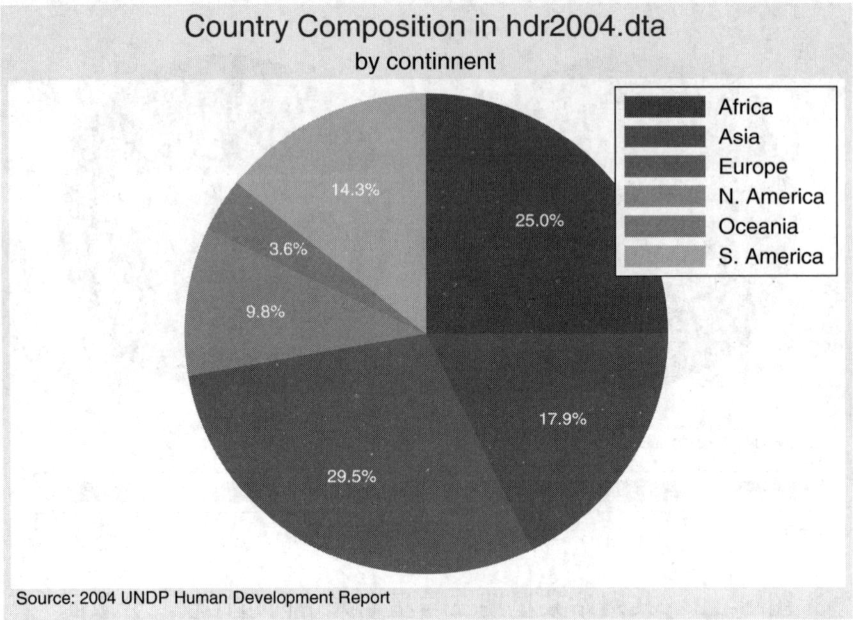

图 8-13　数据 hdr2004.dta 中分大洲国家构成

上面命令中的选项在前面的讨论中都已经提到过。这种图形事实上也是一种加总的扇形图。只不过，它是加总各个组别（这里是各个大洲）内的个案数（每个个案赋值为 1，然后加总）。

8.3.5　三个提醒

在结束对扇形图的讨论之前，有以下 3 点需要提醒读者：

- 以上三种扇形图各自对应的数据结构各不相同，但是它们又是可以相互转换的。我们已经在脚注中指出了第二种绘制方法可以与第一种绘制方法交换使用。第三种绘制方法也可以与第一种方法交换使用。例如，在我们的例子中，可以生成 6 个大洲的虚拟变量，然后使用命令 `graph pie` *contin1-contin6* 就可以得到相同的扇形图。有兴趣的读者可以自己尝试一下。

- 扇形图使用的是变量取值在所有个案上的加总，这并不是一个直观的结果。因此，在使用扇形图时，需要用户对数据结构有清晰的了解。尽量多地使用命令 `list` 查看数据。

- 缺失值在绘制扇形图时会被忽略。如果在绘制扇形图时需要使用缺失值，则应当对缺失值做特殊的处理。

8.4　条形图

Stata 中，绘制条形图的命令为 `graph bar`。

8.4.1　条形图中的统计量与条形图的类型

虽然条形图的图形相对比较容易阅读——简单的条形图与直方图没有区别，但是它所包含的信息可以是非常庞杂的。它可以显示众多的描述性统计量。同时，同一个条形图里可以显示多个变量的统计量。条形图显示的描述性统计量举例，见表 8-5。

Stata 可以绘制的条形图种类繁多，既显示了条形图的广泛用途，也说明 Stata 制图功能的强大。在本小节中，我们将讨论 6 种条形图的制作方法。它们是：

- 根据单个变量分组别的单变量条形图。这是最为简单的条形图。

- 根据多个变量分组别的单变量条形图。这种图形稍微增加了一些变化。

- 多变量的条形图。这种图形里每组直条的个数超过了上面两种图形里的单个。

表 8-5 条形图显示的描述性统计量举例

统计量	在 Stata 中写法与说明
均值	mean；默认值
中位值	median
和	sum
计数	count
标准差	sd
最大值	max
最小值	min
百分位值	p1,p2,...,p99

- 横向的条形图。与前面的图形不同，这种图形里直条的方向不是向上的，而是水平向右的。

- 多方向的条形图。这种图形里的直条既有向上的，也有向下的（或是既有向左的，也有向右的）。

- 人口金字塔。这是人口研究中常用的依据年龄分组的男女两个性别的人口数对比图。

8.4.2 单变量条形图

正如上面提到的，单变量条形图与直方图在外观上有相似之处。但是，直方图显示的是一个变量的连续分布，而条形图显示的是根据变量类别分组的另一个变量的描述性统计量。

使用数据 chnhf2000.dta，我们对各个教育水平下的人们的收入感兴趣。通过一个简单的表格，我们知道各个教育水平下的人们的收入各不相同。为了使得结果与实际更为符合，我们剔除了没有工作的人与职业为农民的人，因为他们没有稳定的工资收入来源。[6]

[6]事实上，这些人在收入这个问题上给出的答案绝大多数为 0。

为了更加直观地将这一结果显示出来，条形图无疑是一个较好的选择。使用以下命令，我们得到一个满意的条形图（图 8-14）。

```
. use chnhf2000, clear
(1500 sampled from CHNHF)
. ta edu if occ>1, summ(inc)
            |   Summary of monthly income
  education |      Mean   Std. Dev.       Freq.
------------+------------------------------------
       none |       357         264          25
    primary |       622         703         133
    jun. hi |       733         683         510
    sen. hi |       993        2172         430
   jun. col |      1458        4344         131
    univ. + |      1989        1407          72
------------+------------------------------------
      Total |       943        1977        1301
. graph bar inc if occ>1, over(edu)  /*
>   */  ylab(0(600)2400) bar(1, bcolor(maroon))  /*
>   */  title("Monthly Average Income")  /*
>   */  subtitle("by education")  /*
>   */  ytitle("Ave. Inc.")  /*
>   */  note("Source: 2000 CHNHF Project Subsample")
```

在上述命令中：

- 选项 over(edu) 中的变量应当是一个类别变量，条形图正是根据该变量来显示各个组别的平均收入情况的；
- 选项 bar(1, bcolor(maroon)) 设定第 1 个（这里只有 1 个）直条的颜色为红褐色；
- 而选项 ytitle 引导的是纵轴的标题。

从这个条形图上，我们可以得出一个尝试性的结论：教育水平高的，平均收入水平也高。当然，这一结论需要更多的证据支持与更严格的证明。

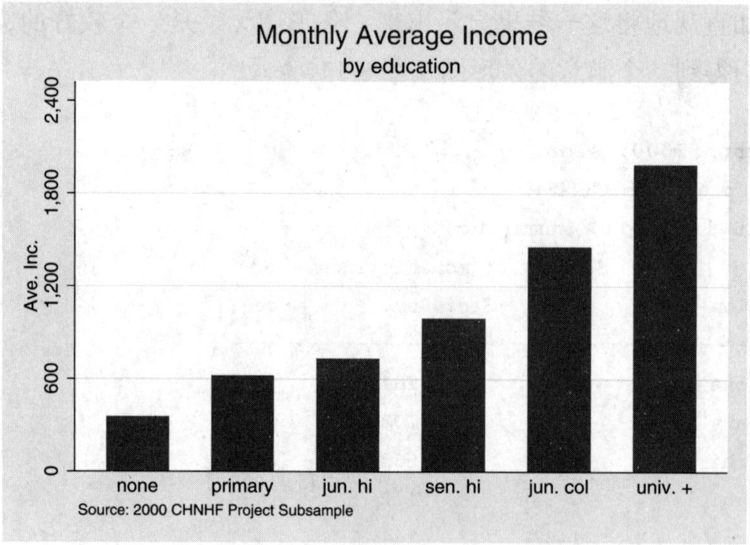

图 8-14 平均月收入，分教育水平

8.4.3 根据多个变量分组的单变量条形图

上一个条形图显示的是各个教育水平中总体上的平均收入。如果想要进一步显示男性与女性的各个教育水平在平均收入上的情况，我们则需要绘制根据多个变量分组的条形图（图 8-15）。在这个例子中，平均收入显然有两个分组的变量：性别与教育水平。

```
. graph bar inc if occ>1, over(edu, label(alt)) over(male)  /*
>    */  ylab(0(600)2400) bar(1, bcolor(maroon))  /*
>    */  title("Monthly Average Income")  /*
>    */  subtitle("by education and gender")  /*
>    */  ytitle("Ave. Inc.")  /*
>    */  note("Source: 2000 CHNHF Project Subsample")
```

与绘制前一个条形图时相比，上面的命令中加进了 `over(sex)`，这增加了显示平均收入的维度。而选项 `label(alter)` 则是指令 Stata 显示教育标签时使用错开的格式，否则显示结果将无法阅读。

得到的条形图（图 8-15）表明我们尝试性的结论适用于男女两个性别。同时，

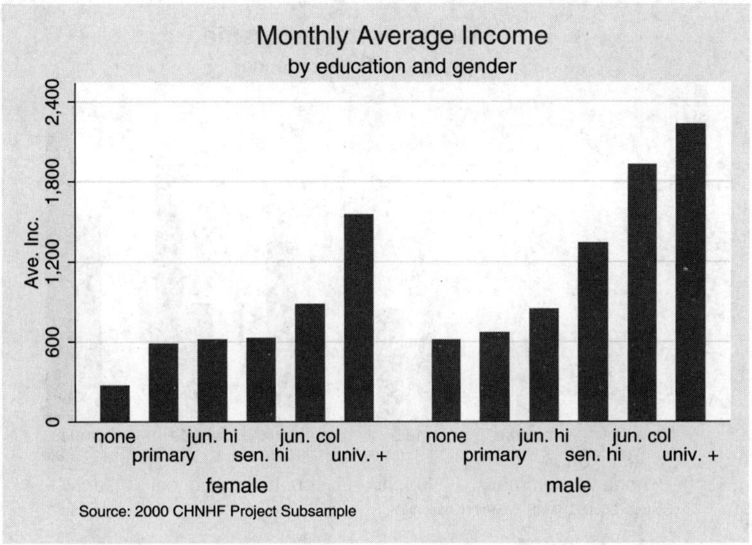

图 8-15　平均月收入，分性别与教育水平图 1

我们发现另一个潜在的趋势：同等教育水平下，男性的收入可能高于女性。

为了更清晰地查看这一趋势，我们使用改变了第一行、而其余均保持不变的命令：将变量 *male* 移到了变量 *edu* 的前面，并加进了新的选项 gap(5) 以缩小男女性别两个直条间的距离，增加阅读性。见图 8-16。

```
. graph bar inc if occ>1, over(male, gap(5) label(alt))  /*
>    */  over(edu) ylab(0(600)2400) bar(1, bcolor(maroon))  /*
>    */  title("Monthly Average Income")  /*
>    */  subtitle("by education and gender")  /*
>    */  ytitle("Ave. Inc.")  /*
>    */  note("Source: 2000 CHNHF Project Subsample")
```

这时得到的条形图中，一共有 2 个直条一组的 6 组直条，分别表示 6 个教育水平组别下的男女平均收入。或多或少，每个教育水平组别中的男性收入直条均高于女性收入直条。

在 Stata 中，还可以绘制根据 3 个变量分组的条形图。这时， Stata 将引入图例，而非单纯以添加标签的方式来标示分组的直条。有兴趣的读者可以根据以上给出的命令，尝试着拓展练习。

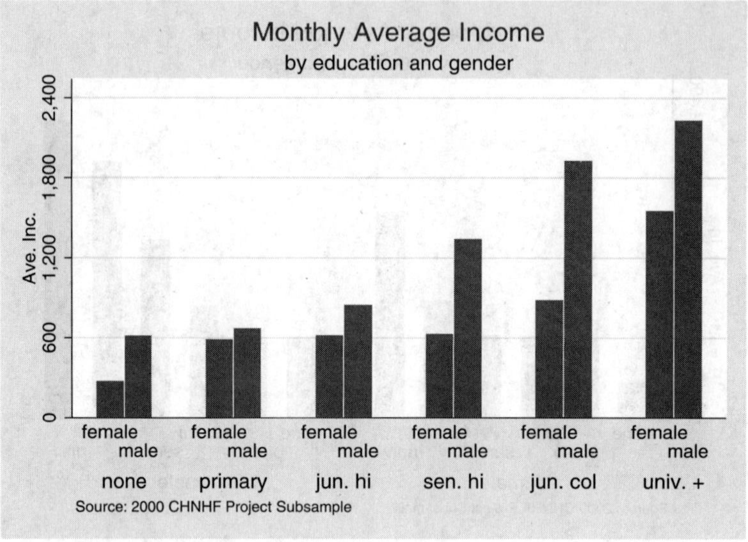

图 8-16　平均月收入，分性别与教育水平图 2

8.4.4　多变量条形图

有时，我们需要使用条形图同时查看多个变量的平均值。比如，我们希望比较不同地区一年当中 4 个季度的平均温度变化情况。这时，4 个季度的平均温度可以被当成 4 个变量。

仍使用数据 netview.dta。由于空间的限制，我们仅仅使用 3 个版面在 3 天中（星期天、星期一与星期二）的访问量。具体数据如下：[7]

```
. use netview,clear
(Web Internet Visits, from undisclosed sources)
. replace day=0 if day==7
(1 real change made)
. lab def day 0 Sunday,modify
. lab val day day
. li day view1-view3 if day<3, clean
           day     view1     view2     view3
  1.         1    974008    705175    389492
```

[7] 如果数据中包含更多个星期（同样是星期天到星期二 3 天）的访问量，我们可以绘制各星期分别在这 3 天中的平均访问量。下面的图形中，每个直条仅仅是单独某天某个版面的访问量。

```
  2.        2    968269    729189    326932
  7.   Sunday   1294546   1196421    493460
. graph bar view1-view3 if day<3|day==0, over(day)  /*
>    */  bargap(-25) legend(posi(1) rows(3) ring(0)  /*
>    */  lab(1 "Department 1") lab(2 "Department 2")  /*
>    */  lab(3 "Department 3"))  /*
>    */  bar(2, bc(brown)) bar(3, bc(ltblue))  /*
>    */  title("Internet Visits")  /*
>    */  subtitle("by department and day")  /*
>    */  ytitle("Visits")  /*
>    */  note("Source: Undisclosed Sources")
```

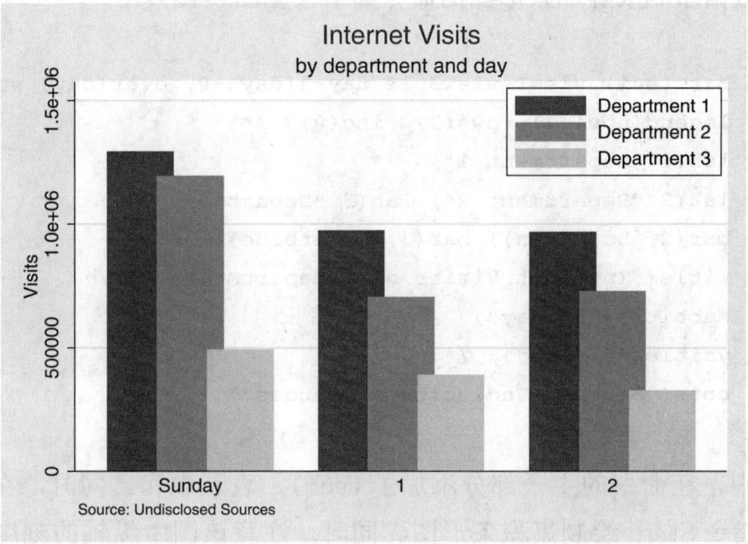

图 8-17　某网站三个版面在三天中的访问量

在上面的命令中，为了提高可阅读性，我们做了如下调整（见图 8-17）。

- 一是将星期天挪到了左边，而将右上角的空白留给了图例；
- 二是调整了 3 个版面的位置，使用选项 bargap(-25) 得到各天中的 3 个版面的直条重合 25%。[8]

[8]选项 bargap() 中数值 0 为默认值，表示各个直条之间没有空隙；数值大于 0 则表示直条间有空隙；小于 0 则表示直条相互重合。

- 三是重新选择了直条的色彩，使得直条的高度与颜色的深浅相对应。

从上面的条形图中，可以看出版面 1、2、3 显示了访问量多少的顺序，而星期天也比其他两天的访问量更多。

叠加条形图

为了显示同样的内容，我们也可以使用叠加条形图。[9]绘制叠加条形图的方法是将各个直条累积叠加在一起。显然，它也有求和累积的意思。

将上述数据绘制成叠加条形图的命令如下（见图 8-18）：

```
. graph bar (sum) view1-view3 if day<3|day==0, over(day) stack  /*
>    */  legend(posi(1) rows(3) ring(0)  /*
>    */  lab(1 "Department 1")  /*
>    */  lab(2 "Department 2") lab(3 "Department 3"))  /*
>    */  bar(2, bc(brown)) bar(3, bc(ltblue))  /*
>    */  title("Internet Visits of 3 Departments")  /*
>    */  subtitle("by day")  /*
>    */  ytitle("Visits")  /*
>    */  note("Source: Undisclosed Sources")
```

该命令中，在命令的主干部分添加了 (sum)，表示求和。同时，在选项中添加了 stack，指令 Stata 绘制累积条形图。同时，注意该图中纵轴的刻度与前面的条形图的刻度并不相同：由于该图使用了各个版面的累积和，因此纵轴的刻度要大很多。

比较 3 个直条可以发现，星期一与星期二的访问量无论在总数还是各版面的构成上差异都不大。但是，星期天的访问量不仅总数较另外两天大很多，同时其中的构成也较另外两天有所不同，其版面 2 的访问量也接近版面 1 的访问量。

该图中使用的是访问量的绝对数值。如果我们使用相对比例，则可以更加确定地查看这一趋势。使用相对比例条形图的命令与使用绝对数值的命令相比，仅是在

[9]叠加条形图的英文为 stack bar chart。

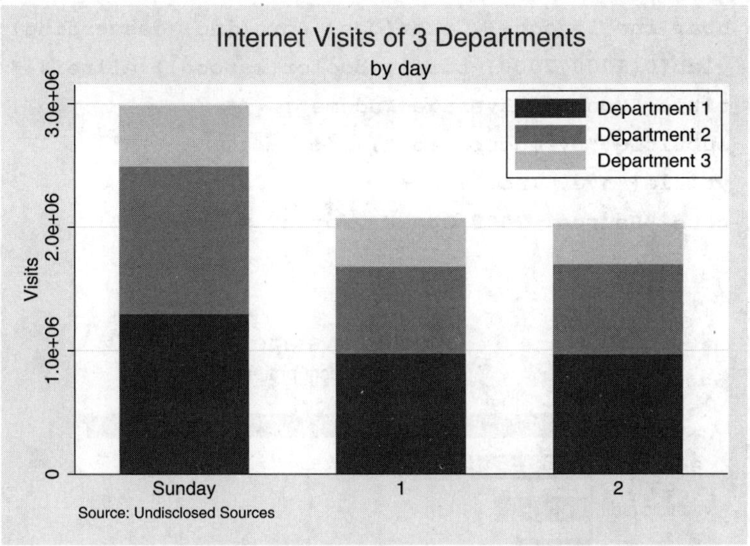

图 8-18　某网站三个版面在三天中的访问量，叠加

选项中添加 percent。在比例叠加条形图中，我们可以比较一下各个部分（直条的长度）在整个累积和中的份额。

8.4.5　横向条形图

前面所绘制的条形图的方向均是垂直向上的。Stata 也可以绘制直条从左至右水平方向的横向条形图。

绘制横向条形图的过程与纵向条形图完全相同，使用的命令为 graph hbar，[10] 而其他的选项也完全一样。只不过，横向条形图颠倒了横轴与纵轴。如，原先选项中的 ytitle、ylabel、yline 等所指的纵轴，在横向条形图中则是指水平方向的数轴。

使用数据 chnhf2000.dta，我们希望绘制一个不同的职业群体的平均月收入的横向条形图。使用的命令如下（图形见图 8-19）：

```
. use chnhf2000, clear
(1500 sampled from CHNHF)
```

[10]这里的 h 表示横向 horizontal。

```
. graph hbar inc if occ>1, over(occ, sort(inc) descending)  /*
>    */  ylab(0(1000)7000) bar(1, bcolor(maroon)) yline(943)  /*
>    */  title("Monthly Average Income")  /*
>    */  subtitle("by occupation")  /*
>    */  ytitle("Ave. Inc.")  /*
>    */  note("Source: 2000 CHNHF Project Subsample")
```

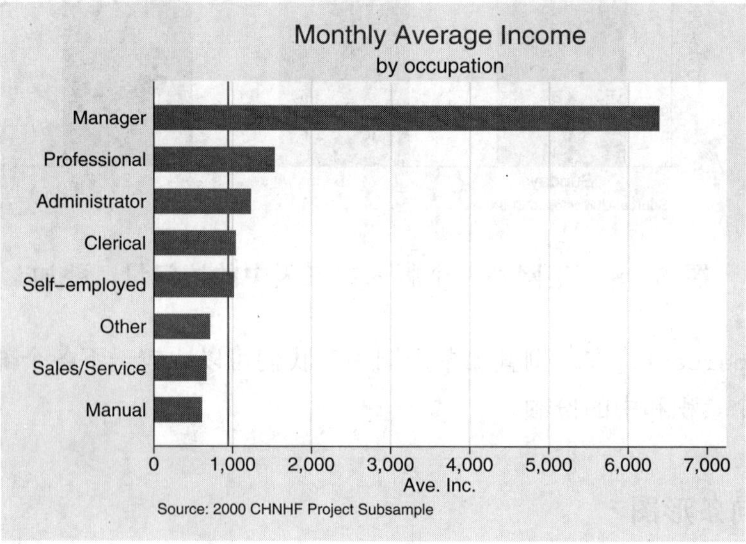

图 8-19 平均月收入，分职业

在上面的命令中，选项 over(occ, sort(inc) descending)表示绘制的条形图根据变量 *occ* 分组，同时依据收入（变量 *inc*）由高到低排序。横轴的标签从 0 到 7000，每隔 1000 添加一个标签。该条形图在收入平均值 943 处添加了一条直线，可以清楚地分出哪些职业的收入在平均线以上，哪些在平均线以下。

该条形图显示，企业经理与老板的平均月收入远远超过其他任何一个职业群体；技术人员与行政官员的收入也属于较高收入群体；办公室职员与个体职业者的收入几乎与总体平均收入相同；而销售/服务人员、蓝领工人与其他职业的收入则远低于平均收入线。

在条形图的绘制中，也可以使用以 by 引导的分组别制图。下面给出一个分男女性别绘制职业收入的例子（图形见图 8-20）。

```
. graph hbar inc if occ>1, over(occ, sort(inc) descending)  /*
>    */ by(male) nofill  /*
>    */  ylab(0(2000)6000) bar(1, bcolor(maroon)) yline(943)  /*
>    */  title("Monthly Average Income")  /*
>    */  ytitle("Ave. Inc.")  /*
>    */  note("Source: 2000 CHNHF Project Subsample")
```

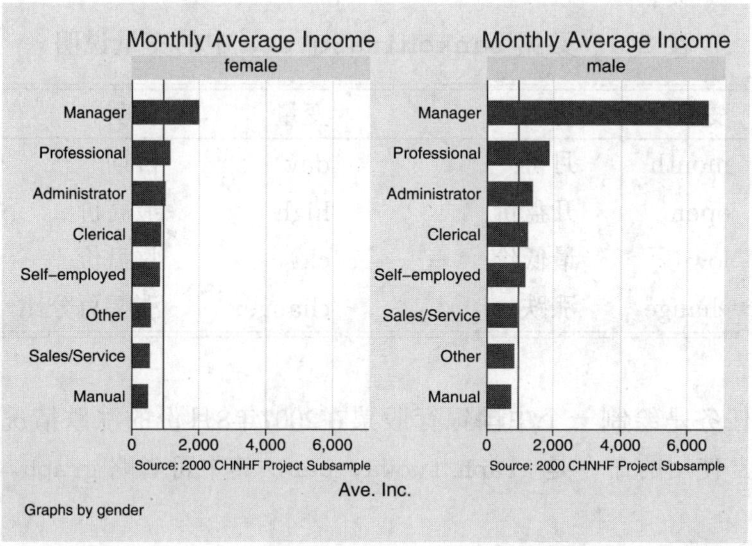

图 8-20　平均月收入，分性别与职业

在更早的条形图中，比较不同组别间平均值的差异的方法是使用 over 引导的选项。这种选项下的条形图将不同组别的直条并列在一起，有利于查看并比较差异。更多的时候，使用by引导的选项是为了比较不同组别中的平均值在排列顺序上的差异。在图 8-20 中，更重要的目的是比较男性与女性在各个职业收入多少的排列顺序。从比较中，这两者显然没有太大的差异，仅在收入较低的销售/服务人员与其他职业中顺序不同。当然，我们也能得出男性在所有职业的平均收入都高于同职业的女性收入的尝试性结论。

8.4.6　多方向条形图—— 股票涨幅走势图

到现在为止所讨论的条形图中，无论是从下往上的垂直方向或是从左向右的水平方向直条延伸的方向都是单一的。事实上，Stata 也可以绘制直条向两个不同方向延伸的二维条形图。一个典型的例子就是股市行情的涨跌：既有向上的上涨，也有向下的下跌。

我们选择使用 2007 年第三季度中国银行在上海股票交易所的交易价格变动资料来讨论二维条形图的绘制。数据的来源是 `http://stock.business.sohu.com/`。以下列出部分变量，其中变量名所表示的内容如表 8-6所示。

表 8-6 数据 `bankchina3q.dta` 中的变量说明

变量	说明	变量	说明
month	月份	day	日期
open	开盘价	high	最高价
low	最低价	close	收盘价
change	涨跌	changex	涨幅百分比

这里的任务是绘制一个中国银行股票在2007年8月份的涨跌情况走势条形图（图 8-21）。使用的命令是 `graph twoway bar`，其中可省略 `graph`。因此，我们有如下命令：

```
. use bankchina3q,clear
(Bank of China Stock Change, 3rd Q of 2007, from sohu.com)
. li month day open-changex in 1/15,clean

        month   day   open   high    low   close   change   changex
  1.        7     2   5.01   5.06   4.96    5.05        .         .
  2.        7     3   5.05   5.13   5.02    5.10    0.050     0.990
  3.        7     4   5.12   5.16   5.00    5.02   -0.080    -1.569
  4.        7     5   5.00   5.00   4.85    4.86   -0.160    -3.187
  5.        7     6   4.86   5.01   4.81    4.99    0.130     2.675
  6.        7     9   5.01   5.11   4.97    5.07    0.080     1.603
  7.        7    10   5.09   5.20   5.09    5.10    0.030     0.592
  8.        7    11   5.15   5.27   5.09    5.18    0.080     1.569
  9.        7    12   5.18   5.21   5.10    5.17   -0.010    -0.193
 10.        7    13   5.17   5.19   5.09    5.13   -0.040    -0.774
 11.        7    16   5.13   5.16   5.03    5.03   -0.100    -1.949
```

```
 12.       7  17  5.03   5.18   5.00   5.13   0.100   1.988
 13.       7  18  5.10   5.20   5.07   5.16   0.030   0.585
 14.       7  19  5.15   5.21   5.11   5.14  -0.020  -0.388
 15.       7  20  5.14   5.33   5.12   5.29   0.150   2.918
. format changex %3.1f
. #delimit ;
delimiter now ;
. twoway bar changex day if month==8, yline(0, lcolor(black))
>       ylab(-5.0(5)10.0) xlab(1(1)31, alter) ymtick(-5(1)10)
>       title("Bank of China")
>       subtitle("August 2007")
>       ytitle("Change in %") xtitle("Date")
>       note("Source: http://stock.business.sohu.com/,
>            extracted on 10/04/2007");
. #delimit cr
delimiter now cr
```

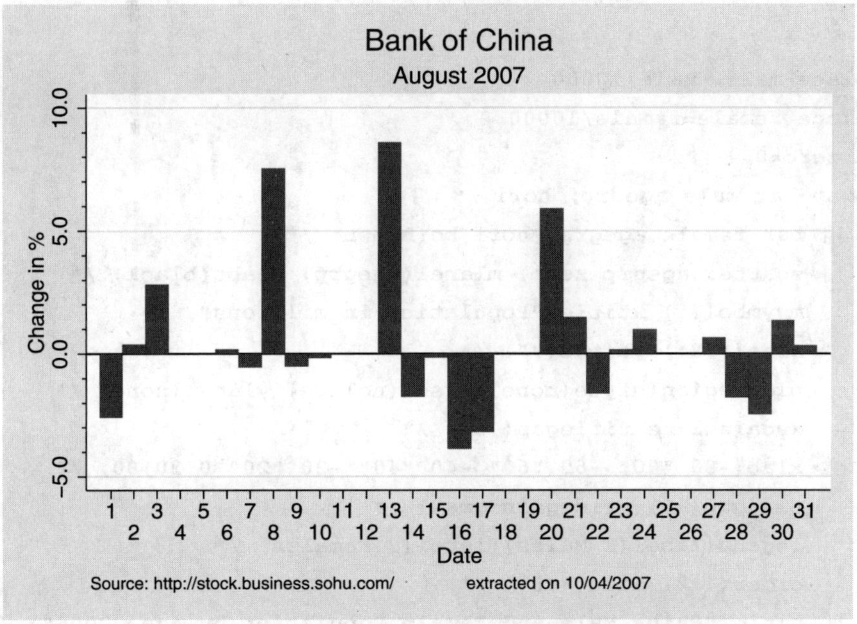

图 8-21　2007 年 8 月份中国银行股票涨跌

上面的命令中，新的选项只有一个 ymtick-5(1)10。它表示在纵轴上，除去标签处的刻度横线以外，在从 −5 到 10 的整数位置加上细小的刻度。[11]

以上的二维条形图是以涨幅百分比作为制图对象的。当然，我们也可以使用涨幅的绝对数量作为制图对象。有兴趣的读者可以自行练习。

8.4.7 人口金字塔

二维条形图更高级的一个举例是绘制人口金字塔。人口金字塔是人口学中常见的图形。它将男女两个性别的分年龄人口数以水平直条的形式从下向上随年龄增长而对称排列。通常情况下，由于年轻人口的基数大于年老人口数，这样呈现出来的形式非常接近金字塔的形状，因此被形象地称为人口金字塔。

用来绘制人口金字塔的数据 popu2006.dta 来源于《中国统计年鉴（2006）》。其中的数据是根据 2005 年 1% 人口抽样调查得到的。以下列出以 5 岁为年龄分组区间的男女人口统计表。制图过程中将使用变量 *agegrp*（年龄组）、*male*（男性人口数）、*female*（女性人口数）。见图 8-22。

```
replace male=-male/10000
replace female=female/10000
gen zero=0
twoway bar male agegrp, hori /*
 */ || bar female agegrp, hori bc(brown) /*
 */ || scatter agegrp zero, mlabel(agegrp) mlabc(black) /*
 */    msymbol(i) xtitle("Population in millions", /*
 */    size(*.8)) ytitle("") /*
 */    plotregion(style(none)) ysca(noline) ylabel(none) /*
 */    xsca(noline titlegap(.8)) /*
 */    xlab(-80 "80" -60 "60" -40 "40" -20 "20" 0(20)80, /*
 */    tlength(.5) grid gmin gmax) /*
 */    legend(label(1 Males) label(2 Females) /*
 */    order(1 2) size(*.8)) /*
 */    title("China Male and Female Population by Age, 2005") /*
 */    note("Source: China Statistical Yearbook, 2006")
```

[11] 选项 ytick() 则是添加主要刻度横线。

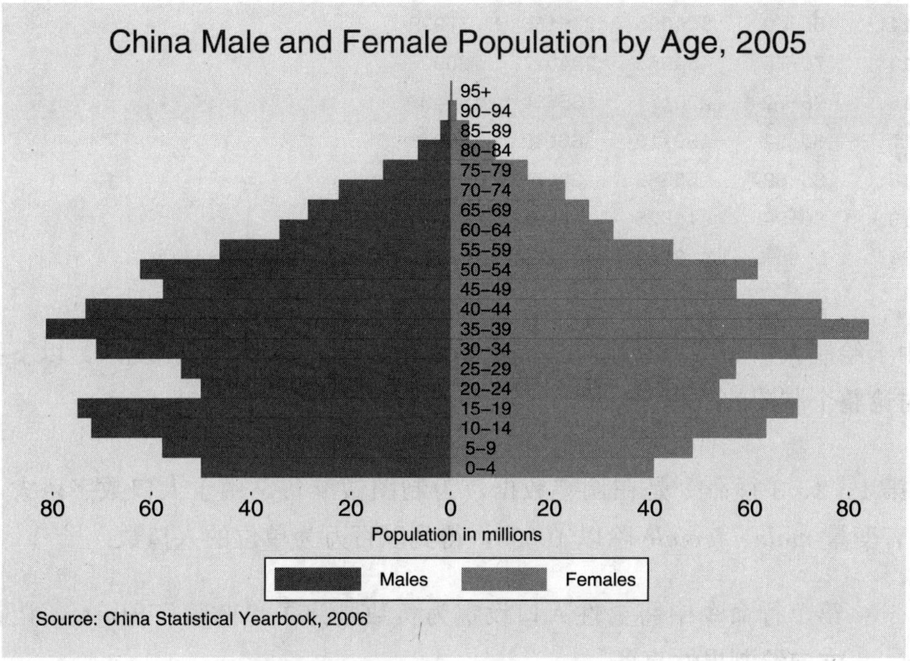

图 8-22　2005 年中国人口金字塔

```
. use popu2006,clear
(from 2006 Statistical Yearbook, % sample)
. li agegrp total male female ,clean

        agegrp      total     male   female
  1.       0-4     907102   499709   407393
  2.       5-9    1060664   577004   483660
  3.     10-14    1353263   721493   631770
  4.     15-19    1443484   749084   694399
  5.     20-24    1036723   499927   536796
  6.     25-29    1110290   539235   571055
  7.     30-34    1445908   711021   734887
  8.     35-39    1651487   813134   838354
  9.     40-44    1475539   732641   742898
 10.     45-49    1147578   575858   571720
 11.     50-54    1236929   622759   614170
 12.     55-59     907435   462421   445014
 13.     60-64     668310   342519   325791
```

```
14.    65-69   564095   286166   277929
15.    70-74   454955   224027   230928
16.    75-79   290171   135684   154487
17.    80-84   156110    66132    89978
18.    85-89    56582    20475    36107
19.    90-94    15825     4785    11040
20.      95+     3319      810     2509
```

由于绘制人口金字塔涉及一些高级的制图技巧，其命令相当复杂。以下我们来逐行讨论整个制图的过程。

- 第 1、2、3 行命令是在调整数据，为制图做准备。由于人口数字巨大，将原有变量 *male*、*female* 除以 10000，得到以百万为单位的人口数：[12]
  - 第 1 行命令中将男性人口设定为负数是为了“欺骗” Stata，让它从反方向绘制男性直条；
  - 而第 3 行生成一个为0的变量也是为了“欺骗” Stata（见下面的详解）。
- 第 4、5、6 行命令是绘制人口金字塔的主干命令：
  - 第 4 行绘制从右向左的男性直条（设定为“负数”）；
  - 第 5 行绘制从左向右的女性直条，并指定色彩为褐色；
  - 第 6 行绘制一个根本看不到的散点图，这是在“欺骗” Stata，让它用黑色标出变量 *agegrp* 的标签，而这一标签的位置正好就在我们所希望标出各个年龄组的位置；
  - 这 3 条命令涉及了同时绘制多个图形。在本章稍后有更多内容讨论怎样处理多个图形，这里不再多讲。
- 以上命令已经绘制出了金字塔的形状。下面的选项仅仅是为了将图形清理干净，提高阅读性。

[12]注意，这是 1% 抽样调查的数据汇总。

- 第 7、8 行命令给出横轴的标题并调整其大小，然后设定纵轴标题空白。
- 第 9 行抹去了 Stata 图形的彩色边框、撤销了纵轴线与标签。
- 第 10 行撤销了横轴线并调整横轴标题的位置。
- 第 11、12 行设定并标出横轴的标签，同时设定了刻度线的大小。
- 第 13、14 行设定图例及其顺序与大小。
- 最后，第 15、16 行给出图形标题与注释。

这样，我们就完成了一个阅读性很强的人口金字塔图形的绘制。

为了保持数据的完整性，读者可以将它与原始来源相对照，在绘制上面人口金字塔的图形时，我们没有做任何数据变动。从图中可以看出，年龄组别顶端的几组中的人口数较少，显示出的直条较短。更常见的做法是将顶端的几个年龄组合并起来，得到的最高年龄组为 85+ 或是 80+。读者可以自己练习转换数据并绘制这一图形，看看结果会是怎样。

8.5　散点图

当用户面对的是两个连续变量时，散点图能够非常直观地将数据呈现出来，可以让人一目了然地发现两个变量间可能的潜在共变趋势。因此，散点图在探索变量间的关系、为进一步的统计分析做准备工作中得到了较为广泛的使用。[13]

绘制散点图的基本命令是：

```
. graph twoway scatter yvar xvar
```

其中，*yvar* 是纵轴变量，而 *xvar* 是横轴变量。`graph twoway` 可以同时省略，或是省略 `graph`。

[13]有时，将非连续变量近似地当成连续变量，也可以使用散点图来查看变量间的关系。这时，连接中位值或是均值是一个查看趋势的较好的选择。

8.5.1 改变散点图显示符号

在本章一开始介绍图形的显示格式时，我们已经给出了散点图示例（图 8-2，图 8-3）。在这两个散点图中，图形中的散点显示为实心的黑圆圈。事实上，Stata 选择散点图显示符号的功能较为强大，包含一系列供用户选择的显示符号，黑圆圈是 Stata 绘制散点图的默认值。

用户可以使用选项 msymbol() 来实现变换显示符号的目的。其中的小括号内既可以是符号的文字全称，也可以是简单的缩写（见表 8-7 中的详细说明）。这在显示叠加的多个散点图时必不可少。

例如，继续使用数据 hdr2004.dta，用以下的命令可以将原有图形中散点的显示符号更改为中空的黑圆圈（图 8-23）。

```
. scatter enrollf literacy, msymbol(Oh)
```

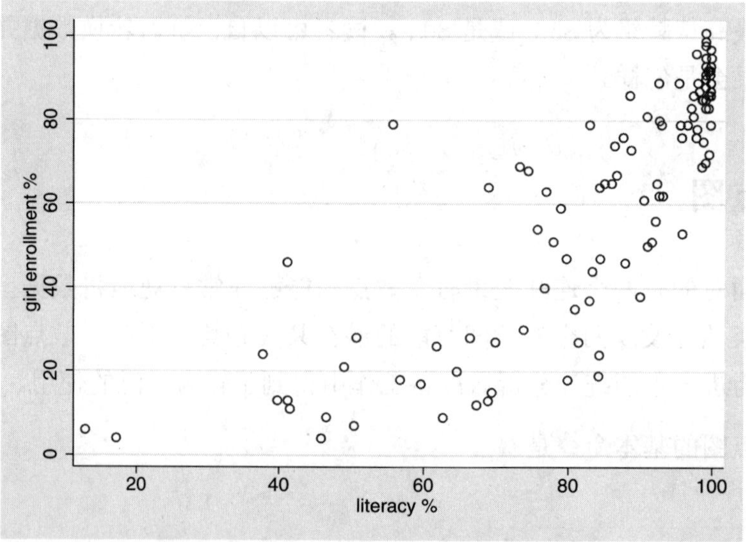

图 8-23 中空圆圈作为显示符号

表 8-7 中，给出了 Stata 中一些散点的显示符号。既有较大的，也有较小的；既有实心的，也有空心的；还有英文字母的。用户可以根据实际的需要与自己的偏好选择使用合适的显示符号。

表 8-7　散点图中的显示符号

msymbol()	缩写	说明
circle	O	黑圆
circle_hollow	Oh	中空黑圆
diamond	D	菱形
diamond_hollow	Dh	中空菱形
triangle	T	三角形
triangle_hollow	Th	中空三角形
square	S	正方形
square_hollow	Sh	中空正方形
X	X	字母X
smx	x	小写x
smcircle	o	小黑圆
smcircle_hollow	oh	中空小黑圆
smdiamond	d	小菱形
smdiamond_hollow	dh	中空小菱形
smtriangle	t	小三角形
smtriangle_hollow	th	中空小三角形
smsquare	s	小正方形
smsquare_hollow	sh	中空小正方形
plus	+	加号
smplus	smplus	小加号
point	P	很小的点
none	i	无显示

需要特别强调的是表 8-7 中最后一行的无显示符号。由于它在图形上并不留下痕迹，所以它经常被用来“欺骗” Stata，既让 Stata 做了绘制图形的工作，又可以不被看图的人发现。在上个小节中绘制人口金字塔时，正是使用了这种符号，使得我们在图形中根本看不到任何散点，但是我们可以任意使用由该散点图中的纵轴

标签来标注我们的年龄组。

在以后的讨论中，还将遇到这样的情况，我们将一一加以指出。而读者可以特别留意一下这些可以提高制图效果的复杂技巧。

8.5.2 处理重合的数据点

有时候，由于数据点太密集，甚至产生了重叠，使得我们在观察数据中的趋势时受到影响。这时，需要将这些数据点轻微地挪动位置，使得重合的数据点相互分开。在 Stata 中，添加选项 `jitter()` 可以达到震荡数据点的目的。

下面，使用数据 `hdr2004.dta` 中欧洲的部分教育资料来显示如何处理重合的数据点。从下面的结果中可以知道，识字率在 95% 以上的欧洲国家有 30 个。

使用这些国家的数据，绘制变量 *enrollf* 与变量 *literacy* 的散点图（图 8-24）。

```
. count if literacy>95&contin==3
  30
. scatter enrollf literacy if liter>95&contin==3, msymbol(Oh)
```

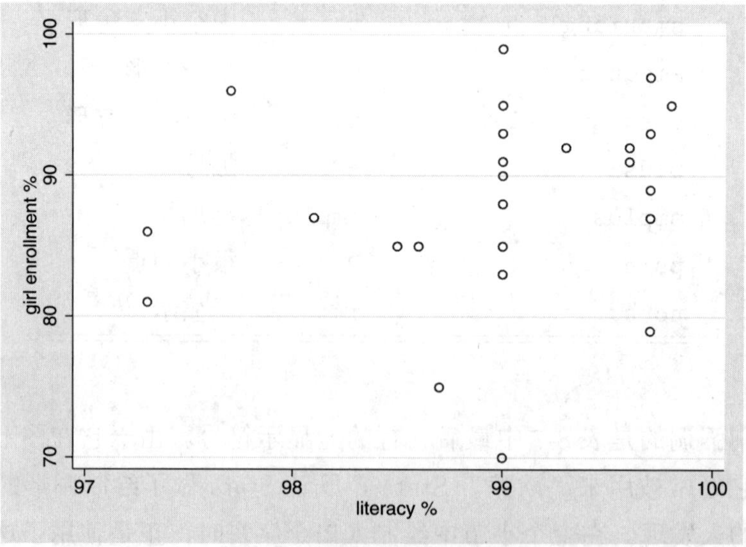

图 8-24 有重合数据点的散点图

从图形中我们仅仅能够数出 25 个数据点。这里并不是 Stata 将其中的 5 个国家遗失了。从上面的结果以及反复查看数据，我们发现有 3 组共 8 个国家的数据在这两个变量上是完全相同的。它们在这个散点图中产生的数据点有着相同的坐标，因而是重合在一起的。

这种情况下，需要使用选项 jitter() 将这些重合的数据点显示出来。其中小括号里的数字表示 Stata 在标出这些重合的数据点时，使用的震动幅度的大小。见图 8-25。

```
. scatter enrol liter if liter>95&cont==3, msymbol(Oh) jitter(9)
```

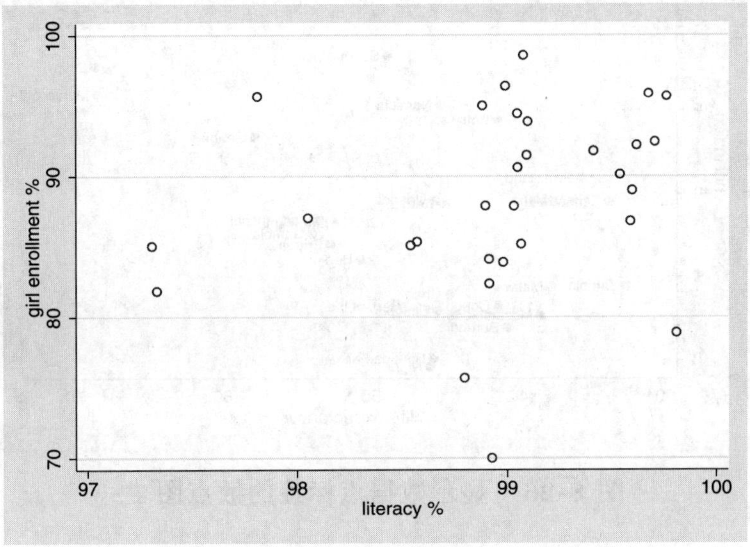

图 8-25　移动重合数据点的散点图

从图形中，可以计数进入散点图的数据点（国家）为 30 个，而不是前面图形所显示的 25 个。

这种让数据点产生些微偏离的技巧在绘制涉及类别变量的散点图时十分有用。

8.5.3　更多的显示选项

为了使用户在显示图形时有更多的选择，以便在图形上了解到更多的内容，

Stata 还提供了数据点的标签选项。这一标签选项是在数据点位置的旁边（或者是不显示数据点时的数据点位置上）所显示出来的内容。由于这一内容可以是另一个变量的数值，因而使用起来非常方便。

还是使用数据 hdr2004.dta，我们可以在散点图 8-26中将各个国家的名称显示出来。

```
. scatter hdi lifeexp if contin==1, mlabel(nation)
```

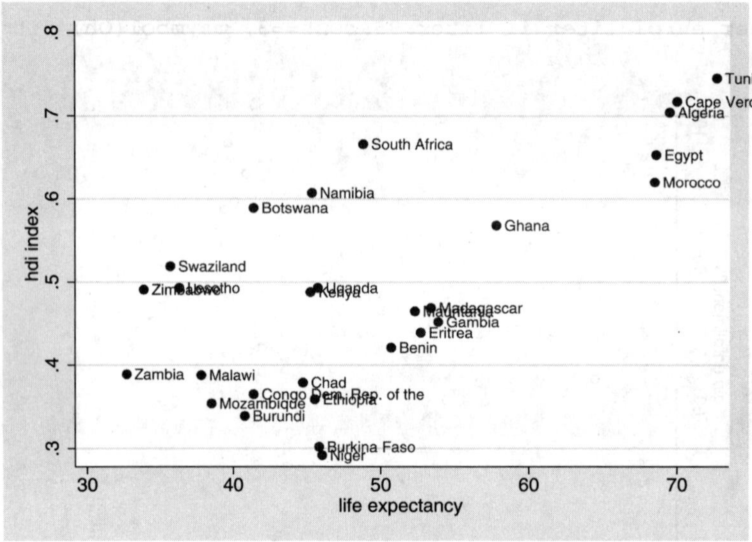

图 8-26　显示数据点标签的散点图 1

上图中，国家名称有较多的重叠。可以重新调整数据点标签的位置，使得图形的阅读更为方便。在下面的命令中，生成一个新变量 *pos* 来定义显示数据点标签的位置。数据点位置标签的选项为 mlabv()。读者可以回忆一下 Stata 中是怎样设定位置的。小括号中的数字表示数据位置在钟表盘上整点小时数的位置。加上选项 xlab是为了扩大图形区域，将较长的国家名称包括到图形里来（图 8-27）。因此，我们有如下命令：

```
. cap drop pos
. gen pos=3
. replace pos=9 if rank==147
```

```
(1 real change made)
. replace pos=9 if rank==152
(1 real change made)
. replace pos=9 if rank==168
(1 real change made)
. replace pos=2 if rank==175
(1 real change made)
. replace pos=8 if rank==148
(1 real change made)
. scatter hdi lifeexp if contin==1, xlab(25(5)75)  /*
>         */  mlabel(nation) mlabv(pos)
```

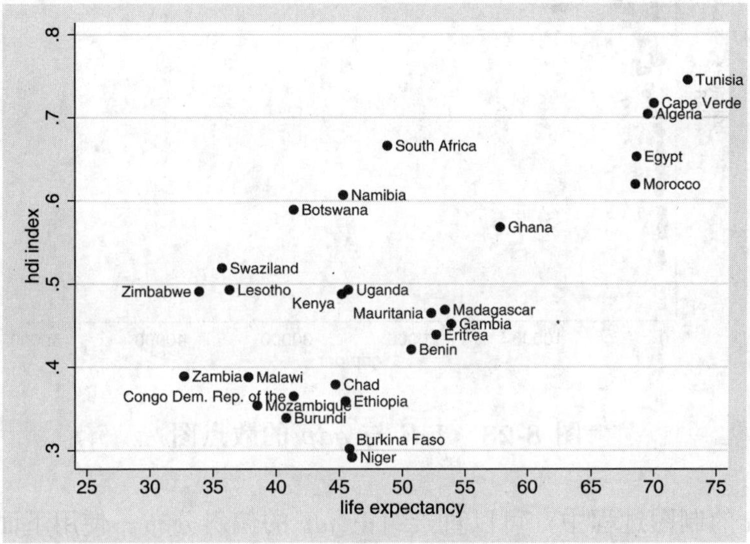

图 8-27　显示数据点标签的散点图 2

8.5.4　改变轴线刻度

在 Stata 的散点图中，用户可以指明或是改变轴线的刻度为对数刻度。这样的选项在绘制两个非线性关系变量的散点图时，具有重要的意义。一个常见的例子就是在社会科学研究中收入与其他变量间的关系。由于收入变量的分布较为偏斜，因而它与其他连续变量间的关系并非线性的。这时，通常要将收入变量转换成对数形式，以纠正其偏斜的分布。

在数据 hdr2004.dta 中，我们有变量 *gdp*（人均国内生产总值）。由于更多的国家 gdp 的数值较低，少数国家数值很高，其分布相当偏斜。在 *hdi* 与 *gdp* 的散点图（图 8-28）中，我们可以看到两者之间的关系并非线性。

```
. scatter hdi gdp
```

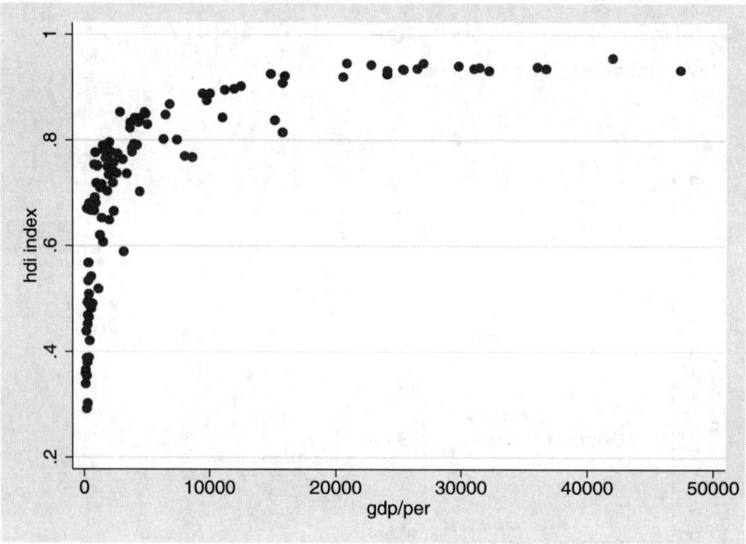

图 8-28　*hdi* 与 *gdp* 的散点图

在 Stata 的制图过程中，可以直接纠正 *gdp* 的偏斜分布。使用下面的命令，直接在制图过程中指明将横轴（即 *gdp*）的刻度显示为对数形式。见图 8-29。

```
. scatter hdi gdp, xlab(, labsize(small) alt grid) xscale(log)
```

上面命令中的选项 grid 是为了在图形中加入格子。从格子的纵向距离中可以清楚地显示出横轴的对数刻度中，40000 与 50000 的距离小于 30000 与 40000 的距离，又小于 20000 与 30000 间的距离，依次类推。这是因为，虽然在横轴标签上显示的数字是绝对数值，但在 Stata 的制图中使用了对数的刻度。所以上述数量在距离上显得并不相等。

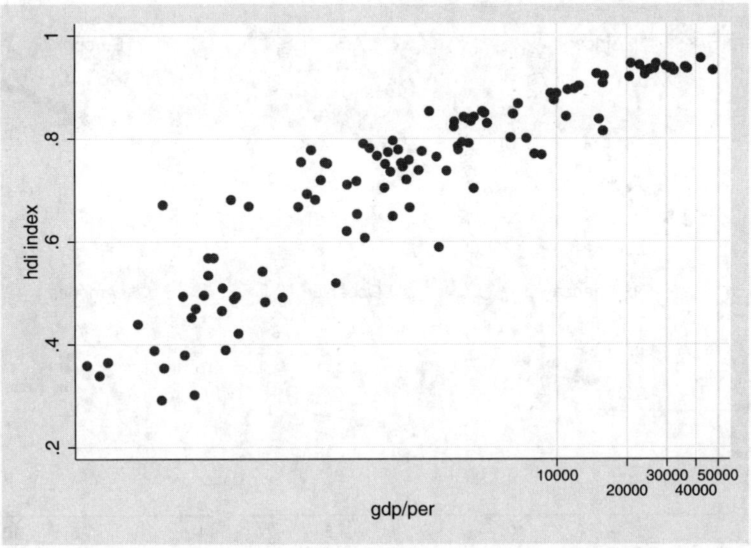

图 8-29　*hdi* 与 *gdp* 的散点图，对数刻度

这一对数刻度的散点图也可以由下面常规的命令得出。感兴趣的读者不妨自行验证一下，查看得到的图形与上面有何差异。

```
. gen gdpn=log(gdp)
. scatter hdi gdpn
```

8.5.5　多个散点图

在绘制散点图时使用选项 by，可以按某个类别变量中的各个组别，逐一绘制出另两个变量的散点图。

使用 hdr2004.dta，我们可以绘制出上面各个大洲 *hdi* 与 *gdp* 的对数形式之间的散点图（图 8-30）。

```
. scatter hdi gdpn, by(contin)
```

在图 8-30 中，Stata 按照变量 *contin* 中取值大小的顺序，绘制了 6 个大洲的散点图。需要指出的是，各个大洲的名称是变量 *contin* 的取值标签。这些取值标签成为了各个散点图的标题（subtitle）。所以，在使用选项 by 时，不能同时加入次

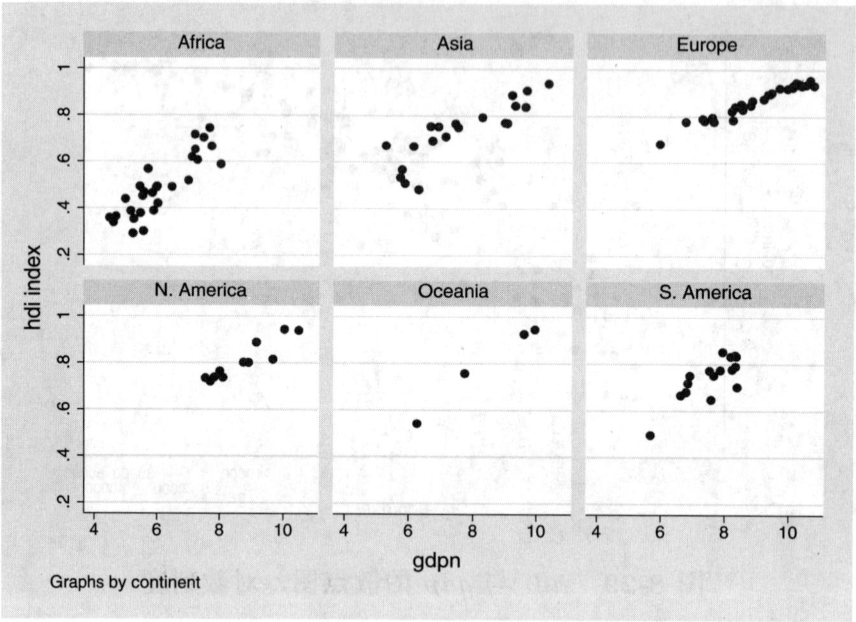

图 8-30 *hdi* 与 *gdp* 的分大洲散点图

级标题 subtitle。否则，by 指明的按此分组别的变量标签将为用户加入的次级标题所覆盖（并且是所有图形中显示相同的次级标题）。

8.5.6 矩阵散点图

当面对多个连续变量，用户希望简便地检查这些变量两两之间的关系时，可以使用矩阵散点图，绘制出多个连续变量间两两对应的散点图。

使用数据 hdr2004.dta，我们用以下命令绘制4个变量间的矩阵散点图，得到图 8-31。

```
. lab var gdpn "gdp per capita in log form"
. graph matrix hdi gdpn literacy lifeexp,  /*
>         */  maxes(ylab(#5, grid) xlab(#5, grid))  /*
>         */  subtitle("Summary of HDR2004 data")  /*
>         */  note("Source: UNDP Human Development Report 2004")
```

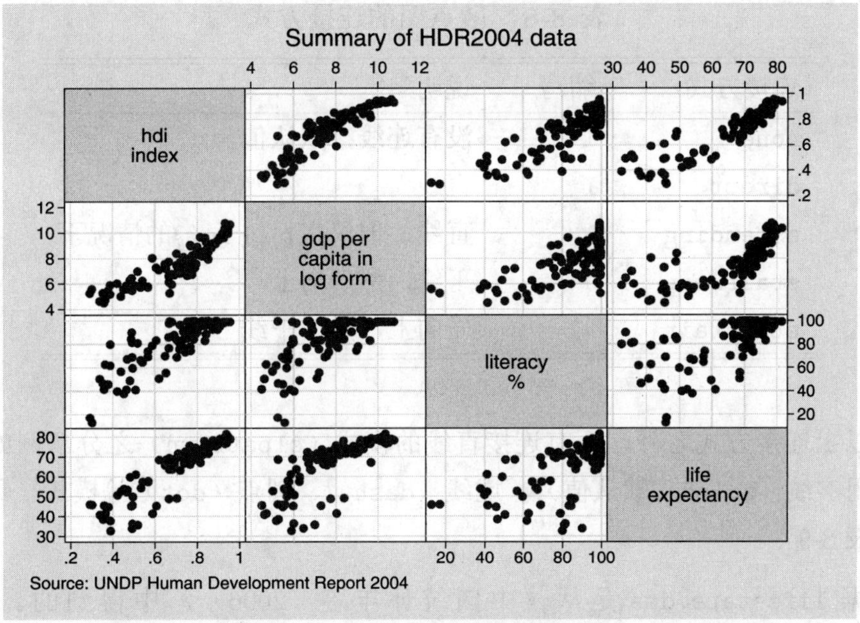

图 8-31　多变量的矩阵散点图

在上面的命令中，我们首先给新变量 *gdpn* 加上变量标签。然后绘制矩阵散点图。在选项 `maxes` 中，我们设定横轴与纵轴的标签不多于 5 个，并显示坐标格子。同时，我们也在图形上添加了次级标题与注释。

在上面的矩阵散点图中，主对角线上的方格里显示的各个变量的变量标签。在主对角线的下方，图形的阅读方向是从上到下，从左到右的。相交的上（或左）下（或右）两个变量分别占据散点图的横轴与纵轴。如变量 *hdi* 只能以横轴的形式出现在主对角线以下的图形中，但只能以纵轴的形式出现在主对角线以上的图形中。因此，以主对角线为界，上下两边的散点图是对称的。只不过相对的两个散点图中的横轴与纵轴相互对换了。

8.5.7　散点连线图

在 Stata 中绘制散点图时，用户可以将数据点连接起来。这样可以更加清楚地查看变动的趋势。完成这一任务的制图选项是 `connect`。连接选项的方式如表 8-8 所示。

表 8-8 散点图的连接方式

连接方式	缩写	说明
none	i	没有连线；默认值
direct	l	直线
ascending	L	直线，但仅在$x_{j+1} > x_j$的情况下
stairstep	J	平线，然后向上
stepstair		先向上，然后平线

除以上连接方式之外，还有连接直线的模式（clpattern）之分。例如，用户可以使用实线（solid；默认值）、虚线（dash）、圆点（dot）等模式（具体的模式，见表 8-9）。

数据 lifestats.dta 是从《中国统计年鉴（2006）》中得到的。它包含了1980—2005年中国人口出生率（*birth*）、人口死亡率（*death*）以及人口增长率（*increase*）。使用以下命令可以得到一个数据点前后相连的散点图（图 8-32）。

```
. use lifestats,clear
(life statistics 1980-2005; from Statistical Yearbook 2006)
. d
Contains data from lifestats.dta
  obs:          26                          life statistics 1980-2005; from
                                              Statistical Yearbook 2006
 vars:           5                          14 Oct 2007 15:26
 size:         624 (99.9% of memory free)
-------------------------------------------------------------------------------
              storage  display     value
variable name   type   format      label      variable label
-------------------------------------------------------------------------------
yearstr         str4   %4s
birth           float  %9.0g                  birth rate
death           float  %9.0g                  death rate
increase        float  %9.0g                  increase rate
year            long   %8.0g       yearstr
-------------------------------------------------------------------------------
```

```
Sorted by:
. scatter birth year, c(l) ms(O)   /*
>            */  subtitle("Birth Rate in China, 1980-2005")  /*
>            */  note("Source: from Statistical Yearbook 2006")
```

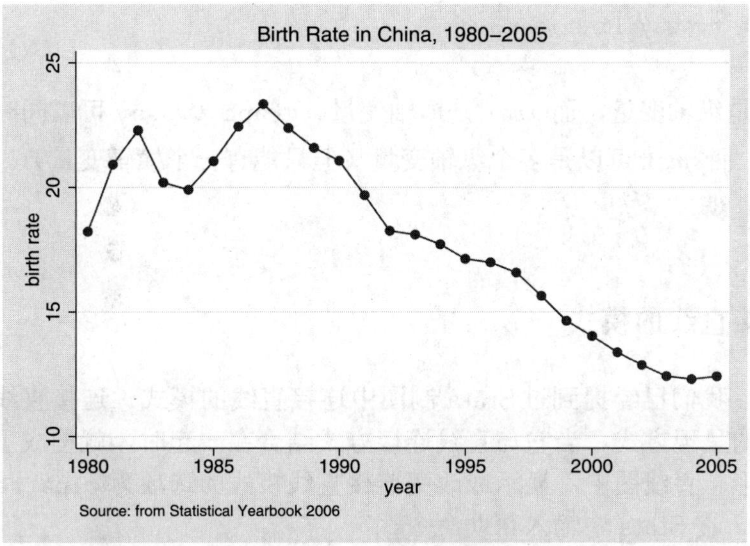

图 8-32　散点连线图

有的时候，用户可以在散点连线图中定义无数据点（使用选项msymbol(i)）。这时的图形中没有数据点，而只有相连的直线了。读者可以尝试绘制这样的图形。

8.6　直线图

从技术上讲，直线图就是没有数据点的散点连线图。换言之，直线图就是选项为 msymbol(none) 以及 connect(l) 的散点图。当然，它们也有使用上的差异。如果说绘制散点图是为了探索两个变量间的关系，那么绘制直线图则是为了直接显示两个变量间的共变趋势。

虽然说是直线图，但图形最后呈现的并非一条直线。这是因为，这里所说的直线是指数据点之间的连线，并且相邻两个数据点之间用没有曲折的直线连接。

正是由于直线图清楚明了地表现出了趋势，所以更多地被用来显示与时间相关的历时趋势情况。因此，在很多情形下，直线图的横轴通常为时间（年份、月份或是日期）。下面我们将看到更多的这样的例子。

绘制直线图的命令主体为：

```
. graph twoway line yvar xvar
```

其中，*yvar* 是纵轴变量，而 *xvar* 是横轴变量。graph twoway 可以同时省略，或是省略 graph。而 *yvar* 可以是多个纵轴变量（但只能有一个横轴变量）。这时，图中将出现多条直线。

8.6.1 连接直线的模式

在前面，我们已经提到过 Stata 制图中连接直线的模式。连接直线的模式是直线图中直线的呈现方式。当它与直线连接方式结合在一起时，就构成了直线图中直线的整体情形。直线图中，显示或改变连接直线模式的选项为 clpattern()，可以简写为 cl()。在 Stata 中输入帮助命令

```
. help linepatternstyle
```

可以得到更多的关于连接直线模式的其他信息。

表 8-9 给出了更为详细与完整的信息。

8.6.2 常见用法

常见的直线图就是呈现一个随时间推移的变化趋势。

仍使用数据 lifestats.dta。我们可以绘制一个与前面散点连线完全一致的直线图（图 8-33）。这个直线图显示1980－2005年间中国人口出生率的变化趋势。

```
. use lifestats, clear
(life statistics 1980-2005; from Statistical Yearbook 2006)

. line birth year, subtitle("Birth Rate in China, 1990-2005")
```

表 8-9　连接直线的模式

模式	说明
solid	实线
dash	虚线
dot	小圆点
dash_dot	虚线后接圆点
shortdash	短虚线
shortdash_dot	短虚线后接圆点
longdash	长虚线
longdash_dot	长虚线后接圆点
blank	空白，等于无直线
"*formula*"	使用符号 "_"、"-"、"."、"#" 组合

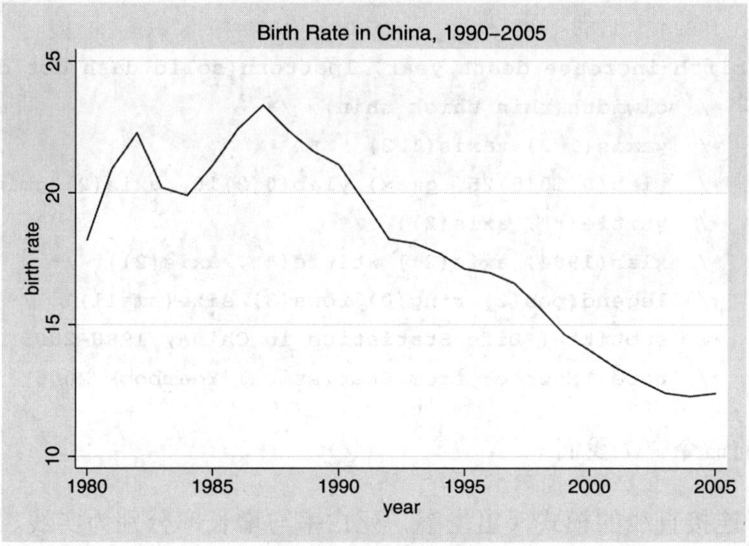

图 8-33　直线图

与前面的连线散点图相比，直线图里除了没有数据点以外，整个线条的走向与形状都完全一致。在绘制直线图时， Stata 自动选择了实线而非其他连线模式。

8.6.3 多个直线图

在绘制直线图时， Stata 允许用户在同一图形中绘制多条直线。

在人口数据中，除了人口出生率，还有人口死亡率与人口增长率。我们可以将这 3 个变量都绘制到同一个直线图里，得到图 8-34。

```
. li in 1/10, clean
        yearstr   birth   death   increase   year
  1.       1980   18.21    6.34      11.87   1980
  2.       1981   20.91    6.36      14.55   1981
  3.       1982   22.28     6.6      15.68   1982
  4.       1983   20.19     6.9      13.29   1983
  5.       1984    19.9    6.82      13.08   1984
  6.       1985   21.04    6.78      14.26   1985
  7.       1986   22.43    6.86      15.57   1986
  8.       1987   23.33    6.72      16.61   1987
  9.       1988   22.37    6.64      15.73   1988
 10.       1989   21.58    6.54      15.04   1989
. line birth increase death year, lpattern(solid dash_dot dash)  /*
>       */  clwidth(thin thick thin)  /*
>       */  yaxis(1 2) xaxis(1 2)  /*
>       */  ylab(0 10(5)25, gmax) ylab(0(2)10, axis(2) gmin)  /*
>       */  ytitle("", axis(2))  /*
>       */  xlab(1984, axis(2)) xtitle("", axis(2))  /*
>       */  legend(pos(2) ring(0) rows(3) size(small))  /*
>       */  subtitle("Life Statistics in China, 1980-2005")  /*
>       */  note("Source: from Statistical Yearbook 2006")
```

在上面的命令中，我们

- 定义了连接直线的模式（出生率、死亡率与增长率分别为实线、虚线、虚线加圆点；
- 使用选项 `lpattern()`，改变了直线的宽度（分别为细线、细线与宽线）；
- 设定了两个横轴与两个纵轴，并分别在4个轴线上都给出了刻度标签（注意使用的方法）；

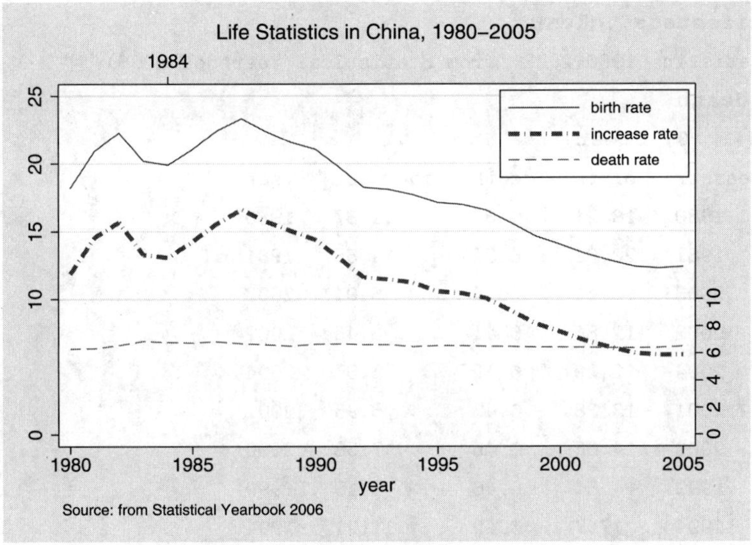

图 8-34　多个变量直线图

- 对于图例，我们将它放到图形内的右上角。

从图 8-34 可以看出：

- 总体上，人口出生率呈现下降趋势。在 1984 年左右有一个波动：先下降，后又爬升。但从 1987 年之后，就一路下降，直到 2005 年的千分之十二；
- 人口死亡率几乎没有变化，一直在千分之六点五左右；
- 相应地，人口增长率与人口出生率的模式非常相似。

8.6.4　重要提醒

直线图横轴的变量一定是有特定的顺序的（例如，时间上的先后顺序）。如果在绘制之前，数据并不是按照这样的顺序排列的，那么用户将得到一个没有任何意义的混乱的图形。这是因为 Stata 在绘制直线图时，根据横轴变量的数值来连接数据点。当横轴变量数值的排列混乱时，直线图的连线也就混乱了。

使用数据 `lifestats.dta`，我们依照人口死亡率的大小而非年份排序，得到

```
. use lifestats, clear
(life statistics 1980-2005; from Statistical Yearbook 2006)
. sort death
. li in 1/10, clean

       yearstr   birth   death   increase   year
  1.      1980   18.21    6.34      11.87   1980
  2.      1981   20.91    6.36      14.55   1981
  3.      2003   12.41     6.4       6.01   2003
  4.      2002   12.86    6.41       6.45   2002
  5.      2004   12.29    6.42       5.87   2004
  6.      2001   13.38    6.43       6.95   2001
  7.      2000   14.03    6.45       7.58   2000
  8.      1999   14.64    6.46       8.18   1999
  9.      1994    17.7    6.49      11.21   1994
 10.      1998   15.64     6.5       9.14   1998
. line birth year
```

在列出的 10 个观察个案中，并不是以年份作为排列顺序的。因此，我们得到混乱的图形（图 8-35）。

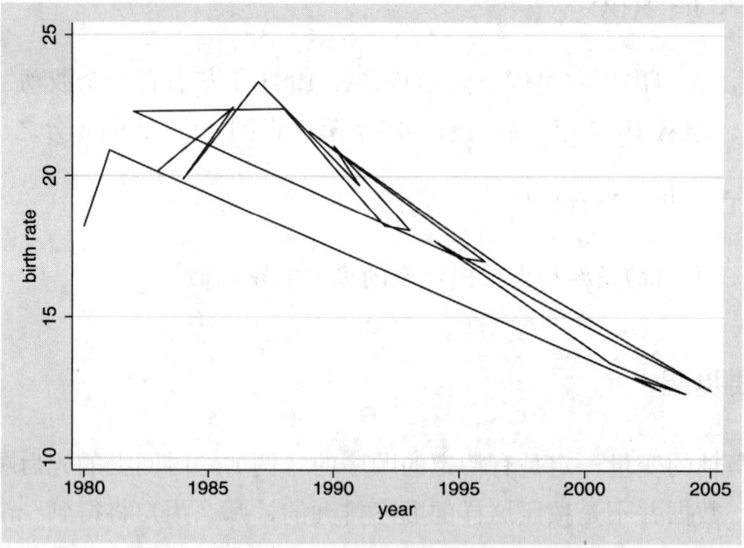

图 8-35　横轴数值顺序混乱的直线图

这时，用户需要在绘制图形前将数据排序，或是使用下面添加了选项 `sort()`

的命令。

```
. line birth year, sort(year)
```

8.7 数据拟合图形

绘制图形的目的就是为了查看数据间可能的关系模式。而使用拟合图形，则是让 Stata 根据数据绘制出拟合直线或曲线，使得用户可以更加清楚地查看变量间的共变趋势。

Stata 有一系列的拟合直/曲线图形绘制方法。本小节仅讨论常见的直线与二次曲线拟合图形。

8.7.1 直线拟合图形

直线拟合图形绘制的是两个变量间直线回归所得到的预测值与其中的自变量之间的直线图。它的命令如下：

```
. twoway lfit yvar xyvar
```

与绘制其他二维图形的命令一样，在命令 `lfit` 之后，紧跟的是纵轴变量，然后是横轴变量。

使用数据 `hdr2004.dta`，我们可以绘制变量 *hdi* 与变量 *literacy* 之间的直线拟合图（图 8-36）。

```
. use hdr2004, clear
(human dev'mt report 2004, from UNDP webpage)
. scatter hdi literacy || lfit hdi literacy
```

上面命令中的“||”留待后面讲解。在图形中，我们将散点分布图与拟合直线图放到一起。读者可以清楚地看到这两个变量之间的线性关系趋势，而拟合直线很好地描述出了这一趋势。

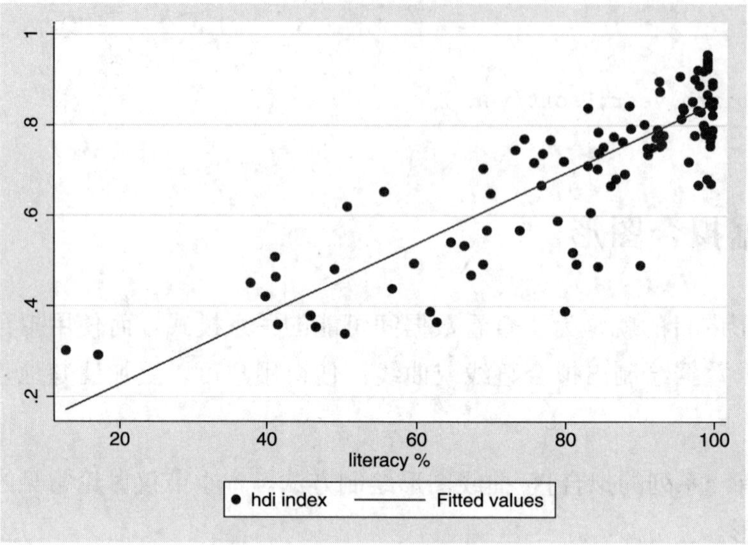

图 8-36 直线拟合图

事实上，以上直线拟合图也可以由下面的命令得到。有兴趣的读者，不妨逐步练习一下。

```
. regress hdi literacy
. predict hdihat
. twoway scatter hdi literacy || line hdihat literacy
```

需要提醒读者的是，对于那些变量间的关系并非为直线趋势的，一定要慎用这一制图命令。因为在这种情形下， Stata 虽然也会给出一条拟合直线，但是这样的拟合与数据本身的实际情况差得太远，并不是一个合理的拟合。例如，我们在前面知道变量 *hdi* 与变量 *gdp* 并非直线关系。如果我们用下面的命令强行绘制它们之间的直线拟合图，将得到如图 8-37 所示的结果。

```
. scatter hdi gdp || lfit hdi gdp
```

显然，这一拟合直线并不能较好地描述这两个变量间的共变关系。这样的使用显然是对直线拟合图的滥用。

在绘制直线拟合图时，我们还可以将拟合直线的 95% 置信区间绘制出来。这时

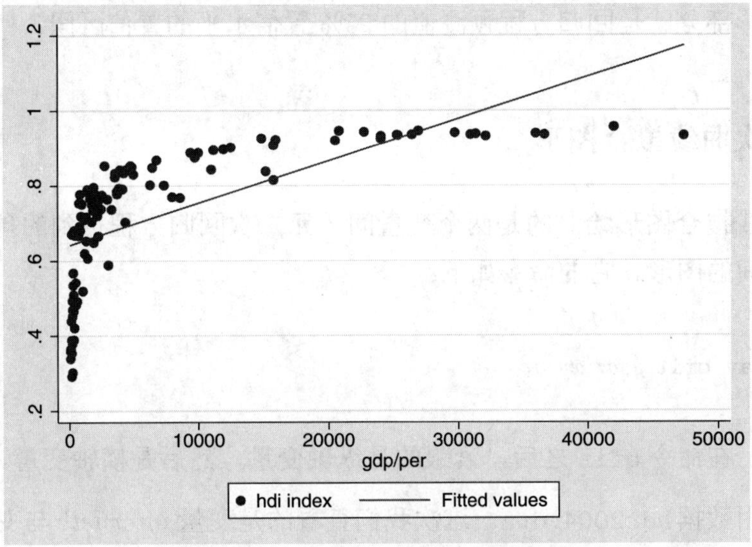

图 8-37　直线拟合图，失败的例子

使用的命令为 `lfitci`。例如先前变量 *hdi* 与变量 *literacy* 的拟合直线图可以通过如下命令得到图 8-38。

```
. twoway scatter hdi literacy || lfitci hdi literacy
```

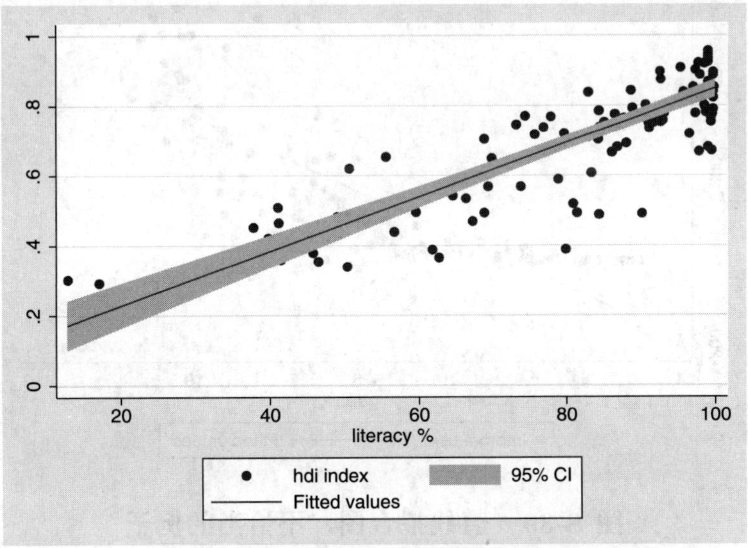

图 8-38　直线拟合的置信区间

图形中的阴影部分就是回归方程预测值的 95% 置信水平的置信区间。

8.7.2 二次曲线拟合图形

二次曲线拟合图形绘制的是两个变量间一元二次回归方程得到的预测值与其中的自变量之间的图形。它的命令如下：

```
. twoway qfit yvar xyvar
```

同样地，在命令 qfit 之后，紧跟的是纵轴变量，然后是横轴变量。

还是使用数据 hdr2004.dta。这次我们查看的是变量 *internetk* 与变量 *gdpn*[14]间的关系。从下面的散点图（图 8-39）中可以看出，这两个变量之间并没有直线的共变关系。

```
. scatter internetk gdpn || lfit internetk gdpn
```

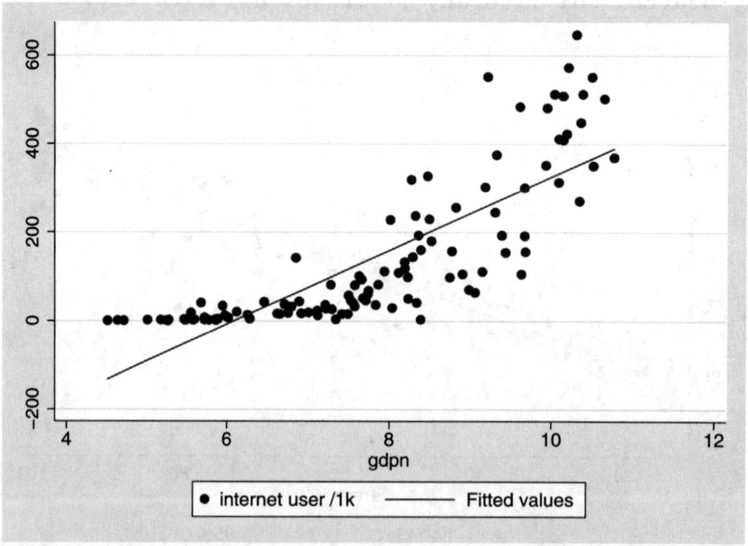

图 8-39 直线拟合图，不恰当的例子

[14]变量 *gdp* 的对数形式。

很明显，使用直线来拟合并不是一个合适的方法。这两个变量间的关系是非线性的。我们可以尝试使用二次曲线来拟合它们之间的关系，得到图 8-40。

```
. scatter internetk gdpn || qfit internetk gdpn
```

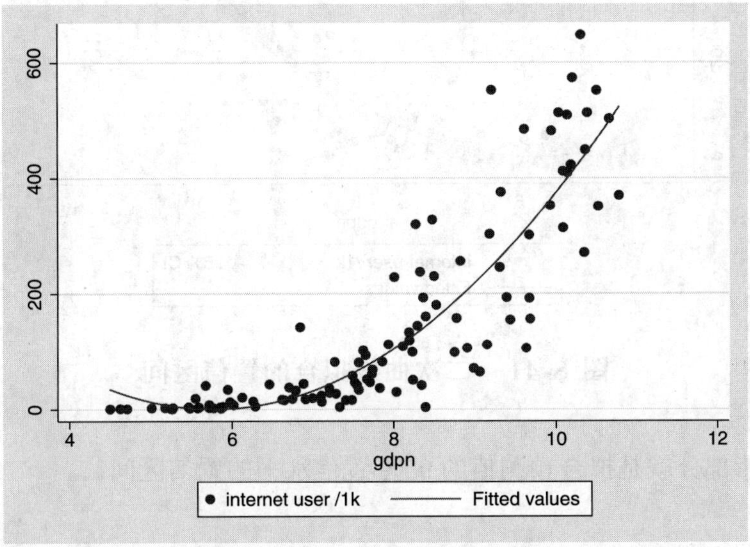

图 8-40　二次曲线拟合图

与上面的直线拟合图形的比较可以看出，二次曲线的拟合更符合数据的实际情况。

如果事先给定二次曲线拟合图形的定义，上面的拟合曲线图形也可以由以下命令得到：

```
. gen gdpn2 = gdp^2
. regress internetk gdpn gdpn2
. predict interhat
. scatter interhat gdpn || line interhat gdpn
```

同样地，二次曲线的拟合图也可以使用命令 qfitci，将给出的预测值的 95% 的置信区间绘制出来（图 8-41）。

```
. scatter internetk gdpn || qfitci internetk gdpn
```

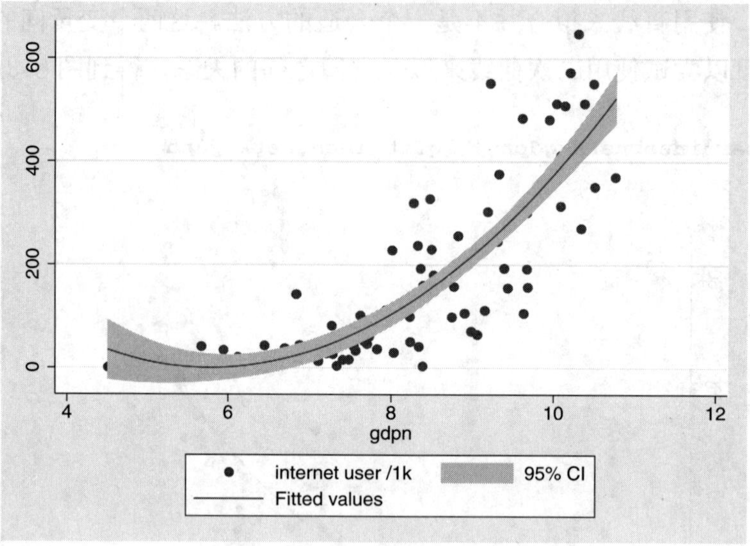

图 8-41 二次曲线拟合的置信区间

图中阴影部分就是拟合预测值的 95% 置信水平的置信区间。

8.7.3 简单小结

数据拟合图形提供一个简便的方法，让 Stata 给出数据中两个变量之间的关系。这样的关系可以是线性的，也可以是非线性的。这种查看数据中变量间关系的简便方法在建模过程中相当有效。因为在这一过程中发现的关系模式，提供了在模型中指明两个变量关系的出发点。

在上面，我们给出了两种拟合数据的模式。当然还有其他形式。例如，中位值样条曲线拟合。它计算分界中位值（cross median），然后使用这些分界中位值作为节点，绘制三次方样条曲线（sline）拟合图形。例如，下面的命令给出了变量 *internetk* 与变量 *gdpn* 之间的三次方样条曲线图（图 8-42）。

```
. scatter internetk gdpn || mspline internetk gdpn, n(5)
```

比较这一图形与前面二次方拟合曲线图形。从拟合数据的角度上讲，三次方的样条曲线拟合程度更高。但是从图形上看，两条曲线较为接近。为了简单的原则，

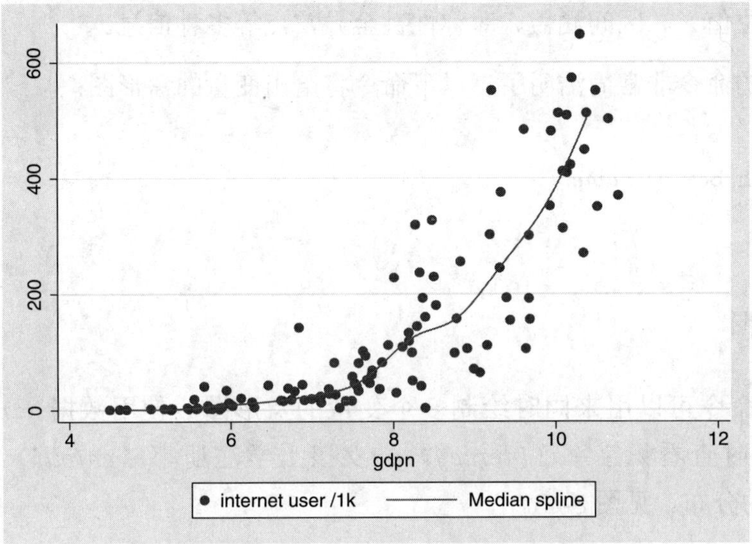

图 8-42　三次方样条曲线拟合图形

一般情况下使用二次方拟合可能就足够了。

其他类似的命令还包括多幂多项回归拟合（使用多幂多项式回归的预测值；twoway fpfit）、局部线性回归拟合（使用局部光滑回归直线来拟合；twoway lowess）以及分界中位值拟合（计算分界中位值并使用直线连接；twoway mband）。用户可以通过使用 help 在在线帮助中找到更详细的使用方法。

与其他制图命令一样，上述的拟合图形的绘制中可以使用 by()。这时，Stata 将针对 by 引导的变量中的每一个组别绘制图形。

8.8　其他类型的图形

除了上面讨论的图形以外，Stata 制图引擎还能够绘制其他更多类型的图形。以下我们选择了其中较为常用的几种图形做简要的介绍。

8.8.1　盒形图

盒形图是一种查看变量分布的简洁图形。这是因为在一个盒形图中，提供了取值中心（中位值）、区间涵盖、对称性甚至异常点等多种信息。

盒形图的命令非常简洁明了。以下命令将给出变量的盒形图:

```
. graph box varname
```

多变量盒形图

同样的命令可以用来同时绘制多个变量的盒形图。使用数据 hdr2004.dta，我们可以同时查看识字率（*literacy*）、女孩上学注册率（*enrollf*）与期望寿命（*lifeexp*）的分布。见图 8-43。

```
. graph box literacy enrollf lifeexp, legend(row(1))
```

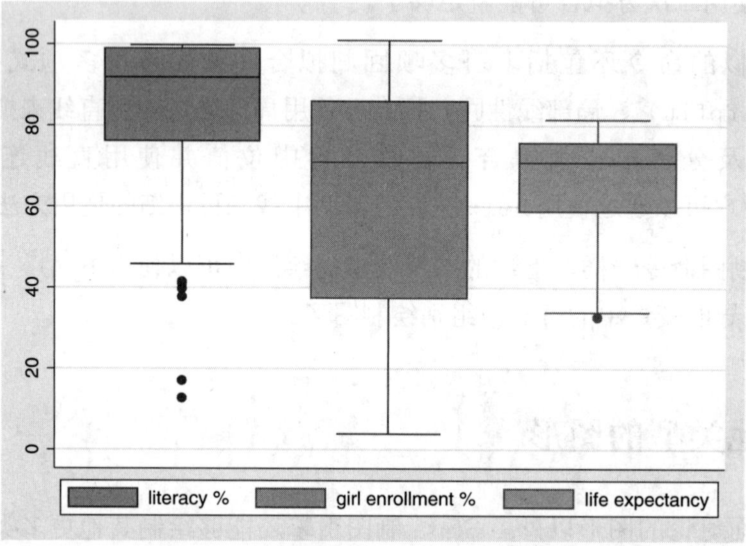

图 8-43　盒形图，多个变量的分布

需要提醒的是，在同时绘制多个变量的盒形图时，这些变量的数值区间要相互接近（刻度与单位可以不同，但数值大小需要相近）。这是因为这些变量使用相同的纵轴。否则，绘制出来的盒形图阅读性可能较差。

在图 8-43 的盒形图中，各个变量的方形盒子表示的是第 25 分位值到第 75 分位值的区间。这一区间可以被称为分位区间，它包含了大约 50% 的数据。方形盒子中的直线显示的是变量中位值的位置。而方形盒子外上、下两条直线分别表示高于第 75 分位值 1.5 倍分位区间与低于第 25 分位值 1.5 倍分位区间的分界线。落在这两条直线之外的数据点就是野点。

在我们绘制出的 3 个盒形图中，女孩上学注册率的分位区间大于另外变量；变量识字率与期望寿命都含有野点，而女孩上学注册率则不含野点。

分组别盒形图

更多情况下，盒形图是被用来比较某个类别变量的各个组别间在另一连续变量上取值的分布情况。例如，我们可以使用盒形图比较各个大洲的 *hdi* 的分布。

从得到的图 8-44 中可以看出，欧洲各个国家的平均 *hdi* 较高，且国家间的差距不大，也没有明显的异常值。非洲国家整体上 *hdi* 较低。而南美国家中，有一个国家的 *hdi* 远远低于其他同大洲的国家。

```
. graph box hdi, over(contin)
```

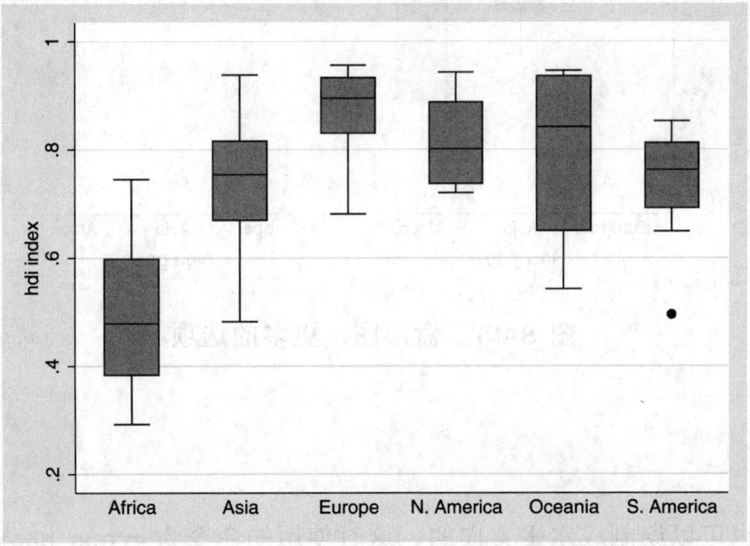

图 8-44　盒形图，各个组别的分布

在绘制盒形图时，有许多选项可以从各个角度提高图形的可读性。

```
. cap drop gdphigh
. gen gdphigh = (gdp>5000)
. lab def gdphigh 1"high gdp" 0"low gdp", modify
. lab val gdphigh gdphigh
. graph box hdi if contin<4, over(contin, sort(1) des) over(gdphigh)
```

为了绘制这个图形，我们首先生成一个新的虚拟变量 *gdphigh*：人均 GDP 高于 5000 美元的为 1，其余为 0。绘制的盒形图按照两个类别变量（*contin* 与 *gdphigh*）分组，并且按照 *hdi* 从高到低的顺序排列。我们发现，非洲缺席了人均 GDP 高于 5000 美元的组别。同时，*hdi* 的从高到低的顺序为欧洲—→亚洲—→非洲（图 8-45）。

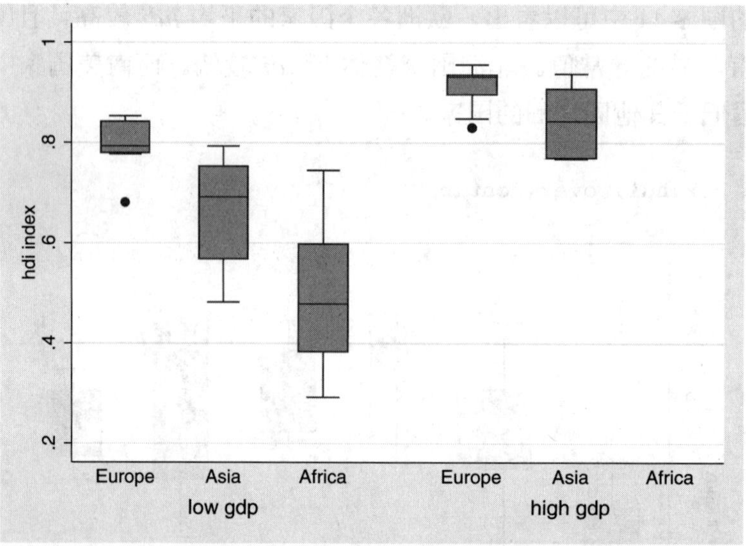

图 8-45 盒形图，更多的选项

水平盒形图

盒形图也可以绘制成水平方向的。这时使用的命令为 `graph hbox`。使用数据 `chnhf2000.dta`，我们绘制如图 8-46 的盒形图。

```
. use chnhf2000, clear
(1500 sampled from CHNHF)
. graph hbox inc, over(occ, sort(1) des )  /*
>       */  nooutside ylab(, labs(small)) ytitle("") /*
>       */  by(male, title("Income by Occupation and Gender")  /*
>       */  note("Source: 1500 samples from CHNHF 2000 survey", span))
```

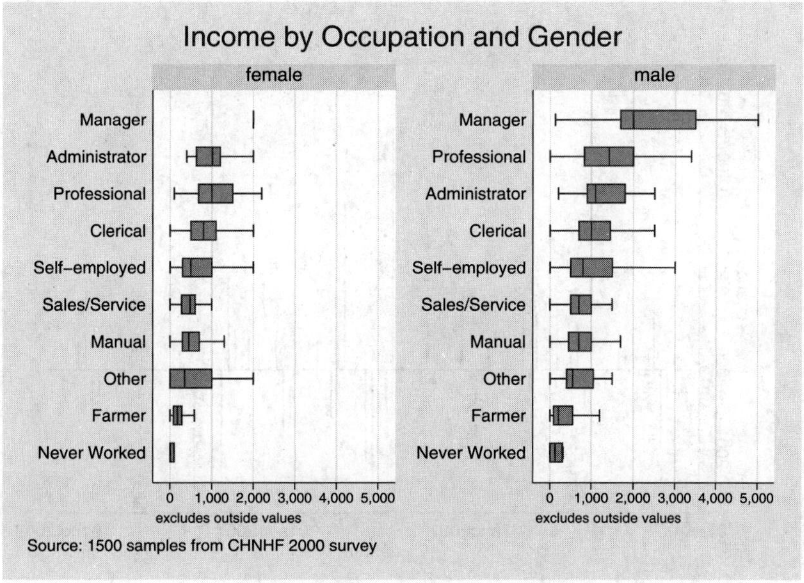

图 8-46　水平盒形图

在这个盒形图中，用户需要从左至右阅读图形。首先，各个职业所对应的方形盒子的排列顺序是由高到低的。其次，我们删除了野点，使得图形更加紧凑。再次，我们加入了选项 by()，指令 Stata 按照男女性别分别绘制盒形图。最后，选项 title() 与 note() 放在 by() 之内，是为了避免 Stata 对男女盒形图都给出标题与注释。

8.8.2　长钉图

在前面绘制条形图时，我们曾经用多方向条形图绘制了股票的涨跌走势图。同样的制图内容，当数据规模更大时，条形图的阅读性会大大降低。这时，我们可以使用长钉图。绘制长钉图的命令是 graph twoway spike。

使用数据 bankchina3q.dta，我们现在用长钉图来绘制整个第 3 季度的股价变化图，得到图 8-47。

```
. use bankchina3q, clear
(Bank of China Stock Change, 3rd Q of 2007, from sohu.com)
. twoway spike change datetm, yline(0)
```

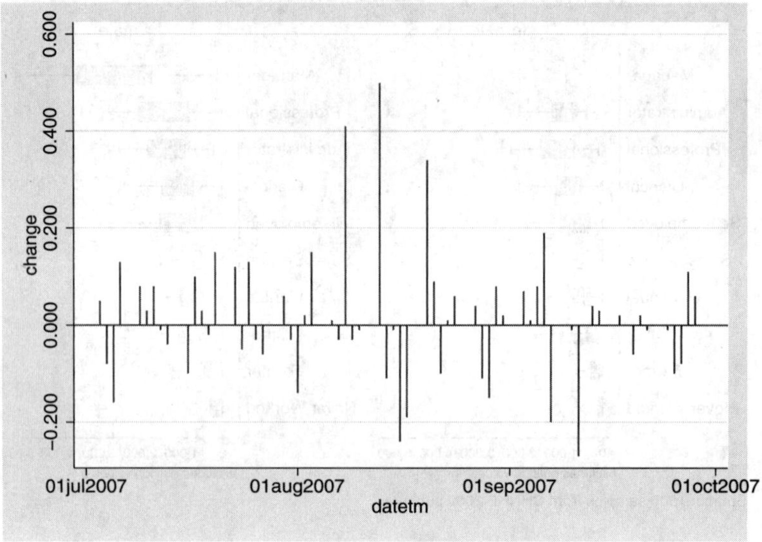

图 8-47　长钉图

为了提高图形的阅读性，我们可以在各个长钉图的顶端加上小圆黑点来强调每一天的股价变化。这时，我们使用另一个制图命令：graph twoway dropline。得到的图形犹如从基准线向外扔带线的小圆球（图 8-48）。

```
. twoway dropline change datetm, yline(0)
```

有时数据中的基准线并不一定为 0。这时就需要重新定义基准线的大小。使用的选项是base(#)。可以调整基准线在实际中相当有意义。与股价涨跌有一个默认的“0”基准线不同，另一些统计量，如出生率，并没有默认的基准线。假定有一个政策期望的目标，用户可以将它设定为基准线。绘制图形时设定这样的基准线，可以显示出各个时期的实际情况与目标到底相差多少。

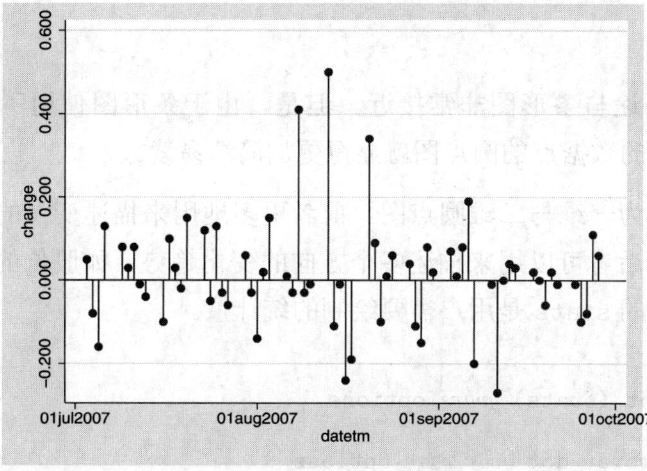

图 8-48　带球的长钉图

使用数据 lifestata.dta，我们来绘制各年份出生率的长钉图。同时，我们设定一个基准线为千分之十八。那么，我们绘制的长钉图将在刻度“18”周围上下“波动”（图 8-49）。

```
. use lifestats, clear
(life statistics 1980-2005; from Statistical Yearbook 2006)
. twoway spike birth year, base(18) yline(18) ylab(10(2)24)
```

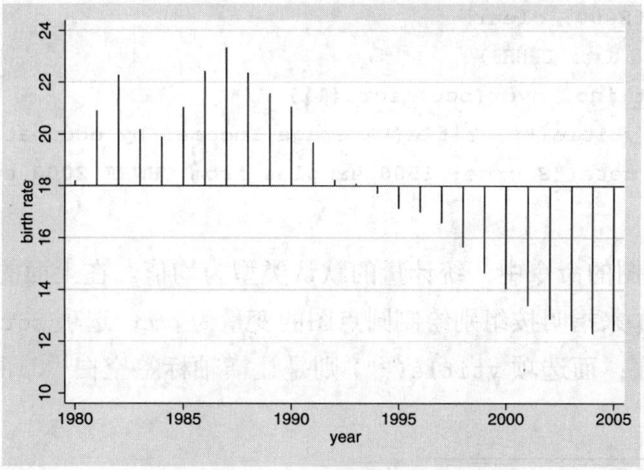

图 8-49　基准线长钉图

8.8.3 圆点图

圆点图的用途与条形图非常接近。但是，由于条形图使用了占据空间的长方条，使用了单一的数据点的圆点图就显得更加简洁易读。

圆点图也分为一维与二维圆点图。前者更多地用来描述变量的均值、中位值等各种统计量；而后者可以用来描述多个方向的变化趋势（如股价的涨跌）。它们的命令如下，其中的 stats 是用户需要绘制的统计量。

```
. graph dot (stats) yvars, options
. graph twoway dot yvar xvar, options
```

圆点图的默认显示符号为黑色的圆点，用户可以通过使用我们在散点图中讨论过的选项 marker(msymbol) 来改变显示符号。

一维圆点图

使用数据 chnhf2000.dta，我们先来绘制一个各个职业组别的平均工资圆点图，由以下命令得到图 8-50。

```
. use chnhf2000, clear
(1500 sampled from CHNHF)
. graph dot inc, over(occ, sort(1))  /*
>      */  ytitle("") title("Average Income, by occupation")  /*
>      */  note("Source: 1500 samples from CHNHF 2000 survey")
```

在绘制圆点图的命令中，统计量的默认类型为均值。在上面的命令中，我们使用了选项 over() 来指明按组别绘制圆点图的变量为 *occ*；选项 sort(1) 表示按变量 *inc* [15]的大小排序；而选项 ytitle("") 则是让横轴标签空白[16]，否则 Stata 将显示变量 *inc* 的标签。

[15] 这里只有一个变量 *inc*。

[16] 图形虽为水平方向，但还是应使用 ytitle 而非 xtitle。

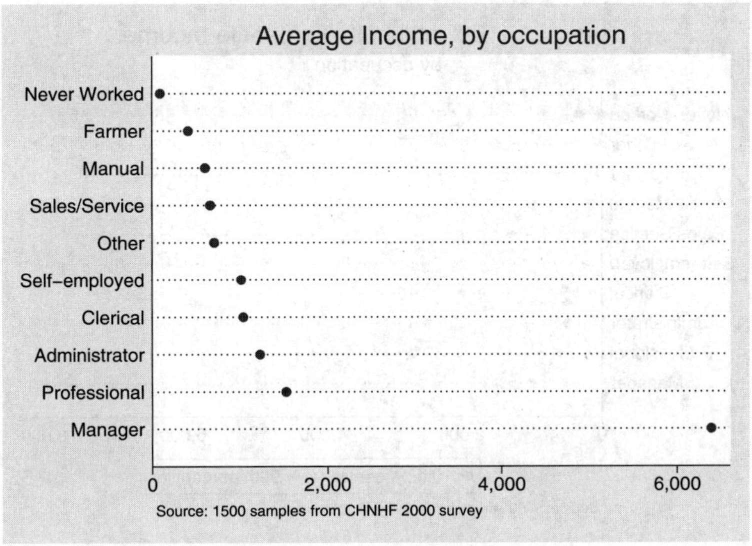

图 8-50　均值圆点图

从上面的图形中可以看出，企业主与企业经理的工资远远高于其他职业类型。这里有多种实际原因：这一职业本身平均工资就高，其中极值很多，同时其样本数量也较小。

圆点图也可以绘制其他类型统计量。使用同样的数据，我们在同一个圆点图中绘制分职业类型收入的第 10 与第 90 分位值。见图 8-51。

```
. graph dot (p10) p10=inc (p90) p90=inc, over(occ, sort(1))  /*
>       */  legend(label(1 "10th percentile")  /*
>       */  label(2 "90th percentile"))  /*
>       */  ytitle("") title("10th and 90th Percentile Income")  /*
>       */  subtitle("by occupation", span)  /*
>       */  note("Source: 1500 samples from CHNHF 2000 survey")
```

在上面的命令中，命令主干部分中的 (p10) p10=inc 与 (p90) p90=inc 分别指定绘制第 10 与第 90 分位值统计量。同时也要设定图例，否则 Stata 将直接使用自动生成的标签。

图 8-51中，有 3 个职业类型的低收入为 0。这是因为这些人本身没有收入或是在调查中回答没有收入。

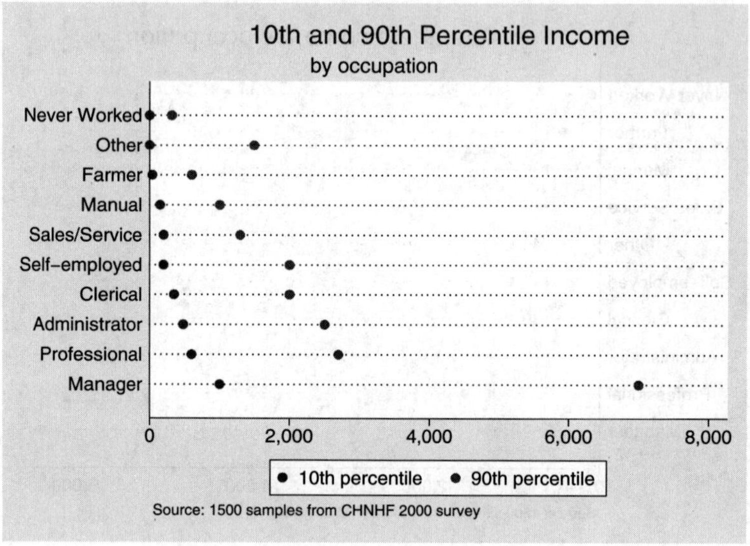

图 8-51 分位值圆点图

在圆点图的绘制过程中，也可以使用选项 by()。这时，Stata 将给出该变量不同组别的圆点图。

二维圆点图

二维圆点图的呈现形式与二维条形图和二维长钉图非常相似。以下我们仍然使用中国银行股价的数据绘制二维圆点图。见图 8-52。

```
. use bankchina3q, clear
(Bank of China Stock Change, 3rd Q of 2007, from sohu.com)
. #delimit ;
delimiter now ;
. twoway dot change datetm if month<9,
>       horizontal dotextend(no)
>       xline(0) xlab(-.2(.1).6, grid) ylabel(, angle(0))
>       ytitle("") xtitle("Change in RMB")
>       title("Bank of China Stock Change")
>       subtitle("July and August, 2007")
>       note("Source: http://stock.business.sohu.com/,
```

```
>                   extracted on 10/04/2007");
. #delimit cr
delimiter now cr
```

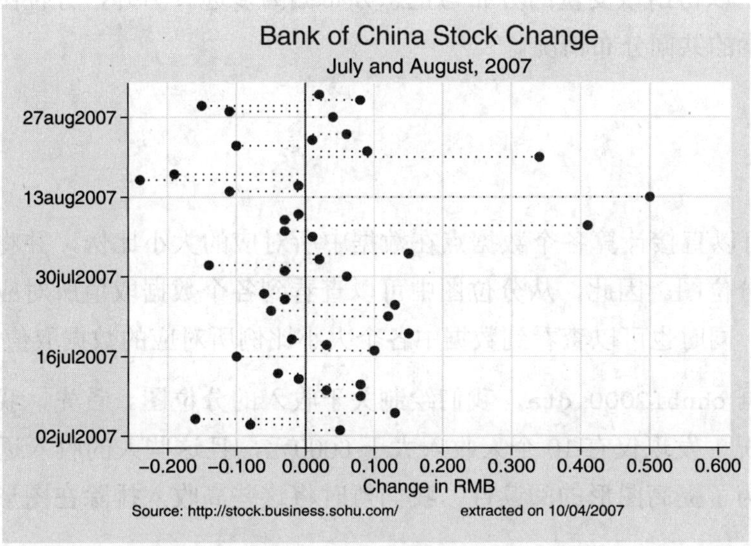

图 8-52　二维圆点图

在图 8-52中，我们绘制了两个月份的股价涨跌。为了提高阅读性，

- 我们在图中使用了水平方向的圆点图（选项 `horizontal`）；
- 划出了基准线（选项 `xline(0)`）；
- 清除了前面图形中纵轴到圆点的多余虚线（选项 `dotextend(no)`）；
- 将纵轴的标签旋转成水平（选项 `ylabel(, angle(0))`）。

8.8.4　分位图

分位值是指数据中的一个比例所对应的数值，小于其比例就表示数据中有相应比例的数值小于该比例所对应的数值。例如，0.75 所对应的分位值表示整个数据中小于该数值的数据点的比例占整个数据的 75%。因此，分位图是一个描述数据分布情况的简单图形。

Stata 可以绘制某个数据本身的分布分位图；也可以将某个数据的分布与正态分布相比较，以得出该变量的分布与正态分布偏离多远。另外，分位图也可以用来比较两个变量的共同分布情况。

简单分位图

Stata 可以直接计算各个数据点在数据中所对应的大小比例，并将这一比例与数据绘制成分位图。因此，从分位图中可以查看到各个数据取值所对应的在数据中的大小比例；同时也可以查看到数据中各个大小比例所对应的数据取值。

使用数据 chnhf2000.dta，我们绘制关于收入的分位图。首先，我们查看一下高收入的情况，发现仅有 10 个人收入大于 6000元，且这些人的收入远远高于其他人的收入。为了提高图形的阅读性，我们暂时将这些高收入排除在图形之外。见图 8-53。

```
. use chnhf2000, clear
(1500 sampled from CHNHF)
. gsort -inc
. li male age occ inc in 1/15, clean
         male   age             occ      inc
  1.     male    39         Manager    50000
  2.     male    38         Manager    40000
  3.     male    27          Farmer    18000
  4.     male    47    Professional    15000
  5.     male    35   Self-employed    10000
  6.     male    34    Professional     9000
  7.     male    39         Manager     7000
  8.     male    30   Self-employed     6250
  9.   female    39   Self-employed     6250
 10.   female    28   Self-employed     6000
 11.   female    30          Farmer     5667
 12.     male    25        Clerical     5000
```

```
 13.      male    49         Clerical    5000
 14.      male    31          Manager    5000
 15.      male    63     Professional    5000
. quantile inc if inc<6000, yline(1000) ylabel(0(1000)6000)  /*
>      */  text(2000 .65 "A") text(500 .9 "B")
```

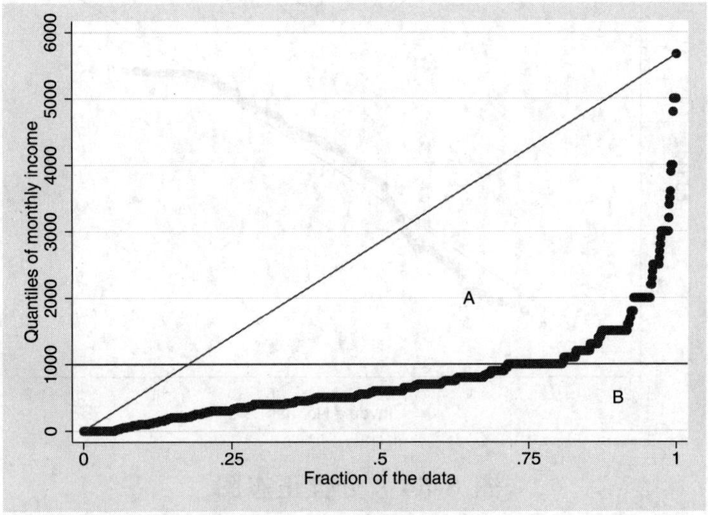

图 8-53　收入分位图

从得到的图形中可以看出，收入的分布显得相当不均。在我们所标出的 $y = 1000$ 元的直线（月收入仅为1000元），有超过 75% 的个人月收入在此之下。

同时，这一图形也可以用来计算表示收入不平等程度的基尼系数。图形中的"A"表示由对角线与数值曲线所围成图形的面积，而"B"表示数值曲线与横轴以及右侧纵轴所围成图形的面积。基尼系数（GINI）的计算公式为：

$$\text{GINI} = \frac{A}{A+B}$$

分位正态图

分位正态图将某一变量的分位分布与相同均值、标准差的正态分布相比较，以检查该变量的分布偏离正态分布到底有多远。下面给出了数据 `hdr2004.dta` 中人类发展指数 *hdi* 的分位正态图（图 8-54）。

```
. use hdr2004, clear
(human dev'mt report 2004, from UNDP webpage)
. qnorm hdi
```

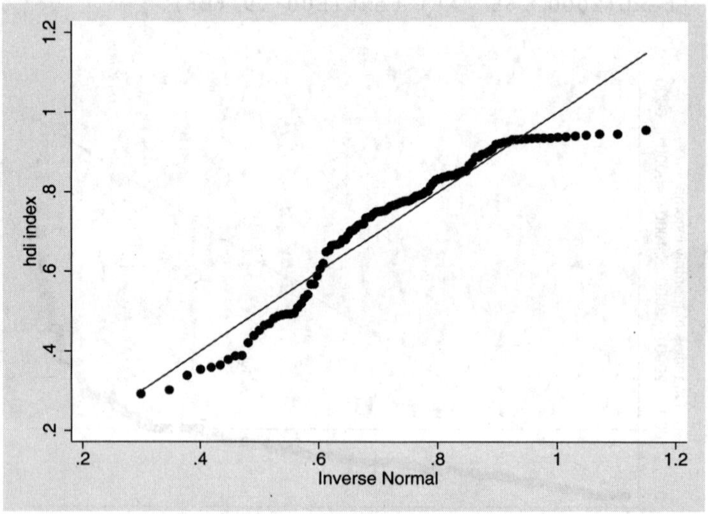

图 8-54 分位正态图

如果变量 *hdi* 的分布是对称的，那么绝大多数的数值点应当落在对角线上（亦即正态分布的直线上）。上面的图形有细小的偏离，主要是数值点较多地分布在 *hdi* 取值较大的区域。这一结果与前面直方图中的结果是一致的：*hdi* 的分布是负偏斜的—向左端有更长更重的延伸。

分位正态图是一个判断变量分布是否接近正态分布的简便方法。在回归分析时，正态性是估算回归系数的假设之一。当变量不满足这一假设时，需要做适当的转换。

分位分位图

分位分位图以排序的分位数值为媒介，比较两个变量的实际分布情况。以下给出数据 hdr2004.dta 中变量 *lifeexp* 与 *enrollf* 间的分位分位图（图 8-55）。

```
. qqplot lifeexp enrollf
```

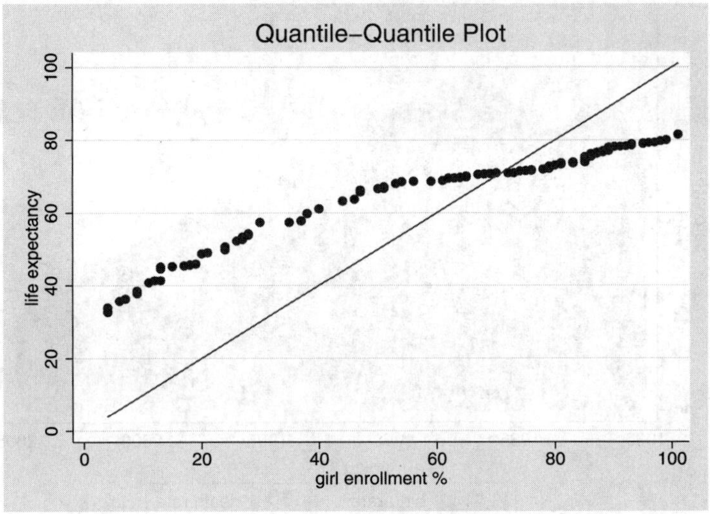

图 8-55　分位分位图

如果两个变量的分布相近，数据点应当落在对角线的附近。在图 8-55 中，数据点可以分成两个部分。在左端，数据点形成了一个与对角线几乎平行的直线。这表示在这个区间内，这两个变量的分布形状相近（趋势与标准差相近），仅仅在均值上有差异。但在右端，则没有显示出明显的特征。

8.8.5　面积图

在显示的数据信息上，面积图与直线图没有区别。但在显示的形式上，直线图给出的是连接的直线，而面积图则给出连接数据点的直线之下的着色区域。

以下以数据 lifestats.dta 为例，给出人口出生率与增长率的面积图（图 8-56）。

```
. use lifestats, clear
(life statistics 1980-2005; from Statistical Yearbook 2006)
. twoway area birth death year, ytitle("percent") bcolor(brown gs12)
```

在图 8-56 中，颜色较深的（包含浅色的）部分为人口出生的部分，颜色较浅的部分为人口死亡的部分。而这两者之间的差别为人口增长的部分。

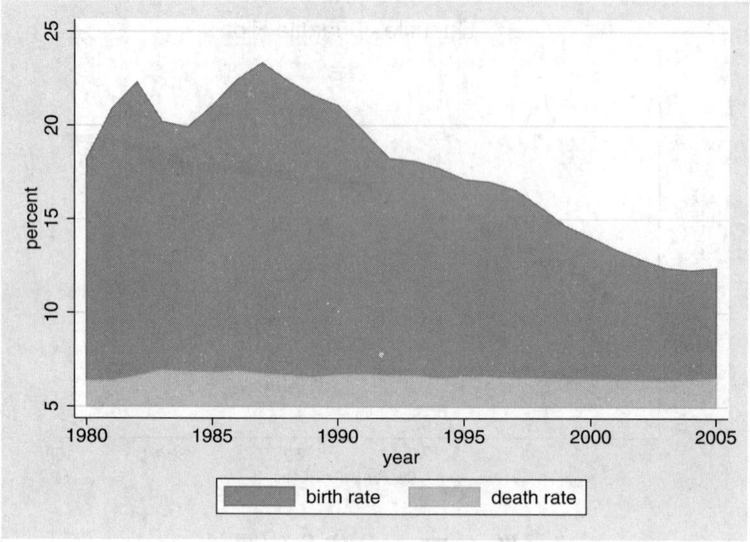

图 8-56 人口统计量面积图

股票价格的涨跌趋势也可以用类似的面积图来表示。使用前面多次用到的数据 bankchina3q.dta，我们可以绘制 2007年 7 月和 8 月两个月中国银行股票价格的涨跌情况（图 8-57）。

```
. use bankchina3q, clear
(Bank of China Stock Change, 3rd Q of 2007, from sohu.com)
. twoway area change datetm, xtitle("Date") ytitle("Price Change")
```

需要提醒的是，只有当曲线下的面积有实际意义时，才应当将这些面积填上颜色。否则，图形中仅保留连接的直线即可。另外，在绘制上面以时间为横轴的图形时，需要事先按时间先后排序。否则，得到的将是混乱无序的图形。

8.8.6 区间图

前面提到人口增长趋势也可以用其他图形绘制出来，这就是区间图。与面积图不同，区间图仅仅显示出两个连续变量间的区间。例如，使用同样的人口数据，我们可以仅绘制出人口出生与死亡间差异的人口增长趋势（图 8-58）。

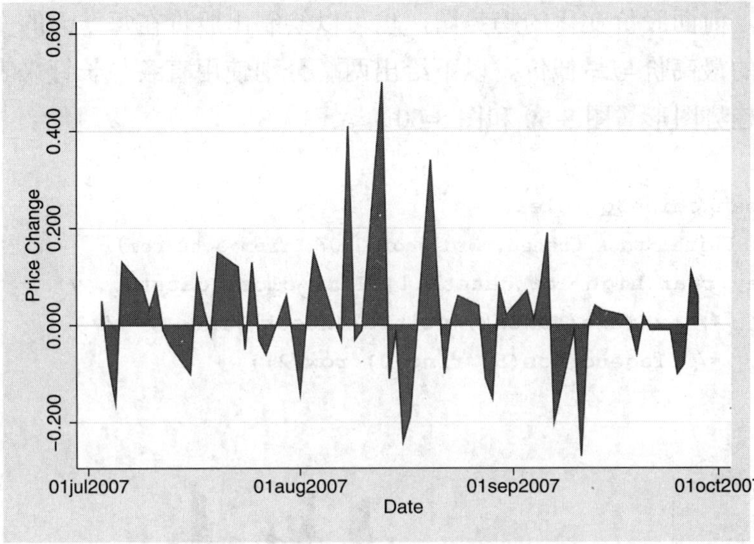

图 8-57　股价面积图

```
. use lifestats, clear
(life statistics 1980-2005; from Statistical Yearbook 2006)
. twoway rarea birth death year, ytitle("percent")
```

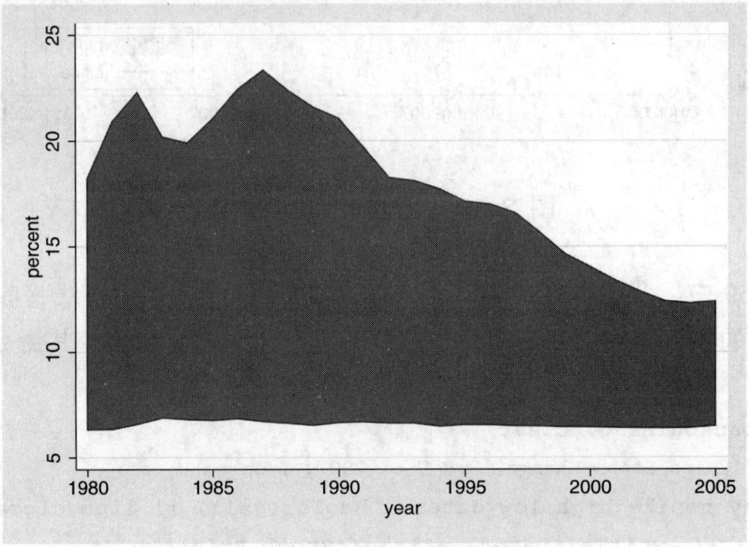

图 8-58　人口统计量区间图

类似地，前面股价变化的趋势图，也可以绘制出股价在每一天的变动范围图，即当天股票的最高价与最低价。以下给出两个分别使用直条与长钉来表示区间的股价变动范围趋势图形（图 8-59 和图 8-60 ）。

```
. use bankchina3q, clear
(Bank of China Stock Change, 3rd Q of 2007, from sohu.com)
. twoway rbar high low datetm || line close datetm,  /*
>         */  xtitle("Date") ytitle("Stock Price")  /*
>         */  legend(pos(5) ring(0) row(2))
```

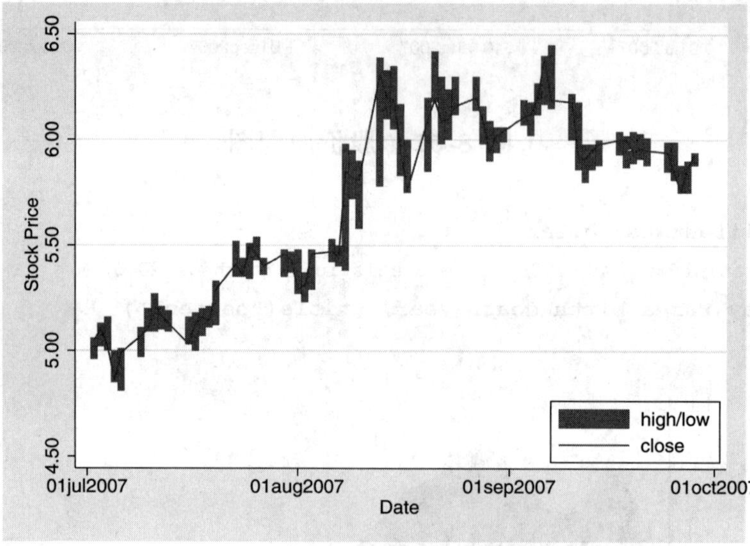

图 8-59　股价变动区间图 1

在图 8-59 中，我们同时绘制了当天股票的收盘价，并用直线将收盘价连接起来。图 8-60 的长钉图中，我们同样也绘制了连接起来的收盘价。其命令如下：

```
. use bankchina3q, clear
(Bank of China Stock Change, 3rd Q of 2007, from sohu.com)
. twoway rspike high low datetm, bcolor(gs11) || line close datetm, /*
>         */  xtitle("Date") ytitle("Stock Price")  /*
>         */  legend(pos(5) ring(0) row(2))
```

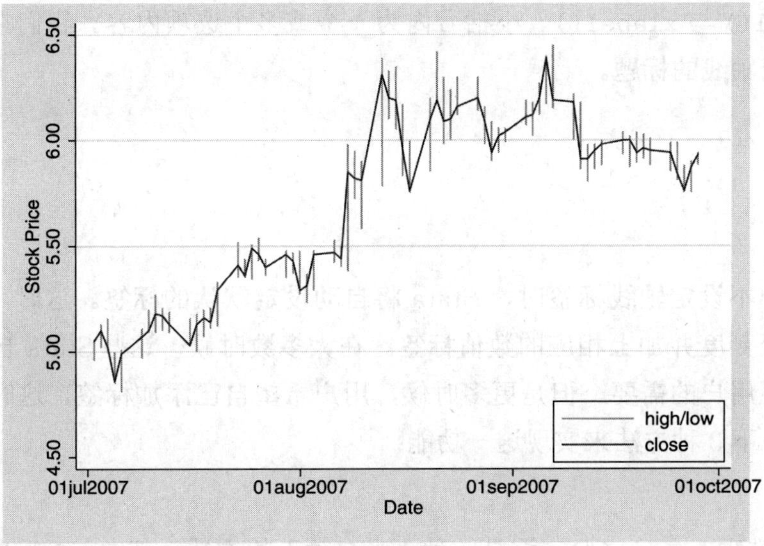

图 8-60　股价变动区间图 2

8.9　制图过程中的质量控制

在图形的绘制过程中，我们总是希望最终得到的图形的可阅读性更强。而 Stata 的制图引擎也提供相当丰富的工具，使得用户在绘制图形时能够从多方面提高图形的质量。

在前面的例子中，我们已经涉及了多种提高图形质量的技巧。例如，修改轴线的刻度标签等。在本小节中，我们将更加系统地讨论这类技巧。

在 Stata 中，质量控制是通过一系列的选项设定来完成的。当然，有些选项是某些图形类型所特有的，不一定适用于另一些图形类型。例如，轴线的选项在扇形图中就并不适用，但是在几乎其他所有图形类型中都是质量控制的重要内容。有些选项则是所有图形类型都适用的，例如添加文字。

8.9.1　调整轴线

在轴线控制中，主要有以下两个方面的内容：1）轴线标签：轴线的刻度所对应的数值大小；2）轴线刻度类型：轴线的刻度以何种方式呈现出来。轴线的选项为：ylabel() 与 xlabel()，小括号内为一个或多个选项内容。我们在添加文字的小节来讨论轴线的标题。

轴线标签

当用户不设定轴线标签时， Stata 将自动设定默认的标签。这时， Stata 将标出大约 5 个刻度并加上相应的数值标签。在大多数时候，这些 Stata 自动设定的标签能够满足用户的需要。但是更多时候，用户希望自己添加标签。这时，用户至少可以使用以下 3 种方法来实现这一功能：[17]

- 使用选项 ylabel(#)。这是一种“半自动”的方法。其中，# 后为一个用户希望 Stata 给出的标签的数目，例如 # =“6”。有时，当 Stata 发现用户的指定数目并不一定导致美观的效果时，它可能并不严格按照用户指定的数目而自行给出标签。

- 使用选项 ylabel(.5,2,3,5,6)。这是一种用户完全自主设定轴线标签的方法。 Stata 将只显示用户所设定的 ylabel(.5,2,3,5,6) 数值标签，其他用户没有标出的标签将不被显示。

- 使用选项 ylabel(10（5）35)。这时， Stata 将显示从 10 到 35 之间的每隔 5 个单位的总共 6 个标签。这里，括号内的数值是间隔数量，而括号两端则是起始与结束的标签。因此，标签 yabel(.5,1,1.5,2,2.5,3,3.5,4) 与标签 ylabel(.5(.5)4) 将得出完全相同的结果。

以上为添加轴线标签选项的主要部分。该选项的其他辅助部分（ylabel(, ···)选项括号内的省略号部分）可以用来设定其他特征。这些次级选项的名称与内容如表 8-10 所示。

[17]这里，我们用 ylabel()为例。但，这些方法也适用于 xlabel()的选项中。

表 8-10　轴线标签的其他内容设定

选项内容	说明
, grid	加上方格线，默认值为，nogrid
, alternate	相邻标签错开显示
, labgap(#)	标签与刻度线之间的距离
, format()	标签显示格式
, angle()	标签显示角度；键入 help anglestyle，阅读更多的内容。
, valuelabel	显示变量数值标签，而非数值

轴线刻度类型

Stata 中轴线刻度的类型选择上，由选项 yscale() 与 xscale() 来完成。其小括号内主要有如表 8-11 中内容可供用户选择使用。

表 8-11　轴线刻度类型的内容设定

选项内容	说明
log	使用对数单位的刻度
reverse	扭转刻度顺序
off	没有轴线与刻度，默认为 on
noline	没有轴线但有刻度
alt	将轴线挪到右端（纵轴）或顶端（横轴）

例如，我们可以将前面的股价变动面积图，重新绘制如图 8-61，其中加进了更多标签选项的形式。其命令如下：

```
. use bankchina3q, clear
(Bank of China Stock Change, 3rd Q of 2007, from sohu.com)
. twoway area change datetm, xtitle("Date")  /*
>      */  ytitle("Stock Price Change")  /*
```

```
>        */  ylabel(-.3(.1).6, grid format(%3.1f) angle(0) /*
>        */  labgap(3)) yscale(alt noline)
```

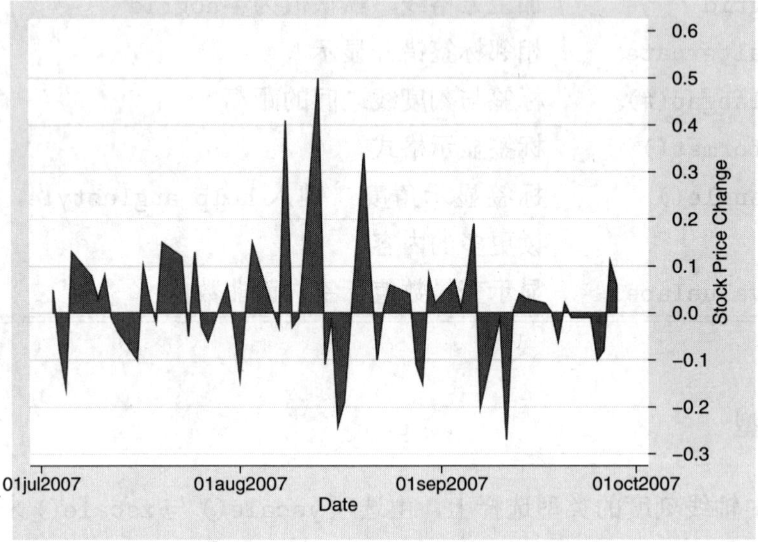

图 8-61 股价变动面积图

8.9.2 添加文字

在其制图引擎中，Stata 提供了相当多的添加文字的选项工具，几乎可以在图形上的任何地方添加说明文字。这无疑增加了图形自我解释的能力，也使得阅读者能够更加容易地了解图形中的信息。

大体而言，Stata 在图形中添加的文字可以分为两类：图形周围的标题与图形内部的文字。相应地，Stata 给出了添加各种文字的工具。不同的添加标题的选项对应着固定的图形上的位置，用户用不着自己设定。而在图形内部添加文字时，用户需要自己设定文字放置的位置。

添加标题

Stata 图形中，可以添加各种形式的标题：主标题、次级标题、轴线标题、注释等等。我们在绘制图 8-62 时将各种标题都列入图中，读者可以对照命令根据需要选取自己想要添加的标题。

```
. use hdr2004, clear
(human dev'mt report 2004, from UNDP webpage)
. scatter infantmor literacy, ylabel(0(20)160) xlabel(0(10)100)  /*
>       */  title("here is TITLE")  /*
>       */  subtitle("here is SUBTITLE")  /*
>       */  ytitle("here is YTITLE")  /*
>       */  xtitle("here is XTITLE")  /*
>       */  note("here is NOTE")  /*
>       */  caption("here is CAPTION")
```

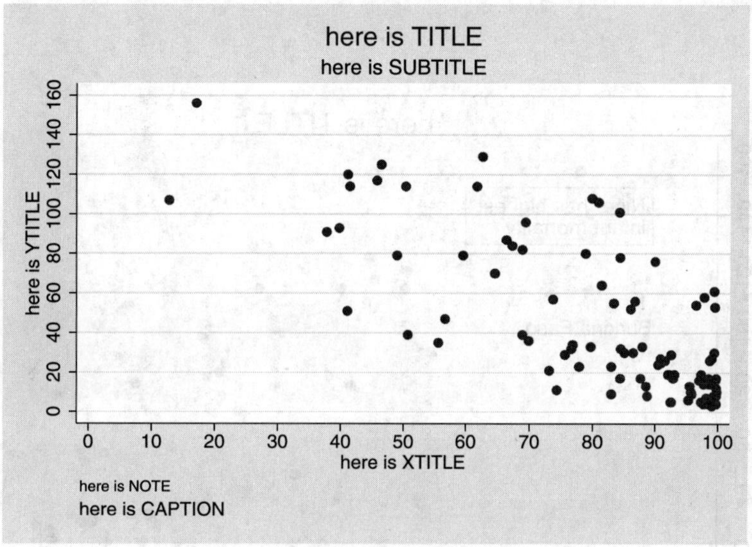

图 8-62 图形中的各种标题

在添加标题的选项中，选项 note() 通常用来注明数据的来源。而选项 ytitle() 与 xtitle() 的默认值为这两个变量的变量标签。若用户希望使用与变量标签不同的内容，则需要自己注明。

在图形内部添加文字

在 Stata 制图中，用户可以在图形内部添加文字。完成这一任务的选项是 text()。这一选项的小括号内由两个数字引导，它们分别是文字在图形中的纵、横坐标；然后是所添加的文字；在逗号后面是其他是否加方框的选项内容。读者可以从下面绘制图 8-63 的命令中得到添加文字的具体方法。

```
. scatter infantmor literacy, ylabel(0(20)160) xlabel(0(10)100)  /*
>       */  title("here is TITLE") ytitle("here is YTITLE")  /*
>       */  xtitle("here is XTITLE")  /*
>       */  text(140 20 "Niger has highest"  /*
>       */  "infant mortality", box  /*
>       */  just(left) margin(small))  /*
>       */  text(100 16 "Burkina Faso")
```

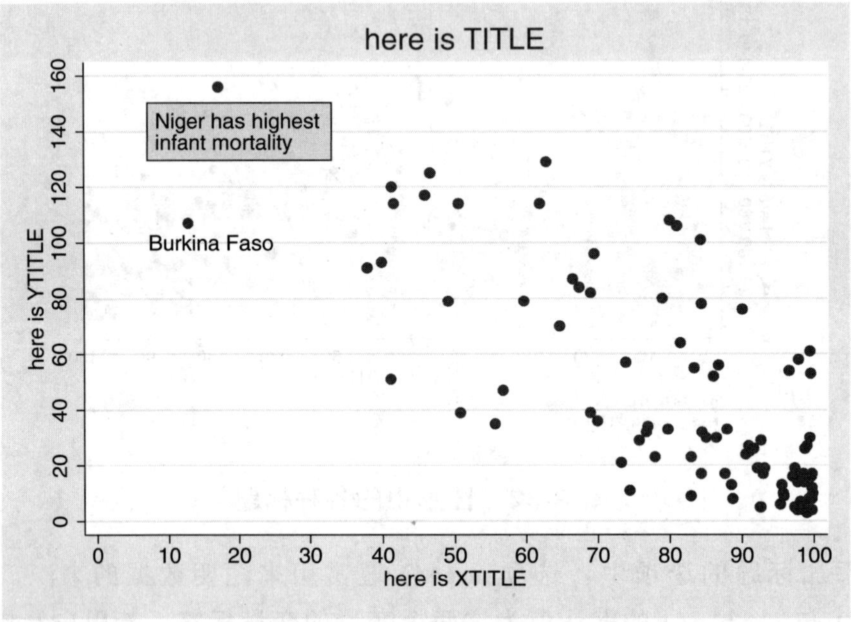

图 8-63　在图形中添加文字

有两点需要提醒读者。首先，在 Stata 中添加的文字，均是放在双引号“”之中。其次，如果添加的文字较多时，可以用多行的形式表示。这时，每一行的文字应当分别放在不同的“”之中，并同时放在选项小括号内。以上两个基本的原则既适用于标题，也适用于图形中添加的文字。

8.9.3　图例

从前面的某些图形中，读者已经了解到，当图形中含有多个组别相似的内容时， Stata 将生成图例。图例表示图形当中的不同符号所对应的内容，它使得读者能够轻松地读懂图中不同的符号。很多时候， Stata 生成的图例符号已经基本符合要求，用户需要控制的是图例的秩序、位置等其他方面。

Stata 制图中，图例的选项为 `legend()`。其主要选项内容如表 8-12 所示。

表 8-12　图例内容的设定

选项内容	说明	例子
`order`	设定秩序	`order(2 1 3)`
`label`	设定图例名称	`lab(1 "Male" 2 "Female")`
`off`	没有图例	`legend(off)`
`rows`	行数设定	`rows(3)`
`stack`	垂直排列	`legend(stach)`
`position`	位置设定	`pos(5)`
`ring`	图例在图形内或是外	`ring(0)`

表 8-12 的选项内容均应当出现在 `legend` 引导的小括号内。

- `order` 与 `label` 中的数字表示的是 Stata 自动设定的图例的顺序。 Stata 默认的图例位置是在图形正下方的中段。
- `row()` 表示用户希望 Stata 将图例排列成多少行。
- 使用 `position()` 可以改变图例的位置。其中，`position(#)` 中的数字表示的时钟里整点数字的位置。例如，`3` 表示图形的正右方，`7` 则表示图形左下方。
- 而 `ring()` 则是设定图例与图形的距离。其中的`#`中的数字表示图例与图形的距离。例如，`0` 表示图例放在图形内；其数值越大，表示图例与图形的距离越远。

下面给出一个较为详细的例子（图 8-64）。

```
. twoway lfitci hdi literacy || scatter hdi literacy ||,   /*
>        */  legend(order(3 1 2) lab(3 "Observed")  /*
>        */  lab(2 "Est'd line") rows(3) pos(10) ring(0))
```

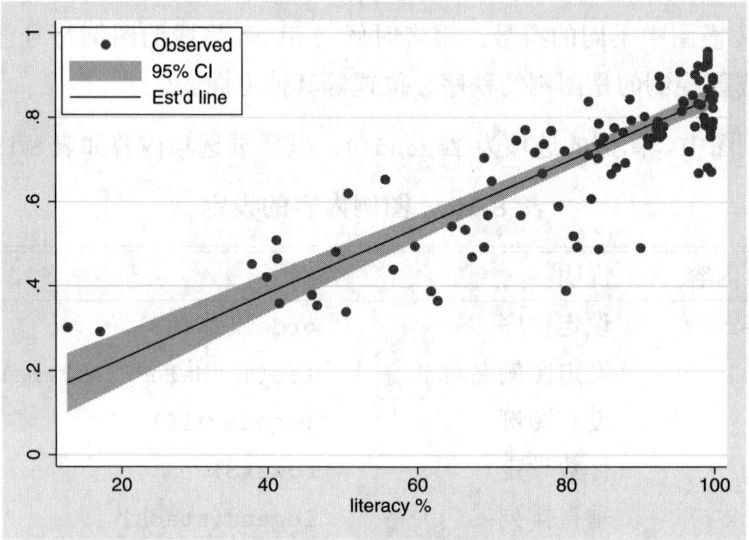

图 8-64 图形中的图例

8.9.4 图形的叠加

在 Stata 中，用户可以将一个以上的图形同时绘制在一个平面图形中。这样的设计思路犹如叠加多个幻灯片，但投射到银幕上的则是这些幻灯片中内容不重复的图像。这一功能使得用户可以非常方便地绘制相当复杂的图形。Stata 中，图形的叠加更多地发生在二维图形中，即以 twoway 开始的图形家族中。

根据叠加图形的思路，绘制这样的图形的方法即是分别绘制多个较为简单的图形，然后将它们放在一起。在本章的开始部分，我们已经看到过图形的叠加。以下两个例子也是前面已经讨论过的：

```
. hist hdi, freq ylabel(0(5)35) xlabel(.2(.1)1.0) normal
. scatter hdi literacy || lfit hdi literacy
```

第一个例子是在直方图中用选项 normal 添加一个正态分布曲线，与直方图中的分布相对照。而第二个例子则是先绘制两个连续变量的散点图，然后将由这些数据点得出的估算直线叠加在散点图上。

图形叠加的符号

在上面的第二个例子中，我们使用了符号 ||。这是在绘制叠加图形时的“分隔符”，将两个绘制不同图形的命令分隔开。在 Stata 中还有一个“组合符”，将两个绘制不同图形的命令组合在一起。组合符由多个小括号组成，各个不同的制图命令包含在不同的小括号内。例如，上面第二个例子的命令完全与下面的命令等价：

```
. (scatter hdi literacy) (lfit hdi literacy)
```

图形叠加的顺序

前面提到了 Stata 叠加图形的设计思路。用户在使用图形叠加时，需要注意绘制图形的顺序。以下的例子可以充分说明这一必要性（图 8-65）。

```
. twoway qfitci internetk gdpn || scatter internetk gdpn
```

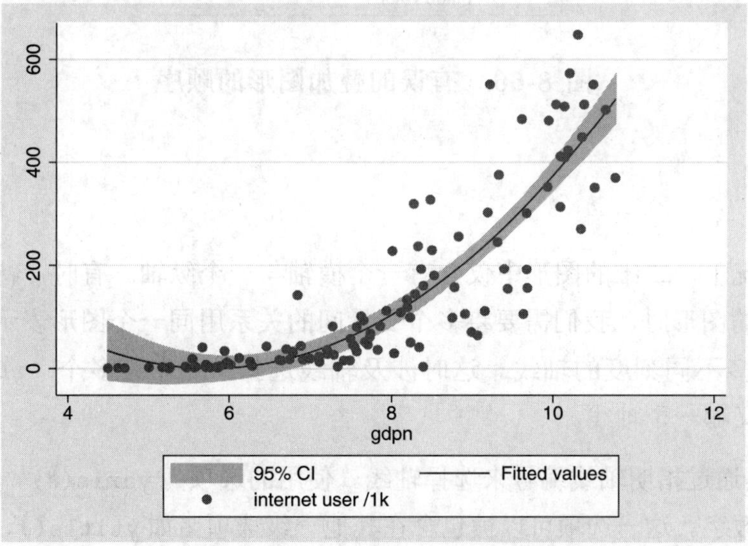

图 8-65　叠加图形的顺序

在图 8-65 中，我们先绘制了带有阴影的 95% 的置信区间，然后在此之上叠加了散点图。但如果如图 8-66 所示，我们先绘制散点图，然后再叠加带有阴影的 95% 的置信区间图，那么带有阴影的图形将覆盖原有的散点图，造成阅读困难。读者可以自行对比这两个图形。

```
. scatter internetk gdpn || qfitci internetk gdpn
```

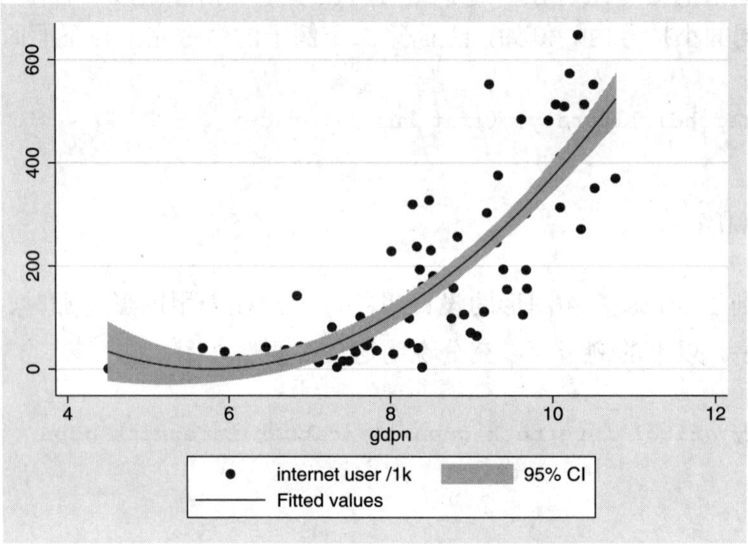

图 8-66 有误的叠加图形的顺序

轴线选择

通常情况下，二维的图形中仅含有一个横轴与一个纵轴。有时，特别是叠加轴线刻度不同的图形时，我们需要将多个变量间的关系用同一个图形表示出来，因而可能需要更多不同刻度的轴线。这时涉及轴线选择——在有多个（y或是x）轴线时，选择定义哪一个轴线。

Stata 是通过指明轴线编号来选择轴线。使用的选项为 `yaxis(#)`[18]，其中的#是一个具体的数字。这一选项可以被包含在其他一级选项诸如 `ytitle()`、

[18]也可以使用 `xaxis(#)` 来指明不同的横轴，但通常使用的时机较少。

ylabel()、yline()、yscale() 等之中，用来指明这些一级选项所具体针对的是哪一个轴线。具体的使用方法见下面的例子及其后的说明。

8.9.5 股票涨跌的例子

在本小节的最后，我们再次使用中国银行在2007年第3季度的股票变化来做一个小结。在这个图形中，我们将绘制出各个交易日中的最高价、最低价、收盘价以及交易量。同时，我们将前面所讨论过的图形控制的各个方面做一个整体演示。

数据中的交易量数目巨大，所以将它的单位转换成百万，以提高图形最终的可阅读性。

图形绘制的命令如下（见图 8-67）：

```
. use bankchina3q, clear
(Bank of China Stock Change, 3rd Q of 2007, from sohu.com)
. li datetm open high low close volume in 1/15, clean nodis noobs
       datetm   open   high    low   close    volume
    02jul2007   5.01   5.06   4.96    5.05    719802
    03jul2007   5.05   5.13   5.02    5.10    861875
    04jul2007   5.12   5.16   5.00    5.02    717959
    05jul2007   5.00   5.00   4.85    4.86    883403
    06jul2007   4.86   5.01   4.81    4.99    809876
    09jul2007   5.01   5.11   4.97    5.07   1216401
    10jul2007   5.09   5.20   5.09    5.10   1566917
    11jul2007   5.15   5.27   5.09    5.18   1088853
    12jul2007   5.18   5.21   5.10    5.17    533914
    13jul2007   5.17   5.19   5.09    5.13    371672
    16jul2007   5.13   5.16   5.03    5.03    365360
    17jul2007   5.03   5.18   5.00    5.13    447230
    18jul2007   5.10   5.20   5.07    5.16    837284
    19jul2007   5.15   5.21   5.11    5.14    538324
    20jul2007   5.14   5.33   5.12    5.29   1890495
. replace volume=volume/1000000
volume was long now double
(65 real changes made)
```

```
. #delimit ;
delimiter now ;
. twoway rbar high low datetm, bcolor(gs12)
>       || line close datetm, lcolor(navy)
>       || bar  volume datetm , bcolor(dkgreen) barw(.8) yaxis(2)
>       || , yscale(axis(1) range(4 6.5))
>       yscale(axis(2) range(0, 12))
>       ylabel(4.5(.5)6.5, format(%2.1f) axis(1) angle(0))
>       ylabel(, axis(2) angle(0))
>       legend(pos(3) ring(0) rows(3))
>       xtitle("Date") ytitle("Stock Price in RMB")
>       ytitle("Stock Volume in million
>               axis(2))
>       title("Bank of China Stock Trend")
>       subtitle("3rd Quarter, 2007")
>       note("Source: http://stock.business.sohu.com/,
>             extracted on 10/04/2007");
. #delimit cr
delimiter now cr
```

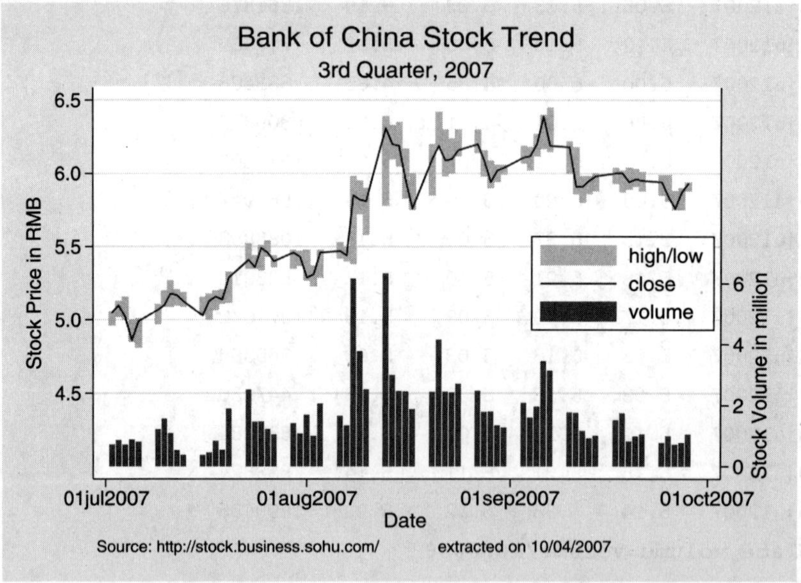

图 8-67　图形的控制：中国银行股票的价格涨跌与交易量

到现在为止，读者应当熟悉了上面的命令中大部分的用法。这里读者需要特别注意 yaxis() 的用法。第 2 行命令中的 yaxis(2) 设定了右侧纵轴为直方图（bar）的刻度轴。由于本图中有两个纵轴，所以在后面所有对纵轴内容的设定都需要指明针对的纵轴是哪一个。由于 yaxis(1) 为默认值，对于左侧纵轴的内容设定可以忽略 axis(1)。但对于右侧纵轴的内容设定则需要每次都指明 axis(2)。

yscale() 的选项是为了控制图形的位置。设定 yscale(axis(2) range(0, 12)) 是为了将交易量的直方图控制在股票价格变动图的下方，并且两个图形没有重叠。同样地，我们也使用了相似的选项控制股价变动图的位置。读者可以通过调整纵轴的刻度区间，看看得到的纵轴标签的变化带来的图形高低位置的变化。

而第 2 个 ytitle 中的大量空格是为了将右侧纵轴标题放到合适的标签附近。

8.10　图形管理与控制

作为一个强大的图形制作引擎，Stata 在提供绘制各种图形的工具之外，也设置了一系列的图形处理工具，可以满足用户处理与使用图形的各种目的。以下将 Stata 的图形管理工具简单地分成 3 类，并加以说明解释。

8.10.1　图形文件的处理

与处理数据文件一样，Stata 将本身生成的图形的存储分成两种形式，一种是内存中的激活状态，另一种是存入硬盘的状态。在用户将当前文件存到硬盘之前，用户刚刚所绘制的图形（无论图形窗口打开或是关闭状态），均在内存当中。用户可以选择清除或是存储图形。如果用户绘制另一个图形，则自动清除之前保留在内存中的图形。

以下我们主要讨论已经存入硬盘的图形文件的管理与控制，而并不对处于内存激活状态但没有被存入硬盘的图形做更多的介绍。感兴趣的读者可以自行查阅与练习。[19]

[19] 与此功能相关的命令包括：graph describe、graph display、name、graph dir、graph rename、graph copy、graph drop、discard。

Stata 中图形的格式是一种以 .gph 为扩展名的图形文件。这一文件中包含了图形、数据甚至是绘制该图形的命令。例如，使用下面的命令可以将上面绘制的中国银行股票涨跌与交易量图形（以 gph 格式存在于内存当中）的基本信息显示出来。

```
. graph describe
Graph stored in memory
        name:  Graph
      format:  live
     created:  23 Dec 2007 00:38:18
      scheme:  s2color
        size:  4 x 5.5
    dta file:  bankchina3q.dta dated 20 Oct 2007 09:58
     command:  twoway rbar high low datetm, bcolor(gs12) || line close datetm,
               lcolor(navy) || bar volume datetm , bcolor(dkgreen) barw(.8)
               yaxis(2) || , yscale(axis(1) range(4 6.5)) yscale(axis(2)
               range(0, 12)) ylabel(4.5(.5)6.5, format(%2.1f) axis(1) angle(0))
               ylabel(, axis(2) angle(0)) legend(pos(3) ring(0) rows(3))
               xtitle("Date") ytitle("Stock Price in RMB") ytitle("Stock Volume
               in million ", axis(2)) title("Bank of China Stock Trend")
               subtitle("3rd Quarter, 2007") note("Source:
               http://stock.business.sohu.com/, extracted on 10/04/2007")
```

图形存盘

对于处于内存激活模式的图形，可以用命令 graph save 将文件存储到硬盘中。例如，对于上面的图形，在绘制完毕之后，键入下面的命令将图形存为 bcstock.gph 文件：

```
. graph save bcstock, replace
```

这里的选项 replace 表示覆盖相同名称的文件。这一过程也可以在绘制图形的过程中完成。这时，其制图命令中的选项中，需添加选项 saving()。具体如下：

```
. graph ..., ... saving(filename, replace)
```

使用命令 graph dir，可以将当前目录中与当前内存中的所有图形文件与已命名（使用 name 得到）的图形列出来。例如：

```
. graph dir
    Graph         aug.gph       gdpn.gph      incedu2x.gph  scatter.gph
    bcstock       bcstock.gph   hdi.gph       july.gph      sept.gph
```

给出了当前内存中唯一的未命名的图形 Graph，以及其他存储到硬盘的图形文件，方便用户查阅与管理。

当然，用户也可以查看已存储的图形文件的基本信息。使用的命令是 graph describe *filename.gph*。

8.10.2 图形文件的使用

读取已有的图形文件

已经存储到硬盘中的图形文件，可以使用命令 graph use 重新读取出来。这时，Stata 的制图窗口将再次显示该图形。

在使用上述命令读取图形时，用户可以改变图形的显示格式。例如，下面读取的图形的显示格式为 s1color，没有任何背景色彩（图 8-68）。

```
. graph use bcstock, scheme(s1color)
```

组合图形文件

对于已经存储到硬盘中的图形文件，用户可以使用命令graph combine将多个图形同时读取出来并组合在一起。下面给出一个例子。

仍使用中国银行 2007 年股票变化的数据。首先，我们绘制对应 7、8、9 三个月的股票收盘价的走势图，并将它们分别存储到硬盘中。读者可以读取逐个图形文件加以验证。然后我们使用命令将三个图形水平呈放，缩小了各个图形间的间隙，并添加了标题，得到图 8-69。

```
. use bankchina3q, clear
(Bank of China Stock Change, 3rd Q of 2007, from sohu.com)
```

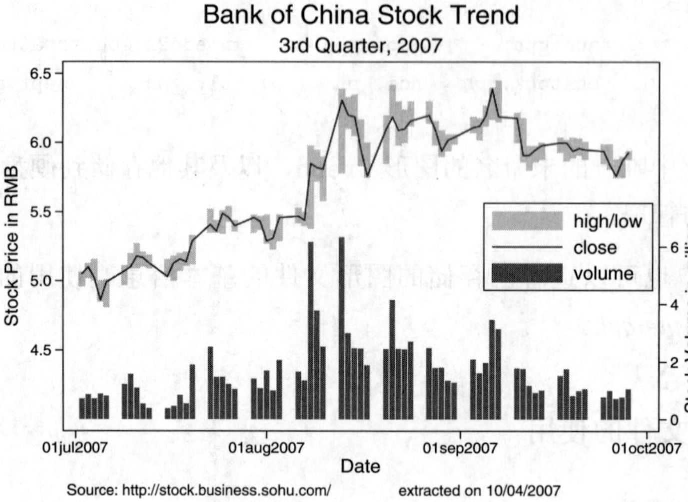

图 8-68　中国银行股票的价格涨跌与交易量，重新读取

```
. #delimit ;
delimiter now ;
. line close datetm if month==7, xtitle("") ytitle("Close Price")
>       ylabel(4.5(.5)6.5, format(%2.1f))
>       xlabel(, labsize(small) alt)
>       title("July", box pos(6) ring(0) margin(small))
>       saving(july, replace);
(file july.gph saved)
. line close datetm if month==8, xtitle("") ytitle("Close Price")
>       ylabel(4.5(.5)6.5, format(%2.1f))
>       xlabel(, labsize(small) alt)
>       title("August", box pos(6) ring(0) margin(small))
>       saving(aug, replace);
(file aug.gph saved)
. line close datetm if month==9, xtitle("") ytitle("Close Price")
>       ylabel(4.5(.5)6.5, format(%2.1f))
>       xlabel(, labsize(small) alt)
>       title("September", box pos(6) ring(0) margin(small))
>       saving(sept, replace);
(file sept.gph saved)
```

```
. graph combine july.gph aug.gph sept.gph,
>       rows(1) imargin(vsmall)
>       title("Bank of China Stock Change")
>       subtitle("by month, 3rd quarter, 2007")
>       note("Source: http://stock.business.sohu.com/
>            extracted on 10/04/2007");
.  #delimit cr
delimiter now cr
```

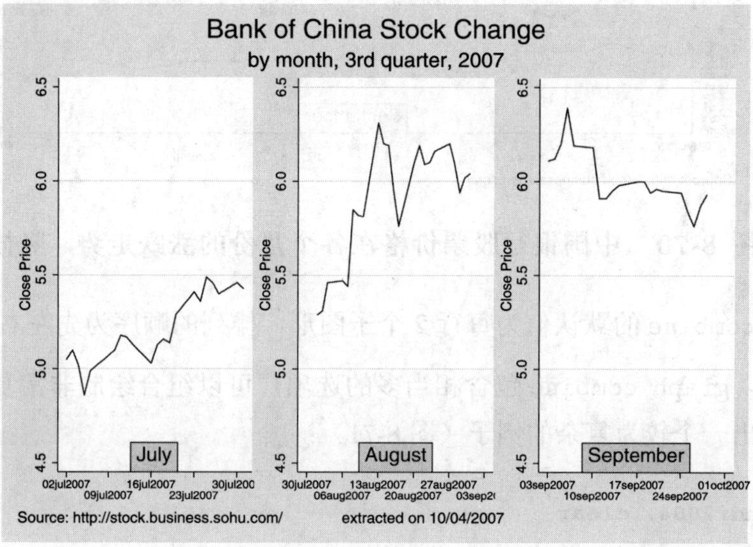

图 8-69　中国银行股票价格在各个月份的涨跌走势，横排

由于各个子图形中的纵轴是相同的，图 8-69 可以很清楚地比较各个月份中股票价格的涨跌走势。

用户还可以将这三个子图形垂直呈放。这时候，只需要将选项 `rows(#)` 中的数字改成 3 即可。它表示组合后的图形含有图形的行数为 3。这样，我们有如下的图形（图 8-70）。

```
. graph combine july.gph aug.gph sept.gph,  /*
>     */  rows(3) imargin(vsmall)  /*
>     */  title("Bank of China Stock Change")  /*
>     */  subtitle("by month, 3rd quarter, 2007")  /*
>    */  note("Source: http://stock.business.sohu.com/")
```

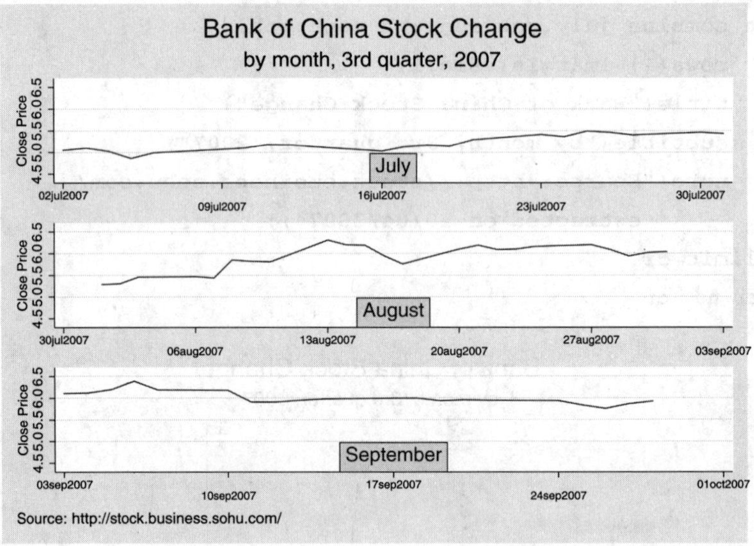

图 8-70 中国银行股票价格在各个月份的涨跌走势，竖排

graph combine 的默认值为每行 2 个子图形，排列的顺序为先左右、后上下。

事实上，graph combine 包含相当多的选项，可以组合绘制非常复杂的图形。以下我们给出一个较为复杂的例子（图 8-71）：

```
. use hdr2004, clear
(human dev'mt report 2004, from UNDP webpage)
. scatter hdi gdpn  /*
>      */  , yscale(alt) xscale(alt)  /*
>      */   xlabel(, grid) legend(off)  /*
>      */  xtitle("logged GDP per capita") ytitle("HDI Index")  /*
>      */  saving(scatter, replace)
(file scatter.gph saved)
. twoway histogram hdi, fraction  /*
>       */    xscale(alt reverse) horizon  /*
>       */  ytitle("HDI Index")  /*
>       */  saving(hdi, replace)
(file hdi.gph saved)
. twoway hist gdpn, fraction /*
>        */   yscale(alt reverse)  /*
>        */  ylabel(, nogrid)  /*
```

```
>         */   xlabel(, grid)  /*
>         */  xtitle("logged GDP per capita")  /*
>         */  saving(gdpn, replace)
(file gdpn.gph saved)
. graph combine hdi.gph scatter.gph gdpn.gph,  /*
>         */   hole(3) imargin(0 0 0 0)  /*
>         */   graphregion(margin(l=10 r=10))  /*
>         */  title("HDI Index vs. GDP per capita")  /*
>         */  note("Source: UNDP Human Development Report 2004")
```

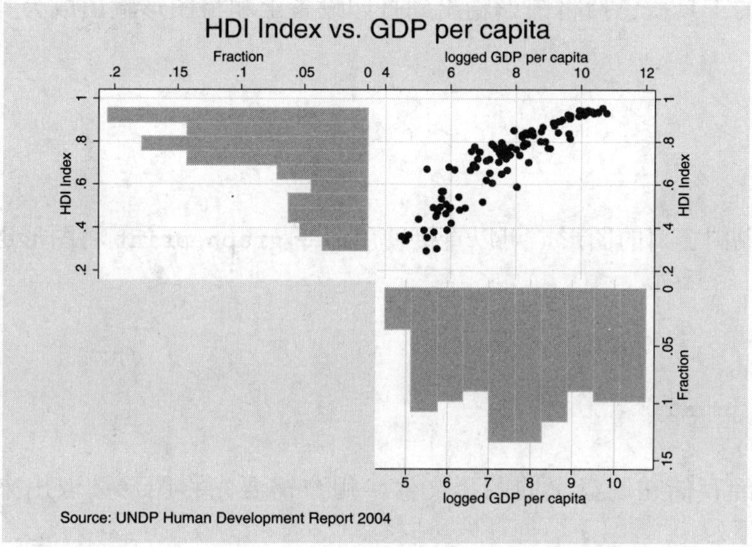

图 8-71　人类发展指数与人均国内生产总值

在图 8-71 的绘制过程中，

- 我们首先绘制了 3 个图形：1 个散点图，2 个直方图。
- 同时，我们调整了它们的轴线方向。
- 在最后的组合图形文件的命令中，
  - 我们指定第3个位置为空白（`holes(3)`；注意 Stata 对于图形位置的排序）；

– 设定各个图形的左、右、上、下 4 个方向的边缘空隙均为0;

– 设定整个图形的左右边缘空隙为 10;

– 添加了标题与数据来源。

8.10.3 图形的输出

为了使得生成的图形与其他设备或图形、文字处理软件相连接，Stata 还提供了图形输出的工具，包括将图形输出到打印设备上和将图形输出成为其他格式的文件。

图形的打印

对于在制图窗口的图形，可以直接使用命令 graph print 将图形送到打印机打印。即：

```
. graph ...
. graph print
```

对于已经存储在硬盘上的图形文件，用户需要先将图形读取出来，然后再打印。命令如下：

```
. graph use filename
. graph print
```

用户可以键入 help pr_options 查看打印参数的设置。

存储为其他格式

Stata 可以将生成的图形输出成多种格式。这大大提高了 Stata 制图引擎与其他图形、文字处理软件的兼容性。Stata 的图形输出的命令为 graph export。例如，

```
. graph use bcstock
. graph export bcstock.eps, replace
(file bcstock.eps written in EPS format)
. graph export bcstock.png, replace
(file bcstock.png written in PNG format)
```

第 1 组命令将生成一个 eps 格式的图形文件，同时覆盖原有的 bcstock.eps 文件。第 2 组命令将生成一个 png 格式的图形文件，也将覆盖原有的同名文件。

当没有另行特别说明时（使用 as() 选项），文件名的后缀可以替代成为指定输出文件格式的默认值。命令中的选项主要有两种：

- as() 设定输出文件格式为小括号中指明的格式（大多数时候省略了）；
- replace表示覆盖同名的图形文件。

如表 8-13 所示，Stata 图形输出的格式主要有以下几种。这些格式基本涵盖了常用的图形格式，使得用于各种目的的用户均能够找到合适的格式。

表 8-13 Stata 图形输出文件格式

后缀	选项指明	格式说明
.ps	as(ps)	PostScript 格式
.eps	as(eps)	EPS(Encapsulated PostScript) 格式
.wmf	as(wmf)	视窗Meta 格式
.emf	as(emf)	视窗 Enhanced Meta 格式
.pict	as(pict)	苹果 PICT 格式
.pdf	as(pdf)	PDF 格式
.png	as(png)	PNG 格式
.tif	as(tif)	TIFF 格式

8.11 使用命令程序文件制图

到现在为止，我们基本上已经讨论了关于 Stata 中制图的各个方面的内容。读者已经了解到了在 Stata 中有些图形的制作命令相当简单，而制作带有各种选项、呈现形式精美的图形的命令可以变得相当复杂，有时可以是数十行的命令。

对于这样复杂的制图命令，使用编写命令程序文件显然是最为方便有效的方式。这样不仅可以方便地在修改与提高质量控制的过程中不断增添新的内容或是修改不适当的地方，而且不用重新编写整个命令程序。更为重要的是，这样可以在完成制图过程后，将整个制图的命令用 .do 文件形式存储起来，以便以后重新绘制图形或是进一步修改制图命令。[20]

对于存储为 .do 文件形式的制图命令，用户仅需要使用命令 do *filename* 即可以方便地重新绘制图形。

8.11.1 例子的讲解

读者在前面已经看到过较长的绘制图形的命令，例如绘制人口金字塔的命令。下面，我们给出上面绘制 2007 年第 3 季度中国银行股票涨跌与交易量走势图形的程序文件形式。

```
****bcstock.do
****making bcstock price-volume graph
****saved as bcstock.gph
****exported to bcstock.eps

use bankchina3q, clear
label var datetm "formated date"
replace volume=volume/1000000 /* make unit into million */
#delimit ;
twoway rbar high low datetm, bcolor(gs12)
    || line close datetm, lcolor(navy)
```

[20]其实这样的 .do 文件可以存储起来，用来作为绘制相似图形的参考。这是因为完成相似任务的大多数程序之间都有相同的命令与选项。

```
11          || bar  volume datetm , bcolor(dkgreen) barw(.8) yaxis(2)
12          || , yscale(axis(1) range(4 6.5))
13             yscale(axis(2) range(0, 12))
14             xlabel(, labsize(small))
15             ylabel(4.5(.5)6.5, labsize(small) format(%2.1f) axis(1) angle(0))
16             ylabel(, axis(2) labsize(small) angle(0))
17             legend(pos(3) ring(0) rows(3))
18             xtitle("Date")
19             ytitle("Stock Price in RMB")
20             ytitle("Stock Volume in million                              ", axis(2))
21             title("Bank of China Stock Trend")
22             subtitle("3rd Quarter, 2007")
23             note("Source: http://stock.business.sohu.com/
24                   extracted on 10/04/2007")
25             saving(bcstock, replace);
26     #delimit cr
27     graph export bcstock.eps, replace
```

在这个 bcstock.do 程序文件中，第 1 行到第 4 行是信息说明，以备以后或是他人使用同一程序文件时能够知道该程序文件的名称、用途以及最终生成的结果。

第 8 行将 Stata 中命令的分隔符改成分号“;”。第 9 行到第 25 行为制图命令。虽然这个单一的命令占据了 17 行的长度，但由于我们更改了命令分隔符，Stata 会在第 25 行末尾遇到“;”时才确认命令结束。因此，Stata 将这 17 行当成了一个命令来执行。第 26 行则是将命令分隔符重新定义成“换行”或是“回车键”。

在第 25 行，生成的图形被存储为 bcstock.gph，并覆盖同名文件。在第 27 行，又指令 Stata 将这一图形输出为一个 EPS 格式的文件，并覆盖同名文件。这两个新生成的图形文件都存储在当前的工作目录中。

8.11.2　最后的例子

在本章的最后，我们绘制一个在上一章交互作用小节中见过的男女收入随着教育年限的增加而增长，但增长的速度并不相同的图形。这里我们再次绘制这个图形。当然，这次对于该图形的质量控制要细致得多。

在绘制这个图形时，我们做了以下工作：

- 拟合完回归模型；
- 挑选了一个年龄在 40 岁，又是党员的“平均人”；
- 分男女两个性别预测各个教育年限水平的收入情况；
- 将预测的收入对数值折算成原始的月收入；
- 将月收入与教育年限的散点图绘制成直线形式的图形。

在具体操作绘制图形时，有以下几点值得强调：

- 散点图中的散点被设定为不可见，同时用直线连接各个数据点。由于各个数据点在一条直线上，所以图形呈现的是直线。
- 纵轴使用了对数的刻度。
- 横轴的刻度使用了完成教育水平对应的教育年限。例如，12 年对应高中毕业，16 年对应大学毕业等等。
- 添加了 x=18 的直线，显示大约在该教育年限为 18 年时，预测的男女收入相等。在此之前，女性收入一直少于男性。
- 在直线的左上方添加了简要解释图形的两行文字。
- 添加了各种标题。同时，调整了标题字体的大小。

下面给出完整的 .do 程序文件，以及由此文件生成的图形（图 8-72）。

```
****incedu2x.do
****making income vs. education line graph
****each sex with different slope
****saved as incedu2x.gph
****exported to incedu2x.eps
```

```
use cgss2003, clear

/* fitting the model */
cap drop femaleeduyr
gen femaleeduyr=female*eduyr
quietly reg incn age age2 female party eduyr femaleeduyr

/* getting graph data ready */
/* average person: 40 years old party member */
/* women first, men later */
adjust age=40 age2=16 party=1 if female==1, by(eduyr) gen(incf)
lab var incf "predicted income"
replace incf=exp(incf)
adjust age=40 age2=16 party=1 if female==0, by(eduyr) gen(incm)
lab var incm "predicted income"
replace incm=exp(incm)

/* making graph */
#delimit ;
twoway scatter incm eduyr, msymbol(i) connect(l)
            clw(medthick) clcolor(sand) ||
       scatter incf eduyr, msymbol(i) connect(l)
            clw(medthick) clcolor(maroon) ||
, yscale(range(2000 22000) log)
  xline(18)
  xlabel(0 6 9 12 14 16 18 19, labsize(small) grid gmax)
  ylabel(2000 3000 5000 8000 12000 16000 22000,
         labsize(small) angle(0) grid gmin)
  legend(pos(3) rows(2) ring(0) region(lwidth(thin) lpattern(blank))
        label(1 "men") label(2 "women"))
  text(11000 5 "Women's Educational Return to Income"
              "Larger than Men's",
        box just(left) size(small)
        lstyle(none) linegap(1.2) margin(small) bcolor(bluishgray))
  xtitle("Years of Schooling")
  ytitle("Montly Income"
         "predicted from regression model")
```

```
    title("Income by Education")
    subtitle("women and men")
    note("Source: China General Social Survey by RMU, 2003", size(2.5))
    caption("cf. last regression model in interaction
             section of chapter 7", size(2.2))
    saving(incedu2x, replace);
#delimit cr
graph export incedu2x.eps, replace
```

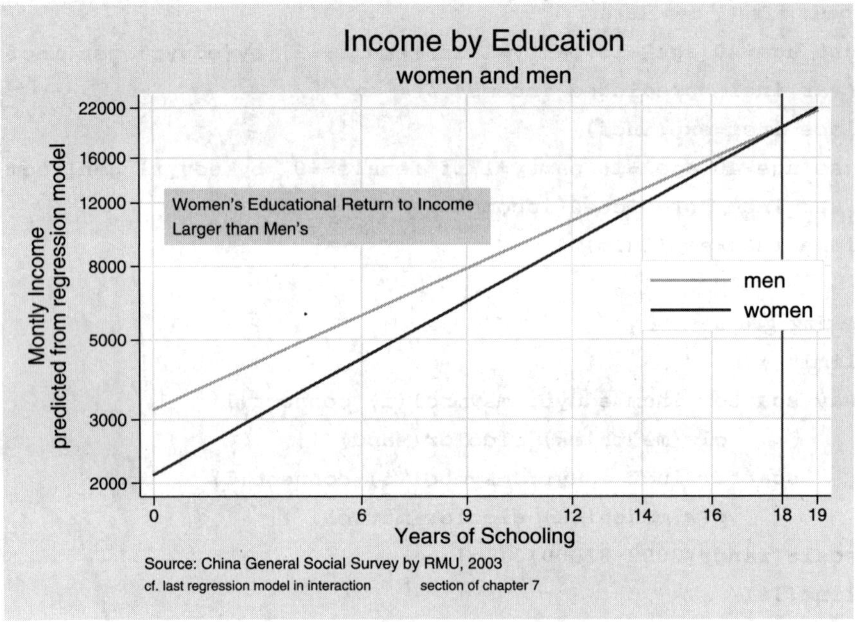

图 8-72　分性别的收入预测值与教育年限直线图

第九章

数据管理

在统计软件的使用中，一般用户最为关心的是软件的统计分析功能。然而，随着用户技术水平的提高和数据复杂性的增加，一个软件的数据管理功能将变得越来越重要。数据管理是指对原始数据进行加工、重组、合并，使之能满足特定统计分析要求的前期数据处理工作。事实上，一个高级的统计分析员的绝大部分时间是用在数据管理上的。对于很多复杂数据来说，对原始数据进行管理、使之成为可以分析的数据比起对完善的数据进行分析要更加复杂、更加困难。可以说，没有一定数据管理能力的分析员不是一个合格的数据和统计分析员。

相比其他统计软件（如 SPSS 和 S-plus），灵活而完善的数据管理功能是 Stata 的一个主要优势和特色。在 Stata 的参考手册中，有一册是专门介绍数据管理的（《Stata 10 数据管理》）。在前面的章节里，我们已经介绍过数据管理的一些基本命令，本章则是对 Stata 的数据管理功能做一个更系统、更全面的介绍，目的是满足一些高级用户处理复杂数据的要求。

9.1 数据合并

有时候，我们的原始数据存放在不同的数据文件里。在真正进行处理和分析之前，我们需要把不同数据文件合并成为一个综合的数据文件。

9.1.1 纵向合并

纵向合并指的是把两个数据的样本加总在一起，合并后的数据变量数目不变，但样本数增加了，也就使得数据变长了。

最常见的纵向合并情况是使用同样的问卷在不同地方或不同时间调查得来的数据。比如，在跨国比较研究中，研究者会用同样的问卷对不同国家进行调查；有些大型的研究项目采用比较稳定的问卷设计定期进行抽样调查；把这些独立的样本合并在一起来分析，便于研究差异和变迁。这种合并的数据就是我们常说的合并横截数据（Pooled Cross-Sectional Data）。在追踪研究中，用同样的问卷对同样的样本收集来的数据也需要合并。这时候，每个样本的相同变量会有多个观察值（observations），即我们常说的板块数据（Panel Data）或横截时间序列数据（Cross-Sectional Time Series Data）。

在纵向合并两个数据文件之前，需要做三项准备工作：

- 两个数据文件里相同变量的变量名要一致，否则将会被当成两个变量来处理，并产生无用的缺失数值。
- 两个数据文件里相同变量的变量类型要一致，否则其中一个数据的变量值将全部缺失（由于这一点经常会被忽略，而且其后果不易被察觉，所以我们会在本章的第四小节专门讲解）。
- 两个数据文件里的个案序号不能重复，否则合并后将无法辨认个体样本。
- 每个数据要生成一个新的变量来辨别合并后该数据的样本。

纵向合并是通过 Stata 的 `append` 命令来完成的。`append`命令的用法是：

```
. append using filename [, options]
```

filename 是内存外的数据文件名，即要和当前内存里的数据合并的文件。如果文件名有空格或特殊字符，必须用双引号引住。如果数据是 Stata 格式，可以省去 `.dta` 扩展名。`options` 是命令选项，包括：

- keep(varlist)：*varlist*是内存外数据指定保留的变量；当内存外变量数目多于内存内数据的时候，可以只保留内存内的变量。

- nolabel：不拷贝内存外数据的数值标签，即合并后的数据使用内存内数据的数据标签。

- nonotes：不拷贝内存外数据的数据说明。

这三个选项并没有太多实质意义，可以忽略。keep(*varlist*)可以在合并前或合并后通过 keep *varlist* 或 drop *varlist* 命令来完成；nolabel 和 nonotes 只影响数值标签和数据说明的储存，对数据本身没有任何影响。

为了更好地说明如何进行纵向合并，我们用 Stata 生成两个模拟数据文件，然后用 append 命令来把它们合并。

```
. use append1, clear
(dataset in memory)

. list

     +----------------------------+
     | id      sex   age   income |
     |----------------------------|
  1. |  1   Female    20     3000 |
  2. |  2     male    35     4000 |
  3. |  3     male    40     2500 |
     +----------------------------+

. use append2, clear
(appending dataset)

. list

     +------------------------------------+
     | id   gender   age   income    educ |
     |------------------------------------|
  1. |  1    women    20     2000      14 |
  2. |  2      men    35     3000      16 |
     +------------------------------------+
```

先读进一个数据文件（内存内数据），便可直接用 append 命令使内存内和内存外数据文件做纵向合并。

```
. use append1, clear
(dataset in memory)
. append using append2
. list

     +------------------------------------------+
     | id     sex   age   income   gender  educ |
     |------------------------------------------|
  1. |  1  Female    20     3000        .     . |
  2. |  2    male    35     4000        .     . |
  3. |  3    male    40     2500        .     . |
  4. |  1       .    20     2000    women    14 |
  5. |  2       .    35     3000      men    16 |
     +------------------------------------------+
```

合并的数据有几个问题：

- 个案序号变量 *id* 出现重复，合并后不能辨认个体样本；
- 没有样本归属标记，以后将无法知道个案是属于哪个样本的；
- 性别变量名不一致，一个是 *sex*，一个是 *gender*，合并后造成数值缺失, 而且数值标签不一样。

鉴于以上问题，在合并之前，要对数据进行一下处理：

```
. use append2, clear
(appending dataset)
. replace id=id+3
(2 real changes made)
. gen sample=2
. rename gender sex
. list

     +-----------------------------------------+
     | id     sex   age   income   educ  sample |
     |-----------------------------------------|
  1. |  4   women    20     2000     14       2 |
```

```
  2. | 5     men    35    3000    16        2 |
     +--------------------------------------+

. save data2, replace
file data2.dta saved
. use append1, clear
(dataset in memory)
. gen sample=1
. list

     +----------------------------------+
     | id     sex   age   income   sample |
     |----------------------------------|
  1. | 1   Female   20    3000        1 |
  2. | 2     male   35    4000        1 |
  3. | 3     male   40    2500        1 |
     +----------------------------------+

. save data1, replace
file data1.dta saved
. append using data2
. list

     +-------------------------------------------+
     | id     sex   age   income   sample   educ |
     |-------------------------------------------|
  1. | 1   Female   20    3000        1      . |
  2. | 2     male   35    4000        1      . |
  3. | 3     male   40    2500        1      . |
  4. | 4   Female   20    2000        2     14 |
  5. | 5     male   35    3000        2     16 |
     +-------------------------------------------+
```

如果先读进 data2.dta, 合并后的数据将沿用 data2.dta 的标签。

```
. use data2, clear
(appending dataset)
. append using data1
. sort id
. list

     +-------------------------------------------+
```

```
     | id     sex   age   income   educ   sample |
     |-------------------------------------------|
  1. |  1   women    20     3000      .        1 |
  2. |  2     men    35     4000      .        1 |
  3. |  3     men    40     2500      .        1 |
  4. |  4   women    20     2000     14        2 |
  5. |  5     men    35     3000     16        2 |
     +-------------------------------------------+
```

合并后的变量 *sex* 的标签变成了 women 和 men。因为命令沿用内存内数据的标签定义，一般来说，最好是把标签定义比较完善的数据读入内存。

9.1.2 横向合并

横向合并是指将两个数据文件的变量加总在一起。合并后数据的样本不变，但变量的数目增加了，也就使得数据文件变宽了。

一般情况下，横向合并的两个数据的样本是一样的，只是被存储在不同的数据文件里。比如说，我们的样本是 100 家公司，但有两个数据来源：一个是问卷调查的数据，另外一个是从报纸、书刊或其他公开出版物收集到的数据。这种时候，每一个公司的数据一般会被输入并存储在两个不同的数据文件里，需要做横向合并。

横向合并是通过 Stata 的 merge 命令来完成的。该命令的用法是：

. merge [*varlist*] using *filename* [*filename* ...] [, options]

命令中间的选项 *varlist* 指的是合并序号变量，用于辨别样本个案。两个数据都要有序号变量，而且变量名要一样。并且在一般情况下，变量的取值也要一样，否则合并后将出现很多不吻合的样本个案，影响数据的可用性。如果没有指定序号变量，Stata 则逐行合并，也就是把两个数据的第一行和第一行、第二行和第二行合并，以此类推。逐行合并容易出错，故建议用户尽可能在横向合并的时候使用序号变量。如果数据里没有，可以用 generate 命令来生成，如：

```
. generate id=_n
```

merge 命令中间的 *filename* 选项用来合并两个以上的数据。因为容易出错，我们不建议使用，最好分成几次，而每次只合并两个数据。表 9-1 列举了 merge 命令之后的选项。

表 9-1　merge 命令选项说明

选项（options）	说明
keep(varlist)	内存外数据指导保留的变量；可在合并前后用 keep 或 drop 命令选择变量。
_merge(newvar)	自动生成合并吻合度的记录变量，默认为 _merge，数值为： 1.　不吻合，只在内存内数据存在的个案 2.　不吻合，只在内存外数据存在的个案 3.　吻合，内存内和内存外数据皆存在的个案。
nolabel	不拷贝内存外数据的数值标签。
nonotes	不拷贝内存外数据的数据说明。
update	内存内的缺失数值可以被内存外数据的相应数值覆盖。
replace	内存内的非缺失数值可以被内存外数据的相应数值覆盖，这个选项必须在选 update 的情况下才有效。
nokeep	去掉内存外数据的非吻合个案，等同于 drop if _merge==2。
nosummary	合并两个以上数据时，不保留记录变量（即 _merge）。
unique	合并变量序号在两个数据皆为独特的。
uniqmaster	合并变量序号在内存内数据是独特的。
uniqusing	合并变量序号在内存外数据是独特的。
sort	合并前按合并变量序号对数据进行排序，指定该选项意味着同时指定 unique 选项。

表 9-1 列举的这些选项更多地是为了方便操作，对数据合并本身并没有任何实质影响。同时这些选项完全可以在合并前后通过别的命令来完成。

为了说明如何使用 merge 命令来进行横向合并，我们建立了两个模拟数据：

```
. use merge1, clear
. list

     +------------------------+
     | firm   employee   sale |
     |------------------------|
  1. |    1         50     10 |
  2. |    2          .     30 |
  3. |    3         40     23 |
  4. |    4         85     55 |
     +------------------------+

. use merge2, clear
. list

     +------------------------+
     | firm   employee    ipo |
     |------------------------|
  1. |    2         31   1994 |
  2. |    3         41   1999 |
  3. |    4         86   2000 |
  4. |    5         50   2003 |
     +------------------------+
```

两个数据各有 4 家公司和两个变量。但是，两个数据里只有 3 家同样的公司，而且有一个名字相同而数值稍有不同的变量。让我们以公司序号 *firm* 作为合并变量，先试一下简单的横向合并：

```
. use merge1, clear
. merge firm using merge2, sort
. list

     +-------------------------------------------+
     | firm   employee   sale    ipo    _merge |
     |-------------------------------------------|
  1. |    1         50     10      .         1 |
  2. |    2          .     30   1994         3 |
  3. |    3         40     23   1999         3 |
  4. |    4         85     55   2000         3 |
  5. |    5         50      .   2003         2 |
     +-------------------------------------------+
```

合并后的数据有 5 个样本，有 3 家公司是吻合的（_merge = 3)，2 家不吻合（_merge = 1 或 2）。合并大样本数据的时候，可以键入 tabulate _merge 来检查两个数据吻合的程度；或用 list 命令列出不吻合个案（如 list if _merge == 1）。

值得注意的是，变量 *employee* 在两个数据里都有，但合并后沿用了内存内数据的数值。而 *employee* 在内存内数据里有个缺失值，我们可以用 update 选项来把这个缺失值换成内存外数据的值：

```
. use merge1, clear
. merge firm using merge2, update sort
. list

     +-----------------------------------------+
     | firm   employee   sale    ipo   _merge |
     |-----------------------------------------|
  1. |    1         50     10      .        1 |
  2. |    2         31     30   1994        4 |
  3. |    3         40     23   1999        5 |
  4. |    4         85     55   2000        5 |
  5. |    5         50      .   2003        2 |
     +-----------------------------------------+
```

如果想让 *employee* 全部取内存外数据的数值，可以添加 replace 选项：

```
. use merge1, clear
. merge firm using merge2, update replace sort
. list

     +-----------------------------------------+
     | firm   employee   sale    ipo   _merge |
     |-----------------------------------------|
  1. |    1         50     10      .        1 |
  2. |    2         31     30   1994        4 |
  3. |    3         41     23   1999        5 |
  4. |    4         86     55   2000        5 |
  5. |    5         50      .   2003        2 |
     +-----------------------------------------+
```

如果不想把内存内数据没有的样本从内存外数据里加进来，可以使用nokeep选项：

```
. use merge1, clear
. merge firm using merge2, update replace nokeep sort
. list

     +-----------------------------------------+
     | firm   employee   sale    ipo   _merge |
     |-----------------------------------------|
  1. |    1         50     10      .        1 |
  2. |    2         31     30   1994        4 |
  3. |    3         41     23   1999        5 |
  4. |    4         86     55   2000        5 |
     +-----------------------------------------+
```

9.1.3 交叉合并

交叉合并指的是把一个数据的个案和另外一个数据的个案交叉搭配生成新的数据。从数据的结构和用途上讲，交叉合并要比纵向和横向合并更加复杂，所以，学习交叉合并，首先要理解其目的和合并后的数据结构及用途。

交叉合并有两类：一类叫组内交叉，使用的是 joinby 命令；另一类叫一一交叉，由 cross 命令来完成。下面我们分别就这两种交叉合并做讨论。

用 joinby 进行组内交叉

组内交叉指的是两个数据样本有分组，每一组里的样本做一对一交叉。组内交叉合并的命令是 joinby，该命令的基本结构是：

. joinby [*varlist*] using *filename* [, options]

其中 *varlist* 是合并的分组变量，如果没有值得分组的变量，则 joinby 会自动采用两个数据里的共同变量。*filename* 是内存外数据文件，options 是命令的选项，见表 9-2。

表 9-2　joinby 命令选项说明

选项（options）	选项说明
当样本吻合时	
update	内存内的缺失数值可以被内存外数据相同变量的相应数值覆盖
replace	内存内的所有数值被内存外数据相同变量的相应数值覆盖
当样本不吻合时	
unmatched(none)	不保留非吻合样本，默认选项
unmatched(both)	两个数据的非吻合样本都保留
unmatched(master)	只保留内存内数据非吻合样本
unmatched(using)	只保留内存外数据非吻合样本
_merge(newvar)	自动生成合并吻合度的记录变量，默认为 _merge
nolabel	不拷贝内存外数据的数值标签

当两个数据的每一组都只有一个单独样本时，组内交叉其实就是简单的横向合并，可以用 merge 命令来完成。

当一个数据的每一组只有一个单独样本，而另外的数据组内有多个样本时，我们进行的是组内一对多的交叉合并。这种情况最常见的是多阶段抽样数据。比如，我们有 1000 个公司职员的数据，而这些样本是从 40 家公司抽样出来的，这样的话，每家公司的数据要和其员工的数据做组内一对多的交叉合并。更复杂一点的，比如我们先选省，再选县（市）、乡（街道）、村（居委会），最后选择个体样本。在这种情况下，我们会有不同抽样单位（如省、县、乡等）的数据，若是单独存储的话，就需要和个体样本做组内一对多的交叉合并。比如以下两个模拟数据:

```
. use joinby1a, clear
. list
     +---------------------+
     | id   firm   salary |
```

```
    |--------------------|
 1. |  1      1     3000 |
 2. |  2      1     4000 |
 3. |  3      2     3500 |
 4. |  4      2     5000 |
 5. |  5      2     5500 |
    +--------------------+
. use joinby1b, clear
. list
    +-------------+
    | firm   size |
    |-------------|
 1. |    1     98 |
 2. |    2    106 |
    +-------------+
```

joinby1a.dta 有 5 个公司员工样本，分别来自 2 家公司（*firm*）； joinby1b 只有 2 个样本，分别是 2 家公司的信息（*size*），我们可以用 joinby 命令来把公司信息和员工信息合并在一起：

```
. use joinby1a, clear
. joinby firm using joinby1b
. list, sepby(firm)
    +--------------------------+
    | id   firm   salary  size |
    |--------------------------|
 1. | 1      1     3000     98 |
 2. | 2      1     4000     98 |
    |--------------------------|
 3. | 3      2     3500    106 |
 4. | 4      2     5000    106 |
 5. | 5      2     5500    106 |
    +--------------------------+
```

上面的交叉合并是以公司序号为合并变量的，合并后公司的信息 *size* 在该公司所有员工的取值是一样的。

当两个数据的每一组都有多个样本时，我们进行的是组内多对多交叉合并。这种合并必须指定一个共同的序号变量来辨认每个组的样本。比如，在以家庭为单位的研究中，父母的数据和小孩的数据。如果一个家庭有 2 个父母和 3 个孩子，父母和孩子交叉合并为 $2 \times 3 = 6$ 个样本。这时，我们要以家庭作为序号变量，合并后的样本的单位不再是家庭，也不再是个人，而是亲子关系。

```
. use children, clear
. list

     +--------------------------------+
     | familyID   childID   x1    x2 |
     |--------------------------------|
  1. |      101         1   11    30 |
  2. |      101         2   13    35 |
  3. |      101         3   15    38 |
  4. |      102         4   10    28 |
  5. |      103         5    9    24 |
     +--------------------------------+

. use parents, clear
. list

     +---------------------------------+
     | familyID   ParentID   x1    x3 |
     |---------------------------------|
  1. |      101         10   39    50|
  2. |      101         11   43    55 |
  3. |      102         12   45    58 |
  4. |      102         13   35    48 |
  5. |      104         14   37    49 |
     +---------------------------------+

. joinby familyID using children
. list, sepby(familyID)

     +---------------------------------------------------+
     | familyID   ParentID   x1    x3    childID     x2 |
     |---------------------------------------------------|
  1. |      101         10   39    50          1     30 |
  2. |      101         11   43    55          1     30 |
  3. |      101         10   39    50          2     35 |
```

```
  4. |     101          11   43   55          2   35 |
  5. |     101          10   39   50          3   38 |
  6. |     101          11   43   55          3   38 |
     |-----------------------------------------------|
  7. |     102          12   45   58          4   28 |
  8. |     102          13   35   48          4   28 |
     +-----------------------------------------------+
```

101 号家庭有 3 个孩子和 2 个父母，交叉后有 $3 \times 2 = 6$ 个样本（即亲子关系）；102 号家庭有 1 个孩子和 2 个父母共2对亲子关系。103 号和 104 号家庭因为不存在亲子关系而没有被保留；如果想在合并后的数据里保留不吻合的样本，可以加上特定的 uumatch() 选项。

值得注意的是，上例中父母和小孩的样本有一个共同的变量 *x2*，Stata 会默认使用内存内的数据。如果要使用内存外数据，可以先读进该数据，或使用 update 和 replace 选项。

用 cross 进行一一交叉

一一交叉，即一个数据的每一个个案和另外一个数据的每一个个案交叉，合并后的样本数为两个样本数的积（$n_1 \times n_2$），样本单位因此变成了一对一的配对关系。这种交叉合并并不多见，但非常有用。比如，研究婚姻配对，对男女样本进行全部交叉合并，便于分析各种配对之间的互动；在自由买卖市场上，把买方和卖方的数据做全部交叉，便于分析交易形成的模式。

一一交叉合并使用的是 cross 命令，其用法是：

. cross using *filename*

其中，*filename* 是内存外数据文件名。这是一个很简单的命令，没有选项。

一一交叉的两个数据最好没有相同的变量名，如果有的话，Stata 会沿用内存内的数据。所以，当配对的数据里有相同的变量时，在合并之前要先对这些变量重新命名。

```
. use cross1, clear
. list

     +-----------+
     | id   educ |
     |-----------|
  1. | 1      12 |
  2. | 2      14 |
  3. | 3      16 |
     +-----------+
. *变量重新命名
. rename id Mid
. rename educ Meduc
. save male, replace
file male.dta saved
. use cross2, clear
. list

     +-----------+
     | id   educ |
     |-----------|
  1. | 1      14 |
  2. | 2      16 |
  3. | 3      18 |
     +-----------+
. rename id Fid
. rename educ Feduc
. cross using male
. sort Fid Mid
. list, sepby(Fid)

     +--------------------------+
     | Fid   Feduc   Mid  Meduc |
     |--------------------------|
  1. |   1      14     1     12 |
  2. |   1      14     2     14 |
  3. |   1      14     3     16 |
     |--------------------------|
  4. |   2      16     1     12 |
  5. |   2      16     2     14 |
```

```
  6. |  2      16     3      16 |
     |--------------------------|
  7. |  3      18     1      12 |
  8. |  3      18     2      14 |
  9. |  3      18     3      16 |
     +--------------------------+
```

在上例中，我们为了保留男女数据的变量，在合并前先对变量进行了重新命名，合并后就可以通过两个序号变量 *Fid* 和 *Mid* 来辨认每一个配对关系，同时也保留了男女的教育变量 *Meduc* 和 *Feduc*。

9.2 数据重组

当研究者只有一个数据或者已经完成数据合并时，根据不同的数据结构和分析要求，有时候有必要对数据进行重新排列或组合。数据重组有时是为了更有效地存储和使用数据，但更多时候是为了满足特定统计分析的要求。一般来说，前者会生成更新了的母数据文件（master data file）来取代原有数据文件，而后者则是生成不同的子数据文件用于特定统计分析，原来的母数据文件不会被替代。在这个意义上，数据重组是衔接数据处理和数据分析的核心环节。研究者不仅要熟悉各种不同的数据结构及其统计用途，而且还要清楚不同统计分析所需的不同数据结构。只有这样，才可以灵活进行数据重组，充分挖掘数据的分析潜力和效用。

9.2.1 长宽格式转换

在横截时间序列数据以及一些生存时间数据（survival time data）中，有两种不同的数据结构可以选择。一种叫宽格式（wide format），另一种叫长格式（long format）。

宽格式指的是一个样本只有一行数据，不同时间的数据是以变量的形式存储的。长格式是指每个样本在每一个时间都有一行数据，不同时间的数据存储在特定变量的不同数据行。宽格式就是传统的数据存储格式，其特点是变量数量多、样本数量少；长数据格式正好相反，其特定是变量数量少、样本数量多，比如：

```
. * 宽数据格式
. use wide, clear
. list

     +---------------------------------------------------------------------+
     | id   sex   work90   work91   work92   salary90   salary91   salary92 |
     |---------------------------------------------------------------------|
  1. |  1     1        3        4        5       2000       2500       3000 |
  2. |  2     2        5        4        4       3000       4000       5000 |
  3. |  3     2        6        7        8       3500       4500       6000 |
     +---------------------------------------------------------------------+

. * 长数据格式
. use long, clear
. list, sepby(id)

     +---------------------------------+
     | id   year   sex   work   salary |
     |---------------------------------|
  1. |  1     90     1      3     2000 |
  2. |  1     91     1      4     2500 |
  3. |  1     92     1      5     3000 |
     |---------------------------------|
  4. |  2     90     2      5     3000 |
  5. |  2     91     2      4     4000 |
  6. |  2     92     2      4     5000 |
     |---------------------------------|
  7. |  3     90     2      6     3500 |
  8. |  3     91     2      7     4500 |
  9. |  3     92     2      8     6000 |
     +---------------------------------+
```

上面就是最典型的长宽格式的模拟数据。数据有 3 个个人样本，每个样本有3年的数据，每年记录 2 个随时间变化的变量（*work* 和 *salary*），另外一个变量 *sex* 不随时间变化。在宽格式里，因为每个样本只有一行数据，每个随时间变化的变量需要3列（变量）来记录（即 *work90, work91, work92*和 *salary90, salary91, salary92*）。在长格式里，每个样本有 3 行数据，通过一个新增的变量 *year* 来分别表示 3 个时间点，2 个随时间变化的变量可以记录在不同的数据行里。

不难看出，长宽格式所记录的数据信息是一样的。因此，从数据结构的角度来看，选择哪一种格式取决于数据文件的储存效率。而两种格式相对所需的储存空间取决于它们数据矩阵的大小。如上例中，宽格式需要储存 $3 \times 8 = 24$ 个数值，而长格式则需要储存 $5 \times 9 = 45$ 个，因此宽格式比长格式更有效。一般情况下，不随时间变化的变量数量越多，宽格式就越有效，因为这些变量在长格式里的取值是重复的；数据越不对称，也就是说不同样本的观察的时间点数差别也大，长格式就越有效，因为宽格式里很多随时间变化的变量会出现大量无用的缺失数值。

在具体数据管理中，可以在两种格式之间相互转换，如果数据文件大小有显著区别，用户可以选择储存较小的数据文件。然而，随着计算机内存和硬盘容量的增大，数据文件的储存不再是问题，长、宽格式的相互转换更多是出于统计分析的需要。有些统计模型，如传统的线性回归和简单的生存时间或历史事件模型不涉及随时间变化的变量，这时候就需要数据是宽格式的；有些模型，如板块模型（panel models）或包含因时而异变量的生存时间模型，则需要长数据格式。

长、宽数据格式的转换是通过 Stata 的 `reshape` 命令来完成的。`reshape`命令可以有很多种用法，但最基本的是:

```
. reshape wide stubnames, i(varlist) [j(varname[values])]

. reshape long stubnames, i(varlist) [j(varname[values])]
```

`reshape wide` 把数据从长格式转换成宽格式；`reshape long` 则是把宽格式转换成长格式。*stubnames* 是因时而变的变量的名称，如上面例子中的 *work* 和 *salary*； *i(varlist)*是必需选项，其中 *varlist* 是样本的序号变量；`j(`*varname*`[values])`是选项，*varname* 是长格式里新生成的变量名，其数值 `values` 取自 *stubnames*的后缀，用于辨认每个样本的数据行，如上例的的 *year*，取值为 90，91，92。如果没有 `j(`*varname*`)`选项，则 Stata 自动生成的变量名为 `_j`。

上例中的长、宽格式可以这样相互转换:

```
. * 宽转长
```

```
. use wide, clear
. reshape long work salary, i(id) j(year)
(note: j = 90 91 92)
Data                                      wide   ->   long
-----------------------------------------------------------------------------
Number of obs.                               3   ->      9
Number of variables                          8   ->      5
j variable (3 values)                            ->   year
xij variables:
                      work90 work91 work92   ->   work
                 salary90 salary91 salary92   ->   salary
-----------------------------------------------------------------------------
. sort id year
. list, sepby(id)
     +--------------------------------+
     | id   year   sex   work  salary |
     |--------------------------------|
  1. |  1     90     1     3     2000 |
  2. |  1     91     1     4     2500 |
  3. |  1     92     1     5     3000 |
     |--------------------------------|
  4. |  2     90     2     5     3000 |
  5. |  2     91     2     4     4000 |
  6. |  2     92     2     4     5000 |
     |--------------------------------|
  7. |  3     90     2     6     3500 |
  8. |  3     91     2     7     4500 |
  9. |  3     92     2     8     6000 |
     +--------------------------------+
. * 长转宽
. reshape wide work salary, i(id) j(year)
(note: j = 90 91 92)
Data                                      long   ->   wide
-----------------------------------------------------------------------------
Number of obs.                               9   ->      3
Number of variables                          5   ->      8
j variable (3 values)                     year   ->   (dropped)
```

```
xij variables:
                                  work   ->  work90 work91 work92
                                salary   ->  salary90 salary91 salary92
------------------------------------------------------------------------------
. list

     +----------------------------------------------------------------------+
     | id   work90   salary90   work91   salary91   work92   salary92   sex |
     |----------------------------------------------------------------------|
  1. |  1        3       2000        4       2500        5       3000     1 |
  2. |  2        5       3000        4       4000        4       5000     2 |
  3. |  3        6       3500        7       4500        8       6000     2 |
     +----------------------------------------------------------------------+
```

从上面的转换可以看出，使用 reshape 命令最关键的是因时而变的变量命名。以下是变量命名的一些重要原则：

- 变量干名：在宽格式里，每一组因时而变的变量干名一定要一致；变量的干名就是长格式里的单一变量名，如 *work*和 *salary*。
- 后缀取值：数据后缀在所有因时而变的变量组里必须一致，如 90、91、92 都放在变量干名的后面，如 *work90*和 *salary90*。后缀取值可以是数据，也可以是字母，如 *a*，*b*，*c*。
- 后缀位置：后缀可以在干名中的任何地方，如 *wor90k*、*wor91k*、*wor92k* 等。

下面我们通过一些例子来熟悉这些命名原则。

```
. * 字母后缀
. list

     +-----------------------------------------------------------------+
     | id   sex   workA   salaryA   workB   salaryB   workC   salaryC |
     |-----------------------------------------------------------------|
  1. |  1     1       3      2000       4      2500       5      3000 |
  2. |  2     2       5      3000       4      4000       4      5000 |
  3. |  3     2       6      3500       7      4500       8      6000 |
```

```
    +----------------------------------------------------------------+
. * reshape long work salary, i(id) j(year A B C)
. * 或者加 string 选项
. reshape long work salary, i(id) j(year) string
(note: j = A B C)
Data                               wide   ->   long
-----------------------------------------------------------------------------
Number of obs.                        3   ->      9
Number of variables                   8   ->      5
j variable (3 values)                     ->   year
xij variables:
                      workA workB workC   ->   work
                salaryA salaryB salaryC   ->   salary
-----------------------------------------------------------------------------
. list, sepby(id)
     +---------------------------------+
     | id   year   sex   work   salary |
     |---------------------------------|
  1. | 1      A     1      3     2000 |
  2. | 1      B     1      4     2500 |
  3. | 1      C     1      5     3000 |
     |---------------------------------|
  4. | 2      A     2      5     3000 |
  5. | 2      B     2      4     4000 |
  6. | 2      C     2      4     5000 |
     |---------------------------------|
  7. | 3      A     2      6     3500 |
  8. | 3      B     2      7     4500 |
  9. | 3      C     2      8     6000 |
     +---------------------------------+
. * 长格式转回宽格式:
. * reshape wide work salary, i(id) j(year) string
. * 或者用 j(year A B C)选项
. * reshape wide work salary, i(id) j(year A B C)

. * 长转宽时, 用“@”把后缀放在不同的位置
. reshape wide @work salary@, i(id) j(year) string
```

```
(note: j = A B C)
Data                                   long   ->   wide
-----------------------------------------------------------------------------
Number of obs.                            9   ->      3
Number of variables                       5   ->      8
j variable (3 values)                  year   ->   (dropped)
xij variables:
                                       work   ->   Awork Bwork Cwork
                                     salary   ->   salaryA salaryB salaryC
-----------------------------------------------------------------------------
. list
     +----------------------------------------------------------------+
     | id   Awork   salaryA   Bwork   salaryB   Cwork   salaryC   sex |
     |----------------------------------------------------------------|
  1. |  1       3      2000       4      2500       5      3000     1 |
  2. |  2       5      3000       4      4000       4      5000     2 |
  3. |  3       6      3500       7      4500       8      6000     2 |
     +----------------------------------------------------------------+
. * 宽转长时，用“@”来指定后缀的位置
. reshape long @work salary@, i(id) j(year) string
(note: j = A B C)
Data                                   wide   ->   long
-----------------------------------------------------------------------------
Number of obs.                            3   ->      9
Number of variables                       8   ->      5
j variable (3 values)                         ->   year
xij variables:
                          Awork Bwork Cwork   ->   work
                    salaryA salaryB salaryC   ->   salary
-----------------------------------------------------------------------------
. list, sepby(id)
     +--------------------------------+
     | id   year   work   salary  sex |
     |--------------------------------|
  1. |  1      A      3     2000    1 |
  2. |  1      B      4     2500    1 |
  3. |  1      C      5     3000    1 |
```

```
   |----------------------------------|
4. | 2      A      5     3000       2 |
5. | 2      B      4     4000       2 |
6. | 2      C      4     5000       2 |
   |----------------------------------|
7. | 3      A      6     3500       2 |
8. | 3      B      7     4500       2 |
9. | 3      C      8     6000       2 |
   +----------------------------------+
```

从上面的例子我们可以看出，在使用 `reshape` 命令时最关键的是变量的命名，尤其是做长、宽格式转换的时候。以下是一些使用 `reshape long` 时常见的错误。

- 每组变量干名不一致，如 *work90*、*works91*、*work92*，转换前要把 *works91* 改名为 *work91*，否则 *works91* 将不被转换。
- 每组变量的后缀位置不一致，如 *wor90k*、*work91*、*work92*，转换前要把 *wor90k* 改名为 *work90*，否则 *wor90k* 将不被转换。
- 各组变量的后缀取值不一致，如 *work* 是以 1990、1991、1992为后缀，而 *salary* 以 90、91、92为后缀。宽转长后每一个样本将有 6 行数据，变量 *work* 和 *salary* 将各有 3 行缺失数据。
- 样本序号不独特时，将不能进行宽转长转换。

而使用 `reshape wide` 做长转宽的常见错误包括：

- 样本序号不独特时，将不能进行长转宽转换。
- 相同样本的数据行序号不独特时（即相同样本有重复后缀时），不能进行长转宽转换。
- 没有被转换的变量，在同一样本的取值不一样时，不能进行长转宽转换。

9.2.2 数据伸缩

数据伸缩一般指的是在不改变数据信息的前提下，增加或减少每个样本的数据行。在 Stata 中，最简单的数据伸缩命令是 expand 和 duplicates。expand 命令比较简单，它只是根据指令把每个数据行复制 n 份来取代原来的数据行：

```
. expand [=]exp [if] [in]
```

exp 可以是一个整数，也可以是数据中一个取值为整数的变量名。当 $n \leq 1$ 时， Stata 不做任何复制（即数据没有变化）。duplicates 命令稍微复杂一点，但它的功能很简单，就是处理数据中重复的数据行。

- 重复数据汇报：

```
. duplicates report [varlist] [if] [in]
```

- 重复数据举例：

```
. duplicates examples [varlist] [if] [in] [, options]
```

- 重复数据列表：

```
. duplicates list [varlist] [if] [in] [, options]
```

- 在数据窗口查看重复数据：

```
. duplicates browse [varlist] [if] [in] [, nolabel]
```

- 建立一个新变量来辨认重复数据行：

```
. duplicates tag [varlist] [if] [in] [, generate(newvar)]
```

- 删除完全重复的多余数据行：

```
. duplicates drop [if] [in]
```

- 删除在指定变量中重复的多余数据行：

```
. duplicates drop varlist [if] [in], force
```

这两个命令比较简单，我们可以通过下面的例子来看看 expand 和 duplicates 的基本功能：

```
. list
     +--------------+
     | id   x1    n |
     |--------------|
  1. |  1    2   -1 |
  2. |  2    7    0 |
  3. |  3    8    1 |
  4. |  4    9    3 |
     +--------------+
. * 每个样本复制两份
. expand 2
(4 observations created)
. sort id
. list, sepby(id)
     +--------------+
     | id   x1    n |
     |--------------|
  1. |  1    2   -1 |
  2. |  1    2   -1 |
     |--------------|
  3. |  2    7    0 |
  4. |  2    7    0 |
     |--------------|
  5. |  3    8    1 |
```

```
  6. | 3    8    1 |
     |-------------|
  7. | 4    9    3 |
  8. | 4    9    3 |
     +-------------+
. * 检查重复的多余数据行
. duplicates report
Duplicates in terms of all variables
--------------------------------------
   copies | observations       surplus
----------+---------------------------
        2 |            8             4
--------------------------------------
. duplicates example
Duplicates in terms of all variables
  +--------------------------------------+
  | group:       |--------------------------------------|
  |      1   2          1     1     2   -1 |
  |      2   2          3     2     7    0 |
  |      3   2          5     3     8    1 |
  |      4   2          7     4     9    3 |
  +--------------------------------------+
. duplicates list
Duplicates in terms of all variables
  +-----------------------------+
  | group:   obs:   id   x1   n |
  |-----------------------------|
  |      1      1    1    2  -1 |
  |      1      2    1    2  -1 |
  |      2      3    2    7   0 |
  |      2      4    2    7   0 |
  |      3      5    3    8   1 |
  |-----------------------------|
  |      3      6    3    8   1 |
  |      4      7    4    9   3 |
  |      4      8    4    9   3 |
  +-----------------------------+
```

```
. * 删除多余的重复数据行
. duplicates drop
Duplicates in terms of all variables
(4 observations deleted)
. list
   +--------------+
   | id   x1    n |
   |--------------|
1. |  1    2   -1 |
2. |  2    7    0 |
3. |  3    8    1 |
4. |  4    9    3 |
   +--------------+
. * 根据数据中的变量来复制
. expand n
(1 negative count ignored; observation not deleted)
(1 zero count ignored; observation not deleted)
(2 observations created)
. list, sepby(id)
   +--------------+
   | id   x1    n |
   |--------------|
1. |  1    2   -1 |
   |--------------|
2. |  2    7    0 |
   |--------------|
3. |  3    8    1 |
   |--------------|
4. |  4    9    3 |
5. |  4    9    3 |
6. |  4    9    3 |
   +--------------+
```

虽然 expand 和 duplicates 命令很简单，但它们却可以用来完成很多复杂的数据重组工作，尤其是 expand 命令，在处理某些历史事件（event history）数据时特别有用。

```
. list

     +--------------------------------------------------------+
     | id   time1   event1   time2   event2   time3   event3 |
     |--------------------------------------------------------|
  1. |  1       2        1       3        1       5        0 |
  2. |  2       3        1       4        0       2        1 |
     +--------------------------------------------------------+
```

上面是一个宽格式的历史事件数据，两个样本各记录了三个事件及其时间。我们可以通过 reshape 命令把数据转换成长格式，但这不一定是我们最终要分析的数据格式。假设我们要分别分析三个事件，而且要把其他两个事件作为自变量，那么最好的数据格式是每个样本的每一个时间单位用一个数据行来记录。这时候，我们先要用 expand 命令来复制数据行，然后根据每个事件的时间来调整数据的数值。

```
. egen time=rowmax(time1-time3)
. list

     +---------------------------------------------------------------+
     | id   time1   event1   time2   event2   time3   event3   time |
     |---------------------------------------------------------------|
  1. |  1       2        1       3        1       5        0      5 |
  2. |  2       3        1       4        0       2        1      4 |
     +---------------------------------------------------------------+

. expand time
(7 observations created)

. sort id

. list, sepby(id)

     +---------------------------------------------------------------+
     | id   time1   event1   time2   event2   time3   event3   time |
     |---------------------------------------------------------------|
  1. |  1       2        1       3        1       5        0      5 |
  2. |  1       2        1       3        1       5        0      5 |
  3. |  1       2        1       3        1       5        0      5 |
  4. |  1       2        1       3        1       5        0      5 |
  5. |  1       2        1       3        1       5        0      5 |
     |---------------------------------------------------------------|
  6. |  2       3        1       4        0       2        1      4 |
```

```
  7. | 2      3      1      4      0      2      1      4 |
  8. | 2      3      1      4      0      2      1      4 |
  9. | 2      3      1      4      0      2      1      4 |
     +---------------------------------------------------------+
```

在上面的命令中，我们先用 egen 命令的 rowmax() 函数，找出每个样本的最大时间单位（即 *time1-time3* 的最大值），并生成一个新变量 *time*，然后用 expand 命令对每个样本进行复制。

复制完毕后，我们要调整数据中的时间和数据值。先对每个样本的数据行的时间单位按 1、2、3、··· 进行编码，然后根据每个事件的时间调整事件的数值，即事件没到发生的时间取值为 0，到了发生时间之后，才取值为 1。

```
. quietly by id: replace time=_n
. list, sepby(id)

     +---------------------------------------------------------+
     | id   time1   event1   time2   event2   time3   event3   time |
     |---------------------------------------------------------|
  1. | 1      2      1      3      1      5      0      1 |
  2. | 1      2      1      3      1      5      0      2 |
  3. | 1      2      1      3      1      5      0      3 |
  4. | 1      2      1      3      1      5      0      4 |
  5. | 1      2      1      3      1      5      0      5 |
     |---------------------------------------------------------|
  6. | 2      3      1      4      0      2      1      1 |
  7. | 2      3      1      4      0      2      1      2 |
  8. | 2      3      1      4      0      2      1      3 |
  9. | 2      3      1      4      0      2      1      4 |
     +---------------------------------------------------------+
. forvalues x=1/3 {
  2.        replace event`x'=0 if time`x'>time
  3. }
(3 real changes made)
(2 real changes made)
(1 real change made)
. drop time1 time2 time3
```

```
. list

     +---------------------------------------+
     | id   event1   event2   event3   time |
     |---------------------------------------|
  1. |  1        0        0        0      1 |
  2. |  1        1        0        0      2 |
  3. |  1        1        1        0      3 |
  4. |  1        1        1        0      4 |
  5. |  1        1        1        0      5 |
     |---------------------------------------|
  6. |  2        0        0        0      1 |
  7. |  2        0        0        1      2 |
  8. |  2        1        0        1      3 |
  9. |  2        1        0        1      4 |
     +---------------------------------------+
```

和开始的数据对比，处理后的数据在信息上虽然没有发生任何变化，但已经可以允许我们对每一个事件进行分析。当一个数据中有很多因时而异的变量时，用上例中的方法对数据进行复制和调整就变得非常有用。

9.2.3 行列变换

统计数据是一个二维矩阵，数据中的样本观察是矩阵的行，变量则是矩阵的列。在数据管理中，有时需要对数据矩阵进行行列变换。虽然在实际中应用不多，但 Stata 还是提供了两个行列变换的命令： xpose 和 stack。

xpose命令

xpose 是一个简单的把数据中的行和列对换（即样本观察变成变量、变量变成样本观察）的命令，其应用可以通过下面的例子来说明：

```
. list

     +---------------------------------------+
     | firm   year1   year2   year3   year4 |
```

```
     |-------------------------------------|
  1. |   1      20      25      30      50 |
  2. |   2      30      45      78      89 |
  3. |   3      60      78      99     108 |
  4. |   4      33      44      56      78 |
     +-------------------------------------+
```

```
. xpose, clear varname
. list
```

```
     +------------------------------+
     | v1   v2    v3   v4  _varname |
     |------------------------------|
  1. |  1    2     3    4      firm |
  2. | 20   30    60   33     year1 |
  3. | 25   45    78   44     year2 |
  4. | 30   78    99   56     year3 |
  5. | 50   89   108   78     year4 |
     +------------------------------+
```

数据的每一个样本观察值代表一个公司，变量代表特定年份的数值。xpose 命令把观察值变成年份，变量变成公司。因为变换后会生成新的数据，原来内存内的数据会被覆盖，所以，若要保证原来的数据不丢失，必须要在变换以前将其保存；同时，要在 xpose 后加上 clear选项，否则 xpose命令将会给出警告信息。

varname 选项保留原来数据中的变量名，在变换后的数据中生成一个叫 _varname 的新变量，来记录原来的变量名。这样，在运行命令时，就可以把数据恢复到初始的状态。

```
. xpose, clear
. list
```

```
     +-------------------------------------+
     | firm   year1   year2   year3  year4 |
     |-------------------------------------|
  1. |    1      20      25      30     50 |
  2. |    2      30      45      78     89 |
  3. |    3      60      78      99    108 |
  4. |    4      33      44      56     78 |
     +-------------------------------------+
```

stack 命令

stack 命令把数据里的变量按照指定方式做上下摞积，使得变量数目减少了，而样本数目增加了。比如：

```
. list

     +-----------------------------+
     |  a    b    c    d    e    f |
     |-----------------------------|
  1. |  1    2    3    4    5    6 |
  2. |  7    8    9   10   11   12 |
  3. | 13   14   15   16   17   18 |
     +-----------------------------+

. stack a b c d e f, into(V1 V2 V3) clear
. list, sepby(_stack)

     +-----------------------+
     | _stack   V1   V2   V3 |
     |-----------------------|
  1. |      1    1    2    3 |
  2. |      1    7    8    9 |
  3. |      1   13   14   15 |
     |-----------------------|
  4. |      2    4    5    6 |
  5. |      2   10   11   12 |
  6. |      2   16   17   18 |
     +-----------------------+
```

stack命令把 6 个变量 a、b、c、d、e、f 变成 3 个变量 *V1*、*V2*、*V3*，分别由（a d）、（b e）、（c f）摞积生成。也就是说，原来数据有两个 3×3 的矩阵：（a b c）和（d e f），*stack* 命令把矩阵（d e f）摞在矩阵（a b c）的下面了。变换后，数据的变量数目由 6 个减为 3 个，而样本数则由 3 个增加为 6 个。为了便于辨认，stack 命令自动生成了一个标记变量，*_stack*，来记录矩阵的序号；（a b c）矩阵为 1，（d e f）矩阵为 2。

如上例所示，stack 命令的用法是：

```
. stack varlist [if] [in], into(newvars)|group(#) [options]
```

varlist 是原数据的变量名。into(*newvars*)中的 *newvars* 是变换后的变量名，也可以用 group(#) 来替代（# 为把原变量分成的组数），into(*newvars*) 和 group(#) 必须指定其中一个。跟 xpose 命令一样，clear 选项表示转换后的数据可以覆盖原来的数据。如果原来数据没有保存，则会永久丢失，因为与 xpose 命令不同，stack 命令不可以把新数据反向恢复到原来的状态。

上例中的 stack 命令可以有不同写法来达到同样的数据转换效果，例如：

```
. use stack, clear
. stack a b c d e f, group(2) clear
. use stack, clear
. stack a-f, into(V1-V3) clear
```

stack 命令最常见的应用是对天然的矩阵数据的处理，比如说社会网络数据和表格数据经常是以矩阵的形式来定义的，这些矩阵数据就可以用 stack 命令转换成可以分析的数据结构。下面我们就通过一个社会学常见的代际社会流动表格来说明 stack 命令的应用。

```
. input f1-f3
            f1          f2          f3
  1. 50   45    8
  2. 28  174   84
  3. 11   78  110
  4. end
. input r1-r3
            r1          r2          r3
  1. 1 1 1
  2. 2 2 2
  3. 3 3 3
. input c1-c3
            c1          c2          c3
  1. 1 2 3
  2. 1 2 3
```

```
  3. 1 2 3
. input i1-i3
            i1          i2          i3
  1. 1 0 0
  2. 0 1 0
  3. 0 0 1
. stack *1 *2 *3, into(f r c i) clear
. list,sepby(_stack)
     +--------------------------+
     | _stack     f   r   c   i|
     |--------------------------|
  1. |      1    50   1   1   1 |
  2. |      1    28   2   1   0 |
  3. |      1    11   3   1   0 |
     |--------------------------|
  4. |      2    45   1   2   0 |
  5. |      2   174   2   2   1 |
  6. |      2    78   3   2   0 |
     |--------------------------|
  7. |      3     8   1   3   0 |
  8. |      3    84   2   3   0 |
  9. |      3   110   3   3   1 |
     +--------------------------+
```

在例子中，我们用 input 命令来输入四个3×3数据矩阵。第一个矩阵代表的是简单的代际流动表：矩阵的列代表父亲的阶层（1为上等阶层、2为中产阶层、3为下等阶层），矩阵的行是儿子的阶层，和父辈的阶层一样定义和排列，矩阵里的数字代表的是频率。实际上，这个矩阵就是一个简单的列联表，它就是我们的原始数据。而社会学家要研究的问题是：父子之间的代际流动到底有什么样的关系。

为了回答这个问题，我们再定义三个矩阵：行矩阵、列矩阵和对角线矩阵。行矩阵把相同的行定义为同一个值，代表儿子一代不同的阶层分布。列矩阵也是一样定义，来代表父亲一代的阶层分布。对角线矩阵则是把矩阵的对角线定义为统一的值，来代表职业继承或阶级再生产。

定义完成后，四个矩阵是并排在一起的。我们用 stack 命令把四个矩阵转换成四个变量。在转换时要特别注意原变量的排列，在指定要 stack 的变量时，我们用 *1 *2 *3 来把相同列的变量排在一起，然后把数据转换成三个摞积的数据矩阵。转换后的数据实际上就是我们常见的数据结构。数据的样本就是代际流动表中的所有的格（即 $3\times3=9$），变量 f 是每个格的频率，是我们在后续分析中的因变量。变量 r、c、i分别是父辈和子辈的阶层分布以及父子之间的阶层继承，是后续分析中的自变量。在实际研究中，我们还可以定义更多的矩阵来挖掘代际流动的模式。

9.3 数据抽取

对于特定的数据，有时候分析员需要从数据中抽取信息，并生成新的数据来加以分析应用。在本小节里，我们介绍几个有关数据抽取的命令以及它们的用途。

9.3.1 数据重新抽样

对于一些大型的数据，如人口普查数据和计算机记录的市场交易数据，因为其样本量太大，不宜直接用于分析。这种时候，最常见的办法是从数据中随机抽取特定数量的样本并生成新的数据来分析。sample 命令就是为这样的随机抽样而设计的，其基本用法是:

```
. sample # [if] [in] [, count by(groupvars)]
```

sample 命令随机从内存内数据抽取样本，# 是一个数字，代表抽取的样本规模。如果指定 count 选项，# 就是要抽取的样本的数目；如果没有指定 count 选项，# 则是要抽取的样本的百分比（即#%）。比如 sample 10, count，是从数据中抽取 10 个样本。而 sample 10 则是从数据中抽取 10% 的样本。运行 sample 命令后，没有被抽取的样本会被删除，只留下随机抽取的样本。

如果需要在特定的样本中抽样，可以用 if 和 in 来限制样本的条件，如:

smaple 20 if sex==1 表示在男性样本中随机抽取 20% 的样本，并保留全部女性样本。

smaple 15 in 1/1000 表示在前 1000 个样本中随机抽取 15% 的样本，并保留 1000 以后的所有样本。

有时候为了保证样本分布，我们可以用 by(*groupvars*) 选项来进行组内抽样。比如说，数据中有不同教育水平的样本，简单的随机抽样可能会导致某些教育水平的样本过多而某些教育水平的样本又过少的情况，从而影响统计分析的有效性。为了保证抽样后的样本在教育水平上有比较理想的分布，我们可以指定在各个教育水平抽取同样百分比的样本，如：

```
. sample 20, by(educ)
```

如果我们还想同时考虑性别上的分别，可以在 by(*groupvars*)选项中加上性别的变量，如:

```
. sample 20, by(educ sex)
```

这个命令表示在每一个 *educ* 和 *sex* 的组合中随即抽取20%的样本。

样本重新抽样最大的问题是：在同样的数据中，重复运行同样的 sample 命令会抽到不同样本，也就是说新的数据不能被复制。这是由于 Stata 随机数生成器（random-number generator）的起始值（initial value)改变所导致的。为了能够复制抽样的数据，可以在 sample 命令之前设定随机数的起始值，如：

```
. set seed 5
```

9.3.2 描述数据抽取

在第五章里，我们讨论了一些描述统计的命令。然而有时我们不但要获得某些变量的描述统计，而且还想把这些描述统计生成一个新的数据来加以分析应用。比如，数据中有来自 100 个县的个体样本，如果我们想以县为分析单位进行统计分析，就必须生成一个有关这 100 个县的平均收入、教育水平、城乡人口比例等相关变量的数据。这个时候使用 Stata 中一般的描述统计的命令就显得非常烦琐和吃力。为此，Stata 专门设计了两个专门的抽取描述统计的命令：collapse 和 contract。

collapse 命令

collapse 命令可以根据指定变量把数据分成不同的组，计算指定变量的组内描述统计，然后生成一个以组为样本、描述统计指标为变量的新数据。下面是一个 collapse 命令的简单应用：

```
. use collapse, clear
. list, sepby(county)

     +-------------------------------------+
     | id   county   sex   age   income |
     |-------------------------------------|
  1. | 1         1     1    20     4000 |
  2. | 2         1     0    35     3000 |
  3. | 3         1     1    44     5600 |
     |-------------------------------------|
  4. | 4         2     0    24     4300 |
  5. | 5         2     0    38     3900 |
  6. | 6         2     1    54     5700 |
     |-------------------------------------|
  7. | 7         3     1    29     3200 |
  8. | 8         3     1    55     3600 |
  9. | 9         3     1    34     4600 |
     |-------------------------------------|
 10. | 10        4     0    26     4300 |
 11. | 11        4     0    55     3700 |
 12. | 12        4     1    47     3600 |
     +-------------------------------------+

. collapse (mean) sex age income, by(county)
. list

     +--------------------------------------------+
     | county        sex        age     income |
     |--------------------------------------------|
  1. |      1   .6666667         33       4200 |
  2. |      2   .3333333   38.66667   4633.333 |
  3. |      3          1   39.33333       3800 |
  4. |      4   .3333333   42.66667   3866.667 |
     +--------------------------------------------+
```

原来的数据有 12 个个体样本，来自 4 个县（*county*），3 个变量分别是 *sex*、*age*和 *income*。`collapse` 命令以县为单位（`by(`*county*`)`选项）计算 3 个变量的平均值，最后生成一个以 4 个 *county* 为样本，3 个变量的平均值为变量的新数值。

`collapse` 的 `by(`*varlist*`)` 选项指定分组的变量，用户可以根据自己的要求来选择。如果没有指定分组变量，那么，`collapse` 命令会计算整个样本的描述数据，新生成的数据就只有一个样本。

紧跟 `callapse` 命令的 `(mean)` 指定所要计算的描述统计指标，除了均值 `(mean)` 为默认统计指标以外，用户还可以指定其他统计指标（见表 9-3）。

表 9-3 collapse 命令的统计指标

指标	说明
`mean`	均值(默认指标)
`median`	中位数
`p#`	第 #个百分点，#为 1 ~ 99 的整数
`sd`	标准差
`sum`	总和
`rawsum`	总和，不考虑权重变量
`count`	有效样本数
`max`	最大值
`min`	最小值
`iqr`	即 75% 值和 25% 值之间的差
`first`	第一个值
`last`	最后一个值
`firstnm`	第一个有效值
`lastnm`	最后一个有效值

用户可以对不同的变量指定不同的统计指标，比如要得到 *sex* 的均值，*age* 的中位数和 *income* 的标准差，可以这样操作：

```
. use collapse, clear
. collapse (mean) sex (median) age (sd) income, by(county)
. list

     +-----------------------------------------+
     | county        sex   age      income |
     |-----------------------------------------|
  1. |      1   .6666667    35   1311.488 |
  2. |      2   .3333333    38   945.1631 |
  3. |      3          1    34   721.1102 |
  4. |      4   .3333333    47   378.5939 |
     +-----------------------------------------+
```

新的数据采用的是原来的变量名，这是 collapse 命令的默认形式。当我们想得到一个变量的多个统计指标时，新数据中的变量命名就会产生冲突，这时 Stata 会给出错误信息。

```
. use collapse, clear
. collapse (mean) sex age income (sd) income, by(county)
error:
  income = (mean) income
  income = (sd) income
name conflict
r(198);
```

所以，当一个变量有多项指标时，我们必须自己对新数据的变量重新命名，命名的方式是：

target_var = *varname*

target_var 是新数据中的变量名，*varname* 是原数据中的变量名。事实上，为了避免混淆，应该养成对新数据中的各个变量重新命名的习惯。如：

```
. use collapse, clear
. collapse (mean) meanage=age meaninc=income  /*
>       */  (sd) sdincome=income, by(county)
. list
```

```
     +-----------------------------------------+
     | county    meanage    meaninc   sdincome |
     |-----------------------------------------|
  1. |      1         33       4200   1311.488 |
  2. |      2   38.66667   4633.333   945.1631 |
  3. |      3   39.33333       3800   721.1102 |
  4. |      4   42.66667   3866.667   378.5939 |
     +-----------------------------------------+
```

跟其他很多命令一样，`collapse` 命令可以加上 `if` 和 `in` 来对原始数据中的样本进行限制；同时，还可以使用权重变量（*weight*），因为对不同样本进行权重计算比较繁杂，不属于数据管理的范畴，我们在这里就不作介绍了。

最后要强调的是，用 `collapse` 命令生成分组统计指标数据的时候，用户要特别注意原始数据里的缺失值（missing values）。在默认状态下，`collapse` 命令是基于每个变量的有效样本（non-missing obervations）来计算统计指标的，这样可能会导致每个变量指标的计算样本不一致。所以，当原始数据有缺失值的时候，用户应该在 `collapse` 命令后面加上 `cw` 选项。`cw` 选项是 case-wise 的缩写，指定 Stata 只对没有任何缺失值的样本进行计算，以保证不同变量指标的样本的一致性。

contract 命令

跟 `collapse` 一样，`contract` 命令对原始数据进行压缩，生成新的分组数据。不同的是，`contract` 命令生成的变量是每一组的发生频率（frequence）或百分比（percentage），其基本用法是：

```
. contract varlist [if] [in] [weight] [, options]
```

varlist 是分组变量。`options` 包括如表 9-4中的选项。

比如上例的数据，我们可以用 `contract` 命令生成以下的分组数据：

```
. use collapse, clear
. contract county sex, cf(cf) percent(P) cp(cp) zero
```

表 9-4　contract 命令选项说明

选项	选项说明
freq(newvar)	频率变量名（默认为 _freq）
cfreq(newvar)	生成累加频率变量
percent(newvar)	生成百分比变量
cpercent(newvar)	生成累加百分比变量
float	百分比变量的储存格式为 float
format(format)	百分比变量的显示格式（默认为 format(%8.2f)）
zero	保留零频率的组
nomiss	删除有缺失值的样本

```
. list, sepby(county)

     +-------------------------------------------+
     | county   sex   _freq   cf        P     cp |
     |-------------------------------------------|
  1. |      1     0       1    1     8.33   8.33 |
  2. |      1     1       2    3    16.67  25.00 |
     |-------------------------------------------|
  3. |      2     0       2    5    16.67  41.67 |
  4. |      2     1       1    6     8.33  50.00 |
     |-------------------------------------------|
  5. |      3     0       0    6     0.00  50.00 |
  6. |      3     1       3    9    25.00  75.00 |
     |-------------------------------------------|
  7. |      4     0       2   11    16.67  91.67 |
  8. |      4     1       1   12     8.33 100.00 |
     +-------------------------------------------+
```

我们以 *county* 和 *sex* 进行分组，两个变量共有 $(4 \times 2) = 8$ 个组，除了频率 _freg 以外，我们还指定生成累加频率（cf(cf)）、百分比（percent(P)）和累加百分比（cp(cp)）三个变量。zero 选项保留了零频率的组（*county* = 3, *sex* = 0）。

9.4 数据管理中的变量类型

在统计数据中，变量的值有两种存储格式：数字（numeric）格式和字符（string）格式。数字格式只能用阿拉伯数字和小数点表示而不能用字母或其他符号表示，这时变量的值被当成一个数字来处理。字符格式可以用任何符号（包括数字、字母或计算机键盘上的任何符号）来表示，每一个字节（包括空格）代表一个值，而整个字符加起来就是变量的取值。比如性别变量，既可以编成数字格式，如 1 代表男性，2 代表女性；也可以编成字符格式，如男性为“Male”，女性为“Female”。

两种数据存储格式的存在，给数据处理带来了不便。比如，我们会习惯性地对字符变量进行运算，会出现变量类型不一致（type mismatch）的错误信息。所以，字符变量最终要转换成数字变量才能对其进行一般的统计处理和分析。最严重的情况是，当我们要合并两个数据时，如果两个数据中同一变量的存储格式不一致，会导致大规模的数据缺失。比如，我们要把上例中的数据和以下数据简单地纵向合并，如果不加处理，就会造成很大的数据丢失。

```
. list

     +----------------------------------------------------+
     | id       city      sex   age   income   percent |
     |----------------------------------------------------|
  1. |  1    Beijing     Male    30       18      2000 |
  2. |  2   Shanghai   Female    35       14      2500 |
  3. |  3    Tianjin   Female    50        9      3500 |
     +----------------------------------------------------+

. describe, detail

Contains data from string2.dta
  obs:             3 (max=     786,430)
 vars:             6 (max=       2,048)       18 Dec 2007 22:15
width:            31 (max=      24,576)
 size:           105 (max=  31,457,272)
-------------------------------------------------------------------------------
              storage  display     value
variable name   type   format      label      variable label
```

```
----------------------------------------------------------------------------
id              float   %9.0g
city            str9    %9s
sex             str6    %9s
age             float   %9.0g
income          float   %9.0g
percent         float   %9.0g
----------------------------------------------------------------------------
Sorted by:
. append using string1
(note: sex is float in using data but will be str6 now)
(note: age is str2 in using data but will be float now)
(note: income is str6 in using data but will be float now)
(note: percent is str3 in using data but will be float now)
. list
     +---------------------------------------------------------+
     | id      city      sex   age   income   percent   educ |
     |---------------------------------------------------------|
  1. |  1    Beijing    Male    30       18      2000      . |
  2. |  2   Shanghai  Female    35       14      2500      . |
  3. |  3    Tianjin  Female    50        9      3500      . |
  4. |  4    Beijing             .        .         .     16 |
  5. |  5   Shanghai             .        .         .     14 |
     |---------------------------------------------------------|
  6. |  6    Tianjin             .        .         .     12 |
     +---------------------------------------------------------+
```

在两个数据中，有三个变量 *sex*、*age*、*percent* 的存储格式不一样，合并后的数据采用内存内数据的存储格式，造成第一个（内存外）数据中三个变量的取值全部为缺失。要避免这种情况的发生，就必须在合并前进行字符变量和数字变量之间的转换，使两个数据对应变量的存储格式一致。

Stata 提供了两套变量格式转换的命令。一套是 destring 和 tostring 命令，用来转换只由数字构成的变量。如上例中的 *age* 变量，其取值只有数字，没有其他字母或符号。另外一套是 encode 和 decode 命令，用来转换包含字母或符号的变量，比如上例中的 *city*，其取值为 Beijing、Shanghai和Tianjin。

destring 和 tostring 命令

有时因为数据录入或者是在不同统计软件格式之间转换数据时的不恰当操作，有些原本应该是数字格式的变量被储存成了字符格式。这种情况在我们使用二手数据时尤为常见。这个时候，我们就需要把这些字符变量转换成数字变量，destring 命令就是为处理这种情况而设计的，其基本用法是：

```
. destring [varlist], {generate(newvarlist)|replace} [options]
```

destring 命令中的 *varlist* 是需要转换的字符变量名，如果没有指定变量名，则 destring 就会转换数据中所有适合转换的字符变量。命令的选项必须指定是要覆盖原来的变量还是生成新的变量。如果要覆盖原来的变量，则指定 replace选项；如果要生成新变量，则指定 generate(*newvarlist*) 选项（*newvarlist* 是新生成的变量名，其排列顺序必须和主命令中的 *varlist* 一致）。destring命令包括的其他选项见表 9-5。

表 9-5 destring 命令的选项说明

选项	说明
ignore("chars")	忽略非数字的字符 "chars"
force	强行把字符转换成缺失值
float	转换后的数字采用 float格式
percent	把百分比转换成小数（如38%转换成0.38)

让我们以上面用过的数据为例来说明 destring 的用法。

```
. destring, replace
id already numeric; no replace
city contains nonnumeric characters; no replace
sex already numeric; no replace
age has all characters numeric; replaced as byte
educ already numeric; no replace
income contains nonnumeric characters; no replace
percent contains nonnumeric characters; no replace
```

```
. list, nolab

     +-----------------------------------------------------+
     | id       city   sex   age   educ   income   percent |
     |-----------------------------------------------------|
  1. |  4    Beijing     1    37     16    $2200       55% |
  2. |  5   Shanghai     1    38     14    $3400       47% |
  3. |  6    Tianjin     2    44     12    $3600       70% |
     +-----------------------------------------------------+
```

上面的 destring 命令没有指定要转换的变量名，所以 destring 命令把所有变量逐个检查一遍。已经是数字格式的（*id*、*sex*、*educ*），或者是字符中含有非数据字符的（*city*、*income*、*percent*）都保留了原样，只有由数字构成的字符变量（*age*）被转换成数字变量。

加上特定的选项，我们可以转换变量 *income* 和 *percent*：

```
. destring income percent, replace ignore("$") percent
income: characters $ removed; replaced as int
percent: characters % removed; replaced as double
. list, nolab

     +-----------------------------------------------------+
     | id       city   sex   age   educ   income   percent |
     |-----------------------------------------------------|
  1. |  4    Beijing     1    37     16     2200       .55 |
  2. |  5   Shanghai     1    38     14     3400       .47 |
  3. |  6    Tianjin     2    44     12     3600        .7 |
     +-----------------------------------------------------+
```

上面的命令指定只转换 *income* 和 *percent*，ingore("$")选项指定忽略 *income* 中的 $ 符号，而 percent 选项指定把百分比转换成小数。

和 destring 搭配的是命令 tostring。该命令的用法和 destring 很相似，不同的是 tostring 把数字变量转换成字符变量。然而，由于把数字变量转换成字符变量的情况不多，该命令的实际用处并不大。同时要指出的是， tostring 命令不能直接用来还原 destring 转换过的非数字符号。比如：

```
. tostring income, replace
income was int now str4
. replace income="$"+income
income was str4 now str5
(3 real changes made)
. list, nolab

     +-------------------------------------------------------+
     | id       city   sex   age   educ   income   percent |
     |-------------------------------------------------------|
  1. |  4    Beijing     1    37     16    $2200       .55 |
  2. |  5   Shanghai     1    38     14    $3400       .47 |
  3. |  6    Tianjin     2    44     12    $3600        .7 |
     +-------------------------------------------------------+
```

tostring 命令把 *income* 重新转换回字符格式，但还原后还缺少一个 $ 符号。所以我们给 *income* 添加一个 "$"的前缀，使之恢复到原来的样子。

encode 和 decode 命令

当字符变量是非数字字符的时候，destring 命令就不能对其进行有效的转换。比如上例中的 *city* 变量记录的是城市的名称，destring 命令就没有办法把它变成数字。类似的变量在数据管理中很常见，Stata 的 encode 和 decode 命令就是专门用来处理这种变量的。

encode 命令把字符变量当成定类变量来处理，将变量中的独特字符当成一个类型，按字母顺序把每一个类型编码成 $1, 2, 3, \cdots, k$，然后把变量原来的字符存储为数值标签，来表示每个编号的原意。decode 命令执行的是相反的任务，即把定类变量中的编码换成其相应的数值标签，并存储为字符格式。这两个命令的基本用法是：

```
. encode varname [if] [in] , generate(newvar)

. decode varname [if] [in] , generate(newvar)
```

varname 是要转换的字符变量名，而 *newvar* 是转换后的变量名（这是必需的选项）。两个命令还有其他不是非常有用的选项，可以忽略。

我们可以通过对上例中 *city* 变量的转换来说明 encode 和 decode 的基本用法。

```
. list id city
    +---------------+
    | id       city |
    |---------------|
 1. |  4    Beijing |
 2. |  5   Shanghai |
 3. |  6    Tianjin |
    +---------------+
. encode city, generate(CITY)
. list id city CITY, nolab
    +----------------------+
    | id       city   CITY |
    |----------------------|
 1. |  4    Beijing      1 |
 2. |  5   Shanghai      2 |
 3. |  6    Tianjin      3 |
    +----------------------+
. describe city CITY
              storage  display     value
variable name   type   format      label      variable label
-------------------------------------------------------------------------------
city            str9   %9s
CITY            long   %8.0g       CITY
. label list CITY
CITY:
           1 Beijing
           2 Shanghai
           3 Tianjin
```

encode 命令把 *city* 转换成一个叫做 *CITY* 的新的数字变量。新变量的编码为1、2、3，分别代表原来的城市名，而原来的城市字符变成了 *CITY* 的数值标签里。运用 decode 命令可以把 *CITY* 转换回原来的格式。

```
. decode CITY, generate(City)
. list id city CITY City, nolab

     +--------------------------------+
     | id       city   CITY      City |
     |--------------------------------|
  1. |  4    Beijing      1   Beijing |
  2. |  5   Shanghai      2  Shanghai |
  3. |  6    Tianjin      3   Tianjin |
     +--------------------------------+
```

9.5 缺失数值编码

Stata 有特定的缺失数值（missing values）表示方法：系统缺失（sysmissing）的编码为一个小数点（“.”）；如果要表示多种不同类型的缺失值（如拒绝回答、不适用、不知道等），可以用 .a，.b，...，.z来表示。这种特定的缺失值编码跟别的统计软件不同，所以比较常见的情况是：我们的原始数据（尤其是二手数据）不符合 Stata 的缺失值编码。如果不对这些不符合 Stata 编码的缺失值进行重新编码，会对很多数据处理和分析带来很大的不便（甚至是错误）。让我们通过一个简单的例子来说明缺失值编码的重要性。

```
. list, nolab

     +-------------------------------------+
     | id       city   sex   educ   income |
     |-------------------------------------|
  1. |  1    Beijing     1     12     3000 |
  2. |  2    Beijing     2     -4     2000 |
  3. |  3   Shanghai     2     16     2300 |
  4. |  4   Shanghai     1     18     5500 |
  5. |  5               1     -2       -1 |
     |-------------------------------------|
  6. |  6   Shanghai     2     14       -2 |
  7. |  7    Beijing     1     16       -3 |
  8. |  8   Shanghai     2     12       -4 |
     +-------------------------------------+
```

```
. describe educ income
              storage  display     value
variable name   type   format      label      variable label
-------------------------------------------------------------------------------
educ            float  %14.0g      mvc
income          float  %14.0g      mvc
. label list mvc
mvc:
          -4 blank
          -3 non-applicable
          -2 don't know
          -1 refused
```

数据中有两个连续变量 *educ* 和 *income* 有缺失值。经过查看，缺失值分为四类，编码分别为：-1 = 拒绝回答，-2 = 不知道，-3 = 不适用，-4 = 空白。因为缺失值编码不符合 Stata 格式，Stata 会把缺失值当成有效值来看待，导致统计运算的错误。

```
. summarize educ income
    Variable |       Obs        Mean    Std. Dev.       Min        Max
-------------+--------------------------------------------------------
        educ |         8       10.25    8.447316         -4         18
      income |         8     1598.75    2003.284         -4       5500
```

用户虽然可以通过样本选择来得到正确的运算（如 `if educ > 0`），但是这样会大大影响编程的效率。正确的办法是通过 `mvdecode` 命令对数据中的缺失值重新编码，`mvdecode` 命令的基本用法是：

```
. mvencode varlist [if] [in], mv(mvc)
```

varlist 指定要重新编码的变量名，如果想对数据中所有的变量进行缺失值重新编码，可以指定 `_all`。但是，指定 `_all` 的时候要特别小心，因为 Stata 会按指令把特定的值编码为缺失值。

mv()中的 mvc 指定缺失值的编码规则。比如，mv(99) 指定把 *varlist* 中所有的99编码成系统缺失（.）； mv(97/99)则是把97-99编码成（.）；如果保持缺失值的分类，可以用mv(99=.a\98=.b\97=.b)。

我们可以用 mvdecode 命令对 *educ* 和 *income* 的缺失值重新编码：

```
. mvdecode _all, mv(-1=.a\-2=.b\-3=.c\-4=.d)
      city: string variable ignored
      educ: 2 missing values generated
    income: 4 missing values generated
. list
     +--------------------------------------+
     | id       city   sex   educ   income |
     |--------------------------------------|
  1. |  1    Beijing     1     12     3000 |
  2. |  2    Beijing     2     .d     2000 |
  3. |  3   Shanghai     2     16     2300 |
  4. |  4   Shanghai     1     18     5500 |
  5. |  5               1     .b       .a |
     |--------------------------------------|
  6. |  6   Shanghai     2     14       .b |
  7. |  7    Beijing     1     16       .c |
  8. |  8   Shanghai     2     12       .d |
     +--------------------------------------+
```

在上面的编码中，我们保留了原来的缺失值类型，分别为 .a，.b，.c，.d；遗憾的是， Stata 并没有能够把原来各个缺失值类型的标签拷贝。所以，我们要自己动手修改缺失值类型的标签：

```
. * 去掉原来的标签定义
. label define mvc -1 "" -2 "" -3 "" -4 "", modify
. * 添加新的标签定义
. label define mvc .a "refused" .b "don't know", add
. label define mvc .c "non-applicable" .d "blank", add
. label list mvc
mvc:
```

```
.a refused
.b don't know
.c non-applicable
.d blank
```

如果我们需要把 Stata 数据输出到不能辨认 Stata 缺失值编码的统计软件，可以用 mvencode 命令把 Stata 数据中的缺失值转化成其他软件可以辨认的编码。mvencode 命令的用法和 mvdecode 命令的用法很相似，只是功能相反。比如，我们可以用 mvencode 命令把上面编码后的数据还原成原来的编码：

```
. mvencode _all, mv(.a=-1\.b=-2\.c=-3\.d=-4)
     city: string variable ignored
     educ: 2 missing values recoded
   income: 4 missing values recoded
. list

     +------------------------------------+
     | id      city   sex   educ   income |
     |------------------------------------|
  1. |  1   Beijing     1     12     3000 |
  2. |  2   Beijing     2     -4     2000 |
  3. |  3  Shanghai     2     16     2300 |
  4. |  4  Shanghai     1     18     5500 |
  5. |  5              1     -2       -1 |
     |------------------------------------|
  6. |  6  Shanghai     2     14       -2 |
  7. |  7   Beijing     1     16       -3 |
  8. |  8  Shanghai     2     12       -4 |
     +------------------------------------+
```

虽然缺失值编码还原了，但是，我们还是丢失了缺失值标签，所以，必须重新定义。

第十章

编程入门

对于一般用户来说，一个统计软件的功能主要体现在这个软件提供的数据处理和数据分析的命令系统。通过前面章节的学习，读者已经了解到 Stata 的命令系统是非常完善和广泛的。尽管如此，当我们对数据管理和数据分析的要求越来越高的时候，我们也会遇到越来越多现有命令难以解决的实际问题。这个时候，一个统计软件的实用性不再是它已有的命令系统，而是它为终端用户提供的编写命令程序的高级程序语言，因为一个灵活的编程语言可以允许用户根据需要编写解决不同实际问题的程序。除了广泛完善的命令体系以外，Stata 的另外一个优势在于其强大、灵活、易用的编程语言，而这个优势越是在复杂的问题面前表现得越明显。事实上，Stata 之所以发展迅猛，后来居上，在很大程度上得益于其编程方面的潜力。在全书最后这一章里，我们专门对 Stata 的编程语言做一个简单的介绍。目的不是要讲解如何用 Stata 来编程，而是通过一些简单的编程例子使读者了解 Stata 编程的基本概念和程序，并开始有意识地运用一些简单的 Stata 编程语言来提高自己的数据处理和数据分析能力。

10.1 宏的使用

在 Stata 编程语言中，宏（macro）是一个最基本、应用最广泛的要素。宏，简单来讲，就是别名，用来代表程序员指定的内容（字串符号或数字）。

Stata 有两种宏：`local` 和 `global`。两者在语法上稍有不同，但功能基本一样。它们最大的区别在于，`local` 宏只在当前的程序文件（`.do` 或 `.ado` 文件）里有效，当程序文件运行完毕后，其内部的local宏便自动消失；而global宏则在退出 Stata 之前一直有效。但过多运用global宏可能会导致一些初学者难以处理的后果，所以我们建议用户在初学编程时尽可能用local宏。

10.1.1　宏的指定

```
1 . local city Beijing Shanghai Tianjin Chongqing
2 . display "‘city’"
3 Beijing Shanghai Tianjin Chongqing
4 . local code 010 021 022 023
5 . display "‘code’"
6 010 021 022 023
7 . local a 2+3
8 . display "‘a’"
9 2+3
10 . local b=2+3
11 . display "‘b’"
12 5
```

命令行 1 定义了一个叫 city 的宏，其内容为“Beijing Shanghai Tianjin Chongqing”。以后我们可以在宏的名称 city 加上单引号（即‘city’）来代表这个宏的内容。所以，当我们在命令行 2 用 display 来显示该宏的内容时，我们得到的是“Beijing Shanghai Tianjin Chongqing”。

命令行 4 和命令行 1 一样。虽然宏的内容是四个数字，但这四个数字是被当成四个字串符号来看待的。所以，我们显示该宏的时候，得到是“010 021 022 023”，而不是“10 21 22 23”。

在命令行 7 里，宏 a 的内容同样是被当成字串，是“2+3”，而不是 5。

在命令行 10 里，我们加了一个等号。这个时候，宏 b 不再是一个字串，而是一个数值（即 $2+3=5$）。对比命令行 7，我们可以看出加不加等号的区别：没有等号的时候，宏的内容是其名称后面的字串；有等号的时候，宏的内容是等号后面的数值。因为这个区别，等号后面只能允许有一个数值或多个数值的代数运算，而不能有多个单独数值。比如，local i=2，local j=2*2，local k=sqrt(3)是有效的，而 local l=20 30 则是错误的。

当宏的内容是字串的时候，我们也可以用双引号把内容引住，其定义是一样的。比如：local i A B 可以写成 local i "A B"; local i 2+3 可以写成 local i "2+3"。

理解了宏的基本定义，我们便可以运用宏来提高使用 Stata 的效率。在深入学习 Stata 编程语言之前，我们可以只把宏当成简单的别名来替代我们指定的内容（如变量名、文件名、文件路径、命令条件、数值标签和重要数值等）。在很多时候，适当地使用宏，可以大大简化我们对 .do 文件的编写和修改。比如说我们用 Stata 进行计算的时候，有些计算结果需要重复使用。这个时候，我们可以把结果定义为一个宏，比如：在编写 .do 文件的时候，我们会对同样的变量进行很多处理。这时，我们可以把这些变量定义成一个宏，然后在每个命令中直接引用该宏的名称。

10.1.2 宏的扩展函数

除了直接指定宏的内容之外，Stata 还提供了很多宏的扩展函数（extended functions）。使用扩展函数来定义宏的时候，需要在宏的名称和扩展函数之间添加一个冒号（:），即：

```
local a : extended_fcn
```

其中 extended_fcn 就是宏的扩展函数。让我们看看以下的例子：

```
. local city Beijing Shanghai Tianjin Chongqing
. local n : word  count ‘city’
. display ‘n’
4
. local one : word 1 of ‘city’
. display "‘one’"
Beijing
. local dir : sysdir STATA
```

```
9 . display "`dir'"
10 D:\Statistics\Stata10/
11 . describe var1
12                storage  display     value
13 variable name   type    format      label      variable label
14 -------------------------------------------------------------------------------
15 var1            float   %9.0g
16 . local a : type var1
17 . display "`a'"
18 float
19 . local b : format var1
20 . display "`b'"
21 %9.0g
```

在上例中，命令行 2 里的 word count `city'是一个宏的扩展函数，代表宏 city 里的单词数。因为`city'有四个单词，因而宏 n 的值是 4。

命令行 4 把宏 one 定义为宏 city 的第一个单词，即 Beijing。

命令行 6 把宏 dir 指定为 Stata 的系统目录，即 D:\Statistics\Stata 10\。

命令行 16 和 19 把变量 *var1* 的存储格式（即 float）和显示格式（即 %9.0g）分别定义为两个宏：a 和 b。

这只是一些简单的例子，Stata 还有很多更复杂的扩展函数。这些扩展函数大大提高了宏的灵活性和实用性，用户可以在 Stata 的命令窗口输入 help extended_fcn 来查看各种扩展函数的定义和用法。

10.1.3 使用 Stata 的计算结果

在宏的使用当中，有一项很重要的功能，那就是我们可以把特定的 Stata 运算结果定义为宏来加以保存。这样，我们就可以随时使用这些结果来进行相关的操作和运算。在具体介绍这项功能之前，我们有必要了解有关 Stata 运算结果的大概情况。

Stata 在运行一个数学运算或模型估算命令后，都会把相关的结果分类储存。

Stata 的运算结果主要有两种：一种叫 r-class，是一般的运算命令的结果，其命名方式为 `r()`，可以在命令运行后用输入 `return list` 来查看；另一种叫 e-class，用于记录模型估算的结果，其命名方式为 `e()`，可以在回归命令后用 `ereturn list` 查看。

```
. use hdr2004, clear
(human dev'mt report 2004, from UNDP webpage)
. summarize gdp
    Variable |       Obs        Mean    Std. Dev.       Min        Max
-------------+--------------------------------------------------------
         gdp |       112    7390.732    10554.39         90      47354
. return list
scalars:
                  r(N) =  112
              r(sum_w) =  112
               r(mean) =  7390.732142857143
                r(Var) =  111395193.1888674
                 r(sd) =  10554.3921278711
                r(min) =  90
                r(max) =  47354
                r(sum) =  827762
. display r(sum)/r(N)
7390.7321
```

上例中 Stata 通过运行 `summarize` 命令来获得变量 *gdp* 的描述统计。所以，我们可以用 `return list` 来查看 Stata 生成的结果。`scalars` 表示，所有的结果都是数值, `r()` 代表结果的名字，等号（=）右边是结果的数值。我们可以直接用结构的名字来进行运算。

```
. regress hdi gdp
      Source |       SS       df       MS              Number of obs =     112
-------------+------------------------------           F(  1,   110) =   85.00
       Model |  1.5542677     1  1.5542677             Prob > F      =  0.0000
```

```
    Residual |  2.0114937   110  .018286306           R-squared     =  0.4359
-------------+------------------------------          Adj R-squared =  0.4308
       Total |  3.5657614   111  .032123977           Root MSE      =  .13523
------------------------------------------------------------------------------
         hdi |      Coef.   Std. Err.      t    P>|t|     [95% Conf. Interval]
-------------+----------------------------------------------------------------
         gdp |   .0000112   1.22e-06     9.22   0.000     8.80e-06    .0000136
       _cons |   .6413612   .0156222    41.05   0.000     .6104017    .6723206
------------------------------------------------------------------------------
. ereturn list
scalars:
                  e(N) =  112
               e(df_m) =  1
               e(df_r) =  110
                  e(F) =  84.99626259062394
                 e(r2) =  .4358866239865606
               e(rmse) =  .135226869961891
                e(mss) =  1.554267697160823
                e(rss) =  2.011493699565919
               e(r2_a) =  .4307583205682566
                 e(ll) =  66.17767658262876
               e(ll_0) =  34.11767510502801
macros:
            e(cmdline) : "regress hdi gdp"
              e(title) : "Linear regression"
                e(vce) : "ols"
             e(depvar) : "hdi"
                e(cmd) : "regress"
         e(properties) : "b V"
            e(predict) : "regres_p"
              e(model) : "ols"
          e(estat_cmd) : "regress_estat"
matrices:
                  e(b) :  1 x 2
                  e(V) :  2 x 2
functions:
             e(sample)
```

```
. matrix list e(b)
e(b)[1,2]
           gdp       _cons
y1   .00001121   .64136117
```

上例中 Stata 运行的是简单的 OLS 回归模型。ereturn list 命令结果显示，Stata 生成了很多名称为 e() 的结果，其中有数值（scalars）、宏（macros）、矩阵（matices）和函数（functions）。比如，回归模型的估算系数（coefficients）被存在名为 e(b) 的矩阵里，我们直接用 matrix list e(b) 便可显示该矩阵的数值。

虽然 Stata 的运算结果可以直接使用，但前提条件就是我们必须是在下一个运算命令之前使用这些结果，因为这些结果的保存是暂时的，它们会自动被下一个运算命令的结果所覆盖。为了避免这种情况，我们最好是把相关的结果定义为宏，然后直接使用新定义的宏来进行相关的运算。比如：

```
. summarize gdp
    Variable |       Obs        Mean    Std. Dev.       Min        Max
-------------+--------------------------------------------------------
         gdp |       112    7390.732    10554.39         90      47354
. local mean=r(mean)
. local sd=r(sd)
. gen stdgdp=(gdp-`mean')/`sd'
. sum stdgdp
    Variable |       Obs        Mean    Std. Dev.       Min        Max
-------------+--------------------------------------------------------
      stdgdp |       112   -3.53e-09           1  -.6917245   3.786411
. correlate stdgdp gdp
(obs=112)
             |   stdgdp      gdp
-------------+------------------
      stdgdp |   1.0000
         gdp |   1.0000   1.0000
```

在上例中，我们把变量 *gdp* 转换成一个均值为 0、标准差为 1 的标准化变量。我们先运行 `summarize gdp`，然后从 Stata 结果中把 *gdp* 的均值（`r(mean)`）和标准差（`r(sd)`）分别定义为宏，最后，按 (*gdp* `- r(mean))/r(sd)` 的格式生成一个新的变量。我们可以看到，新变量的均值约为 0，标准差为 1，和原变量 *gdp* 的相关系数是 1。

10.2　构建重复命令

在统计软件的使用当中，我们经常遇到一些重复性的工作。如果要逐个编写命令，整个编程过程就会变得非常烦琐，程序文件也会越写越长；当编程出现错误的时候，回去修改会是一个更为头疼的问题。这个时候，我们需要把重复性的工作汇总起来，用一个特定的方式让软件重复执行某些命令。这就是各种编程语言里常用的 `loops`。Stata 的一个强项就是提供了相对简单易用的方式来构建重复命令，使得一般用户在没有经过专门编程训练的情况下也可以使用重复命令来简化重复性或难度较高的数据处理和分析工作。

在 Stata 中构建重复命令主要是通过 `forvalues` 命令和 `foreach` 命令两种方式进行的。下面我们分别介绍这两种重复命令的构建方式。

10.2.1　forvalues 方式

`forvalues` 方式是让特定命令在指定数字系列里重复执行，其基本结构是:

```
forvalues lname = range {
      指向‘lname’的命令
}
```

其中 `lname` 是一个 `local` 宏，`range` 是数字系列的范围和排列形式。指向‘`lanme`’的命令就是需要重复执行的命令，可以是单个或者多个，一般需要包含‘`lname`’。让我们先看看一个简单的例子:

```
1 . set obs 5
2 obs was 0, now 5
3 . forvalues i=1/4 {
4   2.         gen var`i'=10*`i'+_n
5   3.         label variable var`i' "Variable `i'"
6   4. }
7 . list, sep(0)
8      +--------------------------+
9      | var1   var2   var3   var4 |
10     |--------------------------|
11  1. |   11     21     31     41 |
12  2. |   12     22     32     42 |
13  3. |   13     23     33     43 |
14  4. |   14     24     34     44 |
15  5. |   15     25     35     45 |
16     +--------------------------+
17 . describe var1-var4
18               storage  display     value
19 variable name   type   format      label      variable label
20 -----------------------------------------------------------------------------
21 var1            float  %9.0g                  Variable 1
22 var2            float  %9.0g                  Variable 2
23 var3            float  %9.0g                  Variable 3
24 var4            float  %9.0g                  Variable 4
```

例子建立一个有5行的空白数据（命令行 1），并执行以下任务；生成 4 个新变量，*var1-var4*，变量的取值分别为 11-15、21-25、31-35、41-45，变量的标签分别是 Variable 1-4。如果逐行写命令，我们需要很多重复性很高的命令行。

在命令行 3~6 中，我们使用 forvalues 来构建任务中的重复命令。命令行 3 中的 i 其实就是一个宏的名称，i=1/4 的意思是：i 的取值为从 1 到 4；大括号里的每个命令行要重复执行 4 次；每一次执行的时候，i 的值逐渐变大。

forvalues 要重复的命令有两个。一个用 generate 来生成新的变量（命令行 4），另外一个用 label variable 来给变量添加标签（命令行 5）。两个命令直接使用宏 i（需要用单引号引住），在‘i’的取值变化中达到重复执行的效果。比如，第一次执行的时候，‘i’=1，两个命令执行的是：

```
generate var1=10*1+_n

label variable var1 "variable 1"
```

通过 list 和 describe 命令，可以看到新生成的变量跟我们的要求是一致的。

从例子里我们可以看出，用 forvalues 构建重复命令其实非常简单，关键是要处理好数字序列的定义，因为命令重复执行的行为和宏的取值是由数字序列决定的。在上例中，我们把数字序列定义为 i=1/4，但 forvalues 还有其他的定义方式来应对不同情况的需求，如表 10-1 所示。

表 10-1 forvalues 数字系列定义举例

定义	说明
a=1/10	a 的取值从 1 到 10，每次递增 1
b=1(1)10	b 的取值从 1 到 10，每次递增 1
b=1(5)100	c 的取值从 1 到 100，每次递增 5
d=10(-1)1	d 的取值从 10 到 1，每次递减 1
e=50(-5)0	e 的取值从 50 到 0，每次递减 5
f=100(-10)0	f 的取值从 100 到 0，每次递减 10
g=2 4 to 20	g 的取值从 2 到 20，每次递增 $4-2=2$
h=2 4 : 20	h 的取值从 2 到 20，每次递增 $4-2=2$
i=2.2 3.6 : 10.8	i 的取值从 2.2 到 10.8，每次递增 $3.6-2.2=1.4$

从表 10-1 可以看出，forvalues 是以特定的递增或递减规律来定义数字序列的，只要是数字宏 lname 在数字序列的定义范围，命令就会继续重复执行。

10.2.2 foreach 方式

forvalues 虽然简单易用，但是只适用于数字序列，而且必须按特定的递增或递减规律来重复。当我们要在一组任意界定的字串或数串里逐个重复的时候，

forvalues 就不能胜任了。这个时候，我们需要用另外一种方式：foreach 方式。

foreach 构建重复命令的方式跟 forvalues 一样，都是对命令按特定方式进行逐一重复。不同的是，forvalues 是针对有规律的数字序列，而 foreach 则是针对任意排列的字串或数串进行逐一重复。所以，从应用的角度看，foreach 要比 forvalues 更灵活、适用范围更广。

```
. local city Beijing Shanghai Tianjin Chongqing
. foreach A of local city {
  2.         display "City: ‘A’"
  3. }
City: Beijing
City: Shanghai
City: Tianjin
City: Chongqing
```

在这个例子中，我们对宏 city 的内容进行重复。A of local city 的意思是，新的宏 A 按排列顺序逐个接替 local 宏 city 的值，并依此对命令进行重复执行。

```
. local city Beijing Shanghai Tianjin Chongqing
. foreach A in ‘city’ {
  2.         display "City: ‘A’"
  3. }
City: Beijing
City: Shanghai
City: Tianjin
City: Chongqing
```

这个例子和上面的例子的过程和结果都是一样的，但在编码上有个微妙的差别，即 A of local city 变成了 A in ‘city’。这在实际应用上是一个很关键的差别。当我们用 of 的时候，后面跟着的是特指的字串或数串，必须指明其性质和名称，如 A of local city 中的 local 就是字串的性质是一个 local 宏，city 就是 local 宏的名称。

当我们用 in 的时候，后面可以跟着任何可以被 Stata 辨认的、以空格分开的字串或数串（或者代表这些字串或数串的宏）。如 A in ‘city’中的‘city’直接指 local 宏 city 界定的内容，即“Beijing Shanghai Tianjin Chongqing”。

需要强调的是，of 和 in 在一般情况下只是语法上的区别，用 foreach 来构建重复命令的时候，既可以用 of，也可以用 in，两者都可以用来执行相同的任务。在重复次数较少的时候或者是我们不需要定义宏的时候，用 in 更简便，如上的例子可以简化成：

```
. foreach A in Beijing Shanghai Tianjin Chongqing {
  2.         display "City: ‘A’"
  3. }
City: Beijing
City: Shanghai
City: Tianjin
City: Chongqing
```

然而，因为 of 对特定字串或数串的辨认更快一些，其执行速度也会更快，所以在重复次数很多或需要重复的命令很多时，用 of 比用 in 更有效率。所以从编程的角度来说，用户最好能养成使用 of 和特定字串或数串的习惯。

foreach 常用的特指字串或数串除了 local（宏）之外，还有 numlist（数字串）、varlist（变量串）和 newlist（任意串）。

当我们在 foreach 中用 numlist 来界定数串的时候，既可以使用任意界定的数字串，也可以像 forvalues 一样使用有既定递增或递减的数字序列，还可以把两者混合起来使用。比如：

```
. foreach x of numlist 2.2 3.4 5.5 6.5  {
  2.         display ‘x’
```

```
  3. }
2.2
3.4
5.5
6.5
. foreach i of numlist 0(4)12 {
  2.         display ‘i’
  3. }
0
4
8
12
. local x=0
. foreach i of numlist 2.2 0(4)12 6.5 {
  2.         local x=‘x’+‘i’
  3. }
. display ‘x’
32.7
```

当我们使用 *varlist* 的时候，既可以直接写变量名（变量之间要加空格），也可以用 A-B 的形式来代表从变量 A 到变量 B 之间的所有变量。比如：

```
. use hdr2004, clear
(human dev’mt report 2004, from UNDP webpage)
. foreach V of varlist literacy enrollf birthlight  {
  2.         recode ‘V’ min/0=.
  3. }
(literacy: 0 changes made)
(enrollf: 0 changes made)
(birthlight: 0 changes made)
. foreach V of varlist literacy-birthlight  {
  2.         regress gdp ‘V’, noheader
  3. }
------------------------------------------------------------------------------
         gdp |      Coef.   Std. Err.      t    P>|t|     [95% Conf. Interval]
```

```
-------------+----------------------------------------------------------------
    literacy |   238.7938   46.27194     5.16   0.000     147.0937     330.494
       _cons |  -12629.15   3982.106    -3.17   0.002    -20520.75   -4737.548
------------------------------------------------------------------------------
------------------------------------------------------------------------------
         gdp |      Coef.   Std. Err.      t    P>|t|     [95% Conf. Interval]
-------------+----------------------------------------------------------------
     enrollf |   203.4264   28.61828     7.11   0.000     146.7117    260.1412
       _cons |  -5199.912   1955.793    -2.66   0.009    -9075.834    -1323.99
------------------------------------------------------------------------------
------------------------------------------------------------------------------
         gdp |      Coef.   Std. Err.      t    P>|t|     [95% Conf. Interval]
-------------+----------------------------------------------------------------
  birthlight |  -714.4014   158.8651    -4.50   0.000    -1029.235   -399.5681
       _cons |   14802.65    1887.97     7.84   0.000     11061.13    18544.16
------------------------------------------------------------------------------
```

当我们用 *newlist* 的时候，后面就可以跟任意排列的字串，也可以使用 A1-A10 的形式来代表 *A1 A2* ⋯ *A10*，比如：

```
. clear
. set obs 5
obs was 0, now 5
. foreach A of newlist var1-var3  {
  2.            generate `A'a=uniform()
  3.            generate `A'b=0
  4. }
. list
     +------------------------------------------------------------+
     |    var1a   var1b       var2a   var2b       var3a   var3b |
     |------------------------------------------------------------|
  1. | .8414094       0    .2769154       0    .4611429       0 |
  2. | .2110077       0    .1180158       0    .4216726       0 |
  3. | .5644092       0    .4079702       0    .8944746       0 |
  4. | .2648021       0    .7219492       0    .0580662       0 |
```

```
  5. | .9477426        0    .871691        0    .6759487        0 |
     +-----------------------------------------------------------+
```

foreach 方式是对特定字串或数串进行逐一重复，其最直接、最常见的应用是对单变量或单参数命令进行重复。比如，我们生成新变量时，generate 命令一次只能生成一个新变量。类似的单一变量命令还有 rename、label variable、label values 等。而当我们要对变量进行批量处理的时候，运用 foreach 来重复执行这些命令就变成十分必要了。下面是一个夸张的例子：

```
. clear
. set obs 100
obs was 0, now 100
. label define yesno 0 "No" 1 "Yes"
. foreach var of newlist var1-var1000 {
  2.          quietly generate `var'=1 in 1/50
  3.          quietly recode `var' .=0
  4.          label value `var' yesno
  5. }
```

在 foreach 短短的 5 行命令里，Stata 进行了 3000 次的运算，生成 1000 个新变量并对这 1000 个变量重新编码和添加数值标签。

10.2.3 多组重复

上面介绍了基于一组字串或数串构建重复命令。然而，有时我们需要在多组字串或数串中进行重复，这就需要我们灵活运用宏、forvalues 和 foreach 来解决具体的问题。多组重复有两种基本的形式。第一种是平行重复，就是在一个单一的 forvalues 或 foreach 结构中同时对多组字串或数串进行重复。比如：

```
. local city Beijing Shanghai Tianjin Chongqing
. local code 010 021 022 023
```

```
. forvalues i=1/4 {
  2.         local A: word ‘i’ of ‘city’
  3.         local B: word ‘i’ of ‘code’
  4.         display "The Area Code of ‘A’ is ‘B’"
  5. }
The Area Code of Beijing is 010
The Area Code of Shanghai is 021
The Area Code of Tianjin is 022
The Area Code of Chongqing is 023
```

这是一个简单的平行重复的例子。我们有两个字串：城市名和电话区号，而我们的任务是显示各个城市及其区号。在程序中，我们先把分别两个字串定义为 `local` 宏，然后用 `forvalues` 来构建 4 次的命令重复。在每一轮重复中，我们用宏的扩展函数 `word # of string` 来分别记录当前的城市名和区号，然后再显示结果。

在日常数据处理和分析当中，应用平行重复的最常见的情况是批量更改变量名。当我们要更改很多没有规律的变量名时，最好的办法是把原变量名和新变量名按相对应的排列分别定义为 `local` 宏，然后运用平行重复来把原名更改为新名。比如：

```
. use hdr2004, clear
(human dev’mt report 2004, from UNDP webpage)
. describe nation-gdp
              storage  display     value
variable name   type   format      label      variable label
------------------------------------------------------------------------------
nation          str23  %23s                   country
contin          byte   %10.0g      conti      continent
hdi             float  %9.0g                  hdi index
gdp             long   %12.0g                 gdp/per
. local i=0
. foreach old of varlist nation-gdp {
  2.         local ++i
```

```
  3.        rename ‘old’ Var‘i’
  4. }
. describe Var1-Var4
               storage  display     value
variable name    type   format      label      variable label
---------------------------------------------------------------------------
Var1             str23  %23s                   country
Var2             byte   %10.0g      conti      continent
Var3             float  %9.0g                  hdi index
Var4             long   %12.0g                 gdp/per
```

在这个例子中，我们想把从 *nation* 到 *gdp* 四个变量更名为 *Var1* 到 *Var4*。我们先建立一个数字宏 i=0，然后，用 *varlist* 构建一个 foreach 的重复命令。每一次重复，local ++i 表示 i 的取值自动加 1[1]，使得我们可以在 rename 命令中直接用‘i’作为新变量名的后缀。

第二种多组重复形式是多环重复（nested loops），即在一个重复命令的结构里，再建构另外的重复命令。比如：

```
. clear
. set obs 3
obs was 0, now 3
. foreach x of newlist A B C  {
  2.        forvalues i=1/4 {
  3.                generate ‘x’‘i’=‘i’
  4.        }
  5. }
. list
     +-----------------------------------------------------------+
     | A1   A2   A3   A4   B1   B2   B3   B4   C1   C2   C3   C4 |
     |-----------------------------------------------------------|
  1. |  1    2    3    4    1    2    3    4    1    2    3    4 |
  2. |  1    2    3    4    1    2    3    4    1    2    3    4 |
```

[1] ++i 也可以写成 i=‘i’+1。同样，--i 代表 i 自动减 1，也可以写成 i=‘i’-1。

```
  3. | 1    2    3    4    1    2    3    4    1    2    3    4|
     +------------------------------------------------------------+
```

在这个例子中，我们要生成三组变量（$A\ B\ C$），每一组里面又有四个变量，分别以 1-4 为后缀。我们先用 foreach 来建构一个基于 newlist A B C 的重复方式，然后在其内部再建构一个 i=1/4 的 forvalues 重复。这样，generate 命令会重复运行 $(3 \times 4) = 12$ 次来生成我们想要的新变量。

和别的编程语言一样，多环重复在Stata编程里应用非常广泛，在解决很多复杂的数据管理和数据分析问题时经常会应用到。对于很多Stata用户来说，如果能掌握并有效使用宏和重复命令，其数据管理和数据分析的能力会有一个质的飞跃。

10.3　创建新命令

虽然Stata提供的命令已经非常完善，但是对于高级用户来说，有时候会遇到无法直接用Stata现有的命令解决的问题。比如说，我们想要计算某种特殊的系数或指标，而Stata并没有提供可用的命令；有时候，我们想要估算一个新发表的统计模型，而这个模型可能因为太新的缘故，还没有被Stata和其他统计软件开发；有时我们在数据处理中会重复遇到一些特殊的问题，而每次解决这些问题都需要繁杂的程序。这些时候我们可能就只有一个办法：那就是自己动手创建新的命令。

自己创建新的命令来执行特定任务，这对很多用户来说可能是一个遥不可及的目标。然而，允许用户创建新命令，并使创建新命令的工作变得相对简单，是Stata的一大特色。事实上， Stata现有的不少命令是各种各样的Stata用户创建的，后来， Stata公司觉得其中一些具有普遍意义，就把这些命令纳入Stata的主要程序。这也是Stata之所以快速发展的一个重要因素。

在Stata中创建新命令是通过 program 环境来进行的，让我们看看一个最简单的 hello world的例子：

```
. program hello
  1.        display "Hello World!"
```

```
  2. end
. hello
Hello World!
```

命令的定义从 program 开始，到 end 结束。紧接着 program 的是新命令的名字 hello。新命令只执行一个简单的任务：显示 Hello World。定义完新命令后，直接输入新命令名 hello，Stata 便会按新命令的定义显示 Hello World。

这个简单的命令的特点是没有任何参数，也就是说，新命令每次运行只能是执行一模一样的任务。要想让新命令执行不同的任务，必须在定义的时候给命令加入参数。比如：

```
1 . program tprob
2   1.          args b se df
3   2.          local p=ttail(‘df’,‘b’/‘se’)*2
4   3.          display "Two-Tailed t-Probability: ‘p’"
5   4. end
6 . tprob 10 4 30
7 Two-Tailed t-Probability: .018115649O680667
8 . tprob 5.4 3 20
9 Two-Tailed t-Probability: .0869647017773002
```

新命令 tprob 的功能是计算t-检验。它带有三个参数：系数（b）、标准误差（se）和自由度 df。界定参数的是 args 命令项（命令行 2），界定后的参数（即 t se df）实际上就是 local 宏，加单引号便可直接用于其他运算。接着，我们用 Stata 的 ttail(df,t)函数来计算t-检验的结果（命令行 3），命令行 4 指令显示检验的结果。

根据定义，新变量 tprob 跟着三个参数。所以在运行的时候，我们只要在 tprob 命令后面输入三个有效的数字，便可得到t-检验的结果。

命令 tprob 要比 hello 灵活了不少，但和一般意义上的 Stata 命令还有一段距离。tprob 命令的主要问题是参数都是数字，它不能像一般的命令那样对变量进行处理和运算。那怎么样建立一个对变量进行处理运算的新命令呢？让我们看看下面的例子：

```
. program myinterval
  1.         syntax varlist [if] [in] [, ci(real 95)]
  2.         foreach var of varlist ‘varlist’ {
  3.                 quietly sum ‘var’ ‘if’ ‘in’
  4.                 local se=r(sd)/sqrt(r(N))
  5.                 local t=invttail(r(N)-1,‘ci’/200)
  6.                 local lower=r(mean)-‘t’*‘se’
  7.                 local upper=r(mean)+‘t’*‘se’
  8.                 display "Mean of ‘var’      = " r(mean)
  9.                 display "‘ci’% CI of ‘var’ = [‘lower’, ‘upper’]"
 10.         }
 11. end
. use hdr2004, clear
(human dev’mt report 2004, from UNDP webpage)
. myinterval hdi
Mean of hdi     = .72422321
95% CI of hdi = [.7231588197513293, .7252876062570995]
. myinterval gdp-literacy if contin==1, ci(99)
Mean of gdp     = 747.21429
99% CI of gdp = [745.3108580168392, 749.1177134117321]
Mean of genderdev     = .48157143
99% CI of genderdev = [.4812593739174702, .4818834830380581]
Mean of literacy     = 61.175001
99% CI of literacy = [61.12585672177873, 61.22414440900653]
```

例子中的 myinterval 是一个跟一般 Stata 命令非常接近的新命令。命令的主要功能是计算并显示变量的置信区间。和 Stata 常见的命令一样，myinterval 可以通过 if 和 in 来进行样本选择，同时可以接受选项（options）。所有这些，都通过一行 syntax 命令项来界定。

syntax 命令项的功能是对新命令的参数进行标准化的界定。syntax 按 Stata 命令的一般格式，把新变量的参数分成四类：变量串（varlist）、限制条件

（if）、样本选择（in）和选项（options）。例子中的 syntax 命令项（命令行2）是这么界定新命令的参数的：

- varlist 表示新命令必须指定变量作为参数。[varlist]表示变量参数在新命令中是选项（即可有可无）；如果没有 varlist 或者 [varlist]，则表示新命令不可以接受变量作为参数。

- [if] 表示新变量可以接受限制条件（即可有可无）。

- [in] 表示新命令可以接受 in 样本选择（即可有可无）。

- [,ci(real 95)] 表示新命令可以接受一个形式是 ci(#)（# 是一个表示百分比的数字）的选项。95 是该选项的默认值，即新命令默认 95% 置信区间。

当 syntax 界定完新命令的参数后，varlist、if、in 和选项中的 ci 就可以当成 local 宏处理。因为 varlist 可以是多个变量，我们用 foreach 建构重复命令，来对 varlist 中的变量逐个处理。

命令行 3 在给定的 if 和 in 的条件下，获得变量的描述统计。

命令行 4 和行 5 利用 summarize 的运算结果，分别计算变量的标准误差和指定置信区间的t-值，并界定为 local 宏。

命令行 6 和行 7 分别计算指定置信区间的下限值和上限值。

命令行 8 和行 9 显示结果。

定义完 myinterval 命令，我们读进以前用过的数据来对命令进行测试。命令行 15 只是简单测试一个变量，而在命令行 18，我们加入限制条件并把置信区间的百分比改为 99%。从结果来看，新命令运行正常。

严格来说，这个例子仍然简单和粗糙，但是它包含了 Stata 编程的大部分重要元素，如函数、Stata 运算结果、宏、重复命令和命令参数界定。所有这些都在 Stata 非常简单而直观的语法里得到充分的结合。有兴趣的读者可以参考例子的基本语法和逻辑练习创建新命令。在学习的过程中，有一点必须强调，那就是每次建立一个新命令后，不管这个命令是否有错误，都会被保存在 Stata 的内存里，直到用户退出 Stata，这个时候我们就不能再定义相同名字的命令。所以，当我们编写新命令的时候，一定要在 .do 文件开始时加上这样一个命令行：

```
. capture drop _all
```

这个命令告诉 Stata 清除内存里所有的命令。否则，每一次运行 .do 文件都会在内存里留下刚刚定义的命令，使得下次运行时因为命令名的冲突而出现错误信息。

10.4 .ado 文件的编写

在上个小节里，我们介绍的是在一个 .do 文件里创建新命令来完成具体的任务。这种做法的局限是新命令只能在当前的文件里运行；如果要在别的 .do 文件里使用，就必须先运行原来定义命令的 .do 文件。对于一些需要经常用到的新命令，这样非常不方便。

所以，对于那些常用的自建命令，最好是让它们和 Stata 的正式命令一样，随时都可以直接使用。要做到这一点，我们必须把命令定义编成一个扩展名为 .ado 的程序文件，并把文件放在 Stata 的 ado 目录下面。

Stata 的自带的绝大部分命令都是在 .ado 文件里定义的[2]。一个 .ado 文件界定一个 Stata 命令，而所有的 Stata 自带的 .ado 文件都按字母顺序存储在 Stata 主目录下面的 ado\base 子目录。比如：

regress命令是在 ~\Stata10\ado\base\r\regress.ado 文件里定义的。

ttest命令是在 ~\Stata10\ado\base\t\ttest.ado 文件里定义的。

那用户怎么自己动手编写 .ado 文件呢？让我们把上面的 myinterval 命令编写成一个简单的 .ado 文件：

myinterval.ado

```
*! version 1.0 23dec2007
program myinterval
```

[2]有一小部分的命令在 Stata 的主程序里界定。同时，从 Stata 9 开始，Stata 在 .ado 语言的基础上增加了另外一种编程语言：mata 语言。所以，最新版本的 Stata 里，开始有个别命令和函数是在 .mata 文件里界定的。

```
3     version 10
4     syntax varlist [if] [in] [, ci(real 95)]
5     foreach var of varlist ‘varlist’ {
6         quietly sum ‘var’ ‘if’ ‘in’
7         local se=r(sd)/sqrt(r(N))
8         local t=invttail(r(N)-1,‘ci’/200)
9         local lower=r(mean)-‘t’*‘se’
10        local upper=r(mean)+‘t’*‘se’
11        display "Mean of ‘var’   = " r(mean)
12        display "‘ci’% CI of ‘var’ = [‘lower’, ‘upper’]"
13    }
14 end
```

我们只添加了两行编码：命令行 1 和行 3。命令行 1 说明新命令的版本信息，主要是为了以后修改更新提供方便，版本信息本身不是命令，前面必须加 `*!`。命令行 3 表明用于创建新命令的 Stata 版本是 Stata 10。这一点很关键，因为 Stata 系统更新的速度很快，现在用来界定新命令的语法，在以后的 Stata 升级版本中可能无法运行。在创建新命令时，加入 Stata 的版本信息，可以保证命令在未来版本里继续有效，即按照命令创建时的版本语法运行。

需要说明的是，`.ado` 文件只是对新命令进行界定，文件本身不涉及任何实际的数据处理或统计运算。所以，`.ado` 文件只包含新命令的定义编码，不能像 `.do` 文件那样包含实际数据处理的编码。因此，把 `myinterval` 命令编写成 `.ado` 文件的时候，我们必须把前一个例子中实际执行 `myinterval` 的命令行去掉。

编辑完了以后，我们把文件命名为 `myinterval.ado`。这是一个唯一可行的文件名，因为 Stata 的程序文件名必须是 `prorgam` 里界定的命令名字，同时文件的扩展名必须是 `.ado`。

`.ado` 文件必须存储在 Stata 的系统目录下，如当前的工作目录、 Stata 的主目录或 `~\ado` 目录，才能被 Stata 自动搜寻和辨认。如果用户自己创建很多 `.ado` 文件，最好是把这些文件放在同一个目录下面。假设我们把自建的 `.ado` 文件放在 `D:\Myado\` 目录里，我们可以在主目录下面的 `profile.do` 加上以下命令行：

```
sysdir set PERSONAL "D:\Myado"
```

这个命令行把 D:\Myado 设定为 PERSONAL 系统目录（ PERSONAL 指的就是用户自己存放自建 .ado 文件的目录）。这样，每次启动 Stata 后， myinterval 就可以像 Stata 的自带命令一样，随时都可以直接使用。

需要强调的是， myinterval.ado 只是一个非常简单的 .ado 文件。一个完善的 .ado 不仅要定义命令的参数和执行方式，而且还要考虑该命令使用过程中可能出现的各种问题，如参数评估和错误信息等。一般情况下，这些问题可能比命令的主要执行程序还要复杂，编码的工作量和难度可能更多更大。因为我们的主要目的是介绍 Stata 编程的基本操作，这里不对编写 .ado 文件中的各种细节做深入的探讨。

10.5 编写帮助文件

用 .ado 文件建立新的命令以后，我们对该命令的各项参数要求和执行程序都非常清楚。然而，时间久了以后，我们自己可能就记不清了。同时，我们可能会把该 .ado 文件提供给别的用户使用，对于一个新的命令，一般的用户都会感到无从下手。为了避免这些情况，当编完一个 .ado 文件的时候，我们还需要完成最后一个任务，那就是编写新命令的帮助文件，以供自己或别的用户使用该命令时查看。

Stata 命令的帮助文件是一个扩展名为 .hlp 的文本文件。同时，一个命令帮助文件的文件名必须是命令的名称，否则，在 Stata 里将无法搜寻。例如，如果我们要编写 myinterval 命令的帮助文件，一定要命名为 myinterval.hlp。和 .ado 文件一样，帮助文件必须存储在 Stata 的系统目录下面，最好是和该命令的 .ado 文件放在同一个目录。这样，当我们在 Stata 命令窗口输入 help myinterval 的时候，Stata 会弹出帮助窗口，并在窗口里显示帮助文件的内容。

帮助文件是使用 Stata 的 SMCL 文本排版语言来编写的。SMCL 的英文原文是 Stata Markup and Control Language，是 Stata 在窗口显示命令运行结果（包括命令帮助）的排版语言。细心的用户可能会发现，Stata 结果窗口显示的运算结果和帮助窗口的帮助信息是有一定的排版格式的。这些格式就是用 SMCL 语言来界定的。

虽然 SMCL 语言并不复杂，但是对于很多用户来说，深入学习并没有太多的意义。所以在下面的例子中，我们只应用 SMCL 最基本的命令，目的是使读者对帮助文件的编写，尤其是在帮助文件中使用中文有个大概的了解。

myinterval.hlp

```
1  {smcl}
2  {hline}
3  {center: {bf:myinterval}命令帮助}

4  Version 1.0, 2008年12月24日 {right: 张某某（bbb@yahoo.com.cn）}
5  {hline}

6  说明:

7  {p 8}
8   {bf: myinterval}命令根据用户指定的显著水平计算变量的置信区域

9  用法:

10 {p 8}
11 {bf:myinterval} {it: varlist} [if] [in] [,ci(#)]

12 选项:

13 {p 8}
14 ci(#):  #代表要计算的百分比置信区间，默认为95，即计算95%置信区间
```

这是一个关于 myinterval 命令的简单帮助文件。所有 SMCL 命令都用大括号括住，其他的是帮助文件的内容。

命令行 1 中的 {smcl} 指示 Stata 用 SMCL 语言来编排帮助文件。

命令行 2 中的 {hline} 表示画一条横线。

命令行 3 中的 {center} 表示内容居中，{bf} 表示用黑体来显示 myinterval。

命令行 4 中的 {right} 表示内容居右。

命令行 7、行 10 和行 13 中的 {p 8} 表示内容是段落，整个段落左边缩进 8 个

空格。

命令行 8 中的 {it} 表示用斜体来显示 varlist。

我们把这个帮助文件命名为 myinterval.hlp，并把它和 myinterval.ado 文件一起放到 Stata 的系统目录中。当我们在 Stata 命令窗口输入 help myinterval 时，我们会在弹出的帮助窗口看到 myinterval.hlp 的内容。见图 10-1。

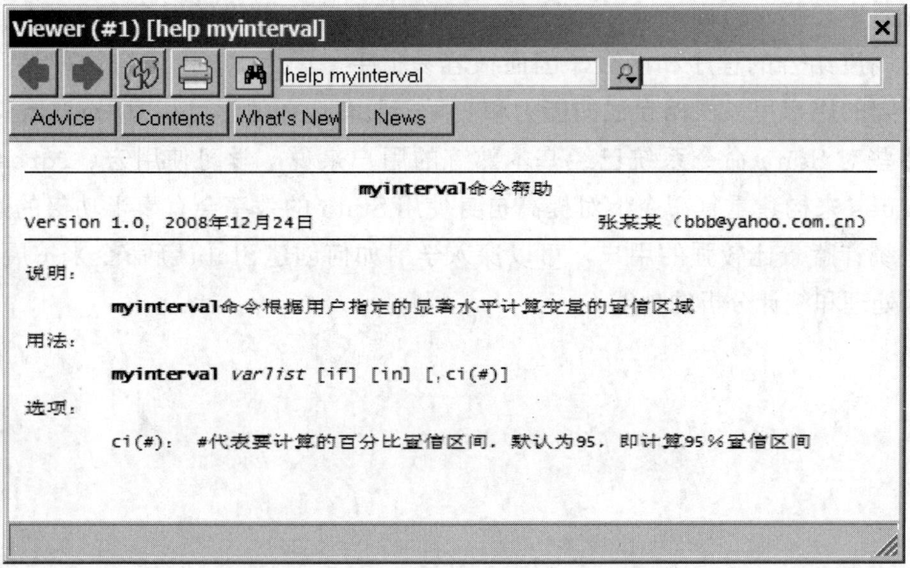

图 10-1　自建帮助文件显示窗口

如例子所示，一个帮助文件最少要有三项内容：说明（即对命令用途的描述）、用法（即命令的语法及其说明）和选项（命令各个选项的说明）。用户可以通过学习 Stata 自带的命令帮助文件来深入了解各项内容的具体表达方式。和 .ado 文件一样，Stata 的自带帮助文件存储在 Stata 主目录下面的 \ado\base\ 里，一个 .ado 文件及其 .hlp 文件存储在同样的目录下。

最后要特别说明的是，SMCL 语言对中文的支持不是很完善，不能对中文字体进行调整，如 {bf:　中文} 会显示乱码。所以，用中文编写帮助文件的时候，要避免对中文使用字体命令。

10.6 小结

说到统计编程，一般有有两种不同的理解。一种是认为统计编程很简单，就是把统计软件设定的命令编成一个命令文件来对数据进行处理、运算和分析；另外一种是认为统计编程很高深，需要很多的计算机编程知识才能学会。对于 Stata 来说，这两种看法都是片面的。一方面，Stata 编程不仅仅是把现有命令做简单的组合，而更多的是把 Stata 程序语言和已有命令有效结合，来提高数据处理和数据分析的效率。另一方面，Stata 语言是一种高级语言，预设了很多和 Stata 已有命令结构高度结合的程序和函数，因而很容易上手。因为 Stata 语言这种灵活的特点，不同的用户可以根据自己的能力和实际需要有选择地学习和应用 Stata 编程。对于那些对 Stata 命令系统已经基本熟练的用户来说，学习使用宏、`foreach` 和 `forvalues` 来构建重复命令，对提高自身使用 Stata 的效率会有事半功倍的效果。而那些统计背景比较强的用户，可以深入学习如何创建 Stata 新命令来扩展 Stata 的数据处理和统计分析的功能。

附录A

常用 Stata 命令

Stata 的命令非常多，但是并非所有命令都能在日常使用中经常用到。表 A-1列出一些最常用的 Stata 命令，是每一个 Stata 用户都应该熟练掌握。

表 A-1　Stata 常用命令表

命令	缩写	说明
寻求帮助		
search	—	在线搜寻关键词
help	h	显示在线帮助信息
findit	—	在更多的资源中搜寻关键词
DOS命令		
cd	—	改变当前工作目录
dir	—	显示当前目录中的文件
type	—	显示文本文件内容
系统变量		
set	—	系统设定
update	—	系统更新
数据使用		
use	—	将数据读入Stata
save	—	将数据存储到硬盘
infile	—	读取外来的数据
input	—	直接输入数据

表 A-1 Stata 常用命令表(续)

命令	缩写	说明
insheet	—	读取表格化数据
browse	br	打开浏览窗查看数据
数据处理		
generate	gen	生成新变量
replace	—	对变量重新赋值
rename	ren	更改变量名
recode	—	重新赋值
egen	—	生成新变量的扩展形式
decode	—	将数值变量转换成字符变量
encode	—	将字符变量转换成数值变量
sort	—	排序
keep	—	变量或数据保留
drop	—	变量或数据删除
数据描述和分析		
display	di	显示和计算
describe	d	描述数据
list	l	列举数据
summarize	sum	变量的描述统计
tabulate	tab	类型变量列表
anova	an	方差分析
regress	reg	线性回归模型估算
结果记录命令		
log	—	使用结果记录文件
画图命令		
twoway	tw	二维图命令

索引

其他命令

数据管理命令

数据描述与分析命令

图书在版编目（CIP）数据

STATA实用教程/王天夫，李博柏著．
北京：中国人民大学出版社，2008
ISBN 978-7-300-09639-1

Ⅰ．S…
Ⅱ．①王…　②李…
Ⅲ．①统计分析-应用软件，STATA-教材
Ⅳ．C812

中国版本图书馆CIP数据核字（2008）第131508号

STATA实用教程
王天夫　李博柏　著

出版发行	中国人民大学出版社		
社　　址	北京中关村大街31号	**邮政编码**	100080
电　　话	010－62511242（总编室）		010－62511770（质管部）
	010－82501766（邮购部）		010－62514148（门市部）
	010－62515195（发行公司）		010－62515275（盗版举报）
网　　址	http://www.crup.com.cn		
经　　销	新华书店		
印　　刷	唐山玺诚印务有限公司		
规　　格	185 mm×230 mm　16开本	**版　　次**	2008年9月第1版
印　　张	29.25 插页1	**印　　次**	2022年11月第8次印刷
字　　数	481 000	**定　　价**	65.00元